法隆寺辞典

高田良信編

柳原出版

題字＝髙田良信

序

私が法隆寺の歴史に興味を抱くようになったのは昭和三十二年の夏のことであった。時間があれば法隆寺の境内の土蔵や納屋などに入って宝探しに没頭していた。百万塔や古文書、古写経などの断片がごろごろと転がっていた時代である。そのようなものを発見するたびに誇らしげに師匠の佐伯良謙管主のもとへ持参した。すると師匠は一つ一つについて小僧にも判るように説明をして下さった。今からすると大変ご面倒なことであったと思う。しかし、それが徒弟教育というものであったのであろう。私は知らず知らずの間に法隆寺学へ導かれたのである。そのときに忘れ去られたようなお位牌の姿が私の目に止まることとなる。その多くは江戸時代の寺僧たちのものであった。明治維新の廃仏毀釈の嵐が吹き荒れたときに、古いお位牌などはお堂の天井裏に放置され、自然に忘れ去られたらしい。それに出会ったときに、整理して供養することが自分に課せられた使命のように感じたのである。やがて、お位牌を整理しながら、そこに記してある戒名などを写し取る作業に没頭することとなる。寺僧たちの戒名は簡単であった。まず寺僧が住んでいた子院の名称、次に僧正、僧都、律師などの階級、最後に名前という順序で構成している。お位牌を見ることによって、その寺僧がどこに住み、どのような階級の僧であったか、ということが判明する。しかも、ほとんどのお位牌の裏面には没年月日を記しており、知らず知らずのうちに「寺僧名」や「子院名」に強い関心を抱くようになった。そのときに集めた寺僧たちの戒名を整理して作成した過去帳を自坊の仏間で読み上げて供養することが日課となった。すると、自然に寺僧たちの名前や子院の名称を暗記することとなる。やがて「棟札」や「軸裏の墨書」などの銘文も写し取るようになり、それが『法隆寺銘文集成』や『法隆寺年表』作りへと進んだのである。そのころ古い襖などが薪小屋の隅に無造作に積まれており、やがては焚き火となる運命にあった。そのような襖たちの姿が私の目に留まったのである。そのときに私はひょっとしたら破棄寸前の襖の下張りに古文書などが貼られているのではないかと直感した。すぐさま襖を丁寧に剥がして古文書を探し出すことに懸命となった。埃まみれになりながら、くる日も、くる日もボロボロの襖と格闘することとなる。すると、その中から鎌倉時代や室町時代の古文書の断簡が見つかり、ますますその作業に熱が入って行く。そのような毎日が面白くてたまらなかった。そのようにして見つけた古文書の断簡を整理しつつ、そこに記載されている寺僧たちの略歴などを調べることに喜びを感じるようになる。このようにして破棄寸前の古文書の多くを助けることができたのであった。やがて埃まみれになりながら集めた古文書類を二巻の太巻きの巻子本に仕立てて『法隆寺良信別集文書』と名づけた。それは江戸時代の良訓という寺僧が反古の中から集めた文書類を整理したものを『法隆寺良訓別集文書』と呼んだことに倣ったものである。私の集めた古文書類は『法隆寺昭和資財帳』を編纂したときに『法隆寺の至宝』の中に収録され、今では法隆寺の文庫に納まっている。これらの思い出深い資料によって、詳しい法隆寺の年表を作成することにも懸命となった。その年表が仏教考古学者として名高い奈良国立博物館館長の石田茂作さんの目に留まることとなる。そして「これをさらに充実したものにするように」との助言と励ましをいただいたのである。ちょうど、そのころ『秘宝法隆寺』といった大著が講談社から出版されることとなり、石田さんの推挙によって私が編纂した『法隆寺年表』と『法隆寺関係著作目録』を収録していただいた。この年表と目録の作成は私にとって最も思い出深いものの一つである。そのころはパソコンといった便利なものがなかったので一つ一つの資料をカードに書き込み、それを整理する作業の繰り返しでもあった。その作業によって資料のほとんどが私の脳裏にインプットされたのである。私の生涯の中で、最も楽しい貴重な時間帯であった。ちょうど、そのころ『奈良六大寺大観』(岩波書店)を刊行することが計画されていた。ある日のことであった。壺法師として知られる東大寺の上司海雲さんから奈良へ至急に来るようにとの電話が入った。すぐさまお訪ねをしたところ、そこには美術史家の町田甲一さんや岩波書店の関係者たちが集まっていた。海雲さんから、これからいよいよ待望の『奈良六大寺大観』の編集作業がはじまるから是非ともこの世紀的な事業に協力をするように、との話があったのである。そのような経緯のもとに建築史学の権威である太田博太郎さんや町田甲一さんをはじめとする仏教美術の研究者たちが法隆寺を訪れられることが多くなった。そして私が小僧のころから埃にまみれながら土蔵やお堂の天井裏に入って宝探しをしていたことが役に立つ時代が訪れようとしていたのである。昭和四十六年の聖徳太子一三五〇年ご遠忌の記念として大宝蔵殿の北倉で開催した「法隆寺聖徳太子尊像展」が好評であったことにも大いに勇気づけられた。やがてその実績を踏まえつつ一つのテーマに焦点を合わせた「法隆寺秘宝展」を毎年の秋に開くこととなった。

そのころから『奈良六大寺大観』の編纂も具体化することとなり、その調査に立ち合うといった絶好の機会にも巡り合ったのである。多くの研究者たちの近くで、その謦咳に触れたことは私にとって誠に幸せであった。そのようなときに奈良文化財研究所の発掘調査部長であった坪井清足さんから「飛鳥時代から現代までの瓦が現存している法隆寺の古瓦の完全な調査を行って将来は重要文化財に指定すべきである」といった見解を伺ったのである。小僧のころから古瓦には格別の興味を抱いていたこともあり、即座に法隆寺で相談して同意を得られれば是非とも指導と協力をお願いしたいと懇請したときの私の興奮ぶりは今も忘れることはない。また小僧のころから土蔵などの隅々にまで入って宝探しを遊びの一つにしていた私は、そこに眠っている膨大な資料が山積みされていることも知っていた。そして、いずれは整理をしなければならないという大きな夢を抱き続け、その情熱は冷めることはなかった。やがて法隆寺の全ての宝物を調査し、それらのしっかりとした保存処置をすべきではないだろうか、という永年の思いを研究者たちに相談することとなる。そのときのほとんどの答えは「是非とも実行すべきであり、私たちも大いに期待している。しかしいずれにしても大きな事業であるからしっかりと腰を据えて行うべきである。」というものであった。やがて私がそのような構想を持っていることを伝え聞いた出版社の小学館からその計画にお手伝いをしたいとの申し出が寄せられた。それは昭和五十七年が小学館創業六十年を迎える記念事業の一つにしたいとする考えがあったことによる。そして昭和五十五年五月に小学館と法隆寺がこの計画を具体化することに合意をしたのであった。このような背景のもとに昭和五十六年の聖徳太子一三六〇年ご遠忌の一大記念事業としてスタートを切ることとなる。そのとき法隆寺住職であった間中定泉さんに同行して、かねてから法隆寺と親交の深い太田博太郎さんに協力を要請した日のことが懐かしく思い出される。そこでまず編集委員会を設置して、太田博太郎さんに委員長を依頼し、倉田文作さん、坪井清足さん、鈴木嘉吉さんにそれぞれ委員を委嘱した。実際の調査は奈良国立博物館と奈良国立文化財研究所を中心に行われることとなった。しばらくして浜田隆さん、西川杏太郎さん、山本信吉さんにも委員に加わっていただいた。そして法隆寺からは提唱者として私が委員に加わった。とくにこの調査の名称については、西川杏太郎さんとの歓談の中で「まさにこの調査は法隆寺の昭和の資財帳作りですね」といわれた言葉からヒントを得て「法隆寺昭和資財帳」と名づけることとなったのである。しばらくして間中さんが法隆寺住職を隠退され、大野可圓さんが新しい住職に就任、私が執事長となったことによって、資財帳の調査が本格的にスタートをしたのである。さっそく聖徳会館内に「法隆寺昭和資財帳編纂所」を開設して私が資財帳編纂所所長を兼ねるとともに事務局と調査室の機能を充実するための準備に取りかかった。そして編纂のための調査も大いに進捗し、多くの貴重な発見も相次いだのである。そのころから私は『法隆寺辞典』の編纂にも取り組んでいた。そして平成三年三月末日をもって大野可圓さんが住職を隠退し、枡田秀山さんが新しい住職に就任、それにともなって私も執事長を退いて副住職と法起寺住職を兼務することとなった。法起寺の住職は住職の次席のものが就任するという法隆寺の内規による。そのときに枡田さんから引き続いて執事長を兼務してほしいとの要請もあったが、私はかねてから寺僧たちが法臈に従って役職に就くことが最も望ましいと考えていたので辞退をした。そのようなことから私はしばらく寺務から離れて資財帳編纂の促進と法隆寺教学の研究、とりわけ『法隆寺辞典』の編纂に専念をすることとなった。このようなときに、ある友人から一つの助言をいただいた。それは私のライフワークである『法隆寺子院の研究』を論文として充実した内容にしてはどうか、というものであった。私も同じことを考えていたところであったので、その研究にも取りかかることとなる。その年の七月二十七日のことであった。奈良文化財研究所所長の鈴木嘉吉さんから文化庁で法隆寺や法起寺を世界文化遺産に登録しようと検討しているが、法隆寺はそれに同意をするか、という話が寄せられた。そのころは世界文化遺産という言葉や存在についてまったく知られていなかった時代である。そのとき私は文化庁の推薦によるものであるから、あえて反対をすることはないでしょう、と答えたと記憶する。そのような時期に枡田さんから是非とも法隆寺の寺務を総括してほしいとの強い要請が寄せられた。それは寺務や百済観音堂建立に関する計画や勧進などもまったく停滞をしたままであったことによる。私はその要請に対しては幾度となく辞退をしたが、寺僧をはじめ関係者たちからも強い要請があり、ついに「法隆寺住職代行」として法隆寺の寺務一切を総覧することを決意した。しかし、それは私が取り組んでいた研究を断念するものであり、誠に辛い決断でもあった。私は百済観音堂の建立を成就した暁には一線から退き、法隆寺の研究に専念しようとの決意のもとに要請を渋々受けたのである。私にとってまさに捨身の気持ちであった。そのとき私は「法隆寺のために身を捨てよ」との師匠の叱咤を思い起こしていた。それからは法隆寺住職の代行として停滞していた寺務を処理しつつ百済観音堂の建立計画や『法隆寺昭和資財帳』の完成記念の「国宝法隆寺展」を全国五箇所で開催し、それに関する講演会も全国四十数箇所で行った。その展覧会には百数十万人の参観者に訪れていただいた。そのような時期に法隆寺が姫路城とともに日本最初の世界文化遺産に登録されたのである。このとき文化庁から是非ともこの機会に世界文化遺産というものを多くの人びとに理解していただくためにアピールをしてほしい、という要請も寄せられていた。私にとって百済観音堂の建立が第一義であり世界文化遺産にはあまり関心がなかったが、その要望に応えて姫路城を管理する姫路市と協力して文化庁の意向に沿う形で記念事業を計画した。そして平成五年十二月十日のユネスコの総会で法隆寺が姫路城とともに世界文化遺産に登録をされたのである。私はその登録を記念して聖徳太子への報告法要を行い、はじめて金堂や夢殿の内陣をライトアップしたのである。金堂内が浄土のような輝きを見せたことに多くの人びとも感激したという。平成七年四月に枡田さんが法隆寺住職を辞任、そして次席の私が次期住職に推挙された。しかし私は住職に就くことに躊躇をしたのである。それはこれまで法隆寺を代表して多くの対外的な事柄に当たることを要請されたが、それを実行することによって幾度となく苦い経験をしたことがあったことによる。法隆寺を復興するために私と同じような境遇を経験した千早定朝さんは、次のような口述筆記を遺している。「獅子身中の虫といふべき輩多く出来、(法隆寺が)魔界の境界となり、油断成り難く、種々の辛苦を嘗め」と。人の世というのは、いつでも、そのような虚しいものであることを痛感していたからである。そのような時期に有志の寺僧たちが速やかに住職に就任するようにとの嘆願書を提出した。しばらく悩み抜いた私は歴代寺僧たちの悲願であった百済観音堂建立の実現に燃えつきよう、と決断をしたのである。まさに捨身の気持ちで、その要請を受けたのであった。そして悲願の百済観音堂の完成の日こそが法隆寺に対する私の使命が終わる日であるとの認識のもとに、晋山の儀式だけを平成七年七月一日に西院経蔵内に安置している伝観勒僧正像のご宝前で厳修した。それ以後は「流浪のほとけ、百済観音さまに安住の地を」を合い言葉として全国行脚を行い、全都道府県で講演会を開き、多くの人びとから尊い浄財が寄せられたのである。まことに有り難いことであった。その事業には朝日新聞社からの協力を受けた。それは電通を通じて協力をしていただく機関を募ったところ朝日新聞社からの申し出があったことによる。なお百済観音堂の設計及び実施計画については資財帳編集委員長でもあった太田博太郎さんに建設委員長を依頼し、各専門委員の協力によって推進をすることになった。この殿堂の設計は百済観音堂を中心として、その左右に、玉虫厨子や橘夫人厨子など法隆寺を代表する寺宝を安置する近代的展示施設の「宝蔵」を備えたもので、私はその殿堂を「大宝蔵院・百済観音堂」と名付けた。平成八年四月九日に起工式を執り行い、本格的な建設がスタートをした。この日を選んだのは旧暦の二月二十二日、聖徳太子のご命日に当たるお日柄でもあったからである。構想から設計、実施には鈴木嘉吉さんから細部にわたってご指導をいただき、その実現を見ることになった。やがて百済観音堂がその華麗な姿を私たちに見せはじめた平成八年十二月に、文化庁から是非ともパリ市ルーブル美術館へ百済観音像を出陳してもらいたいという非公式な要請があった。それはその年の秋に来日したフランスのシラク大統領と橋本龍太郎総理との日仏首脳会談において、両国を代表する宝物の相互交換の展覧会を開催することが決定したことによる。かつてミロのビーナスが日本で公開されたときには、フランス側から「いつの日か百済観音像をルーブル美術館へ迎えたい」とする希望があったと伝え聞いていた。そのような事情から、私はこの要請に対して、全てを日本政府に委ねることを決断したのである。ルーブル美術館での「百済観音展」の実現によって日仏両国の文化交流が大いに促進したことはいうまでもない。そして仏さまとしての尊厳と日本文化の奥深さをフランスの人びとにご認識をいただくために、ルーブル美術館で法要を厳修し、裏千家家元千宗室宗匠（玄室大宗匠）にお献茶をお願いしたのであった。開会式に参列したシラク大統領をはじめとする要人の方々も深い感銘を受けられたと伝え聞く。そして私は大統領に百済観音像の由来を説明する栄誉に浴した。日本仏教美術の粋である百済観音像が持つ美しさとその精神性は、単に東洋の神秘というにとどまらず、国境や宗教の違いを越えた世界人類の共通認識となり得ることを証明したのであった。その後、日本国内でも文化財保護法施行五十周年を記念して百済観音展が各地で開催され大きな反響を呼んだ。そして多くの皆さんのご支援によって平成十年十月二十二日から五日間にわたって待望の百済観音堂の落慶供養会を厳修したのである。この法会には奈良や京都、東京などの諸大寺からも参列をして下さり、法隆寺にとって未曾有の法儀となった。とくに裏千家のお家元（大宗匠）や若宗匠（お家元）の深いご理解によってお献茶や記念のお茶会も開いていただいた。幸いこの供養会は晴天にも恵まれて十月二十六日に無事その結願を迎えた。ここに平成の新伽藍と呼ぶにふさわしい威容が整ったのである。そして私はかねてからの予定通りに法隆寺住職を勇退することを表明した。それは私の肩の荷がおりた一瞬でもあった。しばらくは事務処理もあり、一箇月後の十一月末日をもって隠退をしたのである。それからは『法隆寺昭和資財帳』の成果をふまえつつ法隆寺で展開した聖徳太子の伝記の研鑽や教学・信仰・行事・歴史をはじめ、堂塔の建築・仏像（彫刻）・絵画・工芸・書籍・考古などに関する全てを包括した学問体系を「法隆寺学」として確立することに努める日々を送ることとなる。そして寺僧として、いくつもの大きな事業を達成させていただいたことに対して、改めてそれが幼少のころから「人間一生勉強や」との師匠の叱咤激励によるものであることに感謝しつつ、中断をしていた研究に没頭しようとしたが、断念をしたものに再挑戦するのには時間がかかった。どうしてもすぐさま再起動をすることが出来なかったのである。そして、やっと数年前に『法隆寺年表』と『法隆寺辞典』の編纂に再チャレンジすることを決断した。中断していたものに付加訂正を加えつつ整理をしたが、思うようには捗らなかった。若いころと比べると気力も衰えていたからである。見落としているものや誤りがあることを大いに自覚させられた。しかし、そのような不備があることを十分に承知をしながら、敢えてここに公刊することを決断した。それは私が法隆寺の歴史に関心を抱いてから、ちょうど今年で五十年目を迎えることと、法隆寺が創建されて千四百年に当たることを記念して本書を公にしようと考えたからである。しかもこの未完成のものを公刊することに踏み切った大きな理由としては、私の提唱した法隆寺史の編纂や今後の法隆寺学研究への何らかの参考となるであろうことと、将来的に私の志念を理解して受け継いでくれる人材が輩出することに期待をしたことによる。是非とも多くの人びとにご覧をいただき付加訂正を切望するとともに、法隆寺学を前進させる一助となることを願うばかりである。最後に、本書の出版に当たって柳原出版当局をはじめ、面倒な編集作業の一切を引き受けて、ご苦労をいただいた同編集部の木村京子さんに対して、特記して厚くお礼を申し上げたい。

平成十九年八月二十二日

高田良信

凡例

一、本書は、私の『法隆寺辞典』であり、収録している項目は著者の判断で取捨選択したものであることをご承知いただきたい。

一、本書は、著者が一人で編纂したために重要な項目が脱落したり、解説も不備の個所が多いことをご理解いただきたい。

一、本書は、平成四年ごろに、ほぼその形態を整えていたものに補遺を加えたものであるが、その後の研究調査で発見されたものが欠落していることを特記しておきたい。

一、本書は、法隆寺に関連する事項を中心として、五十音順に配列することにつとめた。

一、本書は、原則として新字・新仮名を使用した。

一、見出し語の読み方は全て著者の判断によるため、誤りが多いことをご理解いただきたい。

一、本書中に頻出する書名は、必要に応じて略称を使用した。

一、本書に収録している人名は原則として明治末年までとした。なお特例として著者が法隆寺歴史上とくに必要と感じたものを収録したことを付記する。

一、本書に収録している寺僧は原則として明治末年までとした。なお、特例として法隆寺住職は前任者までを収録し、現職の寺僧は除いた。当然のことながら途中で退寺した寺僧は収録していない。

一、寺僧の事績については、その最晩年に使った名称の項目で解説をしている。

一、別称や異称のある場合には、解説中でその旨を記し、必要に応じて、別称・異称を見出し語として掲載した。

一、本書に収録している建造物や彫刻、絵画、美術工芸品などのデータは『奈良六大寺大観』や『法隆寺の至宝』に拠ることとした。

一、建造物や彫刻、絵画、美術工芸品には可能な限り『法隆寺の至宝』の番号を記した。「至宝〇-〇」と記している。なお私の判断で『法隆寺の至宝』に収録しているものでも本書に紹介していないもののあることをご理解いただきたい。

それは本書が『法隆寺の至宝』が刊行されていない時期に編纂をはじめていたことによる。

「参考文献」

『法隆寺文字瓦銘文集成』（奈良国立文化財研究所編）
（これ以外にも多くの先学の高著を参照させていただいた。記して厚く感謝を申し上げたい。）

『郷土歴史人物事典』（乾健治著、第一法規）
『聖徳太子事典』（石田尚豊編、柏書房）
『聖徳太子の本』（学習研究社編）
『定胤長老遺墨』（法隆寺編）
『奈良県の歴史』（和田萃他、山川出版社）
『奈良六大寺大観』（奈良六大寺刊行会、岩波書店）
『日本仏教史辞典』（今泉淑夫編、吉川弘文館）
『日本歴史人物事典』（朝日新聞社編）
『秘宝 法隆寺』（講談社）
『仏教語大辞典』（中村元著、東京書籍）
『仏教大事典』（監修古田紹欽、小学館）
『仏教大辞典』（望月信亨著、世界聖典刊行協会）
『法隆寺金石文集』（高田十郎編、鵤故郷舎）
『法隆寺の至宝』（法隆寺昭和資財帳編集委員会、小学館）

法隆寺辞典

【愛染明王】 あいぜんみょうおう

煩悩がそのまま菩提であるとして崇拝されている像のこと。平安時代に請来され、信仰が盛んになるにつれて彫刻や絵画が作成されている。法隆寺にも南北朝時代からの彫刻や絵画が伝わっている。

【愛染明王画像】 あいぜんみょうおうがぞう

南北朝時代。絹本着色。縦八一・五センチメートル。横三四・二センチメートル。至宝六―五三

【愛染明王画像】 あいぜんみょうおうがぞう

南北朝時代。絹本着色。約縦八八・〇センチメートル。横五九・〇センチメートル。至宝六―五四

【愛染明王画像】 あいぜんみょうおうがぞう

室町時代。絹本着色。縦一二七・七センチメートル。横五八・五センチメートル。至宝六―五五

【愛染明王画像】 あいぜんみょうおうがぞう

室町時代。絹本着色。縦八六・〇センチメートル。横三八・〇センチメートル。至宝六―五六

【愛染明王画像】 あいぜんみょうおうがぞう

江戸時代。紙本着色。縦八二・〇センチメートル。横三八・〇センチメートル。至宝六―五七

【愛染明王画像】 あいぜんみょうおうがぞう

江戸時代。紙本着色。縦九六・〇センチメートル。横三九・五センチメートル。巻留に知足院専継の修理銘がある。至宝六―五八

【愛染明王坐像】 あいぜんみょうおうざぞう

鎌倉時代。銅造 鍍金。黒漆塗厨子入。像高四・一五センチメートル。至宝三―金銅像一七

【愛染明王坐像】 あいぜんみょうおうざぞう

室町時代。銅造 鍍金。黒漆塗厨子入。像高九・五センチメートル。至宝三―金銅像二一

【愛染明王坐像】 あいぜんみょうおうざぞう

寛永十七年（一六四〇）。檜材　寄木造　彩色　切金。像高三二・五センチメートル。仏師京都九郎兵衛。至宝四―一七三

【愛染明王坐像】　あいぜんみょうおうざぞう

江戸時代。檜材　彩色。像高二九・八センチメートル。至宝四―一七四

【愛染明王坐像】　あいぜんみょうおうざぞう

江戸時代。檜材　彩色。像高三三・一センチメートル。至宝四―一七五

【愛染明王坐像】　あいぜんみょうおうざぞう

江戸時代。檜材　彩色。総高一八・四センチメートル。台座の框に「地蔵院」の銘がある。至宝四―一七六

【愛藤】　あいふじ

児童。寛正三年（一四六二）二月二十四日『竜田社頭舞楽法会次第』の配役表に中道院より出仕と記載。生没年不詳。

【阿吽】　あうん

阿は口を大きく開き発声する最初の音であり、吽は口を固く閉ざしながら発声する最後の音である。この阿吽は最初と最後の意を表わしているという。寺院の仁王像や神社の狛犬などに見られる。

【青貝香合】　あおがいのこうごう

螺鈿の香合。慶長十九年（一六一四）に徳川家康が阿弥陀院に寄進した香合のこと。

【閼伽】　あか

仏に供える供物や水を意味する。水を重要視する習慣は古くインドで客を接待するときに水をささげた習わしに由来するという。その影響もあって仏教では水を大切に扱っている。

【閼伽井】　あかい

仏に供える水を汲む井戸のこと。法隆寺の西院の閼伽井は西廻廊外の西南の位置にある。聖霊院の閼伽井は同

院の西側に位置する。とくに西院の閼伽井があったところの子院を「閼伽井坊」と呼ぶ。

【閼伽井坊】 あかいぼう

「妙音院」の別称。室町時代の創建。西室の北側に建っていた子院。延文五年（一三六〇）の西円堂常燈料田寄進。（西円堂懸額）に「阿伽井房」と記載。至宝一一−一七五

【閼伽井坊地蔵会】 あかいぼうじぞうえ

旧閼伽井坊（妙音院）の地蔵菩薩像を本尊として毎年八月二十四日に行う法要の名称。平成八年（一九九六）から厳修している。

【閼伽井坊地蔵堂】 あかいぼうじぞうどう➔「妙音院地蔵堂」の項目を見よ。

【閼伽棚】 あかだな

仏に供える供物や水や花などを準備する棚のこと。法隆寺では聖霊院、三経院、舎利殿などにある。

【赤童子画像】 あかどうじがぞう

室町時代。絹本着色。縦八〇・〇センチメートル。横三三・〇センチメートル裱背に慶長十五年（一六一〇）の寄進銘と正徳元年（一七一一）地蔵院覚賢の修理銘がある。至宝六−一四九

【赤童子像】 あかどうじぞう

弘化二年（一八四五）。檜材　一木造　素地。像高一四・三センチメートル。仏師清水法橋定運。至宝四−二三七。出典「墨書」

【赤松】 あかまつ

児童。寛正三年（一四六二）二月二十四日『竜田社頭舞楽法会次第』に橘坊より出仕と記載。生没年不詳。

【阿形像】 あぎょうぞう

重文。和銅四年（七一一）。塑像。像高三七九・九センチメートル。中門内の東側に南面して立つ。口を大きく開いた仁王像で全身が赤く塗られている。至宝三−塑像九九

【飽波】　あくなみ

斑鳩宮の近くにあった古地名。壬午年（天武十一年〈六八二〉）の命過幡にもその名を記している。出典献納宝物。「幡墨書」

【飽波葦垣宮】　あくなみあしがきのみや➔「葦垣宮」「飽波宮」の項目を見よ。

【飽波書刀自】　あくなみしょとじ

壬午年（天武十一年〈六八二〉）に飽波書刀自のために命過幡を作っている。出典献納宝物。「幡墨書」

【飽波宮】　あくなみのみや

称徳天皇が行幸された飽波にあった宮殿の名称。平成三年（一九九一）に行われた斑鳩町にある上宮遺跡の発掘によって宮殿と見られる遺構の一部が確認されている。なお生駒郡安堵町東安堵の飽波神社付近や西安堵の高安寺付近とする説もある。

【上土門】　あげつちもん

重文。檜皮葺。屋上を平にして土を盛り上げて造った門の名称。後世になると土の代わりに檜皮などを用いるようになった。この門の様式は中世の絵巻物などに描かれた武家屋敷に多く見られる。法隆寺では西園院（地蔵院から昭和十四年〈一九三九〉移建）表門として現存している。

【阿古】　あこ

高屋大夫の夫人の名前。丙寅年（六〇六年・六六六年とする説がある）に高屋大夫がその夫人の菩提のために金銅弥勒菩薩像を造顕した。出典献納宝物。「台座刻銘」

【阿号】　あごう

阿弥陀仏号の略称。中世のころから浄土教の信者や芸能にたずさわる人や仏師などが名乗る例が多い。法隆寺でも大工や瓦大工が「阿弥陀仏号」を名乗っている。

【葦垣宮】　あしがきのみや

斑鳩町の神屋（上宮）にあったという。聖徳太子が亡くなった宮殿の称。飽波葦垣宮ともいう。

【葦垣宮扁額】 あしがきのみやへんがく

縦六六・八センチメートル。横四〇・四センチメートル。法隆寺の南東（上宮）に位置する成福寺に伝わる葦垣宮の扁額である。寺伝に、葦垣宮は聖徳太子が亡くなったところであるという。成福寺に隣接する平成三年（一九九一）に発掘調査が行われた上宮遺跡（神護景雲元年〔七六七〕に称徳天皇が行幸した飽波宮か）との関連性が注目される。

【芦雁図】 あしかりのず

桃山時代。紙本墨画。西園院襖貼付。一〇面。各縦一七四・五センチメートル。横八八・〇センチメートル。至宝六―三二七―（一一）

【阿字図】 あじず

室町時代。絹本着色。縦八五・〇センチメートル。横三六・二センチメートル。至宝六―九

【阿字図】 あじず

江戸時代。紙本着色。縦五七・〇センチメートル。横二六・〇センチメートル。至宝六―一〇

【阿字図】 あじず

江戸時代。紙本墨画。縦六八・五センチメートル。横二八・八センチメートル。至宝六―一一

【阿闍梨】 あじゃり

弟子たちを指導し、その行為を正しく指揮する師範のこと。法隆寺では南北朝時代に真言密教が浸透するに従って阿闍梨のことが記録に登場する。

【阿修羅】 あしゅら

八部衆の一つ。インドの神。仏教に採り入れられて釈迦を守護する護法神となった。法隆寺では五重塔の塑像（奈良時代〔七一一〕）や行道面（平安時代〔一一三八〕）などに見られる。

【阿修羅像】 あしゅらぞう

国宝。和銅四年（七一一）。塑像。像高四一・五センチメートル。

五重塔北面所在。至宝三-塑像二六

【飛鳥清七】 あすかきよしち

大工。本町の住。正徳二年（一七一二）の律学院の修理に従事。出典「律学院墨書」

【梓弓・六目鏑矢】 あずさゆみ・むつめのかぶらや

弓長一八七・七センチメートル。矢長八一・八センチメートル。この弓矢は物部守屋征伐のときに聖徳太子が跡見赤梼に授け、放ったところ守屋の胸に命中したと伝えている。献納宝物にも同じ弓矢があり、それを模したものらしい。

【梓弓・六目鏑箭・箭】 あずさゆみ・むつめのかぶらや・や

奈良時代。古代の武器。聖徳太子が物部守屋との合戦に用いた弓と矢と伝えている。出典献納宝物

【校倉】 あぜくら

断面が三角形や四角形、円形の木材を横にして井桁に積み上げて壁にした建物の名称。倉庫の建築様式の一つ。法隆寺境内の発掘によって校倉の部材が溝の枠などに使用していたことが判明しており、かつて校倉が存在していたことを示している。

【按察使公】 あぜちこう➡「朝定」の項目を見よ。

【按察使公】 あぜちこう➡「快盛」の項目を見よ。

【坑門】 あなもん

東院の東廻廊の東にある築地の中にある坑門のこと。中世には四足門があり、東院の東門と呼んでいたという。古くは斑鳩宮から葦垣宮への御幸門であったと伝える。

【阿耨多羅三藐三菩提】 あのくたらさんみゃくさんぼだい

『般若心経』などに説かれている「この上もない正しい悟り」という意味の言葉。

【天国之剣】 あまくにのつるぎ

三鈷柄剣剣身。桃山〜江戸時代。刃長二三・九センチメートル。三つ葉葵紋を織り出す剣袋に収められている。慶長十九年（一六一四）に徳川家康が阿弥陀院に寄進した剣のこと。至宝十一-五

【雨乞い】あまごい

降雨を願って行われる儀礼のこと。法隆寺では建久八年（一一九七）に寺僧の隆詮が裏山の竜池で善達（善徳）竜王像を本尊として祈雨の秘法を修法した。

【甘茶】あまちゃ

灌仏会のときに誕生仏にそそぐ湯のことをいう。法隆寺では毎年四月八日の仏生会に甘茶を沸かしている。

【天邪鬼】あまのじゃく➡「邪鬼」の項目を見よ。

【阿弥陀院】あみだいん

「西花園」。「西花園院」ともいう。平安時代の創建。花園院の西隣にあった子院。明治十年（一八七七）に廃院となったが、その由緒が失われるのを憂い、明治四十一年（一九〇八）四月二十四日に旧金剛院庵室に院名を再興した。

【阿弥陀院表門】あみだいんおもてもん

重文。棟門。本瓦葺。旧阿弥陀院の表門は様式から見て元禄年間（一六八八～一七〇四）ころに建立したものと考えられる。当初は北面していたことが解体調査によって判明している。

【阿弥陀院御座之間】あみだいんござのま

慶長十九年（一六一四）十一月十六日に徳川家康が寄留した建物のこと。大工頭の中井正清が構築したという。寛政九年（一七九七）の古図に「権現様御座間桁行二間半、梁行二間、高八尺、屋根檜皮葺唐扉附」と記載。老朽化によって明治十年（一八七七）十一月に取り畳んだ。

【阿弥陀院東照宮】あみだいんとうしょうぐう

徳川家康が寄留したことに由来して阿弥陀院に東照宮を新造し、東照宮木像を安置していた。寛政九年（一七九七）の古図に「権現様御宮一間四方、高八尺」と記載。明治八年（一八七五）六月に東照宮を斑鳩神社へ移建した。

【阿弥陀経】あみだきょう

紀元前一～二世紀ころに西北インドで成立した浄土教の根本経典の一つ。

【阿弥陀三尊及び二比丘像】 あみださんぞんおよびにびくぞう

重文。奈良時代。銅板押出　鍍金。黒漆塗厨子入。縦三九・〇センチメートル。横三二・五センチメートル。中尊は坐像。二脇侍及び二比丘は立像。至宝三-押出仏二

【阿弥陀三尊及び二比丘像】 あみださんぞんおよびにびくぞう

重文。奈良時代。磚製　漆箔。木瓜型厨子入（江戸時代）。縦四四・五センチメートル。横一八・八センチメートル。至宝三-磚仏一

【阿弥陀三尊画像】 あみださんぞんがぞう

室町時代。絹本着色。縦一四九・〇センチメートル。横六五・〇センチメートル。裱背に天正五年（一五七七）宗順の寄進銘がある。至宝六-九八

【阿弥陀三尊像】 あみださんぞんぞう

重文。飛鳥時代。銅板打出　鍍金。縦二四・〇センチメートル。横一〇・二センチメートル。板扉貼付。至宝三-押出仏三

【阿弥陀三尊像】 あみださんぞんぞう

飛鳥時代。銅板鋳出　鍍金。縦二五・九センチメートル。横一九・五センチメートル。至宝三-押出仏四

【阿弥陀三尊像】 あみださんぞんぞう

国宝。白鳳時代。銅造　鍍金。像高「中尊」三四・〇センチメートル。「右脇侍」二八・七センチメートル。「左脇侍」二八・八センチメートル。伝橘夫人厨子の本尊。もとは金堂の北正面に安置していた。昭和十六年（一九四一）からは大宝蔵殿の南倉に移され、さらに平成十年（一九九八）に大宝蔵院に納めている。至宝三-金銅像四

【阿弥陀三尊像】 あみださんぞんぞう

重文。奈良時代。脱活乾漆　漆箔。像高「中尊」一一〇・二センチメートル。「観音」一五七・三センチメートル。「勢至」一六〇・〇センチメートル。東院伝法堂中之間の本尊。至宝三-乾漆三

【阿弥陀三尊像】 あみださんぞんぞう

重文。奈良時代。脱活乾漆　漆箔。像高「中尊」一一九・〇センチメートル。「観音」一五九・〇センチメートル。「勢至」一五七・一センチメートル。東院伝法堂西之間の本尊。至宝三-乾漆四

【阿弥陀三尊像】　あみださんぞんぞう

重文。奈良時代。木心乾漆　漆箔。像高「中尊」八七・七センチメートル。「観音」一二六・五センチメートル。「勢至」一二六・五センチメートル。東院伝法堂東之間の本尊。至宝三-乾漆五

【阿弥陀三尊像】　あみださんぞんぞう

檜材　寄木造　漆箔。像高「中尊」（平安時代、坐像）七五・一センチメートル。「両脇侍」（江戸時代、立像）五三・九センチメートル。宗源寺の本尊。元禄十三年（一七〇〇）に修理している。至宝四-一七

【阿弥陀三尊像】　あみださんぞんぞう

江戸時代。檜材　寄木造　漆箔。玉眼。坐像。像高「中尊」七〇・八センチメートル。「観音」五五・三センチメートル。「勢至」五七・二センチメートル。普門院本堂に安置。至宝四-一八

【阿弥陀三尊来迎図】　あみださんぞんらいごうず

南北朝時代。絹本着色。縦一〇六・〇センチメートル。横五八・〇センチメートル。至宝六-九六

【阿弥陀三尊来迎図】　あみださんぞんらいごうず

南北朝時代。絹本着色。縦九八・〇センチメートル。横三八・二センチメートル。裱背に延宝三年（一六七五）清利の寄進銘がある。至宝六-九九

【阿弥陀三尊来迎図】　あみださんぞんらいごうず

室町時代。絹本着色。縦六四・〇センチメートル。横二八・七センチメートル。裱背に延享四年（一七四七）岡武八の修理銘がある。至宝六-一〇〇

【阿弥陀三尊来迎図】　あみださんぞんらいごうず

江戸時代、絹本着色。縦一〇一・五センチメートル。横四〇・五センチメートル。至宝六-一〇一

【阿弥陀信仰】 あみだしんこう
西方浄土の教主「阿弥陀仏」に対する信仰をいう。日本へは飛鳥時代の末期に伝わったという。法隆寺には金堂壁画や小金銅仏などにその信仰の初期の形態が見られる。

【阿弥陀如来】 あみだにょらい⇒「阿弥陀仏」の別称。

【阿弥陀如来坐像】 あみだにょらいざぞう
平安時代。一木造　漆箔。像高四〇・七センチメートル。至宝四―一九

【阿弥陀如来坐像】 あみだにょらいざぞう
平安時代。桜材　一木造　漆箔。像高五三・九センチメートル。至宝四―二〇

【阿弥陀如来坐像】 あみだにょらいざぞう
重文。平安時代。檜材　寄木造　漆箔。像高八八・四センチメートル。三経院の本尊。像内に納入品がある。至宝四―二一

【阿弥陀如来坐像】 あみだにょらいざぞう
重文。平安時代。木造　漆箔。像高八五・八センチメートル。像内に墨書がある。至宝四―二二

【阿弥陀如来坐像】 あみだにょらいざぞう
重文。平安時代。檜材　寄木造　漆箔。像高一〇七・八センチメートル。像内に墨書がある。恵心僧都の作と伝える。もとは礼堂で行った念仏会の本尊として夢殿の東正面に安置していた。至宝四―二三

【阿弥陀如来坐像】 あみだにょらいざぞう
重文。平安時代。木造　漆箔。像高八七・〇センチメートル。像内に「阿弥陀如来種子法隆寺権上座永範大法師云々」の墨書がある。至宝四―二四

【阿弥陀如来坐像】 あみだにょらいざぞう
平安時代。檜材　漆箔。像高三五・八センチメートル。至宝四―二五

【阿弥陀如来坐像】あみだにょらいざぞう

重文。平安時代。檜材　寄木造　漆箔。像高三四・〇センチメートル。至宝四—二六

【阿弥陀如来坐像】あみだにょらいざぞう

平安時代。寄木造　漆箔。像高九八・〇センチメートル。至宝四—二七

【阿弥陀如来坐像】あみだにょらいざぞう

重文。貞永元年（一二三二）。金銅。像高六四・六センチメートル。金堂西之間の本尊。至宝三—金銅一四

【阿弥陀如来坐像】あみだにょらいざぞう

重文。鎌倉時代。木造　漆箔。像高九一・八センチメートル。至宝四—二八

【阿弥陀如来坐像】あみだにょらいざぞう

室町時代。檜材　寄木造　漆箔。像高六七・〇センチメートル。至宝四—二九

【阿弥陀如来坐像】あみだにょらいざぞう

室町時代。木造　彩色。像高一四・五センチメートル。宗源寺本堂に安置。至宝四—三〇

【阿弥陀如来坐像】あみだにょらいざぞう

江戸時代。寄木造　漆箔。像高六四・一センチメートル。至宝四—三一

【阿弥陀如来坐像】あみだにょらいざぞう

慶安二年（一六四九）。木造　漆箔。像高六七・二センチメートル。律学院東厨子。至宝四—三二

【阿弥陀如来坐像】あみだにょらいざぞう

江戸時代。木造　漆箔。像高五三・五センチメートル。台座裏に「宝暦十三年（一七六三）」の造顕墨書銘がある。福園院の本尊。至宝四—三三

【阿弥陀如来坐像】あみだにょらいざぞう

江戸時代。檜材　寄木造　漆箔。像高五五・八センチメートル。

もと福生院の本尊。至宝四−三四

【阿弥陀如来坐像】 あみだにょらいざぞう

江戸時代。檜材　寄木造　漆箔。像高四三・九センチメートル。至宝四−三五

【阿弥陀如来坐像】 あみだにょらいざぞう

江戸時代。檜材　寄木造　漆箔。像高三三・三センチメートル。もと阿弥陀院の本尊。至宝四−三六

【阿弥陀如来坐像】 あみだにょらいざぞう

江戸時代。檜材　寄木造　漆箔。像高五三・五センチメートル。実相院の本尊。至宝四−三七

【阿弥陀如来坐像】 あみだにょらいざぞう

江戸時代。檜材　寄木造　漆箔。像高二九・二センチメートル。至宝四−三八

【阿弥陀如来坐像】 あみだにょらいざぞう

江戸時代。寄木造　漆箔。像高三六・一センチメートル。至宝四−三九

【阿弥陀如来三尊像】 あみだにょらいさんぞんぞう

重文。鎌倉時代。寄木造　彩色　金泥　切金。立像。像高「中尊」九七・八センチメートル。「勢至」六三・五センチメートル。北室院本堂の本尊。至宝四−一五

【阿弥陀如来千体仏】 あみだにょらいせんたいぶつ

江戸時代。寄木造　漆箔。九六三体。像高一六・三センチメートル。北室院太子殿に安置。至宝四−三六九

【阿弥陀如来千体仏】 あみだにょらいせんたいぶつ

江戸時代。檜材　一木造　漆箔。三六一体。像高九・四センチメートル。宗源寺本堂に安置。至宝四−三七〇

【阿弥陀如来千体仏】 あみだにょらいせんたいぶつ

江戸時代。本造　漆箔。一二体。像高各一二・二センチメートル。至宝四−三七一

【阿弥陀如来立像】 あみだにょらいりゅうぞう

平安時代。檜材　寄木造　漆箔。像高九六・五センチメートル。光背と台座は室町時代。至宝四-四〇

【阿弥陀如来立像】　あみだにょらいりゅうぞう

鎌倉時代。檜材　寄木造　彩色　金泥　切金。像高五二・五センチメートル。至宝四-四一

【阿弥陀如来立像】　あみだにょらいりゅうぞう

江戸時代。檜材　寄木造　漆箔。像高六五・一センチメートル。至宝四-四二

【阿弥陀如来立像】　あみだにょらいりゅうぞう

江戸時代。檜材　寄木造　漆箔。像高八一・四センチメートル。至宝四-四三

【阿弥陀如来・両脇侍像】　あみだにょらい・りょうきょうじぞう

江戸時代。檜材　寄木造。像高「中尊」一八・〇センチメートル。「左脇侍」一七・〇センチメートル。「右脇侍」一六・〇センチメートル。厨子入。至宝四-四四

【阿弥陀仏】　あみだぶつ

「無量寿如来」「無量光如来」ともいい、西方極楽浄土の教主。人びとを救済する仏のこと。法隆寺の仏像や絵画などに多く見られる。

【阿弥陀仏号】　あみだぶつごう⇒「阿号」の別称。

【阿弥陀来迎図】　あみだらいごうず

室町時代。絹本着色。縦一〇八・三センチメートル。横四五・五センチメートル。至宝六-九五

【阿毎】　あめ

『隋書倭国伝』に推古八年（六〇〇）のころの倭王の姓が「阿毎」であったと伝える。

【綾大幡残欠】　あやだいばんざんけつ

飛鳥～奈良時代。現存長九六二・三センチメートル。幅二四・〇センチメートル。坪に白地双竜連珠円文綾、緑に赤地格子蓮華文錦を用いた大型の幡。至宝一二-二四九

【綾大幡残欠】 あやだいばんざんけつ

飛鳥〜奈良時代。現存長七七・一センチメートル。現存幅六七・二センチメートル。坪に白地山形文綾を用いた大型の幡。至宝一二―二五五

【綾幡残欠】 あやばんざんけつ

飛鳥〜奈良時代。現存長二七一・五センチメートル。現存幅二七・五センチメートル。坪に白地双竜二重連珠円文綾を用いた二条縁の幡。至宝一二―二五九

【綾幡残欠】 あやばんざんけつ

飛鳥〜奈良時代。現存長九九・五センチメートル。現存幅二六・五センチメートル。坪に白地双竜二重連珠円文綾を用いた二条縁の幡。至宝一二―二六〇

【綾幡足】 あやばんそく

飛鳥時代。赤地葡萄唐草文綾三八・五×一六・五センチメートル、八九・二×一二・一センチメートル。赤地双鳳唐草連珠円文綾一一六・八×一六・三センチメートル。赤地菱入り長亀甲繋文綾二〇・八×一一・二センチメートル。赤地山形文綾一七八・八×一五・〇センチメートル。黄地双竜二重連珠円文綾一三八・七×一六・五センチメートル。黄地入子菱格子文綾三〇七・五×一七・三センチメートル、二八七・一×一七・二センチメートル。黄緑地菱入り長亀甲繋文綾一八九・二×一五・八センチメートル。濃緑地大双竜唐草四弁花円文綾二六六・九×一六・六センチメートル。淡縹地山形文綾九二・二×一五・八センチメートル、七四・〇×一一・七センチメートル。紺地菱入り菱繋文綾一五七・七×一六・二センチメートル。紫地七曜文入り亀甲繋文綾五一・二×一六・三センチメートルなど多数。至宝一二―古代幡幡定

【アルカイックスマイル】 あるかいっくすまいる

ギリシャ美術初期の彫刻に見られる微笑をいう。口の両端を反り上げて微笑を含んだように見えるマスクのこと。法隆寺では釈迦三尊像や救世観音像などの飛鳥仏にその影響が見られる。

【庵】 あん

「いおり」ともいう。小規模の坊舎を指す。法隆寺では「金剛庵」と呼ぶ例がある。

【安居】 あんご

「安」とは心身を静めること、「居」とは一定の期間一つの場所に定住すること。インドの習慣によって四月十五日から三箇月間、雨季を避けて洞窟や僧院に籠って修行することに由来する。それを「雨安居」「夏安居」「一夏九旬」ともいう。

【安養院】 あんよういん

南北朝時代の創建。学侶坊。松立院の西隣にあった子院の名称。文化十三年（一八一六）に本尊文殊菩薩騎獅像を宝珠院に移している。明治六年（一八七三）八月に廃院となった。現在は表門のみが残されている。

【安養院表門】 あんよういんおもてもん

薬医門。本瓦葺。表門に使用している鬼瓦に元禄八年（一六九五）の刻銘があり、そのころの建立と考えられる。この門には現在のところ移建の形跡は見られない。至宝一-七三。出典「鬼瓦刻銘」

【安養院本尊】 あんよういんほんぞん

重文。文殊菩薩騎獅像。長禄三年（一四五九）。像高四三・九センチメートル。現宝珠院本堂の本尊。文化十三年（一八一六）に安養院から宝珠院へ移している。至宝四-一四四

【伊珂留我】 いかるが⇒「斑鳩」の別称。

【伊珂留我】 いかるが

法隆寺昭和資財帳調査の概報として昭和五十八年（一九八三）十月二十二日から刊行（法隆寺昭和資財帳編纂所、小学館）したもの。平成六年（一九九四）まで一五冊を発行。

【斑鳩古事便覧】 いかるがこじびんらん

天保七年（一八三六）に寺僧の覚賢が編集した法隆寺の資料集の名称。その内容は法隆寺に伝来した金石文や古記録などを集成したものであり、覚賢が付加、訂正した箇所が多く見られる。法隆寺にはその原本が現存して

いる。出典「奥書」

【鵤三宝起源】いかるがさんぽうきげん
万延元年（一八六〇）に千早定朝が法隆寺関係の古記録などを編纂したもの。

【斑鳩神社】いかるがじんじゃ
法隆寺の東北に位置する「天満宮」の別称。天慶年間（九三八〜四七）に別当の堪照が建立したと伝える。明治二年（一八六九）八月に村民たちの懇望によって斑鳩神社の管理を委譲した。出典『古今一陽集』

【鵤僧寺】いかるがそうじ⇒「法隆寺」の別称。

【伊河流我寺】いかるがでら⇒「法隆寺」の別称。

【斑鳩寺】いかるがでら⇒「法隆寺」の別称。

【斑鳩寺】いかるがでら
兵庫県揖保郡太子町。荘園経営の出張所として鵤庄に建てられた寺院の名称。鵤の太子という。旧法隆寺別院。現在は天台宗。

【鵤尼寺】いかるがにじ
聖徳太子建立の尼寺。中宮寺という。法隆寺の東方五五〇メートルの地に創建。十六世紀ごろに夢殿の東隣に移る。国宝如意輪観音半跏像と天寿国曼荼羅繡帳をはじめ多くの寺宝を所蔵。

【鵤庄】いかるがのしょう
法隆寺の旧荘園。兵庫県揖保郡太子町周辺。推古十四年（六〇六）に聖徳太子が法隆寺へ施入された荘園の名称。天正年間（一五七三〜九二）まで法隆寺の中心的な領地であった。

【斑鳩の地名発祥の地】いかるがのちめいはっしょうのち
東大門の南東にある福井小路にあった福石弁財天社の周辺。平成九年（一九九七）七月二十二日に髙田良信が発願して東大門の南東にある法隆寺の境内地に槻樹を植樹し、「斑鳩地名発祥地」の石碑を建てて顕彰した。

【鵤文庫】いかるがぶんこ

昭和十三年（一九三八）十一月三日に西南院跡に建てた法隆寺所蔵の書蹟類を保管するための施設。

【鵤文庫閲覧室】 いかるがぶんこえつらんしつ

昭和十年（一九三五）に西南院跡に建てた法隆寺所蔵の書蹟類を閲覧するための施設。「管主室」「淵默書堂」ともいう。

【威儀】 いぎ

僧が守るべき戒律のことをいう。

【威儀具】 いぎぐ

僧が戒律を守り、その態度を象徴するための「法衣」「数珠」「柄香炉」「如意」「払子」「中啓」などの持物のこと。

【威儀師】 いぎし

大法会のときに衆僧の先頭を進んで威儀を整える指導僧のこと。和銅七年（七一四）に興福寺供養のときにはじめて置かれたという。九世紀半ばころには「大威儀師」「小威儀師」「権威儀師」が設けられ「大威儀師」は「法橋上人位」に任じられた。法隆寺では聖霊会などの大会に設けられている。

【壱岐房】 いきぼう➡「寛玄」の項目を見よ。

【生田佐左衛門】 いくたさざえもん

大工。文政八年（一八二五）の西円堂や天保十年（一八三九）の興善院本堂の修理に大工として従事。

出典「西円堂棟札」「興善院本堂棟札」

【池後寺】 いけじりでら➡「法起寺」の項目を見よ。

【維好】 いこう

目代。能算別当の在任中（一〇七六～九四）に目代をつとめた。生没年不詳。

【已講】 いこう

興福寺の維摩会、薬師寺の最勝会、宮中の御斎会など三大会の講師をつとめた僧のこと。

【泉】　いずみ

瓦工。寛喜二年（一二三〇）五月の夢殿の修理に従事。

出典「夢殿棟札」

【維暹】　いせん

都維那。保延三年（一一三七）『都維那維暹田直米請取状』に記載。生没年不詳。

【倚像】　いぞう

椅子や台座に腰掛けて両脚を下に垂れた姿を表現した仏像。法隆寺では金堂壁画の大壁に見られる。

【板絵】　いたえ

板に白土や漆などを下地として施した上に絵を描いたもの。法隆寺では金堂の釈迦三尊像、阿弥陀如来像、薬師如来像などの台座をはじめ玉虫厨子や橘夫人厨子などに見られる。

【板光背】　いたこうはい

立像用二重円相光。平安時代。檜材　彩色。総高一〇〇・五センチメートル。至宝四−四〇七

【板光背】　いたこうはい

立像用。鎌倉時代。檜材　素地。法量二八・〇センチメートル（頭光径）。至宝四−四〇八

【板橋良玄】　いたはしりょうげん

法相宗管長。興福寺住職。大僧正。雲井良海の弟子。東京府北豊島郡志村、板橋氏の出身。幼名、錬次郎。明治二十一年（一八八八）十月十日より雲井良海の徒弟となる。興福寺勧学院や法隆寺勧学院で修学。興福寺や法隆寺の復興に尽力した。昭和十一年（一九三六）慈恩会竪義を遂業。昭和十七年（一九四二）興福寺住職に就任。昭和二十九年（一九五四）一月二十六日、七十六歳で没。

【板碑】　いたひ

中世の石塔婆の一種。建武元年（一三三四）七月二十四日に定願が建てたもの。総高一八一センチメートル。現在は西園院の庭に移している。至宝二−石碑一一

【一菴房】いちあんぼう➔「実賛」の項目を見よ。

【一位公】いちいこう➔「仙慶」の項目を見よ。

【一位公】いちいこう➔「良英」の項目を見よ。

【一位公】いちいこう➔「堯尊」の項目を見よ。

【壱英】いちえい

養海房。藤堂藩無足人吉田氏の出身。妙音院の後住。元禄九年（一六九六）七月八日に中院、妙音院宛てに系図を提出して得度。元禄十五年（一七〇二）『年会日次記』まで「養海壹英」と記載。生没年不詳。

【一夏九旬】いちげくじゅん➔「安居」の項目を見よ。

【一源】いちげん

末寺僧。真言律。法倫。北室院の住。越中新川郡開村開仁左衛の五男として天明三年（一七八三）出生。文政十三年（一八三〇）十一月十九日に北室院住持となる。弘化二年（一八四五）二月二十二日、聖霊院本尊の模像の開眼戒師をつとめた。同年、北室院経蔵を新造して『黄檗版一切経』を納めることを発願する。嘉永元年（一八四八）七月、僧形八幡大菩薩画像を修理し、その開眼供養を行うなど北室院の発展に寄与した。文久二年（一八六二）八月五日没。

【一源坐像】いちげんざぞう

江戸時代。檜材　寄木造　彩色。像高四三・〇センチメートル。北室院に安置。文久三年（一八六三）に遺弟や有縁の人びとによって一源の坐像を仏師の清水定運が造顕した。至宝四-一九二

【一順房】いちじゅんぼう➔「弘覚」の項目を見よ。

【一乗】いちじょう

一つの乗物の意味。「一仏乗」「一仏大乗」ともいう。人びとが仏の悟りに至ることが出来る偉大な乗物のこと。

【一日頓写経】いちにちとんしゃきょう

一日で『法華経』『大般若経』などを一人か多数で写

すことをいう。経典を速く写す法会を「頓写会」と呼ぶ。

【一日頓写経略作法】 いちにちとんしゃきょうりゃくさほう

一日頓写経を行う作法を記したもの。巻子本。貞治三年（一三六四）書写。縦二九・一センチメートル。横三九七・〇センチメートル。

【一鼓】 いちのこ

雅楽に用いる楽器の名称。

【一鼓】 いちのこ

鼓面は室町時代、鼓胴は鎌倉時代。鼓面径二六・三センチメートル。長三五・五センチメートル。「永禄十年（一五六七）」の銘がある。至宝一〇-四二〇

【一仏乗】 いちぶつじょう↓「一乗」の項目を見よ。

【一仏大乗】 いちぶつだいじょう↓「一乗」の項目を見よ。

【市兵衛】 いちべえ

大工。宝永三年（一七〇六）宝積寺の修理に従事。

出典「宝積寺棟札」

【一木造】 いちぼくづくり

頭部から体部まで一つの材木から彫刻したもの。

【一萬節塔】 いちまんせっとう

百萬小塔が一万の満数に当たるときに造られた大形の塔。相輪と塔身を一木で造っていることが特徴。

【一萬節塔】 いちまんせっとう

重文。奈良時代。塔身は檜材。総高四七・五センチメートル。底面径一二・〇センチメートル。九輪高九・五センチメートル。七重塔。至宝五

【一陽集】 いちようしゅう

「古今一陽集」の略称。「古今一陽集」の項目を参照。

【一臈】 いちろう

一つの寺院の最上位の僧のこと。法隆寺では「一臈法印」と呼ぶ。「一臈法印」の項目を参照。

【一郎大夫】 いちろうだゆう
大工。応永二十五年（一四一八）陵山宝積寺の修理に従事。出典「棟札銘写」

【市郎兵衛】 いちろうべえ
大工。西里の住。元禄九年（一六九六）九月の宝珠院表門の修理に従事。出典「宝珠院表門棟札」

【一臈法印】 いちろうほういん
「寺務職」ともいい、学侶衆の評議によって法隆寺を統轄する僧のこと。現在の「法隆寺住職」に相当する。

【逸我房】 いつがぼう➜「実乗」の項目を見よ。

【一光三尊像】 いっこうさんぞんぞう
中尊と両脇侍より構成している三尊仏が一枚の光背に配された形式の仏像の名称。

【一切経蔵】 いっさいきょうぞう
平安時代末～鎌倉時代初期の創建。桁行三間。梁行二間。切妻造。本瓦葺。西院廻廊と聖霊院の間に建っている。聖霊院所蔵の経典類を収納する施設。勧勒像を安置していたため「勧勒堂」と呼ばれた時代もある。元禄年間（一六八八～一七〇四）に興福寺花厳院の『一切経』を購入して納めている。至宝一―三五

【一切経輪蔵】 いっさいきょうりんぞう
旧北室院の経蔵。正面三間。側面三間。宝形造。本瓦葺。弘化三年（一八四六）に北室院の一源が伝法堂の北西に建立。『黄檗版一切経』半分を納める。昭和十六年（一九四一）ごろに宝光院の北側へ移建。至宝二―四五

【一山】 いっさん
法隆寺全体のこと。寺僧全員を指す場合もある。

【一升弁】 いっしょうます
重文。木造。「康正弁」と「天正弁」の二口がある。康正一四・三×一四・三センチメートル、高七・〇センチメートル。天正一五・七×一五・七センチメートル、高七・九センチメートル。至宝一四―生活具一、二

【井筒屋清蔵】 いづつやきよぞう➡「岡本清蔵」の項目を見よ。

【井筒屋七郎兵衛】 いづつやしちろべえ

元禄大修理の工事請負業者の一人。京の人。出典元禄九年『伽藍修復勘定帳』

【井筒屋庄蔵】 いづつやしょうぞう

大工。本町の住。藤原勝久。嘉永三年（一八五〇）の西南院表門、安政二年（一八五五）の三経院、安政三年（一八五六）の地蔵院上土門の修理に従事。出典「西南院表門棟札追書」「西円堂棟札」「地蔵院上土門棟札」

【出川善助】 いでがわぜんすけ

大工。明治二十三年（一八九〇）聖霊院水舎の建立に従事。出典「聖霊院水舎棟札」

【出川惣太郎】 いでがわそうたろう

大工。明治二十三年（一八九〇）聖霊院水舎の建立に従事。出典「聖霊院水舎棟札」

【伊東忠太】 いとうちゅうた

建築家。明治二十五年（一八九二）帝国大学工科大学造家学科を卒業。明治二十八年（一八九五）に法隆寺建造物の全てを実測して日本最古の建築であることを提唱した。昭和二十九年（一九五四）八十六歳で没。

【威徳坊】 いとくぼう

江戸時代初期の創建。南大門の東側にあった子院の名称。正徳元年（一七一一）に宝光院に吸収されたらしい。

【乾蔵】 いぬいぐら

江戸時代。西園院の諸道具を収納する施設として建設。至宝一-六〇

【乾五郎右衛門】 いぬいごろうえもん

棟梁。元禄五年（一六九二）『棟梁住所幷大工杣大鋸木挽人数作高之覚』に「並棟梁和州法隆寺村其外方々罷在候分・和州法隆寺西里住居仕候」と記載。

【乾治兵衛】いぬいじへい
棟梁。元禄五年（一六九二）『棟梁住所幷大工杣大鋸木挽人数作高之覚』に「並棟梁京都罷在候分・和州法隆寺西里住居仕候今程主水方相詰罷在候」と記載。

【乾甚九郎】いぬいじんくろう
棟梁。元禄五年（一六九二）『棟梁住所幷大工杣大鋸木挽人数作高之覚』に「並棟梁京都罷在候分・和州法隆寺西里住居仕候」と記載。

【乾茂助】いぬいもすけ
棟梁。元禄五年（一六九二）『棟梁住所幷大工杣大鋸木挽人数作高之覚』に「並棟梁京都罷在候分・和州法隆寺西里住居仕候今程主水方相詰罷在候」と記載。

【亥嶋弁財天】いのしまのべんざいてん
三経院前池（亥嶋池）の中央にある社殿の名称。亥嶋弁天という。勧請年代不明。亥の方角にある弁財天という意味か。若草伽藍から見た方角の可能性もある。

【亥嶋弁天】いのしまのべんてん⇒「弁財天社」の別称。

【茨木屋次郎兵衛宗利】いばらぎやじろうべえむねとし
京の堀川住。寛永五年（一六二八）二月二十二日に聖霊会料の読師用経箱を寄進。出典「経箱裏墨書」。献納宝物

【伊富部友弘】いふべともひろ
厨子大工。文永五年（一二六八）に食堂の薬師如来坐像を安置する厨子を新造したときに「厨子大工」と記載。
出典「厨子裏墨書」

【伊兵衛】いへえ
大工。西里の住。文政八年（一八二五）の西円堂や天保六年（一八三五）の花山竜池社の修理に従事。出典「西円堂棟札」「花山竜池棟札」

【意宝】いほう
大法師。五師。『応安年中以来法隆寺評定日記』に嘉

慶元年（一三八七）～応永元年（一三九四）まで五師をつとめたと記載。生没年不詳。

【今奥加兵衛】 いまおくかへえ

棟梁。元禄五年（一六九二）『棟梁住所幷大工杣大鋸木挽人数作高之覚』に「並棟梁和州法隆寺村其外方々罷在候分・和州法隆寺西里住居仕候」と記載。

【今奥吉兵衛】 いまおくきちべえ

棟梁。平政隆。寛文十一年（一六七一）ごろに『愚子見記』を編纂。出典『愚子見記』

【今村伊大夫】 いまむらいだゆう

棟梁。元禄五年（一六九二）『棟梁住所幷大工杣大鋸木挽人数作高之覚』に「並棟梁和州法隆寺村其外方々罷在候分・和州法隆寺西里住居仕候」と記載。

【今村河内正盛】 いまむらかわちまさもり

四大工。寛文八年（一六六八）天満宮の修理に従事。出典「天満宮棟札」

【今村七郎右衛門】 いまむらしちろうえもん

棟梁。元禄五年（一六九二）『棟梁住所幷大工杣大鋸木挽人数作高之覚』に「並棟梁和州法隆寺村其外方々罷在候分・和州法隆寺東里住居仕候」と記載。

【今村勝大夫】 いまむらしょうだゆう

棟梁。元禄五年（一六九二）『棟梁住所幷大工杣大鋸木挽人数作高之覚』に「並棟梁和州法隆寺村其外方々罷在候分・和州法隆寺西里住居仕候」と記載。

【今村庄大夫】 いまむらしょうだゆう

四大工。元禄十年（一六九七）に法隆寺への出入りの許可を申し出て四大工に再就任している。出典『年会日次記』

【今村新右衛門】 いまむらしんえもん

棟梁。享保二年（一七一七）現護摩堂表門の建立に従事。出典「現護摩堂棟札」

【今村善助】いまむらぜんすけ

大工。寛文八年（一六六八）天満宮の修理に従事。出典「天満宮棟札」

【今村筑後少掾平正長】いまむらちくごのしょうじょうたいらのまさなが

頭棟梁。元禄五年（一六九二）『棟梁住所幷大工杣大鋸木挽人数作高之覚』に「頭棟梁五人之内・和州法隆寺西里住居仕候」と記載。元禄九年（一六九六）の五重塔や元禄十年（一六九七）の新堂の修理に従事。出典「五重塔棟札」「新堂棟札」

【今村文右衛門】いまむらぶんえもん

棟梁。元禄五年（一六九二）『棟梁住所幷大工杣大鋸木挽人数作高之覚』に「並棟梁和州法隆寺村其外方々罷在候分・和州法隆寺東里住居仕候」と記載。

【今村孫大夫】いまむらまごだゆう

棟梁。元禄五年（一六九二）『棟梁住所幷大工杣大鋸木挽人数作高之覚』に「並棟梁和州法隆寺村其外方々罷在候分・和州法隆寺西里住居仕候」と記載。

【今村又八郎】いまむらまたはちろう

棟梁。元禄五年（一六九二）『棟梁住所幷大工杣大鋸木挽人数作高之覚』に「並棟梁和州法隆寺村其外方々罷在候分・和州法隆寺西里住居仕候」と記載。

【今村安市】いまむらやすいち

大工。西里の住。明治十三年（一八八〇）三経院の修理に従事。出典「三経院棟札」

【今村安右衛門亮長】いまむらやすえもんすけなが

棟梁。元禄五年（一六九二）『棟梁住所幷大工杣大鋸木挽人数作高之覚』に「並棟梁京都罷在候分・和州法隆寺西里住居仕候」と記載。元禄九年（一六九六）五重塔の修理に従事。出典「五重塔棟札」

【今村安兵衛】いまむらやすべえ

大工。寛文八年（一六六八）天満宮の修理に従事。出典「天満宮棟札」

【今村与兵衛】　いまむらよへえ

棟梁。元禄五年（一六九二）『棟梁住所幷大工杣大鋸木挽人数作高之覚』に「並棟梁京都罷在候分・和州法隆寺東里住居仕候今程主人方相詰罷在候」と記載。

【今村六兵衛】　いまむらろくべえ

棟梁。元禄五年（一六九二）『棟梁住所幷大工杣大鋸木挽人数作高之覚』に「並棟梁京都罷在候分・和州法隆寺西里住居仕候今程主人方相詰罷在候」と記載。

【院】　いん

築地や垣根に囲まれた建物のこと。中世のころから子院を「何々院」と称するようになった。

【印英】　いんえい

応永九年（一四〇二）『児童大衆等規式間事』に記載。生没年不詳。

【印円】　いんえん

応永九年（一四〇二）『児童大衆等規式間事』に記載。生没年不詳。

【印海】　いんかい

法師。応永九年（一四〇二）『児童大衆等規式間事』に記載。『竜田社頭舞楽法会次第』に嘉吉二年（一四四二）竜田社頭舞楽法会に右方甲衆、文安六年（一四四九）新福寺供養に奉行衆として出仕、文安六年に沙汰衆をつとめたと記載。生没年不詳。

【印懐】　いんかい

法師。『竜田社頭舞楽法会次第』に文安六年（一四四九）三月十一日の新福寺供養、宝徳三年（一四五一）の聡明寺供養に錫杖衆として出仕したと記載。生没年不詳。

【胤懐】　いんかい

「一臈法印」。権大僧都。少納言公。尭懐の弟子。知足院、地蔵院、西園院の住。楞厳院と号す。春日社家正真院の出身。幼名、菊千代。延享元年（一七四四）得度。延享四年（一七四七）地蔵院へ転住。寛延元年（一七四八）

九月九日、西園院へ転住。宝暦年間（一七五一〜六四）舎利預。天明元年（一七八一）九月二十一日、権大僧都。寛政元年（一七八九）十一月、絵殿預に補任。寛政五年（一七九三）一臈法印に昇進。寛政十二年（一八〇〇）に辞任。享和元年（一八〇一）十月十八日に京都で没。

【印寛】 いんかん

「法隆寺別当」。僧正。興福寺教恩院の僧。正応二年（一二八九）九月、法隆寺別当に補任。七年間在任。その任期中に一切経供養童舞を行った。永仁三年（一二九五）に法隆寺別当を辞退。

【胤堯】 いんぎょう

大弐公。胤懐の弟子。宝珠院の住。本多家家臣丹羽氏の出身。幼名、富丸。天明四年（一七八四）二月十四日得度。同年、実名を賢良に改名。同年十一月十八日没。

【院家】 いんけ

皇族や貴族の出身者が住んでいる子院のこと。法隆寺に院家は存在しない。

【印賢】 いんけん

「一臈法印」。権少僧都。覚順房。普門院の住。応永三十二年（一四二五）一月、舎利預に補任。永享十年（一四三八）の南大門再興の棟札に「一臈権少僧都」と記載。『竜田社頭舞楽法会次第』に嘉吉二年（一四四二）二月二十四日の竜田社頭舞楽法会の講師と記載。嘉吉三年（一四四三）九月九日、八十一歳で没。

【印厳】 いんげん

応永九年（一四〇二）『児童大衆等規式間事』に記載。生没年不詳。

【胤厳】 いんげん

応永九年（一四〇二）『児童大衆等規式間事』に記載。生没年不詳。

【印算】 いんさん

金堂十僧。得業。賢林房。弘安九年（一二八六）五月二十五日没。

【印算】 いんさん

応永九年（一四〇二）『児童大衆等規式間事』に記載。生没年不詳。

【印実】 いんじつ

法印。円順房。実乗の弟子。宝光院の住。元仁和寺僧の周遍より広沢流、実乗より小野流、道果より両流の奥義を受ける。貞治二年（一三六三）護摩供の供僧となる。応安四年（一三七一）の上御堂本尊修復の開眼導師をつとめる。至徳三年（一三八六）に舎利預に補任（六十九歳）。応永元年（一三九四）ごろ先師実乗の遺願によって護摩堂を建立し、護摩堂へ本尊不動明王像・両界曼荼羅・絵像薬師・絵像不動尊などを寄進。明徳元年（一三九〇）に上宮王院の前机や磐台などを新調。応永五年（一三九八）「西円堂棟札」に「一臈　八十一歳」と記載。応永十一年（一四〇四）七月三日、八十七歳で没。遺弟らによって印実法印の画像が描かれた。

【胤実】 いんじつ

寛喜二年（一二三〇）「上宮王院棟札」に「法師　結縁衆」と記載。生没年不詳。

【印実画像】 いんじつがぞう

絹本着色。縦七九・七センチメートル。横四〇・五センチメートル。応永十一年（一四〇四）に開眼供養。永禄十年（一五六七）に修理。至宝六―二五七

【院主】 いんじゅ

子院の住職のこと。法隆寺では聖霊院や三経院の管理僧のことを両院主と呼ぶ習慣があった。

【印秀】 いんしゅう

応永九年（一四〇二）『児童大衆等規式間事』に記載。生没年不詳。

【胤周】 いんしゅう

「一臈法印」。権僧正。少将公。胤懐の弟子。宝珠院、地蔵院、西園院の住。竜田本宮別当東一坊を兼帯。柳原家の猶子。幼名、国磨。天明七年（一七八七）十二月

一日得度。文化六年（一八〇九）十一月二十五日、舎利中旬預。文化七年（一八一〇）三月二十二日、一臈法印に昇進。文化九年（一八一二）十一月三十日、勅許により権僧正を賜わる。文化十年（一八一三）五月十日、三十九歳で没。

【院主戒師】 いんじゅかいし

堂方律学の一臈で律学院の院主のこと。

【印舜】 いんしゅん

律師。願識房。瓦坊の住。応永九年（一四〇二）『児童大衆等規式間事』、応永二十二年（一四一五）『順禅房罪科間事』に記載。永享六年（一四三四）地蔵院本堂建立のとき「院中衆」と記載。永享十二年（一四四〇）西室の夏前講本尊箱の沙汰人。康正二年（一四五六）護摩堂長香之器の新調沙汰人。寛正三年（一四六二）十月、舎利預に補任（六十六歳）。応仁二年（一四六八）十一月一日、七十二歳で没。

【印清】 いんせい

権少僧都。永禄九年（一五六六）『舎利講四座講』を書写して舎利殿に寄進。元亀三年（一五七二）の『金光院堂再興之事』に「五師」と記載。天正十一年（一五八三）八月二十四日、舎利預に補任（六十五歳）。天正十四年（一五八六）ごろ没。

【印専】 いんせん

応永九年（一四〇二）『児童大衆等規式間事』に記載。生没年不詳。

【印尊】 いんそん

卿公。覚賢の弟子。賀茂社家藤木対馬守の息（藤谷中納言為條の息ともいう）。元禄十一年（一六九八）十一月十九日得度。元禄十二年（一六九九）十月十七日没。

【院派】 いんぱ

平安時代後期から鎌倉時代に活躍をした仏師の一派の称。定朝の孫の院助にはじまる仏師の系統をいう。仏師の名前に院が付いていることから、その名が起こった。

【印仏】 いんぶつ➔「摺仏」の項目を見よ。

【因明】 いんみょう

インドの論理学のこと。とくに南都仏教ではこの学問が研鑽されていた。

【因明作法の変遷とその著述】 いんみょうさほうのへんせんとそのちょじゅつ

大正七年（一九一八）に佐伯良謙が因明の作法とそれに関する著述について撰述した。昭和四十四年（一九六九）三月八日に刊行。

【印鎰之儀】 いんやくのぎ

法隆寺の印と鍵を住職となった僧が受ける儀式。昭和五十七年（一九八二）に復興した。

【印祐】 いんゆう

応永九年（一四〇二）『児童大衆等規式間事』に記載。生没年不詳。

【印誉】 いんよ

堂衆行人方。順識房。宥信の弟子。元禄十七年（一七〇四）二月五日得度。宝永三年（一七〇六）『年会日次記』まで記載。生没年不詳。

【植栗京存】 うえくりきょうぞん

勾当。天明二年（一七八二）一月十六日没。

【上野半左衛門】 うえのはんざえもん

覚勝の実家である藤堂藩無足人山本家の縁者。五代将軍徳川綱吉の生母桂昌院の筆頭家老。中院覚勝と別懇の間柄であったという。元禄七年（一六九四）の法隆寺江戸出開帳のときに大いに尽力した。元禄九年（一六九六）八月十四日没。

【上宮遺跡】 うえのみやいせき

奈良県桜井市にある聖徳太子が少年時代を過ごした住居跡の名称。上宮（かみつみや）とも呼ぶ。昭和六十一年（一九八六）からの発掘によって六世紀中ごろから七世紀初めにかけての遺構の一部が検出されている。しかし太子の宮殿跡とする確証はない。

【植村作兵衛】うえむらさくべえ
大工。文政八年（一八二五）西円堂の修理に従事。出典「西円堂棟札」

【宇右衛門】うえもん
大工。森脇村の住。安永四年（一七七五）護摩堂の再建に従事。出典「護摩堂棟札」

【ウォーナー】うぉーなー
アメリカの東洋美術史研究家。正式名はラングドン・ウォーナー。一九〇三年、ハーバード大学卒業。岡倉天心や新納忠之介の知遇を得て明治三十九年（一九〇六）夏に来日して日本美術を研究した。明治四十年（一九〇七）十二月十八日に新納忠之介に伴われてはじめて法隆寺を訪ね、それ以降も法隆寺と交流を深めることとなった。ボストン美術館支那・日本美術部に勤務。一九二三年にハーバード大学附属フォッグ美術館東洋部長に就任。アメリカ政府の戦争地域美術及び記念物擁護委員会のメンバーの一人として奈良や京都の爆撃の中止を勧告して戦火から守ったと伝える。しかし本人は否定していたという。一九五五年六月九日、七十三歳で没。昭和三十三年（一九五八）六月九日、法隆寺境内西方院山にラングドン・ウォーナー供養塔を建立している。

【ウォーナー忌】うぉーなーき
仏教美術の研究家、米国人ラングドン・ウォーナーの命日六月九日に行う法要の名称。

【右京公】うきょうこう↓「貞応」の項目を見よ。

【右京公】うきょうこう↓「堯胤」の項目を見よ。

【右京公】うきょうこう↓「秀懐」の項目を見よ。

【右京公】うきょうこう↓「懐秀」の項目を見よ。

【右京公】うきょうこう↓「慶祐」の項目を見よ。

【宇治国守】うじくにもり
興福寺系大工。引頭大夫。建保七年（一二一九）舎利殿の建立に従事。出典「舎利殿棟木銘」

【氏寺】うじでら

氏族が一族の祈願所として建立した寺院のこと。

【采女】うねめ

大工。元禄九年（一六九六）に中宮寺の使者として江戸の本庄因幡守を訪れた大工の武兵衛のことか？

【雨宝童子】うほうどうじ

とくに災禍を除き寿命の長遠、吉祥の功徳があるという。雨を呼ぶ童子として「祈雨」の本尊とされている。

【雨宝童子像】うほうどうじぞう

室町時代。檜材　寄木造　彩色。素木厨子入。像高五七・五センチメートル。至宝四―二三六

【馬屋】うまや

江戸時代。一間四方。妻入本瓦葺。聖徳太子の愛馬「黒駒」と侍者の「調子麿」の像を安置する建物。妻室の西側に建っている。至宝一―三七

【梅戸平右衛門尉】うめどへいえもんのじょう

慶長十一年（一六〇六）「聖霊院棟札」に「官使下代」と記載。

【盂蘭盆会】うらぼんえ

盂蘭盆経の所説に従って、毎年八月十四日と十五日の両日に律学院で行う法会のこと。

【盂蘭盆経】うらぼんきょう

釈迦の高弟であった目蓮が餓鬼道に落ちた亡き母を救済しようと釈迦に教えを乞うたところ、衆僧たちの安居明けの懺悔の日に十方の僧に供養すれば、その苦しみから救われると教えた経典。その所説に従って盂蘭盆会が行われている。

【吽形像】うんぎょうぞう

重文。和銅四年（七一一）。頭部は塑像。胴体は木造。像高三七八・五センチメートル。中門内の西側に南面して立つ。口を固く結んだ仁王像で全身が黒く塗られている。大永五年（一五二五）九月に胴体の部分（頭部以外）を補った。
至宝一―塑像一〇〇

【英胤】えいいん
祐乗房（春乗房）。清浄院、宝蔵院の住。藤堂藩家臣平松氏の出身。幼名、戈丸。宝永三年（一七〇六）得度。正徳五年（一七一五）ごろ春乗房順専に改名。享保十二年（一七二七）閏一月三十一日退院。

【栄雲】えいうん
「一臈法印」。律師。長舜房。金剛院の住。天文元年（一五三二）八月二十四日、舎利預に補任（六十二歳）。天文四年（一五三五）ごろ一臈法印に昇進。天文十五年（一五四六）十月二十九日、七十六歳で没。

【栄円】えいえん
寛喜二年（一二三〇）「上宮王院棟札」に「学衆　法師」と記載。生没年不詳。

【栄恩】えいおん
大法師。若狭公（甚行房）。仙秀の弟子。地蔵院、宝光院の住。片桐家家臣森氏の出身。幼名、三之丞丸。宝永七年（一七一〇）得度。文亮に改名。享保十年（一七二五）に兵衛公弁教と改名。享保十五年（一七三〇）二月十日没。

【栄恩房】えいおんぼう➡「秀覚」の項目を見よ。

【英賀】えいが
僧都。天文十七年（一五四八）『奉唱　大別当御拝堂威儀僧事』に「威儀僧　大法師」と記載。天正二年（一五七四）一月、舎利預に補任。同年六月二十三日没。

【永懐】えいかい
少弐公。永信の弟子。蓮池院の住。郡山藩家臣関氏の出身。幼名、徳丸。享和三年（一八〇三）九月二十日得度。文化三年（一八〇六）八月三十一日退院。

【栄懐】えいかい➡「堯弁」の項目を見よ。

【永覚】えいかく
金堂十僧。咒師。正応二年（一二八九）十一月に金堂十僧に入供。正応六年（一二九三）五月二十一日没。

【栄覚】えいかく

法師。左京公。妙音院の住。永井近江守家臣大橋氏の出身。宝暦三年（一七五三）十二月十五日得度。幼名、延磨。宝暦十三年（一七六三）ごろ普光院と号す。宝暦十四年（一七六四）仮名を弾正公に改名。明和五年（一七六八）『年会日次記』まで記載。生没年不詳。

【栄覚】えいかく

目代。『別当記』に永超別当（一〇九四〜九五）の在任中に「目代」と記載。生没年不詳。

【英覚】えいかく

応永九年（一四〇二）『児童大衆等規式間事』に記載。生没年不詳。

【栄喜】えいき

寛文九年（一六六九）『現在僧名帳』に記載。この年に得度。生没年不詳。

【栄京】えいきょう

勾当。元禄十五年（一七〇二）『年会日次記』に記載。生没年不詳。

【永訓】えいくん

堂衆行人方。大法師。義（儀）照房。訓清の弟子。橋之坊の住。寛保二年（一七四二）二月二十七日得度。宝暦十四年（一七六四）四月二十九日、大法師に昇進。安永四年（一七七五）六月三十日没。

【栄芸】えいげい

嘉禄三年（一二二七）五月十日『法隆寺大法師隆詮外十二僧連署契状』（早稲田大学所蔵）に記載。生没年不詳。

【栄憲】えいけん

寛喜二年（一二三〇）「上宮王院棟札」に「学衆　法師」と記載。生没年不詳。

【永兼】えいけん

永久二年（一一一四）～元永元年（一一一八）に勝賢が発願した『法隆寺一切経』の書写に協力した。生没年不詳。

【英憲】えいけん

応永九年（一四〇二）『児童大衆等規式間事』に記載。生没年不詳。

【永元】えいげん

永久二年（一一一四）～元永元年（一一一八）に勝賢が発願した『法隆寺一切経』の書写に協力した。生没年不詳。

【栄賢房】えいけんぼう

承仕。寛永三年（一六二六）『現在僧名帳』に記載。この年に得度。生没年不詳。

【永源房】えいげんぼう➡「貞祐」の項目を見よ。

【英弘】えいこう

権少僧都。甚識房。妙音院、宝光院、東室院の住。延宝七年（一六七九）得度。元禄八年（一六九五）竪義を遂業。元禄大修理の修理奉行。宝永四年（一七〇七）、正徳二年（一七一二）聖霊会の絵殿預。享保元年（一七一六）十一月二十一日舎利預に補任。享保十年（一七二五）十二月隠居。寛保二年（一七四二）『半夜作法』を書写。延享三年（一七四六）九月二日、八十歳で没。

【英弘】えいこう

応永九年（一四〇二）『児童大衆等規式間事』に記載。生没年不詳。

【永業】えいごう➡「ようごう」の項目を見よ。

【英光房】えいこうぼう

万治元年（一六五八）『現在僧名帳』に記載。この年に得度。生没年不詳。

【栄厳】えいごん

寛喜二年（一二三〇）「上宮王院棟札」に「学衆　法

師　結縁衆」と記載。生没年不詳。

【栄算】　えいさん

寛喜二年（一二三〇）「上宮王院棟札」に「学衆　法師」と記載。生没年不詳。

【栄算】　えいさん

応永九年（一四〇二）『児童大衆等規式間事』に記載。生没年不詳。

【英賛】　えいさん

僧都。西南院の住。明暦二年（一六五六）、寛文九年（一六六九）聖霊会の会奉行。寛文八年（一六六八）天満宮の修理奉行に補任。延宝年間（一六七三～八一）に西南院を再興。舎利預に昇進。貞享二年（一六八五）十月二十三日没。

【英実】　えいじつ

応永九年（一四〇二）『児童大衆等規式間事』、応永二十二年（一四一五）『順禅房罪科間事』に記載。生没年不詳。

【英実】　えいじつ

法師。吉祥院の住。延宝五年（一六七七）『太子伝口決集』を著述。貞享二年（一六八五）八月十一日没。

【栄秀】　えいしゅう

「一臈法印」。権大僧都。学源房。弥勒院の住。応永九年（一四〇二）『児童大衆等規式間事』に記載。永享十年（一四三八）「南大門棟木銘」に「五師」と記載。宝徳三年（一四五一）八月、舎利預に補任（六十歳）。一臈法印に昇進。寛正三年（一四六二）九月二十日、七十一歳で没。

【英奝】　えいしゅう

大法師。五師。永和四年（一三七八）『廿人沙汰間条々』に記載。『応安年中以来法隆寺評定日記』に応永六年（一三九九）七月二十日～応永十一年（一四〇四）まで五師をつとめたと記載。生没年不詳。

【英秀】えいしゅう

応永九年（一四〇二）『児童大衆等規式間事』、応永二十二年（一四一五）『順禅房罪科間事』に記載。生没年不詳。

【英秀】えいしゅう

大法師。天文十七年（一五四八）『奉唱　大別当御拝堂威儀僧事』に「威儀僧」と記載。生没年不詳。

【英秀】えいしゅう

律師。妙音院の住。寛永十三年（一六三六）出生。中井正純の息。高栄の弟子。貞享四年（一六八七）六月十四日、五十二歳で没。

【栄俊】えいしゅん

金堂十僧。承元三年（一二〇九）には金堂十僧であったと『金堂日記』に記載。生没年不詳。

【栄舜】えいしゅん

寛喜二年（一二三〇）「上宮王院棟札」に「学衆　法師」と記載。生没年不詳。

【永俊】えいしゅん

堂衆。大法師。天文二年（一五三三）十一月、上宮王院の堂司として土製の燈明台を造顕。生没年不詳。

【英春】えいしゅん

堂衆律学。空算房（空暫房、桂順房、突賛房）。東蔵院、福生院の住。享保五年（一七二〇）得度。元文五年（一七四〇）十二月、桂順房格盛に改名。同年十二月十五日、大法師に昇進。寛保二年（一七四二）四月二十九日没。

【英舜】えいしゅん

至徳二年（一三八五）『奉寄進　山一処事』に記載。生没年不詳。

【英舜】えいしゅん

応永九年（一四〇二）『児童大衆等規式間事』に記載。

生没年不詳。

【栄春房】 えいしゅんぼう

慶長七年（一六〇二）『現在僧名帳』に記載。この年に得度。生没年不詳。

【栄舜房】 えいしゅんぼう

天文八年（一五三九）『現在僧名帳』に記載。この年に得度。生没年不詳。

【永順房】 えいじゅんぼう➡「弘前」の項目を見よ。

【栄聖】 えいしょう

寛喜二年（一二三〇）「上宮王院棟札」に「結縁衆法師」と記載。生没年不詳。

【永照】 えいしょう

「法隆寺別当」。大僧都。興福寺の僧。万寿二年（一〇二五）法隆寺別当に補任。三年間在任。万寿四年（一〇二七）に辞退。生没年不詳。

【英乗】 えいじょう

「一臈法印」。僧都。天文十七年（一五四八）『奉唱大別当御拝堂威儀僧事』に「上宮王院堂達」と記載。永禄九年（一五六六）三月、舎利預に補任（七十三歳）。元亀元年（一五七〇）ごろ一臈法印に昇進。天正元年（一五七三）十二月二十六日、八十歳で没。

【英乗】 えいじょう

堂衆。大法師。善住院の住。正保三年（一六四六）六月一日没。

【英定】 えいじょう

少将公。清浄院の住。郡山藩家臣松田氏の出身。幼名、権丸。享保九年（一七二四）十一月二十六日得度。享保十七年（一七三二）『年会日次記』まで記載。生没年不詳。

【永信】 えいしん

「一臈法印」。元堂衆行人方。権大僧都。中照房（大弐公）。永訓の弟子。橋之坊の住。聖霊院堂司。安永二年

（一七七三）二月七日得度。寛政九年（一七九七）寺法の大改正により学侶に交衆。懐儀の弟子となる。橋之坊を中道院に改名。文化二年（一八〇五）権律師、文化六年（一八〇九）三月十四日絵殿預、三月二十二日少僧都、十一月二十六日金堂預。文化七年（一八一〇）舎利下旬預。文化九年（一八一二）十二月二十一日、権大僧都に補任。文政四年（一八二一）七月十八日、一臈法印に昇進。文政五年（一八二二）五月九日、六十二歳で没。

【永真】えいしん

金堂十僧。大法師。承暦三年（一〇七九）吉祥悔過の後夜導師をつとめた。生没年不詳。**出典**『金堂日記』

【英信】えいしん

堂衆行人方。大法師。徳蔵院の住。寛文十年（一六七〇）『聖霊会読師私記』を著述。天和二年（一六八二）二月二十五日没。

【栄甚】えいじん

「一臈法印」。律師。仙学房。阿弥陀院、西南院、瓦坊の住。永禄十一年（一五六八）『太子伝金玉鈔』を著述。元亀三年（一五七二）『金光院再興之事』に「五師」と記載。天正十四年（一五八六）十二月二十一日、舎利預に補任。慶長二年（一五九七）二月十一日、一臈法印に昇進。慶長五年（一六〇〇）七月二十八日、七十二歳で没。

【英尋】えいじん

応永二十二年（一四一五）『順禅房罪科間事』に記載。生没年不詳。

【英甚】えいじん

応永九年（一四〇二）『児童大衆等規式間事』に記載。生没年不詳。

【永深房】えいじんぼう➡「快真」の項目を見よ。

【栄詮】えいせん

寛喜二年（一二三〇）「上宮王院棟札」に「学衆　法師」と記載。生没年不詳。

【英専】　えいせん
応永九年（一四〇二）『児童大衆等規式間事』、応永二十二年（一四一五）『順禅房罪科間事』に記載。生没年不詳。

【栄禅】　えいぜん
寛喜二年（一二三〇）「上宮王院棟札」に「学衆　法師」と記載。生没年不詳。

【永宣旨】　えいせんじ
中世から近世にかけて朝廷から下付された僧階補任の宣旨のこと。法隆寺には延文二年（一三五七）九月二十五日に「権律師　二口」、延文六年（一三六一）一月二十七日に「権少僧都　二口」が寄進された。出典『別当記』『嘉元記』

【栄仙房】　えいせんぼう
永禄三年（一五六〇）『現在僧名帳』に記載。この年に得度。生没年不詳。

【影像】　えいぞう
神仏や高僧などの姿を絵画や彫刻で表現したもの。

【栄増】　えいぞう
寛喜二年（一二三〇）「上宮王院棟札」に「学衆　法師」と記載。生没年不詳。

【叡尊】　えいそん
鎌倉時代の律宗の高僧。西大寺中興の祖。字は思円。興正菩薩という。正嘉二年（一二五八）に調子麿が相伝したと伝える如意輪観音像（木造、唐時代）の修理を行い、切金文様や持物、光背、台座、天蓋などを新調した。弘安六年（一二八三）六月九日に法隆寺五重塔の雷除けの木札を書いている。正応三年（一二九〇）没。

【栄尊】　えいそん
応永九年（一四〇二）『児童大衆等規式間事』に記載。生没年不詳。

【永尊】えいそん
金堂十僧。五師。春長房。正和元年（一三一二）十二月に金堂十僧に入供。生没年不詳。

【英尊】えいそん
堂衆。大法師。善住院の住。寛永七年（一六三〇）一月二十九日没。

【英尊】えいそん
大法師。頼順房。清浄院の住。慶安元年（一六四八）得度。寛文八年（一六六八）天満宮修理の公文方。寛文九年（一六六九）聖霊会の沙汰衆。延宝三年（一六七五）絵殿修理の五師に補任。延宝五年（一六七七）十二月十七日没。

【英尊】えいそん
尊殊の弟子。刑部卿。清浄院の住。青山播磨守家臣坂氏の出身。幼名、三之助丸。元禄十五年（一七〇二）得度。宝永二年（一七〇五）『年会日次記』まで記載。生没年不詳。

【栄泰】えいたい
天平宝字五年（七六一）『東院資財帳』に「可信法師」と記載。生没年不詳。

【永超】えいちょう
「法隆寺別当」。大僧都。興福寺新院の僧。嘉保元年（一〇九四）十二月三十一日、法隆寺別当に補任。嘉保二年（一〇九五）十一月三十日没。

【英肇】えいちょう➡「湛肇」の項目を見よ。

【永珍】えいちん
永久二年（一一一四）～元永元年（一一一八）に勝賢が発願した『法隆寺一切経』の書写に協力した。生没年不詳。

【栄範】えいはん
金堂十僧。得業。寛喜二年（一二三〇）「上宮王院棟札」

に「学衆　法師」、嘉禎三年（一二三七）金光院の四脚門建立の記録に「行事」と記載。弘安九年（一二八六）に金堂十僧の一臈に昇進。正応六年（一二九三）六月八日没。

【栄範】　えいはん➡「光範」の項目を見よ。

【叡弁】　えいべん

末寺僧。真言律僧。僧護。法相の学匠。北室院の住。寛保二年（一七四二）出生。日向田中氏の出身。十三歳で得度。十九歳から高野山で修学。宝暦十年（一七六〇）十一月二日より大和聖林寺で智遠に従って戒律を護持し真言密教の多流をことごとく伝授され大阿闍梨に進む。天明七年（一七八七）北室院に入院。要請によって京都、興福寺、勢州で法相宗学を講義する。北室院太子殿の再興などその業績は高く評価されており、近世を代表する名僧といわれている。文政八年（一八二五）八月に弟子たちの発意によって仏師の清水定運が寿像を造顕した。文政十二年（一八二九）十月十九日、八十八歳で没。

【栄弁】　えいべん

寛喜二年（一二三〇）「上宮王院棟札」に「学衆　法師」と記載。生没年不詳。

【叡弁坐像】　えいべんざぞう

文政八年（一八二五）八月に京の大仏師の清水定運と良慶が造顕。寄木造　彩色。像高六六・五センチメートル《センチメートル》。至宝四―二九一

【栄祐】　えいゆう

俊善房。寛永十二年（一六三五）『現在僧名帳』に記載。この年に得度。生没年不詳。

【栄融】　えいゆう

寛喜二年（一二三〇）「上宮王院棟札」に「学衆　法師」と記載。生没年不詳。

【永祐】　えいゆう

『法隆寺別当記』に久安二年（一一四六）の講堂修理

のときの「行事」と記載。生没年不詳。

【英祐】えいゆう
応永九年（一四〇二）『児童大衆等規式間事』に記載。生没年不詳。

【栄廊】えいろう
律師。民部卿。観音院の住。寛文三年（一六六三）に得度。元禄五年（一六九二）三月二十五日没。

【恵恩】えおん➡「法澤」の項目を見よ。

【益延】えきのぶ
興福寺系大工。寛喜二年（一二三〇）夢殿の修理に従事。出典「上宮王院棟札」

【殖栗王】えぐりおう
聖徳太子の同母弟。

【殖栗王像】えぐりおうぞう
国宝。平安時代。寄木造 彩色。像高五三・九センチメートル。聖霊院西厨子に安置。念珠の筥を持っている。至宝四—二四九—（三）

【殖栗王立像】えぐりおうりゅうぞう
塑像。明治十二年（一八七九）六月に千早定朝の発願によって瓦匠の安井弥平が製作したもの。夢殿の北正面に安置していた。

【慧眼房】えげんぼう➡「楓活道」の項目を見よ。

【回向院】えこういん
浄土宗。東京都墨田区東両国にある寺院。江戸時代には諸寺の出開帳がその境内で行われている。法隆寺では元禄七年（一六九四）と天保十三年（一八四二）に出開帳を行った。

【柄香炉】えごうろ
柄の付いた香炉のこと。仏や菩薩を供養するときに用いる法具の名称。

【柄香炉】 えごうろ

奈良時代。響銅。高六・九センチメートル。長三六・一センチメートル。炉径一〇・九センチメートル。獅子鎮柄香炉。至宝一二―供養具七七

【柄香炉】 えごうろ

奈良時代。響銅。高六・二センチメートル。長三四・九センチメートル。炉径一〇・〇センチメートル。瓶鎮柄香炉。至宝一二―供養具七八

【柄香炉】 えごうろ

大永四年（一五二四）。鋳銅　鍍金。高一〇・八センチメートル。長三六・八センチメートル。炉高一〇・三センチメートル。聖霊会料として造顕した。至宝一二―供養具八一

【慧慈】 えじ

嘉祥大師吉蔵の門下と伝える。推古三年（五九五）高麗国より来朝し、聖徳太子の師となる。推古四年（五九六）に太子とともに伊予道後温泉に浴す。推古二十三年（六一五）に帰国。推古三十一年（六二三）二月二十二日に浄土で聖徳太子に会せんとして没する。

【会式】 えしき➡「聖霊会」「小会式」の項目を見よ。

【会式講堂大衆床着座之図】 えしきこうどうたいしゅうとこちゃくざのず

享保十年（一七二五）の聖霊会における僧侶の着座の状況を描いたもの。

【会式の供物】 えしきのくもつ

毎年三月二十二日（明治四十三年までは二月二十二日）の聖徳太子の命日に聖霊院へ供えられる供物のこと。二月下旬から寺僧たちによって準備がはじめられ三月二十日に供えられる（現在では三月五日を「事始め」と呼び、この日を準備の開始としている）。その供物の内容は十三杯御膳、五杯御膳、仏飯と重ね餅、山飾などで構成している。詳しくは各供物の名称の項目を参照。

【慧慈法師像】 えじほうしぞう

国宝。平安時代。寄木造　彩色。像高六三・九センチメートル。聖霊院東厨子に安置。聖徳太子の師の高麗僧の像で、袈裟を着し柄香炉を持っている。至宝四―一四九―（五）

【恵沼神塔碑】えしょうしんとうひ

重文。平安時代中期の古写本。巻子装。薄手楮紙。紙数五枚。縦二九・○センチメートル。全長一八二・○センチメートル。全文七六行。慈恩大師の高弟の恵沼が没した翌年の開元三年（七一五）二月に弟子たちが建立した塔碑の銘と序で、中唐の文人李邕の撰になる。至宝七ーその他の写経一九

【絵殿預】えでんあずかり

東院の絵殿を管理する僧のこと。

【絵解き】えとき

信仰を布教する一つの方法として絵画の内容を人びとに説き聞かすこと。法隆寺では平安時代から東院の絵殿四幅の聖徳太子絵伝で「聖徳太子一代記」の絵解きを行っていたという。

【絵所】えどころ

平安時代からあった、絵画などを製作する工房のこと。

【榎木弥平】えのきやへい

大工。明治二十三年（一八九〇）聖霊院水舎の建立に従事。出典「聖霊院水舎棟札」

【会奉行】えぶぎょう

聖霊会などの大会の指揮を行う僧のこと。その年の年会五師が補任することが多い。

【絵馬】えま

神仏に祈願したり、感謝をするために寺社に奉納した板絵の額のこと。法隆寺では西円堂の薬師如来の霊験に対して奉納する慣習がある。

【絵巻】えまき

一つの信仰や説話を絵画に描いた巻物のこと。絵伝と同じ意味を持っているが、巻物にすることによって携帯に便利であるという利点がある。

【江馬隆晃】えまりゅうこう

宰相公（最勝房）。千晃の弟子。妙音院の住。河内狭山藩主北条相模守の息。幼名、恒麿。文久二年（一八六二）十一月八日得度。明治五年（一八七二）十月退院。

【衛門九郎大夫】えもんくろうだゆう
大工。永享九年（一四三七）蓮光院地蔵堂の建立に従事。出典「地蔵堂心束銘」

【衛門三郎】えもんさぶろう
瓦工。永徳三年（一三八三）三月に修理した夢殿の棟札に「瓦工」と記載。

【衛門三郎】えもんさぶろう
大工。永享十年（一四三八）に行われた南大門の再建に従事。出典「南大門棟木銘」

【衛門次郎】えもんじろう
大工。永正九年（一五一二）政南院文殊堂の建立に従事。出典「政南院持仏堂棟札」

【衛門次郎実次】えもんじろうさねつぐ
小工。貞治四年（一三六五）舎利殿黒漆宮殿の新造に従事。出典「舎利殿厨子天井墨書」

【衛門次郎大夫】えもんじろうだゆう
大工。永享十年（一四三八）に行われた南大門の再建に従事。出典「南大門棟木銘」

【衛門太郎】えもんたろう
瓦工。永徳三年（一三八三）三月に修理した夢殿の棟札に「瓦工」と記載。

【衛門太郎】えもんたろう
大工。永享十年（一四三八）に行われた南大門の再建に従事。出典「南大門棟木銘」

【円為】えんい
応永九年（一四〇二）『児童大衆等規式間事』に記載。生没年不詳。

【円為】えんい
律師。実勝房。瓦坊の住。嘉吉二年（一四四二）二月二十三日の竜田社頭舞楽法会に左方梵音衆、文安六年（一四四九）三月十一日の新福寺供養、宝徳三年（一四五一）二月二十七日の聡明寺供養に梵音衆として出仕。文明十二年（一四八〇）護摩堂の星曼荼羅を円祐とともに修復。文明十四年（一四八二）六月五日、舎利預に補任（六十一歳）。文明十八年（一四八六）五月二十九日、六十五歳で没。

【円永房】えんえいぼう➜「顕真」の項目を見よ。

【延音房】えんおんぼう➜「良栄」の項目を見よ。

【円快】えんかい
仏師僧。治暦五年（一〇六九）二月五日に聖徳太子童子形御影像を造顕。出典「像内墨書」

【円海】えんかい
応永九年（一四〇二）『児童大衆等規式間事』に記載。生没年不詳。

【円海】えんかい
律師。金堂預。願舜房。阿伽井坊、明王院の住。明応四年（一四九五）二月十日、舎利預に補任。文亀三年（一五〇三）九月九日、七十一歳で没。

【円学房】えんがくぼう
寛文七年（一六六七）『現在僧名帳』に記載。この年に得度。生没年不詳。

【円寛房】えんかんぼう➜「尊慧」の項目を見よ。

【円願房】えんがんぼう
堂衆。享禄四年（一五三一）『現在僧名帳』に記載。この年に得度。生没年不詳。

【延願房】えんがんぼう➜「暁懐」の項目を見よ。

【延軫君】えんきゅうくん

「法隆寺別当」。俗別当。東大寺分。寛仁四年（一〇二〇）十二月二十七日、法隆寺別当に補任。四年間在任。

【円堯房】えんぎょうぼう
堂衆律学。大法師。応永五年（一三九八）「西円堂棟札」に記載。生没年不詳。

【円堯房】えんぎょうぼう
慶長七年（一六〇二）『現在僧名帳』に記載。この年に得度。生没年不詳。

【円行房】えんぎょうぼう
堂衆。天文十八年（一五四九）『現在僧名帳』に記載。この年に得度。生没年不詳。

【円空】えんくう
仏師。江戸時代前期の天台宗の僧。美濃の人。諸国を遊行し荒彫りの素朴な作風の多くの仏像を作った。法隆寺にも円空作と思われる大日如来像がある（昭和四十年代後半に宗源寺本堂西壇で発見）。

【円慶】えんけい
寛喜二年（一二三〇）「上宮王院棟札」に「学衆　法師」と記載。生没年不詳。

【円慶】えんけい
応永九年（一四〇二）『児童大衆等規式間事』に記載。生没年不詳。

【円慶】えんけい
律師。源音房。北之院の住。文亀元年（一五〇一）六月一日、舎利預に補任（六十七歳）。永正五年（一五〇八）八月二十三日没。

【円慶】えんけい
堂衆律学。大法師。良教房。政南院、喜多院、法華院の住。宝永四年（一七〇七）九月二十一日得度。宝永七年（一七一〇）に円継と改名。宝暦三年（一七五三）『年会日次記』まで記載。生没年不詳。

【延経】 えんけい
堂衆。寛喜二年（一二三〇）「上宮王院棟札」に「禅衆　法師」と記載。生没年不詳。

【円賢】 えんけん
尊算房。安養院の住。寛永十三年（一六三六）『現在僧名帳』に記載。この年に得度。生没年不詳。

【円厳】 えんげん
応永九年（一四〇二）『児童大衆等規式間事』に記載。生没年不詳。

【円賢】 えんけん➜「秀賢」の項目を見よ。

【延賢房】 えんけんぼう➜「慶舜」の項目を見よ。

【円光】 えんこう➜「光背」の項目を見よ。

【円弘】 えんこう
大法師。五師。『応安年中以来法隆寺評定日記』に応永三年（一三九六）二月八日、五師と記載。生没年不詳。

【延光房】 えんこうぼう➜「尊英」の項目を見よ。

【円識房】 えんしきぼう➜「聖増」の項目を見よ。

【円実】 えんじつ
中綱。寛喜二年（一二三〇）「上宮王院棟札」に「中綱　法師」と記載。生没年不詳。

【延実房】 えんじつぼう
大永七年（一五二七）『現在僧名帳』に記載。この年に得度。生没年不詳。

【円守】 えんしゅ
「法隆寺別当」。僧正。興福寺東院の僧。至徳元年（一三八四）十二月十五日、法隆寺別当に補任。一〇年間在任。応永元年（一三九四）ごろまで在任した。

【円秀】 えんしゅう
大法師。松順房。応永九年（一四〇二）『児童大衆等規式間事』に記載。永享十年（一四三八）南大門再興の

奉行衆に補任。嘉吉二年（一四四二）二月二十三日の竜田社頭舞楽法会に右方梵音衆として出仕。生没年不詳。

【円宗房】 えんしゅうぼう

堂衆律学。大法師。応永五年（一三九八）「西円堂棟札」に記載。生没年不詳。

【円宗房】 えんしゅうぼう

寛永三年（一六二六）『現在僧名帳』に記載。この年に得度。生没年不詳。

【円春】 えんしゅん

承仕。元和元年（一六一五）『現在僧名帳』に記載。この年に得度。生没年不詳。

【延春】 えんしゅん

永久二年（一一一四）〜元永元年（一一一八）に勝賢が発願した『法隆寺一切経』の書写に協力した。生没年不詳。

【延春房】 えんしゅんぼう

元和元年（一六一五）『現在僧名帳』に記載。この年に得度。生没年不詳。

【円純房】 えんじゅんぼう➡「賢真」の項目を見よ。

【円順房】 えんじゅんぼう➡「印実」の項目を見よ。

【円勝】 えんしょう

絵師。文和四年（一三五五）十二月三日に造顕した上御堂の四天王像（増長天、広目天、多聞天）の墨書に「法橋」と記載。出典「像首内墨書」

【延清】 えんしょう

金堂十僧。大法師。五師。承暦三年（一〇七九）吉祥悔過の半夜導師をつとめた。金堂へ四天王像を奉納したと『金堂日記』に記載。生没年不詳。

【延清】 えんしょう

応永九年（一四〇二）『児童大衆等規式間事』に記載。

生没年不詳。

【延聖】えんしょう
堂衆。寛喜二年（一二三〇）「上宮王院棟札」に「禅衆　法師」と記載。生没年不詳。

【円常】えんじょう
新堂衆。大法師。順戒房。常応の弟子。律学院堂司。奥金剛院の住。享和二年（一八〇二）六月五日得度。文化五年（一八〇八）十二月十二日、大法師に昇進。文化七年（一八一〇）十月三日退院。

【縁盛】えんじょう
金堂十僧。永仁三年（一二九五）十一月二十五日没。
出典『金堂日記』

【円成院】えんじょういん
平安時代の創建。椿蔵院の東側を寺地としている。『太子伝私記』によると万寿四年（一〇二七）に円成院千手堂で「一万花供」を行ったとする記録がある。この資料に従えば法隆寺で最古の子院ということになる。『別当記』に興国七年（一三四六）二月一日に「東室庫円成院坊立」とあり、そのころに円成院が再興されたらしい。その後、元禄年間（一六八八～一七〇四）に椿蔵院の実円が円成院を再興したが、元禄十七年（一七〇四）に境内末寺となり、承仕坊として明治時代初期をむかえた。現在は法隆寺末寺となっている。出典『太子伝私記』『別当記』『年会日次記』

【円成院表門】えんじょういんおもてもん
円成院の表門。江戸時代中期の建立。一間薬医門。本瓦葺。明治三十二年（一八九九）に大修理を受けている。承仕坊の門として遍照院表門（現在は「円明院表門」と呼んでいる）とともに貴重な遺構。至宝二-六〇

【円成院観音堂】えんじょういんかんのんどう
桁行五・四三メートル。梁間一・五一メートル。前方寄棟。後方切妻。本瓦葺。円成院の本堂。元禄五年（一六九二）に椿蔵院の実円が再興した。昭和四十七年（一九七二）に解体修理を行い、元禄五年ごろの姿に復元しているが、部

材の中には室町時代ごろのものも含まれている。至宝二―六〇

【円勝房】 えんしょうぼう

堂衆律学。大法師。応永五年(一三九八)「西円堂棟札」に記載。生没年不詳。

【円勝房】 えんしょうぼう

慶長九年(一六〇四)『現在僧名帳』に記載。この年に得度。生没年不詳。

【延松房】 えんしょうぼう➡「順懐」の項目を見よ。

【円乗房】 えんじょうぼう

永禄四年(一五六一)『現在僧名帳』に記載。この年に得度。生没年不詳。

【延定房】 えんじょうぼう

弘治三年(一五五七)『現在僧名帳』に記載。この年に得度。生没年不詳。

【延真】 えんしん

「法隆寺別当」。律師。興福寺の僧。嘉保三年(一〇九六)三月十二日、法隆寺別当に補任。康和二年(一一〇〇)七月没。

【円信房】 えんしんぼう➡「実乗」の項目を見よ。

【円真房】 えんしんぼう➡「快厳」の項目を見よ。

【円宣】 えんせん

応永九年(一四〇二)『児童大衆等規式間事』に記載。生没年不詳。

【円仙房】 えんせんぼう

至徳二年(一三八五)の「敬白　清諷誦事　奉書写供養　如法如説妙典一部幷常燈石燈呂一基」に「円仙房、大法師」と記載。生没年不詳。

【円泉房】 えんせんぼう

堂衆。永禄七年(一五六四)『現在僧名帳』に記載。

この年に得度。生没年不詳。

【エンタシス】 えんたしす

古代ギリシャ建築に見られる丸柱の中央部がわずかに膨らんでいる様式のこと。法隆寺では金堂・五重塔・中門・廻廊などの飛鳥様式の建物にその影響が認められる。

【円智】 えんち

永久二年（一一一四）～元永元年（一一一八）に勝賢が発願した『法隆寺一切経』の書写に協力した。生没年不詳。

【円智房】 えんちぼう

宝治二年（一二四八）「西円堂心束墨書」に記載。生没年不詳。

【円長】 えんちょう

承仕。専勝房。元禄十二年（一六九九）『現在僧名帳』に記載。この年に得度。生没年不詳。

【円長房】 えんちょうぼう➡「湛誉」の項目を見よ。

【円忍】 えんにん➡「真政」の項目を見よ。

【延年】 えんねん

法会などのあとに僧によって演じられた芸能のこと。法隆寺でも中世のころから行われていたことが『別当記』や『嘉元記』などに見られる。

【円能】 えんのう

保元三年（一一五八）『金堂日記』の『法隆寺金堂注文替仏像幷雑物目録等事』に記載。生没年不詳。

【役小角】 えんのおづぬ

奈良時代の山岳修行者。「役行者」ともいう。修験道の開祖。葛城山に住み山岳修行を行い信仰を集めた。生没年不詳。

【役小角像】 えんのおづぬぞう

鎌倉時代。欅・檜材　寄木造　彩色。像高七五・〇センチメートル。行者堂に安置。もとは蔵王堂の本尊であったとい

う。昭和十九年（一九四四）に修理（台座框裏墨書）。至宝四―二七七―（一）

【役行者】　えんのぎょうじゃ➡「役小角」の項目を見よ。

【円範】　えんぱん

「一臈法印」。権大僧都。少弐公(上総公)。千範の弟子。椿蔵院、宝珠院、阿弥陀院の住。和州柳生家医師野崎氏の出身。幼名、専丸。行樹院と号す。安永元年（一七七二）十二月一日得度。安永九年（一七八〇）中臈位になる。天明七年（一七八七）椿蔵院より宝珠院へ転住。寛政元年（一七八九）十二月、阿弥陀院へ転住。寛政三年（一七九一）一月二十二日権律師、寛政三年一月、仮名を上総公に改名。寛政九年（一七九七）三月二十二日、権少僧都に補任。寛政十三年（一八〇一）八月、一臈法印に昇進。享和元年（一八〇一）十二月十八日、法隆寺一山の法難を一身に受けて京都で没。同年十二月二十二日、権大僧都を追贈。

【延範】　えんぱん

寛喜二年（一二三〇）「上宮王院棟札」に「学衆　法師」と記載。生没年不詳。

【延鳳】　えんぽう

「法隆寺別当」。大徳。法隆寺の僧。承和年間（八三四～四八）法隆寺別当に補任。別当に在任すること一四年とも四〇年ともいう。生没年不詳。

【閻魔天】　えんまてん

古代インドの天上界を支配していた神。密教では十二天の一つで南方を守護している。中世から庶民信仰の一つとして栄えた。

【閻魔天曼荼羅図】　えんまてんまんだらず

鎌倉時代。絹本着色。縦九六・四センチメートル。横四三・五センチメートル。密教の修法の一つである閻魔天法で、除病息災、延寿、出産などを祈るときの本尊。至宝六―二一六

【円明院】　えんみょういん

室町時代末期の創建。学侶坊。宝珠院の北隣にあった

子院。親鸞が遊学したところという。明治時代初期に廃院。

【円明院表門】えんみょういんおもてもん
遍照院表門の別称。一間棟門。本瓦葺。至宝二―五七

【淵黙庵】えんもくあん
昭和二年（一九二七）に建てられた大湯屋の近くにある茶室の名称。佐伯定胤の号である「淵黙」に由来。

【淵黙書堂】えんもくしょどう⇓「鵤文庫閲覧室」の別称。

【円祐】えんゆう
律師。観専房。西之坊の住。文安六年（一四四九）三月十一日の新福寺供養に梵音衆として出仕。文明九年（一四七七）十二月九日、舎利預に補任（六十四歳）。文明十二年（一四八〇）護摩堂の星曼荼羅を修復。文明十四年（一四八二）五月二十八日、六十九歳で没。

【円祐】えんゆう
応永九年（一四〇二）『児童大衆等規式間事』に記載。生没年不詳。

【円祐】えんゆう➔「良海房」の項目を見よ。

【円良】えんりょう
寛喜二年（一二三〇）「上宮王院棟札」に「学衆　法師」と記載。生没年不詳。

【延良】えんりょう
金堂十僧。大法師。長久三年（一〇四二）十二月十五日『僧某田地売券』に記載。承暦三年（一〇七九）吉祥悔過の開白導師をつとめた。生没年不詳。

【円了房】えんりょうぼう➔「源重」の項目を見よ。
【円了房】えんりょうぼう➔「賢長」の項目を見よ。
【円了房】えんりょうぼう➔「長海」の項目を見よ。

【円良房】えんりょうぼう
得業。応永五年（一三九八）「西円堂棟札」に「奉加衆」と記載。生没年不詳。

【円良房】えんりょうぼう
天文二十年（一五五一）『現在僧名帳』に記載。この年に得度。生没年不詳。

【延了房】えんりょうぼう➜「慶賀」の項目を見よ。

【延了房】えんりょうぼう
蓮池院の住。天文二十一年（一五五二）『現在僧名帳』に記載。この年に得度。生没年不詳。

【円林房】えんりんぼう
宝治二年（一二四八）「西円堂心柬墨書」に記載。生没年不詳。

【延蓮房】えんれんぼう➜「覚算」の項目を見よ。

【円廊房】えんろうぼう
天文十一年（一五四二）『現在僧名帳』に記載。この年に得度。生没年不詳。

【王延孫】おうえんそん
甲寅年〔推古二年〕〔五九四〕に父母の現世利益のために金銅釈迦像を造顕した。そのことを釈迦像の光背に刻した〔銅造　鍍金。縦三一・〇センチメートル。横一七・八センチメートル。〔飛鳥または三国時代〕〕出典献納宝物

【近江庄】おうみのしょう
法隆寺の旧寺領。近江にあった寺領と深草の普明寺の建物を交換し、その建物が現在の大講堂と伝える。

【大蔵卿】おおくらきょう➜「懐賢」の項目を見よ。

【大蔵卿】おおくらきょう➜「千懐」の項目を見よ。

【大蔵卿】おおくらきょう➜「慶雲」の項目を見よ。

【大蔵卿】おおくらきょう➡「信業」の項目を見よ。

【太田栄蔵】おおたえいぞう
堂童子。天保七年（一八三六）八月没。

【太田藤重郎】おおたとうじゅうろう
堂童子。文化九年（一八一二）十月没。

【太田林左衛門】おおたりんざえもん
堂童子。明治三年（一八七〇）隠居。

【太田林助】おおたりんすけ
堂童子。弘化二年（一八四五）五月没。

【大西良慶】おおにしりょうけい
法相宗管長。北法相宗管長。興福寺住職。清水寺住職。大僧正。園部忍慶の弟子。奈良県多武峰村、大西氏の出身。明治二十三年（一八九〇）三月二十三日得度（戒師千早定朝）。興福寺勧学院や法隆寺勧学院で修学。明治三十四年（一九〇一）一月、興福寺住職に就任。興福寺の復興に努めるとともに法隆寺の佐伯定胤に協力して法隆寺の復興や聖徳太子一千三百年御忌奉賛会の設立などに尽力した。とくに法隆寺が維持基金を確保するために百萬塔を美術商への売却を避けて、法隆寺が直接に譲渡することを提唱。佐伯定胤や佐伯良謙とともに東京や大阪などで百萬塔を譲渡するために尽力した。昭和五十八年（一九八三）二月十五日、一〇八歳で没。

【大野可圓】おおのかえん
「法隆寺住職」。大僧正。聖徳宗管長。太玄房。佐伯定胤の弟子。幼名、泰治。昭和三年（一九二八）二月五日得度。昭和二十一年（一九四六）九月三日付けで法隆寺に対して辞職願を提出して還俗。昭和二十五年（一九五〇）八月、再び法隆寺へ入寺。昭和三十八年（一九六三）聖徳宗宗務長、法隆寺執事長に就任。昭和四十二年（一九六七）法隆寺副住職、昭和四十四年（一九六九）法隆寺文化財保存事務所長代理、昭和五十五年（一九八〇）法起寺住職となり、昭和五十七年（一九八二）四月一日、法隆寺住職に就任。平成四年（一九九二）四月五日、法隆寺住職を辞任し、法隆寺長老となる。平成十七年（二〇〇五）三月二十九日没。

【大文庫】 おおぶんこ

江戸時代。大湯屋の近くにある土蔵の名称。法隆寺の諸道具類を収納する施設。至宝一-五七

【大山立】 おおやまたて

会式の供物の名称。三月二十日に供物や聖霊院の堂内の荘厳が行われる。その日に須弥山のような山を一対、立てることから大山立と呼ぶ。

【大湯屋】 おおゆや

重文。室町時代。桁行六間。梁行四間。切妻造。正面庇付。本瓦葺。寺僧たちが使用した浴室のこと。檜造りの浴槽や鉄製の釜がある。至宝一-一二

【大湯屋表門】 おおゆやおもてもん

重文。室町時代。四脚門。切妻造。本瓦葺。大湯屋の表門のこと。「浴室」の額が懸かっている。至宝一-一一

【大湯屋額】 おおゆやのがく

大湯屋表門に懸かっている額のこと。享保二十一年（一七三六）に酉元が書いた。至宝一二-五四七。**出典**『斑鳩古事便覧』

【大湯屋の鉄釜】 おおゆやのてつがま

鋳鉄。二口。一口は南北朝時代、高一三一・〇センチメートル。口径一〇〇・〇センチメートル。一口は桃山時代（「天正十年（一五八二）」の陽鋳銘あり）、高一〇五・〇センチメートル。口径九四・〇センチメートル。至宝一四-七〇、七一

【大鋺】 おおわん

奈良時代。響銅製。鍍金。轆轤挽。一口。高一二・四センチメートル。口径二四・六センチメートル。至宝一二-三八八

【岡倉覚三】 おかくらかくぞう

美術界の指導者。号は天心。明治十七年（一八八四）八月にアメリカのフェノロサやビゲローとともに法隆寺の宝物を調査した。このとき夢殿の本尊救世観音をはじ

めて開扉したとする説がある。明治二十二年(一八八九)に東京美術学校を開校して翌年、校長に就任。明治三十一年(一八九八)東京美術学校校長を退いて日本美術院を創設。明治四十三年(一九一〇)アメリカのボストン美術館の支那・日本美術部長となる。近代日本美術の発展に大きな功績を残した。明治四十四年(一九一一)十月十六日に法隆寺会の創設を提唱し、大正二年(一九一三)には法隆寺金堂壁画の保存会設置を訴えたが、同年九月二日五十二歳で没。

【岡崎太郎蔵正利】おかざきたろうぞうまさとし
慶長十九年(一六一四)九月二十二日に聖霊院へ釣燈籠を寄進。出典「釣燈籠刻銘」

【岡嶋小兵衛】おかじましょうべえ
棟梁。元禄五年(一六九二)『棟梁住所幷大工杣大鋸木挽人数作高之覚』に「並棟梁和州法隆寺村其外方々罷在候分・和州法隆寺西里住居仕候」と記載。

【岡嶋与右衛門】おかじまよえもん
棟梁。元禄五年(一六九二)『棟梁住所幷大工杣大鋸木挽人数作高之覚』に「並棟梁和州法隆寺村其外方々罷在候分・和州法隆寺西里住居仕候」と記載。

【岡本清蔵】おかもときよぞう
大工。本町の住。通称、井筒屋清蔵という。岡本庄蔵の息。安政二年(一八五五)の三経院、安政三年(一八五六)の地蔵院上土門、文久三年(一八六三)の普門院表門、慶応元年(一八六五)の大講堂の修理に従事。出典「三経院棟札」「普門院表門棟札」「大講堂墨書」

【岡本庄治】おかもとしょうじ
大工。明治十三年(一八八〇)三経院の修理に従事。出典「三経院棟札」

【岡本庄司良】おかもとしょうじろう
大工。本町の住。明治十三年(一八八〇)三経院の修理に従事。出典「三経院棟札」

【岡本庄蔵】おかもとしょうぞう

大工。本町の住。通称、井筒屋庄蔵という。文政八年（一八二五）の西円堂、安政三年（一八五六）の地蔵院上土門の修理に従事。出典「西円堂棟札」

【小河平大夫則重】　おがわへいだゆうのりしげ

元禄九年（一六九六）に吟味役として五重塔の修理に従事。出典「五重塔心柱最上部継木周囲墨書」

【荻野仲三郎】　おぎのちゅうざぶろう

文化財保護行政に尽力。三重の出身。法隆寺を復興するために正木直彦や黒板勝美らとともに聖徳太子一千三百年御忌奉賛会（聖徳太子奉讃会）を組織することに尽力。とくに昭和六年（一九三一）に佐伯定胤の要請を受けて大西良慶とともに興福寺後任住職予定者であった佐伯良謙を法隆寺住職の後任者とすることに尽した。

【御蔵沙汰人】　おくらさたにん

法隆寺の諸雑費を担当する僧のこと。現在の財務執事に相当する。

【刑部太郎国次】　おさかべたろうくにつぐ

小工。貞治三年（一三六四）舎利殿黒漆宮殿の新造に従事。出典「舎利殿厨子天井墨書」

【鬼追式】　おにおいしき

追儺会。二月三日に西円堂で行われる行事。弘長元年（一二六一）からはじめられた。鎌倉時代の追儺面三面が現存する。

【飲食器】　おんじきき

供物を入れて仏前に供える器のこと。

【飲食器】　おんじきき

重文（密教法具一括指定四一口のうち）。鎌倉時代。鋳銅　鍍金。二口。各高七・八センチメートル。口径九・五センチメートル。至宝一三―法具二〇九

【飲食器】　おんじきき

鎌倉時代。鋳銅。一口。高五・八センチメートル。口径八・三

センチメートル。至宝一三―法具二一〇

【飲食器】おんじき

鎌倉時代。鋳銅。一口。高五・六センチメートル。口径八・一センチメートル。至宝一三―法具二一一

【飲食器】おんじき

鎌倉時代。鋳銅。一口。高五・八センチメートル。口径八・一センチメートル。至宝一三―法具二一二

【飲食器】おんじき

鎌倉時代。鋳銅。二口。各高六・二センチメートル。口径八・三センチメートル。至宝一三―法具二一三

【飲食器】おんじき

鎌倉時代。鋳銅。一口。高六・〇センチメートル。口径八・四センチメートル。至宝一三―法具二一四

【飲食器】おんじき

鎌倉時代。鋳銅。二口。各高六・〇センチメートル。口径八・七センチメートル。至宝一三―法具二一五

【飲食器】おんじき

鎌倉時代。鋳銅　鍍金。二口。各高七・二センチメートル。口径一〇・四センチメートル。刻銘「法隆寺舎利殿」。至宝一三―法具二一六

【飲食器】おんじき

室町時代。鋳銅。二口。各高一二・六センチメートル。口径一二・七センチメートル。刻銘「奉施入仏器大小六内　法隆寺上御堂　永享三辛亥（一四三一）六月十九日　僧祐重敬白」。至宝一三―法具二一七

【飲食器】おんじき

室町時代。鋳銅。一口。高五・九センチメートル。口径八・三センチメートル。至宝一三―法具二一八

【飲食器】おんじき

室町時代。鋳銅。一口。高六・四センチメートル。口径八・三センチメートル。至宝一三―法具二一九

【飲食器】おんじきき
室町時代。鋳銅。一口。高六・三センチ《メートル》。口径八・三センチ《メートル》。至宝一三―法具二二〇

【飲食器】おんじきき
室町時代。鋳銅。一口。高七・三センチ《メートル》。口径八・六センチ《メートル》。至宝一三―法具二二一

【飲食器】おんじきき
室町時代。鋳銅。二口。各高六・八センチ《メートル》。口径七・五センチ《メートル》。至宝一三―法具二二二

【飲食器】おんじきき
室町時代。鋳銅。一口。高一〇・三センチ《メートル》。口径一〇・六センチ《メートル》。至宝一三―法具二二三

【飲食器】おんじきき
室町時代。鋳銅。二口。各高一二・一センチ《メートル》。口径一三・九センチ《メートル》。至宝一三―法具二二四

【恩識房】おんしきぼう➡「専継」の項目を見よ。

【御寺務印鎰式】おんじむいんやくしき
法隆寺の別当に就任した僧が印と鎰（鍵）を引き継ぐ式のこと。

【御舎利殿宝物註文】おんしゃりでんほうもつちゅうもん
東院舎利殿安置の宝物目録。天文十九年（一五五〇）閏五月九日と天正十九年（一五九一）八月九日に校合した二通の舎利殿の宝物目録。出典「奥書」

【恩測房】おんそくぼう➡「覚勝」の項目を見よ。

【音測房】おんそくぼう➡「覚勝」の項目を見よ。

【快為】かいい
永和四年（一三七八）『廿人沙汰間条々』に記載。生没年不詳。

【快胤】かいいん

堂衆律学。大法師。深亮房。永深の弟子。法華院の住。宝永元年（一七〇四）得度。享保十年（一七二五）九月二十二日没。

【快映】かいえい
堂衆律学。大法師。深専房（深仙房）。正雄の弟子。上宮王院堂司。賢聖院の住。元文二年（一七三七）十一月十四日得度。明和元年（一七六四）七月十二日、上宮王院堂司に補任。天明五年（一七八五）八月九日没。

【快映】かいえい
智亮公。快存の弟子。持宝院の住。弘化三年（一八四六）十月二十五日得度。嘉永六年（一八五三）『年会日次記』まで記載。生没年不詳。

【快栄】かいえい
応永九年（一四〇二）『児童大衆等規式間事』に記載。生没年不詳。

【快英】かいえい
応永九年（一四〇二）『児童大衆等規式間事』、応永二十二年（一四一五）『順禅房罪科間事』に記載。生没年不詳。

【懐英】かいえい
少進公。行懐の弟子。観音院、蓮池院の住。古市村広瀬氏の出身。幼名、亀太郎。文化十四年（一八一七）十一月得度。文政四年（一八二一）八月十八日に蓮池院へ転住。天保五年（一八三四）九月二十一日退院。

【快円】かいえん
法師。応永九年（一四〇二）『児童大衆等規式間事』に記載。文安六年（一四四九）三月十一日の新福寺供養、宝徳三年（一四五一）二月二十七日の聡明寺供養に梵音衆として出仕。生没年不詳。

【懐円】かいえん➡「懐弘」の項目を見よ。

【戒円房】かいえんぼう
大永八年（一五二八）『現在僧名帳』に「竜田池上」

と記載。この年に得度。生没年不詳。

【戒延房】 かいえんぼう

天正六年（一五七八）『現在僧名帳』に記載。この年に得度。生没年不詳。

【快応】 かいおう

堂衆。大法師。深正房。法華院の住。元禄十四年（一七〇一）四月九日退院。

【快賀】 かいが

「一臈法印」。僧都。舜円房。中道院の住。応永九年（一四〇二）『児童大衆等規式間事』、応永二十二年（一四一五）『順禅房罪科間事』に記載。文安六年（一四四九）三月十一日の新福寺供養、宝徳三年（一四五一）二月二十七日の聡明寺供養に納衆として出仕。享徳二年（一四五三）三月、舎利預に補任（六十三歳）。その後、一臈法印に昇進。寛正三年（一四六二）二月二十四日の竜田社頭舞楽法会に講師として出仕。文明二年（一四七〇）六月二十六日、八十歳で没。

【懐賀】 かいが

堂衆。大法師。仏生院の住。寛永十年（一六三三）聖霊院へ釣燈籠を寄進。生没年不詳。

【懐賀】 かいが

堂衆行人方。大法師。賢識房。文殊院の住。延宝七年（一六七九）得度。享保十二年（一七二七）一月二十二日退院。

【懐雅】 かいが

「法隆寺別当」。法印。興福寺松林院の僧。文和元年（一三五二）十月二日、法隆寺別当に補任。応安三年（一三七〇）二月六日没。

【快覚】 かいかく

大法師。『応安年中以来法隆寺評定記』に永和四年（一三七八）～康暦三年（一三八一）まで五師をつとめたと記載。応永九年（一四〇二）『児童大衆等規式間事』に記載。生没年不詳。

【懐儀】 かいぎ

「一臈法印」。権僧正。縫殿公（中納言公）。懐宣の弟子。花園院、西南院、普門院の住。松平阿波守家臣今田氏の出身。幼名、重丸。兄は西大寺の密厳院の住。安永六年（一七七七）十一月十二日得度。天明六年（一七八六）十二月二十二日、中臈位になる。寛政四年（一七九二）二月、西南院へ転住。寛政五年（一七九三）十二月二十二日、成業大法師位。寛政十二年（一八〇〇）一月二十二日、権少僧都に補任。享和二年（一八〇二）五月二十二日、一臈法印に昇進。同年八月、勅許により権僧正を賜わる。文化六年（一八〇九）十一月二十五日隠退。文政七年（一八二四）十月二十二日没。

【懐義】 かいぎ

大法師。玄俊房。懐賛の弟子。普門院の住。山本平左衛門忠辰の養子。幼名、門丸。元禄七年（一六九四）得度。宝永三年（一七〇六）六月四日、二十三歳で没。

【懐暁】 かいぎょう

大法師。貞治四年（一三六五）舎利殿厨子新造の塗師方奉行。貞治五年（一三六六）西室で『寺要日記』（十月巻）を書写。応安四年（一三七一）『上御堂本尊修復結縁文書』に記載。生没年不詳。

【懐暁】 かいぎょう

「一臈法印」。権大僧都。春観房。西之院、弥勒院の住。大永四年（一五二四）聖霊会料の柄香炉を造顕。天文四年（一五三五）九月二十一日、舎利預に補任（四十三歳）。天文十七年（一五四八）『奉唱　大別当御拝堂威儀僧事』に「講堂咒願」と記載。永禄九年（一五六六）ごろ一臈法印に昇進。永禄十二年（一五六九）五月十九日、七十七歳で没。

【快訓】 かいくん

応永九年（一四〇二）『児童大衆等規式間事』に記載。生没年不詳。

【快訓】 かいくん

法師。学舜房。喜多坊の住。文明十六年（一四八四）

竜田会の沙汰衆に補任。生没年不詳。

【懐訓】 かいくん

「一臈法印」。律師。吉祥院の住。天正十九年（一五九一）十月二十一日、舎利預に補任。文禄二年（一五九三）新堂修理の奉行をつとめる。慶長五年（一六〇〇）十一月十日、一臈法印の拝堂を行った。慶長十年（一六〇五）十一月二十四日没。

【快恵】 かいけい

文安六年（一四四九）三月十一日の新福寺供養に梵音衆として出仕。生没年不詳。

【快恵】 かいけい

堂衆。秀深房。法華院の住。延宝五年（一六七七）『現在僧名帳』に記載。この年に得度。生没年不詳。

【快憲】 かいけん

応永九年（一四〇二）『児童大衆等規式間事』に記載。生没年不詳。

【懐賢】 かいけん

僧都。大蔵卿。懐清の弟子。弥勒院の住。大坂蔵奉行久保田吉左衛門直司の息。幼名、児市丸。延宝元年（一六七三）十二月三日得度。延宝二年（一六七四）講衆に補任。元禄四年（一六九一）三経院の弥勒菩薩像を修復。元禄六年（一六九三）竪義を遂業。元禄七年（一六九四）の江戸出開帳や元禄大修理に奔走。元禄十一年（一六九八）十二月一日、法隆寺学頭に昇進。『太子伝温知抄』（一〇巻）を著述。その後、法隆寺学頭を辞任。宝永元年（一七〇四）法隆寺学頭に再任。享保元年（一七一六）十月三日、五十四歳で没。後日その功績を讃えて法印権大僧都を追贈した。

【懐玄】 かいげん

新堂衆。大法師。宰正房。行懐の弟子。上宮王院堂司。聖皇院堂司。奥金剛院、実相院の住。文化十年（一八一三）十二月十六日得度。文政七年（一八二四）四月四日退院。

【懐弘】 かいこう

僧都。得業。学延房。宝光院の住。宝徳三年（一四五一）二月二十七日の聡明寺供養に奉行人として出仕。長禄三年（一四五九）西円堂懸盤を修復。寛正二年（一四六一）金堂の敷瓦の勧進を行う。応仁二年（一四六八）十一月、舎利預に補任（六十九歳）。文明五年（一四七三）十月九日、七十四歳で没。

【懐弘】　かいこう

権少僧都。民部卿。懐賢の弟子。椿蔵院の住。細川越中守家臣明石氏の出身。幼名、虎之助。兄は太秦桂宮院澄円。元禄十六年（一七〇三）三月二十一日得度。享保十二年（一七二七）五月二十二日、権律師に補任。享保十五年（一七三〇）ごろ懐円に改名。享保十六年（一七三一）九月二十二日、舎利預に補任。同日没。

【回甲礼】　かいこうれい

韓国に見られる祝い膳の飾り「フエガムネ」のこと。法隆寺ではその飾りによく似たものが聖霊院で行われる聖霊会に供えられている。供物などの様式には韓国など大陸諸国の影響を受けたものが多い。

【快厳】　かいごん

金堂十僧。得業。五師。円真房。弘安七年（一二八四）に『勝鬘経宝窟』を校合。乾元二年（一三〇三）七月、金堂十僧に入供。正和五年（一三一六）五月二十五日没。

【懐厳】　かいごん↓「慶雲」の項目を見よ。

【懐済】　かいさい

応永九年（一四〇二）『児童大衆等規式間事』に記載。生没年不詳。

【介三郎】　かいさぶろう

永享八年（一四三六）の北室寺の建立に従事。

【快賛】　かいさん

堂衆律学。深海房。享保十四年（一七二九）得度。享保十五年（一七三〇）二月九日退院。

【快纂】　かいさん

法師。嘉吉二年（一四四二）二月二十三日の竜田社頭舞楽法会に右方梵音衆、文安六年（一四四九）三月十一日の新福寺供養、宝徳三年（一四五一）三月十一日の聡明寺供養に梵音衆として出仕。生没年不詳。

【懐賛】かいさん

僧都。兵部卿。懐清の弟子。弥勒院、普門院の住。万治二年（一六五九）得度。元禄五年（一六九二）一月、舎利預に補任。元禄七年（一六九四）十一月十四日、法隆寺学頭に昇進。元禄九年（一六九六）の「五重塔心柱墨書」には「三臈」と記載。元禄十年（一六九七）聖霊会の舎利預に補任。元禄十一年（一六九八）九月二十九日没。

【懐実】かいじつ

応永九年（一四〇二）『児童大衆等規式間事』、応永二十二年（一四一五）『順禅房罪科間事』に記載。生没年不詳。

【快秀】かいしゅう

応永九年（一四〇二）『児童大衆等規式間事』に記載。生没年不詳。

【快秀】かいしゅう

堂衆。大法師。法華院の住。慶安二年（一六四九）に造顕した律学院阿弥陀如来坐像の台座裏銘に「綱維」と記載。生没年不詳。

【懐秀】かいしゅう

文明六年（一四七四）の「一升舛」に「沙汰人」と記載。生没年不詳。出典「桝刻銘」

【懐秀】かいしゅう

得業。宝潤房。天文十七年（一五四八）『奉唱　大別当御拝堂威儀僧事』に「威儀僧」と記載。永禄十二年（一五六九）二月十四日没。

【懐秀】かいしゅう

右京公。懐儀の弟子。花園院の住。幼名、吉丸。寛政四年（一七九二）十一月九日得度。寛政五年（一七九三）

『年会日次記』まで記載。生没年不詳。

【**海獣葡萄鏡**】かいじゅうぶどうきょう

葡萄をあしらった唐草の間に動物を置いた装飾のある銅鏡の名称。中国唐代に盛んに作られている。法隆寺では五重塔の秘宝の中にも海獣葡萄鏡が納められている。

【**海獣葡萄鏡**】かいじゅうぶどうきょう

中国唐代。青銅鏡。直径一〇・一センチメートル。五重塔舎利荘厳具。至宝九―一

【**海獣葡萄鏡**】かいじゅうぶどうきょう

中国唐代。直径九・二五センチメートル。西円堂奉納鏡。至宝九―二

【**快春**】かいしゅん

両院主。中院の住。快専の嫡子。延文二年(一三五七)に快専の跡を継承して三経院院主に補任。その後、聖霊院院主を兼務。この快春から三経院と聖霊院の院主を兼務する習慣が生まれ、それを「両院主」と呼ぶ。生没年不詳。

【**快舜**】かいしゅん

寛文六年(一六六六)『現在僧名帳』に記載。この年に得度。生没年不詳。

【**懐俊**】かいしゅん

応永九年(一四〇二)『児童大衆等規式間事』に記載。生没年不詳。

【**懐舜**】かいしゅん

「一臈法印」。僧都。覚延房。西之院、脇坊の住。嘉吉二年(一四四二)二月二十三日の竜田社頭舞楽法会に右方梵音衆、文安六年(一四四九)三月十一日の新福寺供養、宝徳三年(一四五一)三月二十七日の聡明寺供養に梵音衆として出仕。寛正三年(一四六二)二月二十四日の竜田社頭舞楽法会には公文目代をつとめる。応永九年(一四〇二)『児童大衆等規式間事』に記載。文明十二年(一四八〇)六月二日、舎利預に補任(六十二歳)。その後、一臈法印に昇進。文亀元年(一五〇一)五月十六日、

八十三歳で没。

【懐舜】 かいしゅん

権少僧都。中将公（兵部卿）。懐賢の弟子。阿弥陀院の住。小泉藩家臣医師秋田氏の出身。幼名、富丸。懐遍、懐偏に改名。正徳元年（一七一一）十二月十六日得度。享保八年（一七二三）十二月二十二日、成業大法師に昇進。元文元年（一七三六）十二月二十二日、兵部卿懐遍に改名。元文二年（一七三七）一月二十二日、権律師に補任。同年二月二十二日、権少僧都に昇進。元文四年（一七三九）隠居して観寿院と号す。元文五年（一七四〇）十二月十九日、四十一歳で没。

【懐順】 かいじゅん

法師。式部卿。懐清の弟子。寛文八年（一六六八）得度。寛文十三年（一六七三）七月十四日没。

【快俊房】 かいしゅんぼう➜「千長」の項目を見よ。

【快舜房】 かいしゅんぼう

堂衆。延宝三年（一六七五）『現在僧名帳』に記載。この年に得度。生没年不詳。

【懐春房】 かいしゅんぼう

堂衆。持宝院の住。寛文九年（一六六九）『現在僧名帳』に記載。この年に得度。生没年不詳。

【懐性】 かいしょう

大法師。天文十七年（一五四八）『奉唱　大別当御拝堂威儀僧事』に「威儀僧」と記載。生没年不詳。

【快盛】 かいじょう

権大僧都。按察使公。幼名、俊丸。弘盛の弟子。福生院、持宝院、仏性院の住。文化六年（一八〇九）三月十日得度。同年九月二十九日、持宝院へ転住。文化十三年（一八一六）六月十五日、持宝院より仏性院へ転住。天保十二年（一八四一）十一月二十二日、権少僧都に補任。安政四年（一八五七）十二月一日、五十八歳で没。安政五年（一八五八）一月二十二日、法印権大僧都を追贈。

か行

【懐乗】　かいじょう
応永九年（一四〇二）『児童大衆等規式間事』に記載。生没年不詳。

【快乗】　かいじょう
法師。嘉吉二年（一四四二）二月二十三日の竜田社頭舞楽法会に右方錫杖衆、文安六年（一四四九）二月二十三日の新福寺供養に錫杖衆として出仕。生没年不詳。

【戒浄房】　かいじょうぼう
天文五年（一五三六）『現在僧名帳』に記載。この年に得度。生没年不詳。

【快信】　かいしん
僧都。西園院の住。舎利預に補任。寛文二年（一六六二）に一臈法印への昇進を辞退。寛文七年（一六六七）六月十八日没。

【快真】　かいしん
堂衆。永深房。法華院の住。貞享元年（一六八四）『現在僧名帳』に記載。この年に得度。生没年不詳。

【快親】　かいしん
応永九年（一四〇二）『児童大衆等規式間事』に記載。生没年不詳。

【快深】　かいじん
大法師。応安四年（一三七一）『上御堂本尊修復結縁文書』や永徳三年（一三八三）「夢殿棟札」に記載。生没年不詳。

【懐甚】　かいじん
民部卿。胤懐の弟子。椿蔵院、宝珠院の住。高槻藩家臣和久氏の出身。幼名、松丸。明和六年（一七六九）四月十日得度。明和九年（一七七二）五月二十三日退院。

【海甚房】　かいじんぼう
天文二十二年（一五五三）『現在僧名帳』に記載。この年に得度。生没年不詳。

【懐清】　かいせい
　権少僧都。弥勒院の住。明暦二年（一六五六）聖霊会の会奉行。寛文九年（一六六九）聖霊会の舎利下旬預。延宝六年（一六七八）十二月二日、舎利預に補任。上太子聖光明院、釜口普賢院を建立。弥勒院の再興主。延宝八年（一六八〇）十二月三日、七十三歳で没。安永八年（一七七九）懐清の百年忌にその功績を讃えて法印権大僧都大和尚位を追贈。

【快宣】　かいせん
　応永九年（一四〇二）『児童大衆等規式間事』に記載。生没年不詳。

【快専】　かいせん
　宗泉房。中院の住。非学道。定弁の甥。文和三年（一三五四）ごろ三経院院主に補任。生没年不詳。

【快専】　かいせん
　応永九年（一四〇二）『児童大衆等規式間事』に記載。生没年不詳。

【懐宣】　かいせん
　権律師。識厳房。弥勒院の住。慶長年間（一五九六～一六一五）ごろの僧。生没年不詳。

【懐宣】　かいせん
　権大僧都。宮内卿。信秀の弟子。普門院の住。椿井治郎卿の次男、山本辰行の養子。幼名、常丸。寛延元年（一七四八）十一月三十日得度。宝暦十二年（一七六二）金堂預、天明元年（一七八一）九月二十一日、権少僧都、舎利預に補任。寛政九年（一七九七）三月十五日、五十九歳で没。文化六年（一八〇九）三月十五日、権大僧都を追贈。

【快禅】　かいぜん
　貞応元年（一二二二）十二月十五日『僧快禅小坊売券』に記載。生没年不詳。

【快膳房】かいぜんぼう➡「尊信」の項目を見よ。

【懐全房】かいぜんぼう➡「秀慧」の項目を見よ。

【快増】かいぞう
堂衆。寛喜二年（一二三〇）「上宮王院棟礼」に「禅衆法師」と記載。生没年不詳。

【快尊】かいそん
大法師。応安四年（一三七一）『上御堂本尊修復結縁文書』に記載。生没年不詳。

【快尊】かいそん
法師。永享十二年（一四四〇）三月、勧進して舎利机を造顕。生没年不詳。

【快存】かいぞん
大法師。中将公。快盛の弟子。賢聖院の住。天保五年（一八三四）十月十一日得度。天保十五年（一八四四）衆一臈に補任。安政二年（一八五五）一月二十三日没。

【懐存】かいぞん➡「千懐」の項目を見よ。

【開帳】かいちょう
寺社の本尊の扉を開いて人びとに参拝を許すことをいう。法隆寺では元禄三年（一六九〇）の開帳が広く知られている。

【懐肇】かいちょう
侍従公。加茂侍西氏の出身。幼名、万丸。寛延三年（一七五〇）一月十七日得度。同年九月三十日退院。

【快幢】かいどう
少監公。隆範の弟子。賢聖院、持宝院の住。郡山藩家臣小森氏の出身。幼名、兼麿。文政九年（一八二六）五月得度。天保四年（一八三三）七月二十二日退院。

【懐道】かいどう
新堂衆。本立房。奥金剛院の住。文化八年（一八一一）二月得度。文化十年（一八一三）『年会日次記』まで記載。生没年不詳。

【快徳】　かいとく
長賢の弟子。寛弘八年（一〇一一）に興福寺の維摩会に出仕。生没年不詳。

【快範】　かいはん➜「隆範」の項目を見よ。

【開白導師】　かいびゃくどうし
法会などの祈願の目的を述べる導師のこと。法隆寺では金堂修正会などに見られる。

【懐偏】　かいへん➜「懐舜」の項目を見よ。

【懐遍】　かいへん➜「懐舜」の項目を見よ。

【快弁】　かいべん
応永二十二年（一四一五）『順禅房罪科間事』に記載。生没年不詳。

【快弁】　かいべん
堂衆律学。深秀房。快映の弟子。宝暦二年（一七五二）一月二十五日得度。宝暦十二年（一七六二）『年会日次記』まで記載。生没年不詳。

【懐祐】　かいゆう
応永九年（一四〇二）『児童大衆等規式間事』に記載。生没年不詳。

【懐祐】　かいゆう
「一臈法印」。権大僧都。俊賛房。弥勒院の住。天文十七年（一五四八）『奉唱　大別当御拝堂威儀僧事』に「上宮王院呪願」と記載。天文十六年（一五四七）一月二十二日、舎利預に補任（五十三歳）。永禄十二年（一五六九）五月、一臈法印に昇進。元亀元年（一五七〇）八月十四日、七十七歳で没。

【懐祐】　かいゆう
堂衆行人方。頼舜房。懐賀の弟子。文殊院の住。正徳三年（一七一三）得度。享保十六年（一七三一）十二月十五日退院。

【懐雄】かいゆう
兵部卿。普門院、妙音院、中院の住。延享元年(一七四四)十一月十九日得度。寛延三年(一七五〇)十二月四日、実名を洪覚に改名。宝暦二年(一七五二)ごろ中院へ転住。宝暦三年(一七五三)下﨟分に補任。宝暦六年(一七五六)十月二十九日没。

【快与】かいよ
永久二年(一一一四)~元永元年(一一一八)に勝賢が発願した『法隆寺一切経』の書写に協力した。生没年不詳。

【快誉】かいよ
法師。応永九年(一四〇二)『児童大衆等規式間事』に記載。生没年不詳。

【快了】かいりょう
応永九年(一四〇二)『児童大衆等規式間事』に記載。文安六年(一四四九)三月十一日の新福寺供養、宝徳三年(一四五一)二月二十七日の聡明寺供養に甲衆として出仕。生没年不詳。

【楓活道】かえでかつどう
慧眼房。実賢の弟子。広瀬郡安部村壁谷氏の出身。明治十年(一八七七)七月二十三日得度。明治十七年(一八八四)退院。大正ごろから、法隆寺に財政面で協力した。

【楓実賢】かえでじっけん
元末寺僧。中僧正。清水寺住職。宗源寺、興善院、福園院、善住院の住。広瀬郡安部村巽氏の出身。天保八年(一八三七)一月二十八日出生。天保十五年(一八四四)七月十五日、法隆寺境内末寺宗源寺の求道に従って得度。明治元年(一八六八)十二月、宗源寺住職に補任。明治六年(一八七三)法隆寺の学侶に交衆。同年九月二十二日、教導職「試補」、明治八年(一八七五)五月二日、「権訓導」を拝命。明治二十二年(一八八九)西円堂の梵鐘と鐘楼の建立を発願。明治三十二年(一八九九)五月、京都清水寺の住職に就任。明治四十年(一九〇七)十月九日、六十八歳で没。

【楓宗憲】 かえでしゅうけん➡「楓定賢」の項目を見よ。

【楓定賢】 かえでじょうけん

少僧都。実賢の弟子。広瀬郡安部村福田氏の出身。明治十七年（一八八四）五月一日得度。明治十八年（一八八五）七月に加行を行う。明治十九年（一八八六）灌頂を受ける。同年九月、法師に補任。明治二十六年（一八九三）一月二十八日、興福寺勧学院の歴史科教授に就任。明治三十年（一八九七）三月三十日、宗憲に改名。同年九月八日、興善院住職に就任。明治三十七年（一九〇四）少僧都に補任。明治三十八年（一九〇五）五月二十六日退院。

【加右衛門】 かえもん

大工。元禄九年（一六九六）五重塔の修理に従事。

出典「五重塔心柱墨書」

【可円】 かえん

末寺僧。浄土律。宗源寺の住。安永九年（一七八〇）六月二十六日没。遺弟たちが享和二年（一八〇二）十月、画像を描いて、その遺徳を讃えた。

【加賀公】 かがこう➡「春海」の項目を見よ。

【鏡池】 かがみいけ

聖霊院前にある池の名称。聖霊院池ともいう。聖徳太子が三十五歳のときにこの池の水に姿をうつして自ら沈水香で像を作ったという。それに由来して御鏡の池と呼ぶ。

【鍵預衆】 かぎあずかりしゅう

綱封蔵の鍵を預かっている寺僧のこと。

【角井刑部大夫】 かくいぎょうぶだゆう

棟梁。元禄五年（一六九二）『棟梁住所幷大工杣大鋸木挽人数作高之覚』に「並棟梁京都罷在候分・和州法隆寺東里住居。今程主水方相詰罷在候」と記載。

【覚印】 かくいん

五師。蓮如房。増覚の弟子。永久二年（一一一四）〜元永元年（一一一八）に勝賢が発願した『法隆寺一切経』の書写に協力した。永治元年（一一四一）林幸の菩提のために仏名大会料として『仏名経』を書写。承安三年（一一七三）に『仏名大会呪願文』を書写。治承三年（一一七九）には仏供米を聖霊院へ寄進。師匠の増覚の跡を継いで聖霊院の院主に補任したという。生没年不詳。

【覚因】 かくいん

権律師。侍従公。覚秀の弟子。政蔵院、松立院、西福院の住。片桐家家臣門村氏の出身。貞享四年（一六八七）二月四日得度。元禄十二年（一六九九）十一月十三日、竪義を遂業。正徳五年（一七一五）九月十日没。

【覚胤】 かくいん

律師。応安四年（一三七一）『上御堂本尊修復結縁文書』に記載。『応安年中以来法隆寺評定記』に永徳三年（一三八三）十二月九日〜明徳四年（一三九三）まで五師をつとめたと記載。応永元年（一三九四）舎利預に補任。応永十年（一四〇三）八月没。

【覚睿】 かくえい

堂衆。寛喜二年（一二三〇）「上宮王院棟札」に「禅衆　法師」と記載。生没年不詳。

【覚栄】 かくえい

応永九年（一四〇二）『児童大衆等規式間事』に記載。生没年不詳。

【覚栄】 かくえい

学善房。覚往の弟子。万治四年（一六六一）得度。延宝三年（一六七五）三月十八日没。

【覚英】 かくえい

応永九年（一四〇二）『児童大衆等規式間事』、応永二十二年（一四一五）『順禅房罪科間事』に記載。生没年不詳。

【覚英】 かくえい
「一臈法印」。律師。元亀元年（一五七〇）八月、舎利預に補任。天正二年（一五七四）九月ごろ一臈法印に昇進。天正三年（一五七五）十二月五日没。

【覚英】 かくえい➔「尊慧」の項目を見よ。

【覚円房】 かくえんぼう➔「舜重」の項目を見よ。

【覚円房】 かくえんぼう
元和九年（一六二三）『現在僧名帳』に記載。この年に得度。生没年不詳。

【覚円房】 かくえんぼう
寛永五年（一六二八）『現在僧名帳』に記載。この年に得度。生没年不詳。

【覚円房】 かくえんぼう➔「佐伯定胤」の項目を見よ。

【覚延房】 かくえんぼう➔「懐舜」の項目を見よ。

【学円房】 がくえんぼう➔「隆尊」の項目を見よ。

【学円房】 がくえんぼう
永禄十一年（一五六八）『現在僧名帳』に記載。この年に得度。生没年不詳。

【学延房】 がくえんぼう➔「懐弘」の項目を見よ。

【覚往】 かくおう
僧都。普門院の住。寛文四年（一六六四）天満宮修理の遷宮阿闍梨をつとめた。その後、舎利預に補任。貞享元年（一六八四）十月三十一日没。

【覚恩坊】 かくおんぼう
堂衆律学。大法師。応永五年（一三九八）「西円堂棟札」に記載。生没年不詳。

【覚賀】 かくが
永久二年（一一一四）～天承元年（一一三一）に勝賢と林幸が発願した『法隆寺一切経』の書写に協力した。

生没年不詳。

【覚賀】かくが

法印。専浄房。政蔵院の住。永和四年（一三七八）『廿人沙汰間条々』に記載。『応安年中以来法隆寺評定日記』に応永十年（一四〇三）一月二十四日に五師をつとめたと記載。応永三十一年（一四二四）七月、舎利預に補任（六十六歳）。永享十年（一四三八）七月二十九日、八十歳で没。

【覚雅】かくが

内記公。実賛の弟子。中院の住。興福寺衆徒椿井氏の出身。幼名、繁丸。寛保三年（一七四三）八月十三日得度。延享五年（一七四八）五月十四日、下臈分一臈に補任。宝暦三年（一七五三）『年会日次記』まで記載。生没年不詳。

【覚義】かくぎ

永和四年（一三七八）『廿人沙汰間条々』に記載。生没年不詳。

【覚義】かくぎ

式音房。良賛の弟子。普門院の住。藤堂藩家臣山岡氏の出身。宝永四年（一七〇七）六月二十一日得度。享保五年（一七二〇）五月退院。

【覚暁】かくぎょう

寛喜二年（一二三〇）「上宮王院棟札」に「法師　結縁衆」と記載。生没年不詳。

【覚厳】かくげん

五師。保延四年（一一三八）八月に金銅舎利塔を建立。永久二年（一一一四）〜天承元年（一一三一）に勝賢と林幸が発願した『法隆寺一切経』の書写に協力した。永治元年（一一四一）に林幸の菩提のために仏名大会料として『仏名経』を書写した。生没年不詳。

【覚厳】かくげん

勘解由公。松立院の住。本多能登守家臣松野氏の出身。幼名、八十丸。寛保三年（一七四三）十二月十八日得度。

延享二年（一七四五）退院。

【覚現】かくげん

応永九年（一四〇二）『児童大衆等規式間事』に記載。生没年不詳。

【学源房】がくげんぼう➜「栄秀」の項目を見よ。

【学源房】がくげんぼう➜「堯誉」の項目を見よ。

【覚弘】かくこう

永和四年（一三七八）『廿人沙汰間条々』に記載。生没年不詳。

【覚弘】かくこう

法印。天文十七年（一五四八）『奉唱　大別当御拝堂威儀僧事』に「講堂導師」と記載。生没年不詳。

【覚斎】かくさい

寛喜二年（一二三〇）「上宮王院棟札」に「法師　結縁衆」と記載。生没年不詳。

【覚済】かくさい

大法師。順泉房。応永九年（一四〇二）『児童大衆等規式間事』に記載。永享十年（一四三八）南大門再興の奉行衆に補任。生没年不詳。

【覚西】かくさい

仏師（北京）。文永五年（一二六八）に造立した食堂の薬師如来坐像を安置する厨子に「仏師覚西　北京」と記載。出典「厨子裏墨書」

【覚算】かくさん

「一臈法印」。得業。延蓮房。文保元年（一三一七）五月に金堂十僧に入供。貞和元年（一三四五）十二月十日に一臈法印に昇進。貞和五年（一三四九）一月三日、八十四歳で没。

【覚算】かくさん

僧都。政蔵院の住。文禄三年（一五九四）得度。元和年間（一六一五～二四）舎利預に補任。承応三年

（一六五四）十一月九日没。

【覚実】かくじつ
堂衆。寛喜二年（一二三〇）「上宮王院棟札」に「禅衆　法師」と記載。生没年不詳。

【学実房】がくじつぼう
天文十年（一五四一）『現在僧名帳』に記載。この年に得度。生没年不詳。

【覚秀】かくしゅう
長好の次男（養子）。寺主をつとめ、久寿二年（一一五五）上座に補任。生没年不詳。

【覚秀】かくしゅう
寛喜二年（一二三〇）「上宮王院棟札」に「学衆　法師」と記載。生没年不詳。

【覚秀】かくしゅう
僧都。政蔵院の住。明暦二年（一六五六）聖霊会の絵殿預。その後、舎利預に補任。延宝八年（一六八〇）九月一日、六十六歳で没。

【覚秀】かくしゅう
二位公。行秀の弟子。吉祥院の住。弘化二年（一八四五）十一月二十一日得度。弘化三年（一八四六）八月二日退院。

【学衆】がくしゅう➡「学侶」の項目を見よ。

【覚宗房】かくしゅうぼう
堂衆律学。大法師。応永五年（一三九八）「西円堂棟札」に記載。生没年不詳。

【覚俊】かくしゅん
嘉禄三年（一二二七）五月十日『法隆寺大法師隆詮外十二僧連署契状』に記載。寛喜二年（一二三〇）「上宮王院棟札」に「大法師　結縁衆」と記載。生没年不詳。

【覚俊】かくしゅん

慶安元年（一六四八）『孔雀讃』を書写。生没年不詳。

【覚舜】かくしゅん
文安六年（一四四九）三月十一日の新福寺供養に錫杖衆として出仕。生没年不詳。

【覚春】かくしゅん
保安三年（一一二二）〜天承元年（一一三一）に林幸が発願した『法隆寺一切経』の書写に協力した。生没年不詳。

【覚順】かくじゅん
寛喜二年（一二三〇）「上宮王院棟札」に「学衆　法師　結縁衆」と記載。生没年不詳。

【覚順】かくじゅん
内記公。宣順の弟子。松立院、政倉院の住。文化八年（一八一一）九月二十七日得度。文政五年（一八二二）十二月退院。

【学順】がくじゅん
権在聴。昌仙。西方院の住。元禄十一年（一六九八）『現在僧名帳』に「権在聴　西方院昌仙法師」と記載。この年に得度。生没年不詳。

【覚舜房】かくしゅんぼう
慶長二年（一五九七）『現在僧名帳』に記載。この年に得度。生没年不詳。

【覚順房】かくじゅんぼう➜「印賢」の項目を見よ。

【覚順房】かくじゅんぼう
寛永十六年（一六三九）『現在僧名帳』に記載。この年に得度。生没年不詳。

【覚順房】かくじゅんぼう
寛文三年（一六六三）『現在僧名帳』に記載。この年に得度。生没年不詳。

【学俊房】 がくしゅんぼう➜「秀恵」を見よ。

【学春房】 がくしゅんぼう

天文二十年（一五五一）『現在僧名帳』に記載。この年に得度。生没年不詳。

【学春房】 がくしゅんぼう

元和二年（一六一六）『現在僧名帳』に記載。この年に得度。生没年不詳。

【学春房】 がくしゅんぼう➜「秀恵」の項目を見よ。

【学舜房】 がくしゅんぼう➜「覚清」の項目を見よ。

【学舜房】 がくしゅんぼう➜「快訓」の項目を見よ。

【学舜房】 がくしゅんぼう

天文五年（一五三六）『現在僧名帳』に記載。この年に得度。生没年不詳。

【学舜房】 がくしゅんぼう

天正五年（一五七七）『現在僧名帳』に記載。この年に得度。生没年不詳。

【覚助】 かくじょ

康仁〔正暦五年（九九四）―治安元年（一〇二一）〕の次男。幼少のころから鴻助の養子となり、権上座に補任したと伝える。生没年不詳。

【覚勝】 かくしょう

「一臈法印」。権大僧都。音（恩）測房（西福院中納言公）。覚秀の弟子。中院の住。藤堂藩無足人山本九兵衛の息。吉田八右衛門長経の養子。薬師寺福蔵院の弟子。寛文十年（一六七〇）十一月七日、法隆寺へ入寺。延宝元年（一六七三）十一月二十一日得度。元禄十四年（一七〇一）一月、四十九歳で舎利預に補任。正徳四年（一七一四）四月二十二日、一臈法印に昇進。江戸出開帳、伽藍の大修理に貢献。桂昌院から五条袈裟を下賜される。享保十六年（一七三一）九月二日、七十九歳で没。

【覚乗】 かくじょう

応永九年（一四〇二）『児童大衆等規式間事』に記載。

生没年不詳。

【覚盛】　かくじょう
　綱順公。快盛の弟子。東住院、福生院の住。松平遠江守家臣馬嶋氏の出身。幼名、生丸。天保八年（一八三七）得度。嘉永四年（一八五一）七月十一日退院。

【覚定】　かくじょう➜「信秀」の項目を見よ。

【覚勝忌】　かくしょうき
　覚勝の命日九月二日に行う法要の名称。平成八年（一九九六）から厳修している。「覚勝」「覚房」の項目を参照。

【覚勝房】　かくしょうぼう
　堂衆律学。大法師。応永五年（一三九八）「西円堂棟札」に記載。生没年不詳。

【覚勝房】　かくしょうぼう
　永禄七年（一五六四）『現在僧名帳』に記載。この年に得度。生没年不詳。

【覚勝房】　かくしょうぼう
　元和元年（一六一五）『現在僧名帳』に記載。この年に得度。生没年不詳。

【覚性房】　かくしょうぼう
　万治元年（一六五八）『現在僧名帳』に記載。この年に得度。生没年不詳。

【覚乗房】　かくじょうぼう
　永禄十二年（一五六九）『現在僧名帳』に記載。この年に得度。生没年不詳。

【覚乗房】　かくじょうぼう
　元亀元年（一五七〇）『現在僧名帳』に記載。この年に得度。生没年不詳。

【覚乗房】　かくじょうぼう
　慶安五年（一六五二）『現在僧名帳』に記載。この年に得度。生没年不詳。

【覚浄房】 かくじょうぼう
天文元年（一五三二）『現在僧名帳』に記載。この年に得度。生没年不詳。

【覚浄房】 かくじょうぼう
天文十四年（一五四五）『現在僧名帳』に記載。この年に得度。生没年不詳。

【覚浄房】 かくじょうぼう
慶長十八年（一六一三）『現在僧名帳』に記載。この年に得度。生没年不詳。

【覚浄房】 かくじょうぼう
元和六年（一六二〇）『現在僧名帳』に記載。この年に得度。生没年不詳。

【学松房】 がくしょうぼう
寛永三年（一六二六）『現在僧名帳』に記載。この年に得度。生没年不詳。

【学乗房】 がくじょうぼう➜「貞祐」の項目を見よ。

【覚信】 かくしん
保安三年（一一二二）〜天承元年（一一三一）に林幸が発願した『法隆寺一切経』の書写に協力した。生没年不詳。

【覚信】 かくしん
大法師。五師。応永二年（一三九五）の聖霊会の梵音衆をつとめる。応永二十二年（一四一五）『本末寺文書目録』に「筆師大法師」と記載。生没年不詳。

【覚心】 かくしん
応永九年（一四〇二）『児童大衆等規式間事』に記載。生没年不詳。

【覚親】 かくしん
大法師。『応安年中以来法隆寺評定日記』に永和四年（一三七八）八月二十八日〜康暦三年（一三八一）まで五師をつとめたと記載。生没年不詳。

【覚真】 かくしん

権少僧都。『応安年中以来法隆寺評定日記』に応永三十年（一四二三）〜永享九年（一四三七）まで五師をつとめたと記載。嘉吉二年（一四四二）二月二十三日の竜田社頭舞楽法会に右方衲衆として出仕。生没年不詳。

【覚甚】 かくじん

応永九年（一四〇二）『児童大衆等規式間事』に記載。生没年不詳。

【覚真房】 かくしんぼう

堂衆律学。応永五年（一三九八）「西円堂棟札」に記載。生没年不詳。

【学深房】 がくじんぼう➡「秀遍」の項目を見よ。

【覚晴】 かくせい

「法隆寺別当」。大僧都。興福寺の僧。永治元年（一一四一）十一月二十四日、法隆寺別当に補任。七年間在任。久安三年（一一四七）二月十三日、興福寺別当に転任。生没年不詳。

【覚清】 かくせい

僧都。学舜房。宝光院の住。応永九年（一四〇二）『児童大衆等規式間事』に記載。嘉吉二年（一四四二）二月二十三日の竜田社頭舞楽法会に右方衲衆として出仕。嘉吉三年（一四四三）九月、舎利預に補任。文安六年（一四四九）三月十一日の新福寺供養に出仕、宝徳三年（一四五一）二月二十七日の聡明寺供養で講師をつとめる。宝徳三年八月二十一日、六十九歳で没。

【覚清】 かくせい➡「善正房」の項目を見よ。

【学政房】 がくせいぼう➡「秀懐」の項目を見よ。

【覚宣】 かくせん➡「湛肇」の項目を見よ。

【覚泉坊】 かくせんぼう

堂衆律学。法師。応永五年（一三九八）「西円堂棟札」に記載。生没年不詳。

か行

【覚禅房】かくぜんぼう
享禄二年（一五二九）『現在僧名帳』に記載。この年に得度。生没年不詳。

【学専房】がくせんぼう
慶長九年（一六〇四）『現在僧名帳』に記載。この年に得度。生没年不詳。

【学専房】がくせんぼう➜「秀存」の項目を見よ。

【学禅房】がくぜんぼう
永禄八年（一五六五）『現在僧名帳』に記載。この年に得度。生没年不詳。

【学善房】がくぜんぼう
寛文元年（一六六一）『現在僧名帳』に記載。この年に得度。生没年不詳。

【覚増】かくぞう
寛喜二年（一二三〇）「上宮王院棟札」に「学衆　法師　結縁衆」と記載。生没年不詳。

【覚尊】かくそん
応永九年（一四〇二）『児童大衆等規式間事』、応永二十二年（一四一五）『順禅房罪科間事』に記載。生没年不詳。

【学尊房】がくそんぼう
中東住院の住。天正十年（一五八二）『現在僧名帳』に記載。この年に得度。生没年不詳。

【覚朝】かくちょう
大法師。五師。承保四年（一〇七七）九月十九日に金堂へ金銅仏像（長八寸）、金銅観音菩薩像（長一尺）を施入。生没年不詳。出典『金堂日記』

【覚超】かくちょう
僧都。松立院の住。元禄十一年（一六九八）舎利預に補任。元禄十四年（一七〇一）一月隠居。号、義岩。享保五年（一七二〇）三月十三日没。

【覚長】かくちょう

「法隆寺別当」。僧都。興福寺東院の僧。久寿二年（一一五五）五月二十四日、法隆寺別当に補任。二二年間在任。

【覚澄房】かくちょうぼう➜「間中定泉」の項目を見よ。

【学貞房】がくていぼう

堂衆。福園院の住。永禄八年（一五六五）『現在僧名帳』に記載。この年に得度。生没年不詳。

【学頭職】がくとうしょく

勧学院に住して学問衆を指揮する僧のこと。勝鬘会、慈恩会、三蔵会の探題をつとめる碩学の僧をいう。

【覚道房】かくどうぼう➜「中島懐厳」の項目を見よ。

【覚遍】かくへん

「法隆寺別当」。法印権大僧都。興福寺光明院の僧。寛喜三年（一二三一）十一月七日、法隆寺別当に補任。五年間在任。その任期中に鑑真忌の始行をはじめ南大門の修理、西円堂の再建などを行った。建長七年（一二五五）に法隆寺別当を辞任。生没年不詳。

【覚弁】かくべん

「法隆寺別当」。法印。建久六年（一一九五）一月三十一日、法隆寺別当に補任。四年間在任。正治元年（一一九九）十一月二十九日没。

【覚峯】かくほう

大法師。大進公。覚勝の弟子。円明院、妙音院の住。春日社司正真院の出身。幼名、清丸。元禄七年（一六九四）『現在僧名帳』に記載。この年に得度。元禄十二年（一六九九）三月十三日『法華不審抄』の奥書に「中院住侶大進覚峯」と記載。正徳元年（一七一一）九月十七日没。

【学明房】がくみょうぼう➡「訓舜」の項目を見よ。

【学明房】がくみょうぼう➡「寛雅」の項目を見よ。

【覚有】かくゆう

応永九年（一四〇二）『児童大衆等規式間事』に記載。生没年不詳。

【覚祐】かくゆう

「一臈法印」。律師。政蔵院の住。文禄二年（一五九三）新堂の修理奉行。慶長十一年（一六〇六）伽藍修理の五師に補任。元和二年（一六一六）八月二十一日、舎利預に補任（六十二歳）。寛永六年（一六二九）六月八日、一臈法印に昇進。寛永九年（一六三二）十月十日没。

【覚誉】かくよ

「法隆寺別当」。法印大僧都。興福寺法雲院の僧。天承二年（一一三二）五月二十七日、法隆寺別当に補任。九年間在任。保延五年（一一三九）十二月二十六日に興福寺別当に転任。

【覚養】かくよう

保元三年（一一五八）に金堂へ金器一前を施入。生没年不詳。出典『金堂日記』

【学侶】がくりょ

寺僧の身分制度の一つ。「学衆」ともいう。顕密二教の学行を専らにして、主として講経論談を修学する学問僧のこと。三経院で唯識を研鑽する学僧を「唯識講衆」、聖霊院で真言密教を修法する僧を「本供養衆」と呼ぶ。この制度は中世のころから生じ、徳川時代に法則化して、学侶は「公家または五代相続している武家の出身者」と規定された。公家の場合は無条件で学侶となったが、武家の出身者の場合は学侶の評定の席で系図の吟味が行われ、その承認の上で学侶に交衆した。寛政九年（一七九七）に行われた寺法の大改正で、堂方は全て学侶に昇進したが、新たに三人の堂方を任命した。さらに明治二年（一八六九）の大改正によって全ての堂方と承仕が学侶に交衆し、それによって寺僧の身分制度は完全に全廃した。

【覚了房】　かくりょうぼう↓「寛栄」の項目を見よ。

【賀慶】　がけい

金堂十僧。大法師。承元三年（一二〇九）一月十二日『金堂吉祥御願請僧等条々事』に「金堂十僧」と記載。生没年不詳。出典『金堂日記』

【懸盤】　かけばん

仏前に供物を供えるための膳の名称。

【懸盤】　かけばん

鎌倉時代。木造　黒漆朱漆塗。高二九・九センチメートル。天板三〇・八×三二・一センチメートル。至宝一二-供養具五〇八

【懸盤】　かけばん

室町時代。木造　黒漆朱漆塗。高三四・九センチメートル。天板三四・三×三四・七センチメートル。朱漆銘に、西円堂に附属するものであり、長禄三年（一四五九）に修理したと記載。至宝一二-供養具五〇九

【勘解由公】　かげゆこう↓「覚厳」の項目を見よ。

【嘉元記】　かげんき

嘉元三年（一三〇五）四月二十八日～貞治三年（一三六四）七月七日に至る約六〇年間に法隆寺やその近在で起こった出来事を年代順に編纂したもの。南北朝時代の原本は献納宝物。

【笠評君】　かさのこおりのきみ

大古臣。辛亥年（白雉二年（六五一））にその遺児である布奈太利古臣と伯父の建古臣の二人が笠評君（備前の豪族？）のために金銅観音菩薩像（像高二三・五センチメートル）を造顕。出典献納宝物。「像框座刻銘」

【加持】　かじ

仏や菩薩が不思議な力で衆生を救うことをいう。法隆寺では金堂修正会の半夜作法の中で厳祈のときに行う。

【火舎】　かしゃ

密教法具の一つ。香炉の別称。仏菩薩を供養する六器の中央で香を焚く焼香器のこと。

【火舎】かしゃ

重文（密教法具一括指定四一口のうち）。鎌倉時代。鋳銅　鍍金。四口。各高一四・六センチメートル。径一三・一センチメートル。至宝一三−六九

【火舎】かしゃ

鎌倉時代。鋳銅　鍍金。一口。高二七・〇センチメートル。径二五・九センチメートル。至宝一三−七一

【火舎】かしゃ

重文。南北朝時代。鋳銅　鍍金。一口。高一四・六センチメートル。径一四・二センチメートル。刻銘「法隆寺舎利殿　貞治五年丙午（一三六六）五月廿二日」。至宝一三−七〇

【火舎】かしゃ

南北朝時代。鋳銅　鍍金。一口（蓋なし）。高六・一センチメートル。径一二・二センチメートル。刻銘「法隆寺　舎利殿　貞治五丙午（一三六六）五月廿二日」。至宝一三−七二

【火舎】かしゃ

南北朝時代。鋳銅。一口。高二一・五センチメートル。径二二・三センチメートル。聖霊院所在。刻銘「康応元己巳（一三八九）卯月日　法隆寺上御堂　勧進大法師実秀」。至宝一三−七三

【火舎】かしゃ

南北朝時代。鋳銅。二口。各高一五・〇センチメートル。径一六・五センチメートル。刻銘「康応元己巳（一三八九）卯月日法隆寺上御堂　勧進大法師実秀」。至宝一三−七四

【火舎】かしゃ

南北朝時代。鋳銅　鍍金。一口（炉なし）。高八・七センチメートル。至宝一三−七五

【火舎】かしゃ

南北朝時代。鋳銅。一口（炉のみ）。高四・〇センチメートル。径一一・〇センチメートル。至宝一三−七六

【火舎】かしゃ
室町時代。鋳銅　鍍金。一口。高二六・八センチメートル。径三六・一センチメートル。金堂所在。至宝一三ー七七

【火舎】かしゃ
室町時代。鋳銅。一口（炉のみ）。高四・三センチメートル。径一一・〇センチメートル。至宝一三ー七八

【火舎】かしゃ
室町時代。鋳銅　鍍金。二口（一口は蓋なし）。各高一三・一センチメートル。径一一・四センチメートル。至宝一三ー七九

【春日赤童子立像】かすがあかどうじりゅうぞう
塑像。像高四四・〇センチメートル。法隆寺で行われる慈恩会、三蔵会、勝鬘会の竪義の前行の本尊。千早定朝が明治十二年（一八七九）六月に発願して瓦匠の安井弥平が製作した。至宝三ー塑像一一八

【春日権現】かすがごんげん
仏や菩薩が人びとを教化し救済する手だてとして身を藤原氏の氏神となって現わしたもの。それを祭るのが春日社。興福寺の鎮守神であり、法相宗の擁護神。

【春日鹿曼荼羅図】かすがしかまんだらず
南北朝時代。絹本着色。縦五九・七センチメートル。横二九・七センチメートル。「住吉法眼筆」「明恵上人御所持」という伝承がある。文化七年（一八一〇）に政倉院宣順が法隆寺へ寄進した。至宝六ー一六一

【春日森】かすがのもり
法隆寺裏山にあった行場の名称。安居のときに堂方行人が行う閼伽供花の行場のこと。

【春日版】かすがばん
主として中世に興福寺や春日神社を中心に開版された仏典の版木のこと。それには東大寺や法隆寺、西大寺、大安寺などで開版したものも含まれるという。

【春日曼荼羅】かすがまんだら

藤原氏の氏神を祭る春日社の景観を表現した垂迹画のこと。

【春日宮曼荼羅図】 かすがみやまんだらず

鎌倉時代。絹本着色。縦一二四・〇センチメートル。横七八・二センチメートル。宝永六年（一七〇九）中院覚勝らが修理した。至宝六ー一六〇

【春日影現立像】 かすがようげんりゅうぞう

塑像。明恵上人の室に影現した姿を宅磨法印澄賀が写した画像を参照して、明治十二年（一八七九）六月に千早定朝の発願によって瓦匠の安井弥平が製作した像のこと。

【上総公】 かずさこう➜「円範」の項目を見よ。

【片岡屋与介】 かたおかやよすけ

法隆寺村本町の住。寛永十五年（一六三八）一月に聖霊院へ釣燈籠を寄進。出典「釣燈籠刻銘」

【片桐出雲守孝利】 かたぎりいずものかみたかとし

寛永二年（一六二五）五月に聖霊院へ釣燈籠を寄進。出典「釣燈籠刻銘」

【葛井有宗】 かついありむね

興福寺系大工。寛喜三年（一二三一）三経院の修理に従事。出典「三経院棟木墨書」

【葛井国宗】 かついくにむね

興福寺系大工。寛喜三年（一二三一）三経院の修理に従事。出典「三経院棟木墨書」

【葛井成末】 かついなりすえ

興福寺系大工。寛喜三年（一二三一）三経院の修理に従事。出典「三経院棟木墨書」

【葛井行成】 かついゆきしげ

興福寺系大工。寛喜三年（一二三一）三経院の修理に従事。出典「三経院棟木墨書」

か行

【葛井行末】 かついゆきすえ

興福寺系大工。寛喜三年（一二三一）三経院の修理に従事。出典「三経院棟木墨書」

【覚懐】 かっかい

「法隆寺別当」。法印。興福寺西南院の僧。貞和三年（一三四七）六月一日、法隆寺別当に補任。五年間在任。

【覚賢】 かっけん

寛喜二年（一二三〇）「上宮王院棟札」に「学衆　法師」と記載。生没年不詳。

【覚賢】 かっけん

良識房。寛永七年（一六三〇）『現在僧名帳』に記載。この年に得度。生没年不詳。

【覚賢】 かっけん

権少僧都。大夫公。覚秀の弟子。地蔵院の住。山城賀茂侍渡辺氏の出身。幼名、吉三郎。寛文十一年（一六七一）十二月十二日得度。宝永三年（一七〇六）舎利預に補任。享保三年（一七一八）十二月四日、普光院と改名。元禄七年（一六九四）の出開帳、元禄大修理に尽力。享保十二年（一七二七）四月二十八日、七十二歳で没。

【覚賢】 かっけん

「一臈法印」。元堂衆行人方。大僧都。大真房（大進公、民部卿）。実賢の弟子。善住院の住。郡山城南、森中氏の出身。明和元年（一七六四）出生。明和四年（一七六七）実賢の弟子となり、明和八年（一七七一）二月七日、八歳で得度。寛政九年（一七九七）寺法の大改正により学侶に交衆。昶雅の弟子となる。同年十二月、植村駿河守家臣苗村氏の養子。柳原中納言隆光の猶子。善住院、宝珠院、安養院、政南院、仏性院などの住。唯心院（待清庵）と号す。文化三年（一八〇六）四月七日、西円堂輪番。同年九月、絵殿預。同年十月十二日、仮名を大進公に改名。同年、権少僧都。文化六年（一八〇九）三月十四日、金堂預。同年十一月二十五日、舎利預。文化九年（一八一二）十一月二十二日、権大僧都に補任。同年十一月三十日、勅許により大僧都を賜わる。待清庵とい

う茶室を建立。文化十年（一八一三）一臈法印に昇進。文政四年（一八二一）七月十七日辞任。天保七年（一八三六）『斑鳩古事便覧』を著述。天保十年（一八三九）七月二十五日、七十六歳で没。

【覚賢房】 かっけんぼう➔「長弘」の項目を見よ。

【羯鼓】 かっこ

鼓胴の両端に鼓革をあて組立て木製の台にのせて桴でたたいて演奏する楽器の名称。

【羯鼓】 かっこ

鎌倉時代。木造　彩色。高二〇・四センチメートル。径二五・〇センチメートル。胴長三〇・二センチメートル。源頼朝が法隆寺へ寄進したという。

【月光菩薩】 がっこうぼさつ

薬師如来の右脇侍の名称。法隆寺には六観音をはじめ大講堂の薬師三尊像や金堂の薬師如来像の脇侍と伝える像（大宝蔵殿に安置）がある。

【月光菩薩立像】 がっこうぼさつりゅうぞう

重文。白鳳時代。木造　漆箔。総高七七・九センチメートル。六観音の一つ。至宝四―一五二

【桂栄孫】 かつらえいそん

勾当。安政五年（一八五八）二月没。

【桂京長】 かつらきょうちょう

勾当。文政八年（一八二五）三月二十九日没。

【桂抱孫】 かつらほうそん

勾当。嘉永七年（一八五四）七月七日没。

【火天】 かてん

火を象徴した神で、密教では八方天、十二天の一つとして東南の護法神となっている。

【火天画像】 かてんがぞう

南北朝時代。絹本着色。縦一〇五・五センチメートル。横四〇・六

センチメートル。至宝六―六三

【金松】　かねまつ

児童。瓦坊。宝徳三年（一四五一）二月二十七日の聡明寺供養に瓦坊より児童として出仕。生没年不詳。

【賀平次】　がへいじ

四大工。寛永十年（一六三三）十二月、法隆寺四人大工職に補任。出典『公文所補任記』

【加兵衛】　かへえ

大工。法隆寺村の住。元禄九年（一六九六）の五重塔や元禄十年（一六九七）の南面大垣の修理に従事。出典「五重塔棟札」『伽藍修復勘定帳』

【加兵衛】　かへえ

興留の住。貞享三年（一六八六）七月に聖霊院の宝前へ石燈籠を寄進。出典「石燈籠刻銘」

【嘉兵衛】　かへえ

大工。円成井村の住。元禄五年（一六九二）の律学院や元禄十一年（一六九八）の東院礼堂及び廻廊の修理に従事。出典「律学院正面扉鴨居下墨書銘」『伽藍修復勘定帳』

【嘉兵衛】　かへえ

大工。並松の住。文政八年（一八二五）西円堂の修理に従事。出典「西円堂棟札」

【賀宝】　がほう

「法隆寺別当」。僧都。勧修寺の僧。安元二年（一一七六）三月二十一日、法隆寺別当に補任。四年間在任。

【釜口屋彦左衛門】　かまぐちやひこざえもん

慶長十四年（一六〇九）一月に聖霊院へ釣燈籠を寄進。出典「釣燈籠刻銘」

【框】　かまち

仏像の台座の一番下の木の枠のことをいう。金堂の釈迦三尊像、薬師如来像、阿弥陀三尊像をはじめ玉虫厨子、橘夫人厨子などに見られる。

【上修理奉行】 かみしゅうりぶぎょう

法隆寺境内にある堂舎の修復を指揮する僧のこと。

【上堂供養日記】 かみのどうくようにっき

応永十四年（一四〇七）四月十日に上御堂で修行した供養会の記録。

【上御堂】 かみのみどう

重文。文保二年（一三一八）。大講堂の北側に位置する。桁行七間。梁行四間。入母屋造。本瓦葺。奈良時代に天武天皇の皇子舎人親王が創建したと伝える。その建物が永祚元年（九八九）八月十三日の大風によって倒壊したため、応長元年（一三一一）ごろから再建した。礎石などには奈良時代の凝灰岩が使われている。堂内には平安時代の釈迦三尊像と南北朝時代の四天王像を安置している。かつてこの建物は堂衆の行人方が管理する安居の道場であった。至宝一―八

【上御堂堂司】 かみのみどうどうつかさ

上御堂の堂司のことで、堂方行人方の大法師の内から補任した。

【上宮】 かみや

斑鳩町の東南にある字名。聖徳太子が亡くなったという葦垣宮の伝承地がある。その葦垣宮跡には嘉祥二年（八四九）に成福寺を建立している。平成三年（一九九一）に、その付近から奈良時代の飽波宮の遺構を発見した。

【神屋】 かみや⇒斑鳩町にある「上宮」の別称。

【上宮成福寺境内図】 かみやじょうふくじけいだいず

嘉永二年（一八四九）に描かれた法隆寺の末寺成福寺の境内図。

【亀治郎】 かめじろう

大工。魚町の住。安政二年（一八五五）三経院の修理に従事。出典「三経院棟札」

【亀蔵】 かめぞう

大工。西里の住。安永四年（一七七五）花山竜池の修理に従事。出典「護摩堂棟札」

【唐門】 からもん

屋根が唐破風造りになった様式の門に対する名称。両側に唐破風があるのを平唐門と呼ぶ。法隆寺では西園院（大正八年（一九一九）に地蔵院から移建）と北室院に現存している。

【伽藍】 がらん

寺院の建物群の総称。堂塔を指す名称。

【伽藍境内大絵図】 がらんけいだいだいえず

江戸時代。紙本淡彩。縦二四三・〇センチメートル。幅三九六・〇センチメートル。至宝一二─建築古図二

【伽藍諸堂舎本尊仏像並堂附属資財等目録】 がらんしょどうしゃほんぞんぶつぞうならびにどうふぞくしざいとうもくろく

明治八年（一八七五）八月三十日付けで法隆寺が行った諸堂所属の仏像や法具類の検査目録。内容は西院伽藍、東院伽藍、綱封蔵の三部から構成し、仏像にはその法量を記し、資財などには数量を記載している。なお、各項目には多くの張紙があり、明治八年の検査以後の移動場所を記している。

【迦陵頻迦】 かりょうびんが

雀のような鳥で、インドで「ブルブル」と呼ぶ鳥の名であるという。仏教では極楽に住む鳥とされ、舞楽などにも取り入れられた。

【迦陵頻羽根】 かりょうびんのはね

鎌倉時代。革製。彩色。縦六四・〇センチメートル。幅八一・〇センチメートル。舞楽の装束の一つ。源頼朝が法隆寺へ寄進したものと伝える。至宝一〇─二〇三

【河内屋七左衛門】 かわちやしちざえもん

延宝四年（一六七六）十一月に鰐口（直径三〇センチメートル）を法隆寺へ寄進。出典「鰐口刻銘」

【川西市郎右衛門】かわにしいちろうえもん
大工。西里の住。元禄十年（一六九七）の新堂、元禄十三年（一七〇〇）の宝珠院庫裏の修理や元禄十六年（一七〇三）の宗源寺鐘楼、正徳元年（一七一一）の西南院表門、観音院表門、正徳二年（一七一二）の普門院表門の建立に従事。出典「新堂棟札」

【川西源次郎】かわにしげんじろう
大工。川西市郎右衛門の息。正徳元年（一七一一）西南院表門、観音院表門の建立に従事。出典「西南院表門棟札」「観音院表門棟札」

【瓦坊】かわらぼう
鎌倉時代の創建。食堂の東側に位置していた子院の名称。とくに別当坊として特別に瓦を葺いていたために瓦坊と呼んでいる。

【寛栄】かんえい
新堂衆。覚了房。学栄の弟子。天保十二年（一八四一）得度。嘉永二年（一八四九）六月五日没。

【寛延】かんえん
「法隆寺別当」。律師。法隆寺の僧？　延喜年間（九〇一～九二三）法隆寺別当に補任。一六年間在任。

【観円】かんえん
寛喜二年（一二三〇）「上宮王院棟札」に「学衆　法師」と記載。生没年不詳。

【寛雅】かんが
堂衆。学明房。寛攻の弟子。律学院堂司。宝光院の住。享和二年（一八〇二）十二月一日得度。文化十年（一八一三）『年会日次記』まで記載。生没年不詳。

【寛海】かんかい
応永九年（一四〇二）『児童大衆等規式間事』に記載。生没年不詳。

【寛海】かんかい

法師。同湯房。普門院の住。文明十六年（一四八四）竜田会の公文代に補任。生没年不詳。

【観海】　かんかい

律師。応安四年（一三七一）『上御堂本尊修復結縁文書』に記載。護摩堂へ舎利塔（一四粒）を寄進。明徳二年（一三九一）舎利預に補任。応永三年（一三九六）十二月二十六日没。

【勧学院】　かんがくいん

「瓦坊」の別称。鎌倉時代には別当坊の名称の一つであったが、室町時代ごろからは法隆寺の学頭が止住する建物の名称となる。元禄八年（一六九五）十二月九日に瓦坊の建物を明王院の敷地に引き移したが、享保十二年（一七二七）一月十八日に焼失した。その後は再建していない。

【勧学院の四階級】　かんがくいんのよんかいきゅう

已講、擬講、得業、擬得業をいう。

【歓喜院】　かんぎいん

江戸時代の創建。元禄年間（一六八八～一七〇四）明王院の東隣に創建した聖天堂と十二天堂を含む坊舎の名称。

【歓喜天】　かんぎてん

大聖歓喜天を省略したもので「聖天」ともいう。古代のインドでは魔界の王とされていたが、仏教に受容されてからは魔障を除く守護神となる。夫婦和合、商売繁盛の神として広くその信仰を集めている。

【歓喜天立像】　かんぎてんりゅうぞう

室町時代。銅造　鍍金。黒漆塗円筒形厨子入。像高一五・三センチメートル。至宝三―金銅像三四

【歓喜天立像】　かんぎてんりゅうぞう

江戸時代。銅造　鍍金。黒漆塗木瓜形厨子入。像高一五・三センチメートル。至宝三―金銅像三四

か行

【歓喜天立像】 かんぎてんりゅうぞう

江戸時代。銅造　鍍金。黒漆塗円筒形厨子入。像高一二・六センチメートル。至宝三―金銅像三四

【歓喜天立像】 かんぎてんりゅうぞう

江戸時代。銅造　鍍金。黒漆塗円筒形厨子入。像高一〇・八センチメートル。至宝三―金銅像三四

【歓喜天立像】 かんぎてんりゅうぞう

江戸時代。銅造　鍍金。厨子入。像高一〇・四センチメートル。至宝三―金銅像三四

【歓喜天立像】 かんぎてんりゅうぞう

江戸時代。檜材　一木造　素地。厨子入。総高六・六センチメートル。至宝四―二一四

【観行院】 かんぎょういん↓「祐懐」の項目を見よ。

【願教房】 がんきょうぼう

永禄十年（一五六七）『現在僧名帳』に記載。この年に得度。生没年不詳。

【寛慶】 かんけい

木師。文和四年（一三五五）十二月三日に造顕した上御堂の四天王像（持国天・増長天・広目天）に「木師法橋」と記載。出典「像首内墨書」

【寛継】 かんけい

堂衆律学。大法師。良賢房。円継の弟子。法華院の住。元文二年（一七三七）十一月二日得度。宝暦十二年（一七六二）五月三日、上宮王院堂司に補任。安永七年（一七七八）一月十九日没。

【観芸】 かんげい

寛喜二年（一二三〇）「上宮王院棟札」に「学衆　法師　結縁衆」と記載。生没年不詳。

【観月房】 かんげつぼう↓「證道」の項目を見よ。

【寛厳】 かんげん
都維那。元厳の長男。永久二年(一一一四)六月七日没。

【寛玄】 かんげん
三綱。法橋。壱岐房。郡山藩家臣牧野氏（増田氏に改名）の出身。享保六年（一七二一）ごろ得度。享保十六年（一七三一）九月二十二日没。

【観元房】 かんげんぼう↓「了覚」の項目を見よ。

【寛攻】 かんこう
新堂衆。諸進。大法師。胎道房。律学院堂司。上宮王院堂司。宝光院の住。寛政十年（一七九八）ごろ得度。文化七年（一八一〇）十月三日、上宮王院堂司に補任。文化八年（一八一一）十二月五日隠退。文政二年（一八一九）一月十六日、五十四歳で没。

【寛光房】 かんこうぼう↓「長宥」の項目を見よ。

【簪】 かんざし
奈良時代。銀製。聖徳太子が幼少のころに用いたもの。孝謙天皇が法隆寺へ納めたと伝える。銀釵。出典献納宝物

【寛算】 かんさん
堂衆行人方。大法師。春光房（俊光房）。橘坊の住。元禄十五年（一七〇二）ごろ西円堂堂司に補任。宝永六年(一七〇九)ごろ夏一戒師に昇進。正徳二年(一七一二)と正徳五年(一七一五)に行われた聖霊会の読師に補任。享保十年（一七二五）『年会日次記』まで記載。生没年不詳。

【寛算】 かんさん
承仕。良円房（良誠房）。暁懐の弟子。享和三年（一八〇三）十一月二十五日得度。二十七日、仮名を良誠房に改名。文化二年（一八〇五）『年会日次記』まで記載。生没年不詳。

【願珊房】がんさんぼう
大永七年（一五二七）『現在僧名帳』に記載。この年に得度。生没年不詳。

【官寺】かんじ
朝廷の食封を受けて、その管理下に置かれた寺院のこと。

【観識房】かんしきぼう
堂衆律学。大法師。応永五年（一三九八）「西円堂棟札」に「戒師」と記載。生没年不詳。

【願識房】がんしきぼう➡「乗弁」の項目を見よ。

【願識房】がんしきぼう➡「印舜」の項目を見よ。

【観実】かんじつ
堂衆。寛喜二年（一二三〇）「上宮王院棟札」に「禅衆　法師」と記載。生没年不詳。

【観実】かんじつ
嘉元三年（一三〇五）『聖徳太子絵伝紙背墨書銘』に記載。生没年不詳。

【乾漆像】かんしつぞう
漆で張り固めた彫刻のこと。法隆寺には西円堂の薬師如来坐像や夢殿の行信坐像などがある。

【観寿院】かんじゅいん➡「懐舜」の項目を見よ。

【観住】かんじゅう
中綱。寛喜二年（一二三〇）「上宮王院棟札」に「中綱　権専当法師」と記載。生没年不詳。

【願住】がんじゅう
堂衆。寛喜二年（一二三〇）「上宮王院棟札」に「禅衆　法師」と記載。生没年不詳。

【願宗坊】がんしゅうぼう

堂衆律学。大法師。応永五年（一三九八）「西円堂棟札」に記載。生没年不詳。

【管主室】 かんしゅしつ⇓「鵤文庫閲覧室」の別称。

【観俊】 かんしゅん
勧進僧。賢了房。貞永元年（一二三二）に金堂西之間の阿弥陀如来坐像造顕の大勧進。生没年不詳。出典「光背裏刻銘」

【願舜】 がんしゅん
大法師。天文十六年（一五四七）大講堂の瓦の勧進を行う。生没年不詳。出典「妻室丸瓦刻銘」

【寛舜房】 かんしゅんぼう
天正八年（一五八〇）『現在僧名帳』に記載。この年に得度。生没年不詳。

【観春房】 かんしゅんぼう➜「暁継」の項目を見よ。

【観順房】 かんじゅんぼう
得業。至徳二年（一三八五）『奉寄進　山一処事』に記載。生没年不詳。

【願春房】 がんしゅんぼう
天文二十二年（一五五三）『現在僧名帳』に記載。この年に得度。生没年不詳。

【願舜房】 がんしゅんぼう➜「有実」の項目を見よ。

【願舜房】 がんしゅんぼう➜「円海」の項目を見よ。

【願舜房】 がんしゅんぼう
元和二年（一六一六）『現在僧名帳』に記載。この年に得度。生没年不詳。

【願順房】 がんじゅんぼう➜「実俊」の項目を見よ。

【勧請】 かんじょう
仏の説法を願うとともに、その教えが長く世に伝わることを請うことをいう。

【寛盛】かんじょう
堂衆行人方。大法師。俊行房。寛算の弟子。妻室堂司。橘坊の住。宝永二年（一七〇五）得度。享保二年（一七一七）大法師に昇進。享保十九年（一七三四）八月十五日没。

【寛定】かんじょう
堂衆。諸進。良道房。覚賢の弟子。律学院堂司。宝光院の住。文化十年（一八一三）十二月十七日得度。文政四年（一八二一）『年会日次記』まで記載。生没年不詳。

【灌頂】かんじょう
真言密教の秘法の伝授を受けるときに頭から聖水を灌ぐ儀式のこと。法隆寺でも南北朝時代から聖霊院で灌頂を行っていた。

【観乗房】かんじょうぼう
五師。宝治二年（一二四八）「西円堂心束墨書」に「勧進・五師」と記載。生没年不詳。

【観乗房】かんじょうぼう
三経院承仕。天文六年（一五三七）『現在僧名帳』に記載。この年に得度。生没年不詳。

【観乗房】かんじょうぼう
天文二十一年（一五五二）『現在僧名帳』に「西東住院内実能新発意」と記載。この年に得度。生没年不詳。

【観乗房】かんじょうぼう
元和二年（一六一六）『現在僧名帳』に記載。この年に得度。生没年不詳。

【寛信】かんしん
文応元年（一二六〇）十一月十日『僧寛信地処分状』に記載。生没年不詳。

【寛清】かんせい
法印。律師。得業。五師・右筆。良学房。普門院の住。応永二十二年（一四一五）『順禅房罪科間事』に記

載。応永二十九年（一四二二）二月二十五日『法相宗初心抄』を書写。永享二年（一四三〇）舎利殿の修理奉行。永享十年（一四三八）聖霊会の宝幢八流の造顕奉行に補任。嘉吉二年（一四四二）二月十七日に『竜田社頭舞楽法会次第』を書写。同年に右筆及び五師をつとめた。嘉吉二年二月二十三日の竜田社頭舞楽法会、文安六年（一四四九）三月十一日の新福寺供養、宝徳三年（一四五一）二月二十七日の聡明寺供養に奉行衆として出仕。康正二年（一四五六）に護摩堂の長香之器の新調を沙汰する。長禄元年（一四五七）十一月、舎利預に補任（六十歳）。文明七年（一四七五）四月二十二日、七十八歳で没。

【寛専】かんせん

堂衆行人方。夏一戒師。大法師。俊良房。聖霊院堂司。橘坊、文殊院の住。元文二年（一七三七）二月六日得度。宝暦十二年（一七六二）十一月一日、聖霊院堂司に補任。明和六年（一七六九）『常楽寺神明帳』を書写。天明六年（一七八六）夏一戒師に昇進。寛政七年（一七九五）二月十一日没。

【観禅】かんぜん

寛喜二年（一二三〇）「上宮王院棟札」に「法師　結縁衆」と記載。生没年不詳。

【観専房】かんせんぼう➜「円祐」の項目を見よ。

【観泉房】かんせんぼう

堂衆律学。大法師。応永五年（一三九八）「西円堂棟札」に記載。生没年不詳。

【寛禅房】かんぜんぼう

天文十五年（一五四六）『現在僧名帳』に記載。この年に得度。生没年不詳。

【観膳房】かんぜんぼう➜「行栄」の項目を見よ。

【願泉房】がんせんぼう➜「定弘」の項目を見よ。

【菅相公木像】かんそうこうもくぞう

菅原道真の木像のこと。弥勒院に伝来していた神像で、五条家より相伝した。明治八年（一八七五）に天満宮を修理したときに千早定朝が神殿に納めたという。

【観尊房】かんそんぼう
天文十六年（一五四七）『現在僧名帳』に記載。この年に得度。生没年不詳。

【観尊房】かんそんぼう
永禄元年（一五五八）『現在僧名帳』に記載。この年に得度。生没年不詳。

【願貞房】がんていぼう
天文十七年（一五四八）『現在僧名帳』に記載。この年に得度。生没年不詳。

【貫轍房】かんてつぼう➜「千早定朝」の項目を見よ。

【寛典】かんてん
新堂衆。光全房。律学院堂司。宝光院の住。文政六年（一八二三）ごろ得度。文政十二年（一八二九）十一月二十四日、二十一歳で没。

【観道房】かんどうぼう➜「専慶」の項目を見よ。

【観珊】かんに
寛喜二年（一二三〇）「上宮王院棟札」に「中綱　権専当法師」と記載。生没年不詳。

【寛応】かんのう
勧進僧。寛喜二年（一二三〇）「上宮王院棟札」に「大勧進」と記載。生没年不詳。

【観音院】かんのんいん
南北朝時代の創建。普門院の東側に隣接していた子院。明治三年（一八七〇）ごろに廃院となったが、表門だけは現存している。

【観音院表門】かんのんいんおもてもん
重文。観音院の表門。正徳元年（一七一一）の建立。一間薬医門。本瓦葺。天保八年（一八三七）二月十九日

に修理している。至宝二-四一。出典「観音院表門棟札」

【観音菩薩】 かんのんぼさつ

観世音菩薩という。大慈悲をもって人びとを苦しみから救済する菩薩として古くから信仰されている。法隆寺には救世観音像、百済観音、夢違観音など多くの観音菩薩像が伝わっている。とくに、聖徳太子は観音の化身であるとする信仰から多くの観音像が安置されているという。

【観音菩薩画像】 かんのんぼさつがぞう

室町時代。絹本着色。縦一〇七・七センチメートル。横三八・五センチメートル。至宝六-一〇二-(二)

【観音菩薩画像】 かんのんぼさつがぞう

中国元代。絹本着色。縦九八・五センチメートル。横四六・五センチメートル。正徳元年(一七一一)に修理している。至宝六-一一六。出典「裱裏墨書」

【観音菩薩画像】 かんのんぼさつがぞう

江戸時代。絹本着色。縦一一八・〇センチメートル。横四五・〇センチメートル。図中に「忘軒筆」とある。至宝六-一一七

【観音菩薩立像】 かんのんぼさつりゅうぞう

重文。飛鳥時代。銅造 鍍金。総高六七・七センチメートル。像高五六・七センチメートル。「止利式」という。至宝三-金銅像七

【観音菩薩立像】 かんのんぼさつりゅうぞう

国宝。白鳳時代の代表作。金銅 鍍金。像高八六・九センチメートル。もとは東院絵殿の本尊という。「夢違観音菩薩像」という。至宝三-金銅像三

【観音菩薩立像】 かんのんぼさつりゅうぞう

重文。白鳳時代。銅造 鍍金。像高五三・七センチメートル。伝金堂薬師如来脇侍日光菩薩。至宝三-金銅像八

【観音菩薩立像】 かんのんぼさつりゅうぞう

重文。白鳳時代。銅造 鍍金。像高五四・五センチメートル。伝金堂薬師如来脇侍月光菩薩。至宝三-金銅像九

【観音菩薩立像】かんのんぼさつりゅうぞう
重文。白鳳時代。銅造　鍍金。像高六一・五センチメートル。伝金堂阿弥陀如来脇侍。至宝三—金銅像一〇

【観音菩薩立像】かんのんぼさつりゅうぞう
重文。白鳳時代。銅造　鍍金。像高二五・四センチメートル。至宝三—金銅像一一

【観音菩薩立像】かんのんぼさつりゅうぞう
重文。白鳳時代。銅造　鍍金。高（含反花）二一・八五センチメートル。至宝三—金銅像一二

【観音菩薩立像】かんのんぼさつりゅうぞう
重文。鎌倉時代。銅造　鍍金。像高五五・四センチメートル。伝金堂阿弥陀如来左脇侍。至宝三—金銅像一四

【観音菩薩立像】かんのんぼさつりゅうぞう
重文。白鳳時代。木造　漆箔。像高八五・七センチメートル。六観音の一つ。至宝四—一〇一

【観音菩薩立像】かんのんぼさつりゅうぞう
重文。奈良時代。木造　彩色。像高一八二・一センチメートル。平安時代造顕の彩色板光背附属。至宝四—六七

【観音菩薩立像】かんのんぼさつりゅうぞう
重文。平安時代。木造　漆箔。像高一六五・二センチメートル。至宝四—六九

【観音菩薩立像】かんのんぼさつりゅうぞう
平安時代。桜材　一木造　素地。像高六七・八センチメートル。至宝四—七〇

【観音菩薩立像】かんのんぼさつりゅうぞう
平安時代。桜材　一木造　素地。像高七三・六センチメートル。至宝四—七一

【観音菩薩立像】かんのんぼさつりゅうぞう
平安時代。檜材　一木造　彩色。像高三六・二センチメートル。至宝四—七二

【観音菩薩立像】かんのんぼさつりゅうぞう
平安時代。檜材　寄木造　漆箔。像高六六・六センチメートル。
至宝四-七三

【観音菩薩立像】かんのんぼさつりゅうぞう
室町時代。檜材　一木造　素地。像高七一・〇センチメートル。
至宝四-七四

【観音菩薩立像】かんのんぼさつりゅうぞう
江戸時代。木造　漆箔。像高七一・二センチメートル。至宝四-一〇三

【観音菩薩立像】かんのんぼさつりゅうぞう
江戸時代。檜材　一木造　素地。像高三四・六センチメートル。
至宝四-一〇五

【観音菩薩立像】かんのんぼさつりゅうぞう↓「吉祥天立像」（塑像）の項目を見よ。

【灌仏会】かんぶつえ↓「仏生会」の項目を見よ。

【観峯】かんぽう
「法隆寺別当」。大威儀師。仁和寺の僧（東大寺分）。寛弘二年（一〇〇五）法隆寺別当に補任。一六年間在任。

【願豊】がんほう
天平宝字五年（七六一）『東院資財帳』に「可信法師」と記載。生没年不詳。

【願法房】がんほうぼう
宝治二年（一二四八）「西円堂心東墨書」に記載。生没年不詳。

【観妙】かんみょう
寛喜二年（一二三〇）「上宮王院棟札」に「学衆　法師」と記載。生没年不詳。

【願明房】がんみょうぼう↓「暁賢」の項目を見よ。

【観融】 かんゆう

堂衆。寛喜二年（一二三〇）「上宮王院棟札」に「禅衆　法師」と記載。生没年不詳。

【喚誉】 かんよ

末寺僧。浄土律。宗源寺の住。享保十六年（一七三一）十二月十四日没。

【観理】 かんり

「法隆寺別当」。大僧都。東大寺の僧。延長年間（九二三～三一）法隆寺別当に補任。一二年間在任。

【観亮房】 かんりょうぼう➔「暁海」の項目を見よ。

【観林房】 かんりんぼう➔「奘甚」の項目を見よ。

【観勒】 かんろく

推古十年（六〇二）十月に百済国より来朝し、暦本、天文地理などを伝えた僧。推古三十二年（六二四）僧正に補任。伝観勒像（平安時代）が法隆寺の経蔵にある。

【観勒像】 かんろくぞう

重文。平安時代。檜材　彩色。像高九〇・六センチメートル。経蔵に安置。「聖僧像」という。この像の前で一臈法印の就任式（印鎰式）が室町時代から行われている。至宝四―二七六

【観勒堂】 かんろくどう⇒「一切経蔵」の別称。

【喜右衛門】 きえもん

大工。倶戸羅村の住。安永四年（一七七五）護摩堂の再建に従事。出典「護摩堂棟札」

【義海房】 ぎかいぼう➔「周縁」の項目を見よ。

【伎楽】 ぎがく

推古二十年（六一二）に百済国の味摩之が日本に伝えた仮面劇のこと。聖徳太子は率先してそれを受容し、桜井で少年たちに習得させたという。

【伎楽面】 ぎがくめん
伎楽のときに使用する面のこと。

【伎楽面宝冠】 ぎがくめんほうかん
奈良時代。銅板　鍍金。高一五・二センチメートル。長五一・一センチメートル。献納宝物の伎楽面金剛に合致する。

【伎楽面宝冠】 ぎがくめんほうかん
奈良時代。銅板　鍍金。高一三・六センチメートル。長三五・二センチメートル。

【義観】 ぎかん
『東大寺要録』によると、弘仁四年（八一三）に八十二歳で戒和上に補任。生没年不詳。

【菊寿】 きくじゅ
児童。宝徳三年（一四五一）二月二十七日の聡明寺供養に出仕。生没年不詳。

【毅訓】 きくん
大法師。『応安年中以来法隆寺評定日記』に応永三年（一三九六）二月八日～応永六年（一三九九）まで五師をつとめたと記載。生没年不詳。

【擬講】 ぎこう
已講になる前の僧のこと。維摩会、最勝会、御斎会などの講師をつとめる直前の僧のこと。

【擬講衆】 ぎこうしゅう
講衆になる直前の僧のこと。『聖徳太子伝暦』及び『百法問答抄』の講義を行う学識を有する僧のこと。

【岸熊吉】 きしくまきち
奈良県古社寺修理技師。法隆寺工事事務所長。昭和九年（一九三四）からの法隆寺昭和大修理に技師として従事。大正十五年（一九二六）に法隆寺五重塔の舎利孔を発見して、佐伯定胤や関野貞らとともに調査をした。昭和十七年（一九四二）から法隆寺工事事務所長に就任。

昭和二十年（一九四五）四月に同所長を辞任。

【黄地平絹幡】 きじへいけんばん

飛鳥時代。持統二年（六八八）。全長三二〇・〇センチメートル。幡身幅二九・五センチメートル。幡身に「戊子年七月十五日記丁［亥］□［名］過作幡也」の墨書がある。至宝一一―古代幡二五〇。出典「墨書」

【義順】 ぎじゅん

寛喜二年（一二三〇）「上宮王院棟札」に「学衆　法師」と記載。生没年不詳。

【義清】 ぎしょう

金堂十僧。大法師。承暦三年（一〇七九）吉祥悔過の堂行事に補任。生没年不詳。出典『金堂日記』

【義照房】 ぎしょうぼう↓「永訓」の項目を見よ。

【義暹】 ぎせん

『東大寺要録』によると、承和七年（八四〇）に七十三歳で戒和上に補任。生没年不詳。

【記三】 きぞう

瓦工。寛喜二年（一二三〇）五月の夢殿の修理に従事。出典「夢殿棟札」

【義僧】 ぎそう

寛仁元年（一〇一七）八月二十三日に官符上座に補任。生没年不詳。

【喜多院】 きたいん

室町時代の創建。「北之院」ともいう。弥勒院の北側に位置する子院。明治十年（一八七七）に廃院となる。

【北金剛院】 きたこんごういん↓「明王院」の項目を見よ。

【北之院】 きたのいん↓「喜多院」の項目を見よ。

【北室院】 きたむろいん

鎌倉時代の創建。東院の伝法堂の北側にある寺院。はじめは勧進僧の住居であったが、江戸時代初期から法隆寺の律院末寺となった。明治六年（一八七三）に法隆寺の塔頭寺院となる。境内にある唐門（室町時代）、本堂（室町時代）、太子殿（室町時代）などの建物が重文指定を受けている。

【北室院一切経輪蔵】　きたむろいんいっさいきょうりんぞう

「輪堂」ともいう。伝法堂の西北に位置していた建物。弘化三年（一八四六）に北室院の住持であった一源が勧進して創建したもの。『黄檗版一切経』の半部を納めていた。昭和十六年（一九四一）に宝光院本堂として護摩堂の南側へ移建。至宝二―四五

【北室院表門】　きたむろいんおもてもん

重文。室町時代。一間一戸平唐門。檜皮葺。「唐門」ともいう。至宝二―一五

【北室院唐門】　きたむろいんからもん⇒「北室院表門」の別称。

【北室院護摩堂】　きたむろいんごまどう

江戸時代。二間四方。本瓦葺。もとは極楽寺奥之院の本堂で、文化年間（一八〇四～一八）に北室院へ移建したという。堂内には本尊不動明王立像と二脇侍を安置している。至宝二―一八

【北室院太子殿】　きたむろいんたいしでん

重文。室町時代。母屋桁行一一・六〇メートル。梁行一一・二メートル。中門廊長さ四・〇七メートル。広さ二・九七平方メートル。入母屋造。桟瓦葺。東面軒唐破風。檜皮葺。北室院の客殿。至宝二―一七

【北室院土蔵】　きたむろいんどぞう

江戸時代。二間四方。本瓦葺。北室院に所蔵する法具類を収納する施設。

【北室院本堂】　きたむろいんほんどう

重文。室町時代。桁行三間。梁行三間。入母屋造。檜皮葺。堂内には室町時代の木造阿弥陀三尊立像（重文）

を安置。至宝二―一六

【北室院寮舎】きたむろいんりょうしゃ

江戸時代。桁行七間半。梁行二間半。北室院に止住する律僧の僧房のこと。至宝二―一九

【北門】きたもん

四足門。天文年間（一五三二～五五）の寺僧「暁弘」の名を記した瓦を使用していた門であったことが『古今一陽集』に記載。

【吉兵衛】きちべえ

大工。畠中の住。享保三年（一七一八）の中院庫裏、享保十一年（一七二六）の天満宮の修理に従事。出典「中院庫裏棟札」「天満宮棟札」

【吉兵衛】きちべえ

大工。葛上郡新庄の住。安永四年（一七七五）護摩堂の再建に従事。出典「護摩堂棟札」

【吉祥院】きっしょういん

室町時代末期の創建。大湯屋の西側に位置していた子院のこと。明治時代初期に廃院。

【吉祥悔過】きっしょうけか⇒「金堂修正会」の別称。

【吉祥天】きっしょうてん

ヒンズー教の女神「ラクシュミー」のこと。福徳、吉祥を司る女神。奈良時代から『金光明最勝王経』の所説に従って吉祥天を本尊とする吉祥悔過が諸国で行われた。法隆寺でも神護景雲二年（七六八）から吉祥悔過が講堂で行われ、承暦二年（一〇七八）からは木造の吉祥天と毘沙門天を新造して金堂に安置した。法会の会場を講堂から金堂へ移している。

【吉祥天立像】きっしょうてんりゅうぞう

重文。奈良時代。塑造　彩色。像高一六八・三センチメートル。至宝三―塑像一〇八

金堂所在。「観音菩薩立像」と呼んでいた。

【吉祥天立像】きっしょうてんりゅうぞう
国宝。平安時代。木造 彩色。像高一一六・七センチメートル。金堂所在。吉祥悔過の本尊として造顕した像。至宝四―一九五

【擬得業】ぎとくごう
得業になる直前の僧のこと。

【耆婆】ぎば
ジーバカというインドの医師の名称。仏教に帰依し仏弟子たちの病気治療を行った。とくに釈迦の涅槃に脈を執ったことは広く知られている。

【耆婆大臣像】ぎばだいじんぞう
国宝。奈良時代。塑像。像高四七・四センチメートル。五重塔北面所在。至宝三―塑像二一

【己未命過幡】きびみょうがばん
奈良時代。絹製長一三九・八センチメートル。幅二九・二センチメートル。己未年（養老三年〔七一九〕）に尼道果のために児の止与古が作った命過幡のこと。出典 献納宝物。「墨書」

【喜平次】きへいじ
大工。岡本村の住。天明三年（一七八三）の北室院、天明六年（一七八六）の東院鐘楼の修理に従事。出典「北室院棟札」「東院鐘楼棟札」

【喜兵衛】きへえ
大工。車木村の住。安永四年（一七七五）護摩堂の再建に従事。出典「護摩堂棟札」

【義弁房】ぎべんぼう↓「澄傳」の項目を見よ。

【九衛門】きゅうえもん
大工。葛上郡新庄の住。安永四年（一七七五）護摩堂の再建に従事。出典「護摩堂棟札」

【久七】きゅうしち
瓦大工。慶長八年（一六〇三）六月に作った講堂の西

鳥衾に「瓦大工　西京」と刻している。出典「瓦刻銘」

【久四郎】きゅうしろう

大工。今市村の住。安永四年（一七七五）護摩堂の再建に従事。出典「護摩堂棟札」

【久兵衛】きゅうべえ

瓦大工。寛永十六年（一六三九）九月に律学院大棟の鬼瓦を作っている。出典「鬼瓦刻銘」

【九兵衛】きゅうべえ

大工。元禄五年（一六九二）律学院の再建工事に従事。出典「律学院正面扉鴨居下墨書銘」

【堯胤】ぎょういん

右京公。知足院の住。植村出羽守家臣内藤氏の出身。幼名、久米丸。享保二十年（一七三五）九月十九日得度。元文三年（一七三八）八月退院。

【行胤】ぎょういん

中納言公。宝珠院の住。宝暦二年（一七五二）十二月一日得度。明和五年（一七六八）『年会日次記』まで記載。生没年不詳。

【教印房】きょういんぼう

堂衆。大法師。応永五年（一三九八）「西円堂棟札」に「宗律　二臈」と記載。生没年不詳。

【堯英】ぎょうえい

大法師。春見房。応永九年（一四〇二）『児童大衆等規式間事』に記載。永享十年（一四三八）南大門再興の奉行衆に補任。嘉吉二年（一四四二）二月二十三日の竜田社頭舞楽法会に右方梵音衆、文安六年（一四四九）三月十一日の新福寺供養、宝徳三年（一四五一）二月二十七日の聡明寺供養に梵音衆として出仕。生没年不詳。

【堯英】ぎょうえい

少将公。堯恕の弟子。福園院、西園院の住。弘化三年（一八四六）九月二十七日得度。万延二年（一八六一）『年会日次記』まで記載。生没年不詳。

【行栄】ぎょうえい

大夫公。西南院の住。宝暦七年（一七五七）一月二十一日得度。宝暦十二年（一七六二）十二月二十六日没。

【行栄】ぎょうえい

新堂衆。教学房（観膳房）。懐厳の弟子。天保六年（一八三五）得度。天保七年（一八三六）七月二十一日没。

【京円】きょうえん

勾当。宝永四年（一七〇七）十一月十六日得度。享保十二年（一七二七）十一月十二日に西円堂年行事に補任。寛保二年（一七四二）『年会日次記』まで記載。生没年不詳。

【尭円】ぎょうえん

寛永十八年（一六四一）『現在僧名帳』に記載。この年に得度。生没年不詳。

【暁円】ぎょうえん

応永九年（一四〇二）『児童大衆等規式間事』に記載。生没年不詳。

【暁円】ぎょうえん

「一臈法印」。僧都。舜識房。金剛院の住。文亀三年（一五〇三）十月十六日、舎利預に補任（六十六歳）。永正六年（一五〇九）ごろ一臈法印に昇進。大永七年（一五二七）十一月二十八日、九十一歳で没。

【行延】ぎょうえん

弾正公。発志院、法花院、東蔵院の住。嘉永二年（一八四九）に得度。同年三月二十二日、講衆に補任。文久元年（一八六一）中臈位に補任。慶応三年（一八六七）ごろ退院。

【行円房】ぎょうえんぼう

十方院の住。天正九年（一五八一）『現在僧名帳』に「十宝院」と記載。生没年不詳。

【京音】きょうおん

勾当。承仕の勝円の父。享保十二年（一七二七）七月五日没。

【行音房】ぎょうおんぼう
宝治二年（一二四八）「西円堂心束墨書」に記載。生没年不詳。

【堯雅】ぎょうが
兵衛公。堯尊の弟子。大和川船支配安村氏の息。幼名、幾丸。元治元年（一八六四）十一月十三日得度。慶応年間（一八六五〜六八）ごろ退院。

【暁賀】ぎょうが
堂衆。賢長房。元禄十二年（一六九九）『現在僧名帳』に記載。この年に得度。まもなく退衆。生没年不詳。

【堯懐】ぎょうかい
「一臈法印」。権僧正。少弐公。覚賢の弟子。宝珠院、西園院の住。青山大蔵亮家臣江見氏の出身。幼名、小郎。五条宰相為範の猶子。実名を慶懐から堯懐に改名。元禄九年（一六九六）得度。正徳五年（一七一五）十月二十二日、律師。享保三年（一七一八）、享保六年（一七二一）聖霊会の絵殿預。享保十年（一七二五）十二月、舎利預に補任（四十三歳）。享保十三年（一七二八）宝珠院より西園院へ転住。享保十六年（一七三一）九月二十一日、一臈法印に昇進。享保十七年（一七三二）十二月二十八日、勅許により権僧正を賜わる。元文元年（一七三六）十月三日、地蔵院に移り勝鬘院と号す。寛保元年（一七四一）八月十八日、一臈法印を辞退。寛延四年（一七五一）六月十五日没。

【堯懐】ぎょうかい
法師。嘉吉二年（一四四二）二月二十三日の竜田社頭舞楽法会に右方甲衆として出仕。生没年不詳。

【暁懐】ぎょうかい
僧都。延願房。三宝院本願。地蔵院の住。応永九年（一四〇二）『児童大衆等規式間事』に記載。永享六年（一四三四）「地蔵院本堂棟札」に「院中衆」と記載。永享十年（一四三八）南大門再興の奉行衆。寛正四年（一四六三）三宝院を建立。文明五年（一四七三）十月二十九日、舎利預に補任（六十五歳）。文明六年（一四七四）五月二十八日、六十六歳で没。

【暁海】 ぎょうかい

承仕。観亮房。円成院の住。寛政六年（一七九四）ごろ得度。寛政九年（一七九七）十二月二十九日退役。寛政十三年（一八〇一）ごろ再勤。文化四年（一八〇七）七月三十一日没。

【行懐】 ぎょうかい

権少僧都。刑部卿。懐儀の弟子。花園院の住。藤堂藩無足人山本氏の出身。幼名、重丸。寛政九年（一七九七）十一月十四日得度。文化三年（一八〇六）十二月二十二日、成業になる。文化四年（一八〇七）一月二十二日、僧綱。文化七年（一八一〇）三月六日、絵殿預。文化九年（一八一二）十二月二十一日、権少僧都、金堂預、舎利中旬預に昇進。文政四年（一八二一）『年会日次記』まで記載。生没年不詳。

【暁懐画像】 ぎょうかいがぞう

文明六年（一四七四）。絹本着色。縦八〇・三センチメートル。横四二・〇センチメートル。弘化三年（一八四六）に修理。至宝六―二五八

【暁覚】 ぎょうかく

応永九年（一四〇二）『児童大衆等規式間事』に記載。生没年不詳。

【教学房】 きょうがくぼう

堂衆。福生院の住。天正九年（一五八一）『現在僧名帳』に記載。この年に得度。生没年不詳。

【教学房】 きょうがくぼう➡「正雄」の項目を見よ。

【暁学房】 ぎょうがくぼう

天文十一年（一五四二）『現在僧名帳』に記載。この年に得度。生没年不詳。

【行学房】 ぎょうがくぼう
慶長九年（一六〇四）『現在僧名帳』に記載。この年に得度。生没年不詳。

【教願房】 きょうがんぼう
堂衆律学。法師。応永五年（一三九八）「西円堂棟札」に記載。生没年不詳。

【堯寛房】 ぎょうかんぼう↓「弘義」の項目を見よ。

【行観房】 ぎょうかんぼう
宝治二年（一二四八）「西円堂心束墨書」に記載。生没年不詳。

【行観房】 ぎょうかんぼう
堂衆律学。法師。応永五年（一三九八）「西円堂棟札」に記載。生没年不詳。

【行巌房】 ぎょうがんぼう
元亀三年（一五七二）『現在僧名帳』に記載。この年に得度。生没年不詳。

【行基】 ぎょうき
天智七年（六六八）―天平二十一年（七四九）。奈良時代の高僧。民間布教と社会福祉に尽力した。法隆寺の西円堂を建立したと伝える。

【行基瓦】 ぎょうきかわら
玉縁がなく、端が少し細くなっている丸瓦のこと。奈良時代の丸瓦の一様式。行基が考案したという伝説からその名が由来する。

【恭玉房】 きょうぎょくぼう↓「長恵」の項目を見よ。

【行訓】 ぎょうくん
式部公。行賛の弟子。阿弥陀院の住。文政六年（一八二三）得度。のち退院。

【教継】 きょうけい

三綱。法橋。宗音房。多聞院の住。享保二年(一七一七)の『年会日次記』より記載。享保十年(一七二五)七月二十二日没。

【堯慶】ぎょうけい
新堂衆。大法師。敬道房。上宮王院堂司。喜多院の住。嘉永四年(一八五一)二月二十七日得度。万延二年(一八六一)『年会日次記』まで記載。生没年不詳。

【堯継】ぎょうけい
大進公。知足院、宝珠院の住。旧浅井家家臣片岡氏の出身。幼名、久丸。享保十一年(一七二六)十二月十九日得度。享保二十年(一七三五)ごろ正懐と改名。寛保元年(一七四一)『年会日次記』まで記載。生没年不詳。

【暁継】ぎょうけい
応永九年(一四〇二)『児童大衆等規式間事』に記載。生没年不詳。

【暁継】ぎょうけい
「一臈法印」。権大僧都。観春房。弥勒院の住。永正六年(一五〇九)五月二十六日、舎利預に補任(六十八歳)。大永七年(一五二七)ごろ一臈法印に昇進。享禄二年(一五二九)五月、八十八歳で没。

【暁継】ぎょうけい
延徳元年(一四八九)九月十二日に『大導師作法』を西室の南坊において、右筆の専栄に書写をさせた。生没年不詳。

【行慶】ぎょうけい
応永九年(一四〇二)『児童大衆等規式間事』に記載。生没年不詳。

【行経】ぎょうけい
堂衆。寛喜二年(一二三〇)「上宮王院棟札」に「禅衆法師 結縁衆」と記載。生没年不詳。

【行継】ぎょうけい
治部卿。行賛の弟子。円明院、法華院の住。天保十五年（一八四四）得度。弘化四年（一八四七）九月十六日退院。

【仰月】ぎょうげつ
仏像の口の両端が三日月のように吊り上がった形をしていること。「アルカイックスマイル」ともいう。法隆寺では金堂の釈迦三尊像や夢殿の救世観音像などの飛鳥仏に見られる。

【京限】きょうげん
堂衆。寛喜二年（一二三〇）「上宮王院棟札」に「禅衆　法師」と記載。生没年不詳。

【暁賢】ぎょうけん
応永九年（一四〇二）『児童大衆等規式間事』に記載。生没年不詳。

【暁賢】ぎょうけん
「一臈法印」。僧都。願明房。中道院の住。文安六年（一四四九）三月十一日の新福寺供養に梵音衆、寛正三年（一四六二）二月二十四日の竜田社頭舞楽法会に沙汰衆として出仕。文明十八年（一四八六）六月十四日、舎利預に補任（六十一歳）。永正五年（一五〇八）ごろ一臈法印に昇進。永正六年（一五〇九）八十四歳で没。

【行憲】ぎょうけん
「一臈法印」。僧都。貞治五年（一三六六）に『金堂間私日記』を書写。応安四年（一三七一）『上御堂本尊修復結縁文書』に記載。『応安年中以来法隆寺評定日記』に永徳二年（一三八二）十月三日〜康応元年（一三八九）まで五師をつとめたと記載。応永四年（一三九七）舎利預に補任。応永十一年（一四〇四）ごろに一臈法印に昇進。応永十四年（一四〇七）十二月五日没。

【行賢】ぎょうけん
中綱。寛喜二年（一二三〇）「上宮王院棟札」に「中綱　権専当法師」と記載。生没年不詳。

【教賢房】きょうけんぼう➜「有玄」の項目を見よ。

【卿公】きょうこう➡「印尊」の項目を見よ。

【暁弘】ぎょうこう
応永九年（一四〇二）『児童大衆等規式間事』に記載。生没年不詳。

【暁弘】ぎょうこう
天文年間（一五三二〜五五）に北門に使用した丸瓦に「本願暁弘」とある。生没年不詳。

【行弘】ぎょうこう
寛喜二年（一二三〇）「上宮王院棟札」に「学衆　法師」と記載。生没年不詳。

【行香】ぎょうこう
法会のときに僧が焼香することをいう。法隆寺では慈恩会、三蔵会、聖霊会などの法会のときに行う。本来は施主が斎食のときに僧に香を配る行事であったらしい。

【暁光院】ぎょうこういん➡「隆範」の項目を見よ。

【京厳】きょうごん
勾当。「京権」ともいう。享保十二年（一七二七）十一月十二日に都維那に補任。生没年不詳。出典『年会日次記』

【行西】ぎょうさい
堂衆。寛喜二年（一二三〇）「上宮王院棟札」に「禅衆　法師」と記載。生没年不詳。

【堯珊】ぎょうさん
民部卿。慶懐の弟子。知足院、地蔵院の住。仙石越前守家臣鳥居氏の出身。幼名、徳丸。元文四年（一七三九）十一月十九日得度。延享四年（一七四七）五月七日より西園院と号す。延享五年（一七四八）五月十一日没。

【堯賛】ぎょうさん
承仕。寛文十一年（一六七一）『現在僧名帳』に記載。この年に得度。生没年不詳。

【暁算】 ぎょうさん

応永九年（一四〇二）『児童大衆等規式間事』に記載。生没年不詳。

【行賛】 ぎょうさん

権少僧都。兵部卿。秀賛の弟子。十方院、東蔵院、法華院の住。文化八年（一八一一）三月十四日得度。文政十年（一八二七）十方院より東蔵院へ転住。天保八年（一八三七）年会五師をつとめる。天保十年（一八三九）十一月二十二日、権律師に補任。天保十二年（一八四一）十一月二十二日、権少僧都に昇進。嘉永二年（一八四九）七月八日没。

【堯識房】 ぎょうしきぼう

堂衆。文殊院の住。天文二十四年（一五五五）『現在僧名帳』に記載。この年に得度。生没年不詳。

【行識房】 ぎょうしきぼう

堂衆律学。法師。応永五年（一三九八）「西円堂棟札」に「奉加衆」と記載。生没年不詳。

【行識房】 ぎょうしきぼう

寛文三年（一六六三）『現在僧名帳』に記載。この年に得度。生没年不詳。

【京実】 きょうじつ

堂衆。寛喜二年（一二三〇）「上宮王院棟札」に「禅衆　法師」と記載。生没年不詳。

【教実】 きょうじつ

堂衆。寛喜二年（一二三〇）「上宮王院棟札」に「禅衆　法師」と記載。生没年不詳。

【堯実】 ぎょうじつ

但馬得業。宝光院の僧。弘安九年（一二八六）の因明講の会料を法隆寺へ施入している。生没年不詳。

【行実房】 ぎょうじつぼう

元和二年（一六一六）『現在僧名帳』に記載。この年に得度。生没年不詳。

【経釈】　きょうしゃく

経典を注釈すること。慈恩会、三蔵会、仏生会、夏安居などの講師が表白、神分に続いて経典の要旨を奉読するもの。

【行者堂】　ぎょうじゃどう

江戸時代。正面一間。側面二間。本瓦葺。旧妙音院地蔵堂の西側に位置する建物。昭和十四年（一九三九）に地蔵堂を修理したときに桁行を一間分切縮め、その堂内には本尊役小角像や蔵王権現像を安置している。至宝一―三九

【京寿】　きょうじゅ

勾当。納言師。寛延元年（一七四八）十一月十二日没。

【行樹院】　ぎょうじゅいん➜「円範」の項目を見よ。

【堯秀】　ぎょうしゅう

文禄五年（一五九六）『現在僧名帳』に記載。この年に得度。生没年不詳。

【暁秀】　ぎょうしゅう

応永九年（一四〇二）『児童大衆等規式間事』に記載。生没年不詳。

【暁秀】　ぎょうしゅう

大法師。金光院の住。永正十五年（一五一八）七月『法隆寺学侶等申状』に記載。生没年不詳。

【行秀】　ぎょうしゅう

能算別当（一〇七六～九四）の在任中、目代の一人に補任。生没年不詳。

【行秀】　ぎょうしゅう

権律師。兵衛公。西南院の住。天和三年（一六八三）得度。五重塔などの元禄大修理の沙汰衆をつとめる。晩年に法隆寺学頭へ昇進したという。『皇太子秘書抜要録』『天寿国曼荼羅起因』などを著述。正徳二年（一七一二）

八月二十日、四十歳で没。

【行秀】ぎょうしゅう↓「妙海」の項目を見よ。

【行住】ぎょうじゅう
堂衆。寛喜二年（一二三〇）「上宮王院棟札」に「禅衆 法師」と記載。生没年不詳。

【教住房】きょうじゅぼう
天文四年（一五三五）『現在僧名帳』に記載。この年に得度。生没年不詳。

【堯春】ぎょうしゅん
承仕。慶長十八年（一六一三）『現在僧名帳』に記載。この年に得度。生没年不詳。

【暁舜】ぎょうしゅん
応永九年（一四〇二）『児童大衆等規式間事』に記載。生没年不詳。

【行俊】ぎょうしゅん
寛喜二年（一二三〇）「上宮王院棟札」に「学衆 法師 結縁衆」と記載。生没年不詳。

【教舜房】きょうしゅんぼう
永禄八年（一五六五）『現在僧名帳』に記載。この年に得度。生没年不詳。

【京遵房】きょうじゅんぼう
宝治二年（一二四八）「西円堂心束墨書」に記載。生没年不詳。

【堯春房】ぎょうしゅんぼう
天文四年（一五三五）『現在僧名帳』に記載。この年に得度。生没年不詳。

【行春房】ぎょうしゅんぼう
弘治二年（一五五六）『現在僧名帳』に記載。この年に得度。生没年不詳。

【行舜房】ぎょうしゅんぼう

天文十六年（一五四七）『現在僧名帳』に記載。この年に得度。生没年不詳。

【堯順房】ぎょうじゅんぼう

慶長十二年（一六〇七）『現在僧名帳』に記載。この年に得度。生没年不詳。

【堯恕】ぎょうじょ

権少僧都。弁公。堯長の弟子。知足院、地蔵院、西園院の住。郡山藩家臣市川氏の出身。幼名、千代丸。文政六年（一八二三）十二月十一日得度。天保四年（一八三三）七月四日、知足院より地蔵院へ転住。天保六年（一八三五）十二月二十二日、成業大法師位になる。天保十二年（一八四一）五月二十二日、権律師に補任。嘉永二年（一八四九）七月二十二日、権少僧都に昇進。嘉永五年（一八五二）十二月、西園院より知足院へ転住。安政二年（一八五五）六月四日、隠居して凌雲院と号す。安政三年（一八五六）二月十四日、四十三歳で没。

【京正】きょうしょう

勾当。享保十二年（一七二七）十一月十二日に都維那から勾当に補任。生没年不詳。出典『年会日次記』

【行聖】ぎょうしょう

寛喜二年（一二三〇）「上宮王院棟札」に「法師　結縁衆」と記載。生没年不詳。

【行乗】ぎょうじょう

法師。文明六年（一四七四）の「一升弁」に「沙汰人」と記載。生没年不詳。出典献納宝物

【行盛】ぎょうじょう↓「専真房」の項目を見よ。

【堯昭房】ぎょうしょうぼう↓「貞誉」の項目を見よ。

【暁乗房】ぎょうじょうぼう

天文十二年（一五四三）『現在僧名帳』に記載。この年に得度。生没年不詳。

【行乗房】ぎょうじょうぼう

堂衆。天文十九年（一五五〇）『現在僧名帳』に記載。この年に得度。生没年不詳。

【京真】きょうしん

勾当。宝永四年（一七〇七）十一月二十四日得度。法隆寺村秦氏の出身。明和元年（一七六四）九月十一日没。

【堯慎】ぎょうしん

新堂衆。祖染房。喜多院の住。文政十年（一八二七）十二月十六日得度。文政十三年（一八三〇）四月二十一日没。

【行信】ぎょうしん

僧都。三論、法相の学僧。東院建立発願者。天平九年（七三七）聖徳太子の御持物という鉄鉢・錫杖・香炉・厨子・花瓶などを東院へ奉納。天平十年（七三八）七月、律師に、天平二十年（七四八）ごろ大僧都に補任。そのころ東院を建立。聖霊会を始行。『仁王般若経疏』を著述。二七〇〇〇余巻の写経を発願。天平勝宝二年（七五〇）十月二日に没したという。この時期に元興寺や薬師寺にも行信という学僧がいたらしい。

【行尋】ぎょうじん

堂衆律学。大法師。西円堂本尊の修理料として銭五〇貫を寄進。弘安六年（一二八三）に弟子の俊賀大法師が西円堂本尊の修理を行った。生没年不詳。

【行信画像】ぎょうしんがぞう

南北朝時代。絹本着色。縦八七・二センチメートル。横四一・二センチメートル。行信の画像という伝承がある。明治二十五年（一八九二）に千早定朝が法隆寺の宝庫に納めた。至宝六ー二五六

【行信忌】ぎょうしんき

行信の命日十月二日に行う法要の名称。平成八年（一九九六）から厳修している。「行信」の項目を参照。

か行

【行信経】 ぎょうしんぎょう➔「大般若経」の項目を見よ。

【行信僧都坐像】 ぎょうしんそうずざぞう

国宝。奈良時代。脱活乾漆 彩色。像高八八・五センチ《メートル》。夢殿に安置。夢殿を創建した行信の像で、わが国における肖像の代表作といわれている。至宝三-乾漆像二

【行信大般若経信読記】 ぎょうしんだいはんにゃきょうしんどくき

奈良時代に行信が発願して書写した『大般若経』の転読を行った記録。本書は永享十二年（一四四〇）から慶長十一年（一六〇六）までの期間中に法隆寺の安全や悪病の退散などを祈願して転読したことを記している。

【堯甚房】 ぎょうじんぼう

永禄四年（一五六一）『現在僧名帳』に記載。この年に得度。生没年不詳。

【行政】 ぎょうせい

大法師。天文十七年（一五四八）『奉唱 大別当御拝堂威儀僧事』に「威儀僧」と記載。生没年不詳。

【堯清】 ぎょうせい

文安六年（一四四九）三月十一日の新福寺供養に錫杖衆として出仕。生没年不詳。

【暁清】 ぎょうせい

法師。嘉吉二年（一四四二）二月二十三日の竜田社頭舞楽法会に右方錫杖衆として出仕。生没年不詳。

【京専】 きょうせん

勾当。享保十二年（一七二七）十一月十二日に上宮王院年行事に補任。生没年不詳。出典『年会日次記』

【堯泉】 ぎょうせん

承仕。慶安五年（一六五二）『現在僧名帳』に記載。この年に得度。生没年不詳。

【暁宣】 ぎょうせん

応永九年（一四〇二）『児童大衆等規式間事』に記載。

生没年不詳。

【暁詮】ぎょうせん
法師。尊海房（大夫公）。堯懐の弟子。宝珠院の住。本多下野守家臣寺尾氏の出身。幼名、熊之舟丸。正徳三年（一七一三）得度。享保十三年（一七二八）大夫公に改名。享保十四年（一七二九）九月十三日没。

【行暹】ぎょうせん
保安三年（一一二二）～天承元年（一一三一）に林幸が発願した『法隆寺一切経』の書写に協力した。生没年不詳。

【行善】ぎょうぜん
堂衆。寛喜二年（一二三〇）「上宮王院棟札」に「禅衆法師」と記載。生没年不詳。

【教善房】きょうぜんぼう
天正元年（一五七三）『現在僧名帳』に記載。この年に得度。生没年不詳。

【教禅房】きょうぜんぼう
律師。応永五年（一三九八）「西円堂棟札」に「奉加衆」と記載。生没年不詳。

【堯泉房】ぎょうせんぼう
慶長二年（一五九七）『現在僧名帳』に記載。この年に得度。生没年不詳。

【堯禅房】ぎょうぜんぼう➔「湛舜」の項目を見よ。

【堯禅房】ぎょうぜんぼう
天文十年（一五四一）『現在僧名帳』に記載。この年に得度。生没年不詳。

【堯禅房】ぎょうぜんぼう
承仕。文禄元年（一五九二）『現在僧名帳』に記載。この年に得度。生没年不詳。

【行禅房】ぎょうぜんぼう

堂衆律学。大法師。応永五年（一三九八）「西円堂棟札」に記載。生没年不詳。

【行禅房】　ぎょうぜんぼう
堂衆。永禄二年（一五五九）『現在僧名帳』に記載。この年に得度。生没年不詳。

【京増】　きょうぞう
中綱。寛喜二年（一二三〇）「上宮王院棟札」に「中綱　権専当法師」と記載。生没年不詳。

【教増】　きょうぞう
堂衆。寛喜二年（一二三〇）「上宮王院棟札」に「禅衆　法師」と記載。生没年不詳。

【行増】　ぎょうぞう
堂衆。寛喜二年（一二三〇）「上宮王院棟札」に「禅衆　法師」と記載。生没年不詳。

【行測房】　ぎょうそくぼう➜「訓栄」の項目を見よ。

【京尊】　きょうそん
堂衆。寛喜二年（一二三〇）「上宮王院棟札」に「禅衆　法師」と記載。生没年不詳。

【教尊】　きょうそん
堂衆。寛喜二年（一二三〇）「上宮王院棟札」に「禅衆　法師」と記載。生没年不詳。

【堯尊】　ぎょうそん
一位公。堯恕の弟子。地蔵院の住。天保十二年（一八四一）十二月八日得度。万延二年（一八六一）『年会日次記』まで記載。生没年不詳。

【暁尊】　ぎょうそん
応永九年（一四〇二）『児童大衆等規式間事』に記載。生没年不詳。

【行尊】　ぎょうそん

堂衆。寛喜二年（一二三〇）「上宮王院棟札」に「禅衆　法師」と記載。生没年不詳。

【教尊房】　きょうそんぼう

永禄十二年（一五六九）『現在僧名帳』に記載。この年に得度。生没年不詳。

【行尊房】　ぎょうそんぼう

天文十六年（一五四七）『現在僧名帳』に記載。この年に得度。生没年不詳。

【行智房】　ぎょうちぼう

宝治二年（一二四八）「西円堂心束墨書」に記載。生没年不詳。

【行忠】　ぎょうちゅう

応永九年（一四〇二）『児童大衆等規式間事』に記載。生没年不詳。

【堯朝】　ぎょうちょう

宰相公。宝光院の住。田中但馬貞懐の養子。幼名、繁丸。寛延二年（一七四九）九月十五日得度。同年十二月六日、宝光院へ転住。寛延三年（一七五〇）に大夫公と改名。同年の『年会日次記』まで記載。生没年不詳。

【堯長】　ぎょうちょう

「一臈法印」。権大僧都。治部卿。胤周の弟子。地蔵院、西園院の住。田原本藩家臣姫島氏の出身。寛政九年（一七九七）十一月四日得度。文化元年（一八〇四）十一月十三日、慈恩会の竪者をつとめる。文化三年（一八〇六）十二月二十二日、成業になる。文化四年（一八〇七）一月二十二日、僧綱。文化六年（一八〇九）十一月二十六日、絵殿預。文化七年（一八一〇）三月六日、金堂預。文化九年（一八一二）十二月二十一日、権少僧都に補任。文政五年（一八二二）五月、一臈法印に昇進。天保九年（一八三八）十一月十七日、隠退して勝鬘院と号した。生存中、西園院の大修理を行った。安政四年（一八五七）五月二十九日、七十三歳で没。

【行道】　ぎょうどう

寺僧が散華などを行いながら堂内や伽藍を練り歩くこと。この行道に使用する菩薩などの面を「行道面」とも呼ぶ。

【行道面】　ぎょうどうめん

行道を行うときに使用する面の名称。法隆寺には菩薩面、八部衆面、獅子頭などの行道面が現存している。

【京都大仏殿等百分一図】　きょうとだいぶつでんとうひゃくぶんのいちず

江戸時代。紙本墨書。縦五七・〇センチメートル。横六六一・五センチメートル。京都方広寺の大仏殿の図面。

【杏仁】　きょうにん

目が杏の種のような形をしていることをいう。アルカイックスマイルとおなじように飛鳥仏の特徴の一つ。

【孝仁】　きょうにん

『東院縁起』によれば、行信の四口の上足の一人で三論兼法相の学匠。行信の法資として東院主職となり、神護景雲元年（七六七）九月五日、行信の遺志を継いで二七〇〇余巻の経論の書写を完成した。孝仁の著書に『因明入正理論疏記』（三巻）があったが、今は欠本となっている。しかし明詮の裏書に『疏記』の引用があり、その著書があったことを示している。孝仁は大悲闡提菩薩成仏の義を唱え不成仏の義を破したと伝える。世に「鵤寺孝仁」と呼ばれた。生没年不詳。

【堯仁】　ぎょうにん

中務公。堯懐の弟子。地蔵院の住。公家の息。幼名、豊丸。享保十六年（一七三一）十二月十六日得度。元文三年（一七三八）『年会日次記』まで記載。生没年不詳。

【行人方】　ぎょうにんがた

堂方の名称の一つ。行を専らにして主として西円堂や上御堂の堂司、綱維などをつとめる僧のこと。行人方の一臈を夏一戒師と呼ぶ。

【堯仁房】　ぎょうにんぼう

天文三年（一五三四）『現在僧名帳』に記載。この年に得度。生没年不詳。

【経筥】 きょうばこ

経典を収納する筥のこと。とくに法会のときに経典を納めているものを指すことが多い。

【経筥】 きょうばこ

享徳三年（一四五四）。木造 黒漆塗。高一四・一センチメートル。縦三五・二センチメートル。横一三・八センチメートル。「御舎利殿之箱」の銘がある。至宝一四-収納具三

【尭範】 ぎょうはん

金堂十僧。得業。五師。卿房。嘉元三年（一三〇五）十一月二十日に金堂十僧に入供。文保元年（一三一七）十一月二十三日没。

【尭範】 ぎょうはん

三位公。椿蔵院、弥勒院の住。千範の弟子。元江戸町奉行与力吉田家の出身。幼名、勝麿。明和元年（一七六四）八月二十九日得度。明和四年（一七六七）弥勒院に転住。安永三年（一七七四）七月二十四日退院。

【暁範】 ぎょうはん

応永九年（一四〇二）『児童大衆等規式間事』に記載。生没年不詳。

【刑部卿】 ぎょうぶきょう➜「尊舜」の項目を見よ。

【刑部卿】 ぎょうぶきょう➜「実雅」の項目を見よ。

【刑部卿】 ぎょうぶきょう➜「英尊」の項目を見よ。

【刑部卿】 ぎょうぶきょう➜「行懐」の項目を見よ。

【刑部卿】 ぎょうぶきょう➜「妙海」の項目を見よ。

【刑部公】 ぎょうぶこう

寛文十年（一六七〇）『現在僧名帳』に記載。この年に得度。生没年不詳。

【尭弁】 ぎょうべん

権律師。二位公。尭懐の弟子。地蔵院の住。大和侍小坂氏の出身。幼名、善丸。寛延二年（一七四九）十一月四日得度。宝暦十二年（一七六二）ごろ実名を中将公栄懐に改名。明和二年（一七六五）権律師に補任。明和五

年（一七六八）『年会日次記』まで記載。生没年不詳。

【堯弁】 ぎょうべん

三位公。堯朝の弟子。知足院の住。幼名、義丸。文化六年(一八〇九)八月二十四日得度。文化八年(一八一一)六月退院。

【卿房】 きょうぼう➜「堯範」の項目を見よ。

【行法】 ぎょうほう

修行の一つで吉祥悔過、十一面観音悔過、薬師悔過などのこと。

【行命】 ぎょうめい

中綱。寛喜二年（一二三〇）「上宮王院棟札」に「中綱　権専当法師」と記載。生没年不詳。

【堯祐】 ぎょうゆう

応永九年（一四〇二）『児童大衆等規式間事』に記載。生没年不詳。

【堯祐】 ぎょうゆう

元堂衆行人方。権少僧都。大賢房。寛専の弟子。福園院の住。宝暦十三年（一七六三）二月六日得度。寛政九年（一七九七）寺法の大改正により学侶に交衆。胤懐の弟子となる。外記公と改名。寛政九年十二月、円満院宮家臣喜多氏の養子となる。享和三年（一八〇三）に権律師、文化二年（一八〇五）権少僧都、絵殿預に昇進。文化三年（一八〇六）一月十七日、隠居して法雲院と号した。文化六年（一八〇九）三月二十二日没。

【暁祐】 ぎょうゆう

応永九年（一四〇二）『児童大衆等規式間事』に記載。生没年不詳。

【行祐】 ぎょうゆう

堂衆。寛喜二年（一二三〇）「上宮王院棟札」に「禅衆　法師」と記載。生没年不詳。

【教与】 きょうよ

経尋別当在任中の大治四年（一一二九）ごろ日代に補任。生没年不詳。

【堯誉】ぎょうよ

応永九年（一四〇二）『児童大衆等規式間事』に記載。生没年不詳。

【堯誉】ぎょうよ

「一﨟法印」。得業。学源房。知足院の住。天文四年（一五三五）三月十五日、舎利預に補任（六十二歳）。天文十五年（一五四六）ごろ一﨟法印に昇進。天文十七年（一五四八）『奉唱　大別当御拝堂威儀僧事』に「上宮王院導師」と記載。同年、東院鐘楼大棟の鬼瓦を寄進。永禄九年（一五六六）二月十五日、七十七歳で没。

【京林】きょうりん

勾当。承仕の円了の父。享保七年（一七二二）没。

【清右衛門】きよえもん

新町笠目屋という。慶長十九年（一六一四）二月に聖霊院へ釣燈籠を寄進。出典「釣燈籠刻銘」

【玉春房】ぎょくしゅんぼう

天文五年（一五三六）『現在僧名帳』に記載。この年に得度。生没年不詳。

【旭隆】きょくりゅう

末寺僧。浄土律。宗源寺七世。天保九年（一八三八）四月に宗源寺額を修理。慶応三年（一八六七）六月七日、七十三歳で没。

【清左衛門】きよざえもん

鍛冶大工。元和三年（一六一七）九月、法隆寺鍛冶大工職に補任。

【金棺】きんかん

釈迦の遺体が納められている棺のこと。

【金棺】きんかん

国宝。奈良時代。塑造。総高（基壇を含む）二五・六

センチメートル。幅五四・〇センチメートル。五重塔西面。至宝三—塑像五五

【金光院】　きんこういん

平安時代の創建。西里桜池の近くに聖徳太子念仏三昧僧たちの道場として建立。鎌倉時代に東大門の東北の地へ移建。元和九年（一六二三）に焼失し、元禄十一年（一六九八）に宗源寺と改める。

【金光院四脚門】　きんこういんしきゃくもん

宗源寺四脚門のこと。

【金光院太子堂】　きんこういんたいしどう

金光院の本堂のこと。元和九年（一六二三）に焼失したが、元禄十二年（一六九九）に宗源寺常念仏堂として再興している。

【金光寺】　きんこうじ

法隆寺の西方にあった寺院。西の上の御堂と呼ぶ。東西二間余、南北三間余の堂があったが、明治時代に廃寺。本尊は千手観音像。鎮守社がある。明治三十八年（一九〇五）に千手観音像を西円堂に安置。

【欣西】　きんさい

堂衆。寛喜二年（一二三〇）「上宮王院棟札」に「禅衆　法師　結縁衆」と記載。生没年不詳。

【銀釵】　ぎんさい➔「簪」の項目を見よ。

【欣順】　きんじゅん

寛喜二年（一二三〇）「上宮王院棟札」に「学衆　法師」と記載。生没年不詳。

【金人】　きんじん

金色に輝く人。仏陀のことを意味する。

【金蔵院】　きんぞういん

室町時代の創建か。釈迦院の北側に隣接する子院の名称。

【金兵衛】　きんべえ

大工。葛上郡新庄の住。安永四年（一七七五）護摩堂の再建に従事。出典「護摩堂棟札」

【空海】 くうかい→「弘法大師」の項目を見よ。

【空慶】 くうけい

堂衆。大法師。良忠房。元亀元年（一五七〇）十二月、大十師に補任。生没年不詳。

【空順】 くうじゅん

応永九年（一四〇二）『児童大衆等規式間事』、応永二十二年（一四一五）『順禅房罪科間事』に記載。生没年不詳。

【空順房】 くうじゅんぼう→「深盛」の項目を見よ。

【空智】 くうち

東室に止住して密教を修行していたという。万寿四年（一〇二七）九月六日に法隆寺の円成院千手堂で多羅葉の梵本を感得、それを聖霊院に安置した。その梵本が現在は献納宝物となっている貝葉経である。生没年不詳。

【空頂房】 くうちょうぼう→「弘盛」の項目を見よ。

【久円】 くえん

「法隆寺別当」。威儀師。長元八年（一〇三五）八月二十七日、法隆寺別当に補任。五年間在任。

【苦行釈迦】 くぎょうしゃか

釈迦が悟りを開く前の六年間に林野や山林で断食などの厳しい修行を行ったときの姿を表現したもの。

【苦行釈迦像】 くぎょうしゃかぞう

室町時代末期～江戸時代初期。銅造。黒漆塗厨子入。像高一六・五センチメートル。総高四六・八センチメートル。至宝三―金銅像二四

【苦行釈迦像】 くぎょうしゃかぞう

江戸時代。塑像　彩色。総高五九・七センチメートル。至宝三―塑像一一三

【愚子見記】 ぐしけんき

寛文十一年（一六七一）ごろに今奥吉兵衛が編纂した近世の建築技術書の名称。

【孔雀明王】 くじゃくみょうおう

毒蛇を食う孔雀を神格化したもので、密教で息災を祈る秘法の本尊となっている。

【孔雀明王画像】 くじゃくみょうおうがぞう

重文。鎌倉時代。絹本着色。縦一一八・五センチメートル。横八二・〇センチメートル。至宝六‐五九

【孔雀明王画像】 くじゃくみょうおうがぞう

江戸時代。縦一三六・〇センチメートル、横六六・五センチメートル。至宝六‐六〇

【倶舎衆】 くしゃしゅう

「倶舎論」の講義を行う学識を有する僧のこと。

【救世観音菩薩像】 くせかんのんぼさつぞう

国宝。飛鳥時代。樟材　金箔。像高一七九・九センチメートル。夢殿の本尊。聖徳太子の等身像で、中世のころから秘仏となっていたという。至宝四‐六五

【救世観音菩薩像】 くせかんのんぼさつぞう

国宝。白鳳時代。金銅。像高二四・二センチメートル。蓬萊山及び亀座の高二八・五センチメートル。聖霊院の聖徳太子像の胎内仏。太子像内にはこの像が蓬萊山上に立ち、勝鬘・維摩・法華の三部経典を納めている。至宝三‐金銅像五

【百済観音縮像】 くだらかんのんしゅくぞう

明治三十二年（一八九九）に東京在住の彫刻家の飯島成渓が明治三十三年（一九〇〇）にパリで開催された万国博覧会に百済観音の縮像を造って出陳したという。この縮像の消息は不明。

【百済観音像】 くだらかんのんぞう

国宝。飛鳥時代。樟材　彩色。像高二一〇・九センチメートル。「虚

空蔵菩薩像」ともいう。金堂内の北に安置していた（安置年代は不明）。昭和十六年（一九四一）から大宝蔵殿に移したが、平成十年（一九九八）十月二十二日に百済観音堂を建立した。至宝四―六六

【百済観音像】 くだらかんのんぞう

ドイツ・ベルリンのダーレム博物館内の民俗博物館が所蔵している百済観音像の模像。明治三十八年（一九〇五）に奈良帝室博物館の紹介で、京都の仏師の田中文弥が模造した像。

【百済観音像】 くだらかんのんぞう

イギリスの大英博物館が所蔵している百済観音像の模像。昭和五年（一九三〇）に大英博物館の依頼によって新納忠之介が模造した像。

【百済観音堂】 くだらかんのんどう

百済観音像を本尊とする殿堂の名称。大宝蔵院の中央に位置する宝形造りの建物。瓦は斑鳩宮跡から出土する軒瓦を復元。建物は八世紀前後の様式を採用。平成八年（一九九六）建立に着手。平成十年（一九九八）十月二十二日に落成。「補陀落」の額は裏千家大宗匠千玄室の揮毫。

【百済観音半身像】 くだらかんのんはんしんぞう

昭和七年（一九三二）に新納忠之介が模造した百済観音半身像のこと。龍興寺が所蔵している。

【求道】 ぐどう

末寺僧。浄土律。宗源寺の住。明治七年（一八七四）二月十日没。

【功徳安居】 くどくあんご➡「安居」の項目を見よ。

【功徳講表白】 くどくこうひょうはく

大講堂で行われた功徳講（夏安居）に読誦する表白文のこと。

【宮内卿】 くないきょう➡「良訓」の項目を見よ。

【宮内卿】くないきょう➜「懐宣」の項目を見よ。
【宮内卿】くないきょう➜「千学」の項目を見よ。
【宮内卿】くないきょう➜「頼宣」の項目を見よ。

【国次】くにつぐ
木工。観応三年（一三五二）に上宮王院の櫃を作っている。出典「櫃身外底銘」

【国友】くにとも
木工。観応三年（一三五二）に上宮王院の櫃を作っている。出典「櫃身外底銘」

【国光】くにみつ
興福寺系大工。文永五年（一二六八）西室の建立に従事。出典「西室柱墨書」

【熊吉】くまきち
大工。東里の住。安永四年（一七七五）花山竜池の修理に従事。出典「護摩堂棟札」

【九面観音】くめんかんのん
九個の頭面を有している観音像のこと。

【九面観音像】くめんかんのんぞう
国宝。中国唐代。檀像。像高三七・一センチメートル《センチメートル》。養老三年（七一九）に唐から請来したと伝える。至宝四-七九

【雲井良海】くもいりょうかい
法相宗管長。興福寺住職。清水寺住職。大僧正。郡山藩家臣足立家の出身。幼名、貞麿。秀演の弟子。嘉永二年（一八四九）十一月十七日得度。蓮成院陽舜房秀証と称した。明治元年（一八六八）四月、興福寺一同復飾、僧位返上。明治二年（一八六九）十一月、蓮成院を雲井春影と改名。明治十一年（一八七八）東大寺東南院で得度。雲井良海と改める。明治十二年（一八七九）護国寺住職の高志大了に従って密教を修学。同年、豊山に入衆。明治二十一年（一八八八）真言宗新義派末寺長徳寺住職に就任。明治二十三年（一八九〇）七月一日、興福会の要請を受けて法相宗に転宗。同日、法相宗転宗式を行う。

清水寺住職に就く。明治二十四年（一八九一）二月十六日に法相宗管長、興福寺住職に就任。明治二十六年（一八九三）に興福寺勧学院を開設。明治二十七年（一八九四）五月十九日、五十九歳で没。

【公文在聴】くもんざいちょう
寺僧の僧位などの任命を担当する僧のこと。学侶の中臈位の僧が補任する。この僧が記したものを公文方引付という。

【公文所】くもんじょ
寺僧の僧位補任を取り計らう役の称。

【栗原京栄】くりはらきょうえい
勾当。通称土佐。文久三年（一八六三）六月没。

【栗原京正】くりはらきょうしょう
勾当。通称若狭。文政八年（一八二五）六月十三日没。

【九輪】くりん
五重塔などの頂上にあり、露盤の請花と水煙の間にある九つの輪のことをいう。「相輪」とも呼ぶ。

【黒板勝美】くろいたかつみ
国史学者。長崎の出身。号は虚心。法隆寺を復興するために正木直彦らとともに聖徳太子一千三百年御忌奉賛会（聖徳太子奉讃会）を組織することに尽力。とくに大正五年（一九一六）に「聖徳太子一千三百年御忌奉賛会趣意書案」を作成するとともに聖徳太子の命日を新暦の四月十一日とすることを提唱。昭和二十一年（一九四六）七十三歳で没。

【九郎】くろう
四大工。延慶三年（一三一〇）惣社の修理に従事。出典『嘉元記』

【九郎次郎】くろうじろう
大工。二郎ともいう。永享八年（一四三六）北室寺の建立や永享十年（一四三八）南大門の再建に従事。出典「北室上棟文書」「南大門棟木銘」

【九郎太郎】 くろうたろう

大工。永享九年(一四三七)蓮光院地蔵堂の建立に従事。出典「地蔵堂心束墨書」

【九郎宗国】 くろうむねくに

大工。貞治四年(一三六五)舎利殿黒漆宮殿の新造に従事。出典「宮殿天井板墨書」

【黒駒】 くろこま

推古六年(五九八)四月に甲斐国から聖徳太子へ献上された馬のこと。

【黒駒像】 くろこまぞう

江戸時代。檜材　寄木造　彩色。像高一五三・〇センチメートル。元禄五年(一六九二)八月二十三日、辻本の甚兵衛が造った。享保二十年(一七三五)三月八日に修理。至宝四―三〇八―(一)。出典『法隆寺記補忘集』

【九郎兵衛】 くろべえ

仏師。京都の住。寛永十七年(一六四〇)三月十八日に愛染明王坐像を造顕。出典「像底墨書」

【訓栄】 くんえい

権律師。行測房。高覚の弟子。観音院、和喜院の住。松平縫殿頭家臣戸田氏の出身。元禄十三年(一七〇〇)得度。享保三年(一七一八)十二月四日、和喜院へ転住。享保四年(一七一九)ごろ権律師に昇進。享保八年(一七二三)十月隠居。生没年不詳。

【訓英】 くんえい

応永九年(一四〇二)『児童大衆等規式間事』、応永二十二年(一四一五)『順禅房罪科間事』に記載。生没年不詳。

【訓英】 くんえい

権少僧都。中院の住。天正十四年(一五八六)十一月二十四日、舎利預に補任。天正十九年(一五九一)十月三日、六十九歳で没。

【訓英画像】くんえいがぞう

天正十九年（一五九一）。絹本着色。縦九〇・〇センチメートル。横三九・四センチメートル。至宝六‐一二五九

【訓音】くんおん

大法師。永享十年（一四三八）南大門再興の公文代に補任。生没年不詳。出典「南大門棟木銘」

【訓賀】くんが

永和四年（一三七八）『廿人沙汰間条々』に記載。生没年不詳。

【訓海】くんかい

「一臈法印」。律師。琳学房。弥勒院、西院の住。永享十年（一四三八）南大門再興の筆師に補任。嘉吉二年（一四四二）二月二十三日の竜田社頭舞楽法会に左方衲衆、文安六年（一四四九）三月十一日の新福寺供養、宝徳三年（一四五一）二月二十七日の聡明寺供養に衲衆として出仕。文安四年（一四四七）十一月八日より文安五年（一四四八）四月二十五日までの間に『太子伝玉林抄』（二一巻）を著述。同年二月、舎利預に補任（六十三歳）。享徳元年（一四五二）ごろ一臈法印に昇進。長禄元年（一四五七）十一月二日、七十二歳で没。

【訓覚】くんかく

律師。定恩房。宝光院の住。応安四年（一三七一）『上御堂本尊修復結縁文書』に記載。応永二十四年（一四一七）七月に舎利預に補任（六十三歳）。応永三十一年（一四二四）九月三十日、七十歳で没。

【訓覚】くんかく

大僧都。式部卿（式音房）。法輪院、西南院の住。美作の森家家臣坂井氏の出身。幼名、岩丸。宝永四年（一七〇七）二月二十四日得度。元文元年（一七三六）十二月二十二日、衆一臈・大法師に補任。同年、『維摩会日次記』を著述。元文二年（一七三七）一月二十二日、権律師に補任。同年二月二十二日、権少僧都に補任。寛保二年（一七四二）九月二十二日、法印権大僧都に補任。寛保三年（一七四三）二月二十一日、西南院を「せいな

んいん」と唱える。延享三年（一七四六）十月九日、大僧都に昇進。寛延元年（一七四八）十月十日、隠居して清雲院と号した。寛延四年（一七五一）八月五日没。

【訓暁】　くんぎょう

応永九年（一四〇二）『児童大衆等規式間事』に記載。生没年不詳。

【訓恵】　くんけい

大弐公。訓覚の弟子。花園院の住。医師宮田氏の出身。幼名、悦丸。享保十八年（一七三三）四月二十四日得度。寛保二年（一七四二）十二月、下臈分一臈となる。延享元年（一七四四）三月二十日没。

【訓慶】　くんけい

応永九年（一四〇二）『児童大衆等規式間事』に記載。生没年不詳。

【訓賢】　くんけん

応永九年（一四〇二）『児童大衆等規式間事』、応永二十二年（一四一五）『順禅房罪科間事』に記載。生没年不詳。

【訓光】　くんこう

永和四年（一三七八）『廿人沙汰間条々』に記載。生没年不詳。

【訓弘】　くんこう

応永九年（一四〇二）『児童大衆等規式間事』、応永二十二年（一四一五）『順禅房罪科間事』に記載。生没年不詳。

【訓賛】　くんさん

宰相公。行賛の弟子。中道院の住。郡山藩家臣山田氏の出身。幼名、雅丸。天保六年（一八三五）九月二十七日得度。嘉永四年（一八五一）九月二十九日退院。

【訓舜】　くんしゅん

権律師。五師。学明房。応永九年（一四〇二）『児童大衆等規式間事』、応永二十二年（一四一五）『順禅房

罪科間事』に記載。文安六年（一四四九）経蔵修復の修理奉行に補任。同年三月十一日の新福寺供養、宝徳三年（一四五一）二月二十七日の聡明寺供養に奉行衆として出仕。康正二年（一四五六）ごろ五師に補任。生没年不詳。

【訓乗】 くんじょう

大法師。天文十七年（一五四八）『奉唱　大別当御拝堂威儀僧事』に「物社祭師」と記載。生没年不詳。

【訓乗】 くんじょう

応永九年（一四〇二）『児童大衆等規式間事』に記載。生没年不詳。

【訓清】 くんせい

大法師。識恩房。応永九年（一四〇二）『児童大衆等規式間事』に記載。『応安年中以来法隆寺評定日記』に永享二年（一四三〇）二月二十六日～永享九年（一四三七）まで五師をつとめたと記載。永享十年（一四三八）聖霊会の宝幢造顕奉行に補任。嘉吉二年（一四四二）の聖霊会に奉行衆として出仕。生没年不詳。

【訓清】 くんせい➜「貞誉」の項目を見よ。

【訓宣】 くんせん

琳明房。専祐の弟子。応永九年（一四〇二）『児童大衆等規式間事』に記載。生没年不詳。

【訓専】 くんせん

応永九年（一四〇二）『児童大衆等規式間事』に記載。生没年不詳。

【軍荼利明王】 ぐんだりみょうおう

「五大明王」の一つ。軍荼利夜叉といい、南方に配されている。

【訓了】 くんりょう

堂衆行人方。大法師。宥専房。訓清の弟子。橋坊、政南院の住。元文二年（一七三七）二月二十九日得度。延享四年（一七四七）十一月十二日、罪科によって南都において追放。生没年不詳。

【夏安居】げあんご

修行僧が一定期間一箇所に定住して集団生活を行いながら修行すること。インドでは雨季の期間に行われていたという。そのような習慣が日本へも伝わり、聖徳太子の遺願によって毎年の夏に『勝鬘経』『維摩経』『法華経』の三経を講讃する年中行事となった。現在は西室で行われている。それを法隆寺では「功徳安居」とも呼ぶ。

【磬】けい

打ち鳴らす打楽器の名称。もとは石であったが、奈良時代から金属製のものとなっている。法隆寺には奈良時代からの多数の磬が現存している。

【磬】けい

重文。平安時代。鋳銅。高一〇・二センチメートル。幅二二・〇センチメートル。「東院」の銘がある。至宝一三―三二〇

【磬】けい

重文。平安時代。鋳銅　鍍金。高一一・〇センチメートル。幅二六・九センチメートル。「雲形」。至宝一三―三四六

【磬】けい

鎌倉時代。鋳銅　鍍金。高九・九センチメートル。幅一九・二センチメートル。素文磬。「承久二年（一二二〇）」の針書銘あり。至宝一三―三二一

【慶安】けいあん

文治二年（一一八六）『法隆寺三綱　五師等請文案』に「寺主」と記載。生没年不詳。

【慶意】けいい

大法師。応永九年（一四〇二）『児童大衆等規式間事』に記載。文安六年（一四四九）三月十一日の新福寺供養に衲衆として出仕。生没年不詳。

【慶為】けいい

大法師。天文十七年（一五四八）『奉唱　大別当御拝堂威儀僧事』に「五所祭師」と記載。生没年不詳。

【慶為】　けいい

大法師。松立院の住。元亀年間（一五七〇～七三）得度。生没年不詳。

【慶運】　けいうん

金堂十僧。大法師。承暦三年（一〇七九）吉祥悔過の日没導師に補任。生没年不詳。出典『金堂日記』

【慶雲】　けいうん

「一臈法印」。権僧正。弾正公（大蔵卿、童我房）。千懐の弟子。岸和田藩家臣舟木氏の出身。幼名、幾丸。弥勒院、西院、阿弥陀院、西方院、中院の住。懐厳、光賢、春懐、舜懐に改名。享保二十年（一七三五）十一月十五日得度。寛保三年（一七四三）二月十九日より弥勒院と号す。寛延二年（一七四九）二月二十三日、大蔵卿光賢に改名。宝暦二年（一七五二）三月二十二日、権少僧都。同年三月二十三日、二十九歳で舎利預に補任。宝暦六年（一七五六）三十三歳で一臈法印に昇進。宝暦九年（一七五九）伽藍再興の大願を立て江戸に下向して勧進し、二三年間在府。二五箇国の勧化が許され、天明元年（一七八一）五十九歳のとき帰寺。柳原前大納言紀光の猶子となる。同年四月二十一日、舜懐に改名。同年八月二十五日、勅許により権僧正を賜わり、同日宮中に参内して天顔を拝し紫衣の着用を許される。天明二年（一七八二）一月十一日、実名を慶雲に改名。天明四年（一七八四）一月九日、仮名を童我房に改名。『三論之疏並宗要血脈譜四宗兼学起因』『三経義疏備講』『東宮伝（一二巻）』などの著述がある。江戸滞在中に真淵翁から和学を学び、よく和歌を詠む。寛政五年（一七九三）一月三日、七十歳で没。一月十日、本葬を行う。

【慶英】　けいえい

応永九年（一四〇二）『児童大衆等規式間事』に記載。生没年不詳。

【経円】　けいえん

寛喜二年（一二三〇）「上宮王院棟札」に「法師　結縁衆」と記載。生没年不詳。

【継円】 けいえん

応永九年（一四〇二）『児童大衆等規式間事』、応永二十二年（一四一五）『順禅房罪科間事』に記載。生没年不詳。

【磬架】 けいか

磬を吊るす木製の枠のこと。

【磬架】 けいか

鎌倉時代。木造　黒漆塗。高五六・五センチメートル。幅五二・五センチメートル。金銅孔雀文磬が附属している。至宝一二―堂内具一五九

【磬架】 けいか

永徳三年（一三八三）。木造　黒漆塗。高一〇八・〇センチメートル。幅一一三・五センチメートル。台脚幅一一三・五センチメートル。奥行六二・〇センチメートル。至宝一二―堂内具一六〇。出典「墨書」

【磬架】 けいか

明徳元年（一三九〇）。木造　黒漆塗。高六二・五センチメートル。幅六七・一センチメートル。至宝一二―堂内具一六一。出典「墨書」

【磬架】 けいか

室町時代。木造。黒漆塗。高五〇・八センチメートル。幅五〇・四センチメートル。至宝一二―堂内具一六二

【磬架】 けいか

室町時代。木造　黒漆塗。高六一・八センチメートル。幅六一・〇センチメートル。孔雀文磬が附属している。至宝一二―堂内具一六三

【磬架】 けいか

寛文十二年（一六七二）。木造　黒漆塗。高四五・八センチメートル。幅四五・七センチメートル。至宝一二―堂内具一六五

【磬架】 けいか

江戸時代前期。木造　黒漆塗。高六一・二センチメートル。幅六二・六センチメートル。至宝一二―堂内具一六六

【慶賀】 けいが

金堂十僧。五師。延了房。永仁七年（一二九九）三十歳で吉祥悔過の咒師として出仕。建武二年（一三三五）十一月十一日、六十七歳で没。出典『金堂日記』

【慶賀】 けいが

法師。応永九年（一四〇二）『児童大衆等規式間事』に記載。文安六年（一四四九）三月十一日の新福寺供養、宝徳三年（一四五一）二月二十七日の聡明寺供養に梵音衆として出仕。生没年不詳。

【慶雅】 けいが

応永九年（一四〇二）『児童大衆等規式間事』に記載。生没年不詳。

【慶快】 けいかい

応永九年（一四〇二）『児童大衆等規式間事』に記載。生没年不詳。

【慶懐】 けいかい

大法師。『応安年中以来法隆寺評定日記』に永和四年（一三七八）〜永徳三年（一三八三）まで五師をつとめたと記載。生没年不詳。

【慶懐】 けいかい

大法師。舜定房。永享十年（一四三八）南大門再興の奉行衆に補任。嘉吉二年（一四四二）二月二十三日の竜田社頭舞楽法会に左方梵音衆、文安六年（一四四九）三月十一日の新福寺供養には甲衆及び奉行衆として、宝徳三年（一四五一）二月二十七日の聡明寺供養には甲衆として出仕。生没年不詳。

【慶懐】 けいかい➜「堯懐」を見よ。

【敬懐】 けいかい

大進公。胤懐の弟子。宝珠院の住。郡山藩医師鳥居氏の出身。幼名、秀丸。安永四年（一七七五）九月十九日得度。天明三年（一七八三）七月二十日退院。

【恵海房】けいかいぼう➜「泰盛」の項目を見よ。

【慶覚】けいかく
慶仁の長男。長寛二年（一一六四）『慶寛田地売券』に「権都維那」、仁安三年（一一六八）『慶寛田地渡文』に「寺主」と記載。生没年不詳。

【慶覚】けいかく
応永九年（一四〇二）『児童大衆等規式間事』に記載。嘉吉二年（一四四二）二月二十三日の竜田社頭舞楽法会に公文目代、左方行筆として出仕。生没年不詳。

【継覚】けいかく
五師。嘉吉二年（一四四二）二月二十三日の竜田社頭舞楽法会に左方甲衆、文安六年（一四四九）三月十一日の新福寺供養に甲衆として出仕。『応安年中以来法隆寺評定日記』に寛正三年（一四六二）に五師をつとめたと記載。生没年不詳。

【慶賀門】けいがもん
西院廻廊の南東と南西の出入口の名称。

【継寛】けいかん
応永九年（一四〇二）『児童大衆等規式間事』に記載。生没年不詳。

【慶憲】けいけん
嘉禄二年（一二二六）『宛行　東室第六房事』に記載。生没年不詳。

【慶賢】けいけん
「一臈法印」。僧都。順学房。南金剛院の住。応永九年（一四〇二）『児童大衆等規式間事』に記載。永享十年（一四三八）南大門再興の修理奉行。文安六年（一四四九）経蔵修理の修理奉行。文明六年（一四七四）六月十三日、舎利預に補任。文明十二年（一四八〇）ごろ一臈法印に昇進。文明十六年（一四八四）竜田会の講師に補任。明応四年（一四九五）一月二十七日、八十四歳で没。

【慶元】 けいげん
長元八年（一〇三五）慶好寺主の長男として出生。河内威儀師という。治暦四年（一〇六八）に寺主、承保二年（一〇七五）～寛治八年（一〇九四）ごろ官符上座に補任。天永三年（一一一二）七月二十九日、七十八歳で没。

【慶好】 けいこう
法頭。康仁の弟子（長男）。長元八年（一〇三五）に都維那。長暦三年（一〇三九）に寺主に補任。康仁より公文法頭を継承。宣旨によって播磨国鵤庄を実検した。康平三年（一〇六〇）三月十八日、六十一歳で没。

【慶弘】 けいこう
寛喜二年（一二三〇）「上宮王院棟札」に「学衆　法師」と記載。生没年不詳。

【慶弘】 けいこう
嘉元三年（一三〇五）『聖徳太子絵伝紙背墨書銘』に記載。生没年不詳。

【慶弘】 けいこう
応永九年（一四〇二）『児童大衆等規式間事』に記載。生没年不詳。

【刑坂利次】 けいさかとしつぐ
興福寺系大工。寛喜二年（一二三〇）上宮王院の修理に従事。出典「上宮王院棟札」

【慶算】 けいさん
大法師。応安四年（一三七一）『上御堂本尊修復結縁文書』に記載。生没年不詳。

【慶寿】 けいじゅ
久円別当在任中の長元八年（一〇三五）に上座威儀師に補任。生没年不詳。

【桂樹院】 けいじゅいん➡「信継」の項目を見よ。

【慶秀】けいしゅう
仏師。応安八年（一三七五）に造顕した護摩堂の弘法大師坐像の像底に「大仏師法眼」と記載。出典「像底墨書」

【慶重】けいじゅう
応永九年（一四〇二）『児童大衆等規式間事』、応永二十二年（一四一五）『順禅房罪科間事』に記載。生没年不詳。

【経住】けいじゅう
堂衆。寛喜二年（一二三〇）「上宮王院棟札」に「禅衆　法師」と記載。生没年不詳。

【継重】けいじゅう
大法師。応永九年（一四〇二）『児童大衆等規式間事』、応永二十二年（一四一五）『順禅房罪科間事』に記載。永享十二年（一四四〇）西室の夏講本尊箱の沙汰人。生没年不詳。

【慶舜】けいしゅん
金堂十僧。大法師。承暦三年（一〇七九）吉祥悔過の初夜導師に補任。生没年不詳。出典『金堂日記』

【慶舜】けいしゅん
金堂十僧。得業。延賢房。正応二年（一二八九）に聖霊院へ花形大檀を寄進。正応六年（一二九三）に金堂十僧に入供。永仁三年（一二九五）に聖霊院の如意輪観音像を修理。永仁五年（一二九七）没。出典「墨書」『金堂日記』

【慶舜】けいしゅん
応永九年（一四〇二）『児童大衆等規式間事』に記載。生没年不詳。

【慶松】けいしょう
法師。松立院の住。永正四年（一五〇七）『法隆寺文書』に記載。生没年不詳。

【慶清】けいしょう
応永九年（一四〇二）『児童大衆等規式間事』に記載。
生没年不詳。

【慶乗】けいじょう
大法師。宝徳三年（一四五一）二月二十七日の聡明寺供養に衲衆として出仕。生没年不詳。

【桂昌院】けいしょういん
五代将軍徳川綱吉の生母。法隆寺の修理に多大の金品を寄附した。桂昌院の筆頭家老上野半左衛門は中院覚勝の縁者。

【慶信】けいしん
寛喜二年（一二三〇）「上宮王院棟札」に「学衆　法師　結縁衆」と記載。生没年不詳。

【慶信】けいしん
権律師。応安四年（一三七一）『上御堂本尊修復結縁文書』に「四臈権律師」と記載。生没年不詳。

【経真】けいしん
大法師。五師。保安三年（一一二二）～天承元年（一一三一）に林幸が発願した『法隆寺一切経』の書写に協力した。保元四年（一一五九）一月『宛行処分田地立券文』に記載。生没年不詳。

【経真】けいしん
堂衆。寛喜二年（一二三〇）「上宮王院棟札」に「禅衆　法師」と記載。生没年不詳。

【慶深】けいじん
「法隆寺別当」。已講。興福寺の僧。延久六年（一〇七四）一月十四日、法隆寺別当に補任。同年二月五日没。

【経尋】けいじん
「法隆寺別当」。法印大僧都。興福寺黄薗の僧。天仁二年（一一〇九）十一月三十日、法隆寺別当に補任。二一年間在任。大治四年（一一二九）十二月に興福寺別当へ転任。生没年不詳。

【慶世】けいせい

長暹の次男。永長元年（一〇九六）出生。覚誉別当在任中の長承二年（一一三三）に都維那に補任。のちに寺主、上座に昇進。康治二年（一一四三）十一月二十二日『僧慶世田地売券』に記載。没年不詳。

【慶政】けいせい

天台寺門宗の僧。勝月房・九条義経の息。聖徳太子信仰の高揚に尽力したという。建保七年（一二一九）に法隆寺舎利殿建立、寛喜二年（一二三〇）夢殿修理、天福二年（一二三四）に上宮王院夢殿へ聖徳太子影像を安置。その翌年には上宮王院の石段の修理を行うなど法隆寺の復興につくし、嘉禎四年（一二三八）に九条道家が法性寺邸で南無仏舎利や宝物を拝観したときにも協力した。生没年不詳。

【慶暹】けいせん

天永四年（一一一三）に金堂堂司に補任。生没年不詳。

出典『金堂日記』

【経暹】けいせん

保安三年（一一二二）～天承元年（一一三一）に林幸が発願した『法隆寺一切経』の書写に協力した。生没年不詳。

【恵尊】けいそん

大法師。応永十八年（一四一一）二月九日『僧恵尊田地売券』に記載。『応安年中以来法隆寺評定日記』に応永二十年（一四一三）ごろ五師をつとめたと記載。生没年不詳。

【慶尊】けいそん

応永九年（一四〇二）『児童大衆等規式間事』に記載。生没年不詳。

【慶智】けいち

承暦三年（一〇七九）吉祥悔過の承仕に補任。生没年不詳。出典『金堂日記』

【慶朝】けいちょう

金堂十僧。五師。賢禅房。正中二年（一三二五）金堂預に補任。生没年不詳。出典『金堂日記』

【慶長小袖】けいちょうこそで

江戸時代。身丈一二二・四センチメートル。裄五〇・八センチメートル。三竜胆車紋四季草花鶴亀文様振袖。西円堂への奉納品。

【夏一戒師】げいつかいし

堂方の行人方の一臈の名称。

【慶道房】けいどうぼう➡「妙栄」の項目を見よ。

【敬道房】けいどうぼう➡「堯慶」の項目を見よ。

【慶仁】けいにん

慶世の長男。権上座に補任。生没年不詳。

【恵範】けいはん

「法隆寺別当」。法眼。興福寺西南院の僧。治承四年（一一八〇）一月十三日、法隆寺別当に補任。一二年間在任。

【慶遍】けいへん

大法師。善順房。貞治二年（一三六三）護摩供の供僧に補任。応安四年（一三七一）『上御堂本尊修復結縁文書』に記載。生没年不詳。

【迎□房】げい□ぼう➡「清尊」の項目を見よ。

【慶祐】けいゆう

金堂十僧。権大僧都。嘉暦三年（一三二八）に聖霊会の装束一二具を新調。延文元年（一三五六）黒漆鼓胴を寄進。延文三年（一三五八）六十六歳で『金堂間私日記』、延文四年（一三五九）に『寺要日記』（六月巻、七月巻）を書写。延文六年（一三六一）二月十二日に権大僧都に昇進。生没年不詳。出典『金堂日記』『寺要日記』

【慶祐】けいゆう

応永九年（一四〇二）『児童大衆等規式間事』に記載。

生没年不詳。

【慶祐】けいゆう

大法師。西之院の住。永正四年（一五〇七）の『法隆寺文書』に記載。生没年不詳。

【慶祐】けいゆう

堂衆行人方。瑞雲房（右京公）。堯祐の弟子。橘院の住。寛政六年（一七九四）二月五日得度。寛政九年（一七九七）寺法の大改正により学侶に交衆。胤周の弟子。同年十二月、円満院宮家臣喜多家の養子となる。享和三年（一八〇三）五月に『勝鬘・維摩発問鈔』を書写。文化三年（一八〇六）一月、神朗の弟子となる。文化九年（一八一二）一月五日、福園院へ転住。文政三年（一八二〇）三月退院。

【慶融】けいゆう

嘉禄三年（一二二七）五月十日『法隆寺大法師隆詮外十二僧連署契状』（早稲田大学所蔵）に記載。生没年不詳。

【慶融】けいゆう

応永九年（一四〇二）『児童大衆等規式問事』に記載。生没年不詳。

【継祐】けいゆう↓「良円」の項目を見よ。

【慶誉】けいよ

観峰別当在任中の寛仁元年（一〇一七）八月二十三日、都維那に補任。生没年不詳。

【鶏婁鼓】けいろうこ

古代の太鼓。舞楽「一曲」のときに舞人の一人が振鼓とともに使用する。

【鶏婁鼓】けいろうこ

鎌倉時代。木造　彩色。高一二・〇センチメートル。面径一五・〇センチメートル。至宝一〇‐四四一

【悔過】けか

罪を懺悔することをいう。仏前で身口意（行動、言動、精進）によって罪過を懺悔し、福徳を得ることを求めようとする法会のこと。

【悔過板】けかばん

西円堂修二会の悔過文を彫った板。嘉暦元年（一三二六）。木造。縦五〇・〇センチメートル。幅一〇九・六センチメートル。至宝一四―法会儀式具八八、八九

【化現】けげん

仏や菩薩が衆生を救済するために身を変えてこの世に出現することをいう。

【華籠】けこ

「はなご」「けろう」ともいう。法会で散華供養をするときに花などを盛る器の名称。

【華籠】けこ

鎌倉〜室町時代。竹製。縁は漆塗。一口。高五・四センチメートル。内径二六・〇センチメートル。至宝一二―供養具一三七

【華厳経】けごんきょう

『大方広仏華厳経』という。中央アジアにおいて編纂されたと推定されている大乗経典。『六十華経』『八十華経』『四十華経』が一般的に知られている。

【華厳経】けごんきょう

重文。奈良時代。巻四二。縦二七・〇センチメートル。横八九九・〇センチメートル。至宝七―その他の写経三

【袈裟】けさ

法会に着用する僧の礼服を意味する。五条、七条、九条、十三条などが一般的である。

【袈裟掛石】けさかけのいし

安居のときに堂方行人方が法隆寺の裏山で行う閼伽供花の行場の名称。

【牙笏】げしゃく

役人たちが行事のときに手に持つ板のこと。その板の

内側に備忘として話す要点を記したが、のちに威儀を正すものとなった。

【牙笏】 げしゃく

奈良時代。骨製。高三三・一センチメートル。幅四・六センチメートル。聖徳太子が推古天皇の摂政のときに使用した笏と伝える。

出典 献納宝物

【下生】 げしょう

仏が衆生を救済するために、この世に出現すること。

【化粧材】 けしょうざい

美しく仕上げた用材のこと。目に触れる箇所に使用されている建築部材。

【外陣】 げじん

内陣の外側や内陣の四方を取り囲む空間のこと。一般的には参拝者の座席のことを指す。

【下馬石】 げばいし

南大門前にある下馬の石標のこと。年代は不明。施主は安村氏と彫っている。

【牙撥鏤針筒】 げばちるはりのつつ→「紅牙撥鏤針筒」の項目を見よ。

【花瓶】 けびょう

仏前を供養荘厳するために花を入れる法具の名称。

【花瓶】 けびょう

重文。鎌倉時代。鋳銅。一口。高二二・〇センチメートル。胴張一一・三センチメートル。刻銘「法隆寺聖霊院花立也乾元元年（一三〇二）十二月日勧進教仏」。至宝一三-一一〇

【花瓶】 けびょう

重文（密教法具一括指定四一口のうち）。鎌倉時代。鋳銅　鍍金。四口。高一三・三〜一四・六センチメートル。胴張六・六〜七・八センチメートル。うち一口に刻銘「法隆寺　御舎利殿」。至宝一三-一一一〜一一四

か行

【花瓶】けびょう

鎌倉時代。鋳銅　鍍金。二口。各高一三・一センチメートル。胴張七・〇センチメートル。至宝一三‐一一五

【花瓶】けびょう

鎌倉時代。鋳銅。二口。各高二七・三センチメートル。胴張一四・〇センチメートル。至宝一三‐一一六

【花瓶】けびょう

鎌倉時代。鋳銅。二口。各高一六・四センチメートル。胴張八・四センチメートル。刻銘「法隆寺」。至宝一三‐一一七

【花瓶】けびょう

鎌倉時代。鋳銅　鍍金。二口。各高一一・五センチメートル。胴張六・二センチメートル。至宝一三‐一一八

【花瓶】けびょう

鎌倉時代。鋳銅。一口。高一〇・一センチメートル。胴張五・六センチメートル。至宝一三‐一一九

【花瓶】けびょう

鎌倉〜室町時代。鋳銅　鍍金。四口。各高二三・一センチメートル。胴張一一・三センチメートル。至宝一三‐一二〇

【花瓶】けびょう

室町時代。鋳銅。二口。各高四三・五センチメートル。胴張二〇・〇センチメートル。刻銘「永享十一年己未（一四三九）五月日法隆寺西円堂」。至宝一三‐一二一

【花瓶】けびょう

室町時代。鋳銅。二口。各高三三・七センチメートル。胴張一八・一センチメートル。刻銘「西円堂　法隆寺　嘉吉元（一四四一）卯八日」。至宝一三‐一二二

【花瓶】けびょう

室町時代。鋳銅。一口。高二二・一センチメートル。胴張一一・六センチメートル。刻銘「法隆寺上堂」。至宝一三‐一二三

【花瓶】けびょう

室町時代。鋳銅。二口。各高一六・四センチメートル。胴張九・四センチメートル。至宝一三―一二四

【花瓶】 けびょう

室町時代。鋳銅。一口。高一五・五センチメートル。胴張八・一センチメートル。至宝一三―一二五

【花瓶】 けびょう

室町時代。鋳銅。一口。高一一・九センチメートル。胴張六・一センチメートル。至宝一三―一二六

【花瓶】 けびょう

室町時代。鋳銅。一口。高二七・二センチメートル。胴張一三・二センチメートル。至宝一三―一二七

【花瓶】 けびょう

室町時代。鋳銅。四口。各高三六・四センチメートル。胴張一六・五センチメートル。至宝一三―一二八

【花瓶】 けびょう

室町時代。鋳銅。二口。各高三六・六センチメートル。胴張二〇・三センチメートル。至宝一三―一二九

【花瓶】 けびょう

室町時代。鋳銅。二口。各高三八・八センチメートル。胴張一八・三センチメートル。至宝一三―一三〇

【化仏】 けぶつ

頭部、光背、宝冠などに置く小型の仏像のこと。附属する本体の仏像のもとの姿を現わしたもの。

【華鬘】 けまん

インドでは古くから花輪を頭につけたり、首に掛けて装飾をする習慣があった。それが仏教にも受容されて仏殿の内陣の長押などに花輪を掛けて荘厳したという。

【華鬘】 けまん

鎌倉～室町時代。牛皮 彩色。四面。法量四一・二×四三・五センチメートル。至宝一二―荘厳具二二七

【華鬘】 けまん

鎌倉～室町時代。金銅。法量二四・一×一六・二センチメートル。至宝一二―荘厳具二二八

【華鬘（蓮華形）】 けまん（れんげがた）

江戸時代。木製　彩色。九面。高四六・〇センチメートル。幅三六・三センチメートル。金堂内陣南面に懸かっている。至宝一二―荘厳具二二九

【烟出】 けむりだし

法隆寺上之御堂の北裏にある字名。その周辺から奈良時代以降の焼骨墓が平成十六年（二〇〇四）に行われた調査によって発見されている。とくにその地域には古くから骨壺を採取したという話も聞く。この地は法隆寺の寺僧や寺官の墓所であり、荼毘の烟が見えたことから烟出という地名が付いたらしい。なお古記によると、片桐且元が所領の溜め池の修理をするときに墓石を池の堤の石として転用したために石塔が残っていないという。

【下臈分】 げろうぶん

慈恩会、三蔵会の竪者をつとめるまでの僧のこと。

【厳意】 げんい

永久二年（一一一四）～元永元年（一一一八）に勝賢が発願した『法隆寺一切経』の書写に協力した。生没年不詳。

【賢永】 けんえい

堂衆。寛喜二年（一二三〇）「上宮王院棟札」に「禅衆　法師」と記載。生没年不詳。

【源英】 げんえい

応永九年（一四〇二）『児童大衆等規式間事』に記載。生没年不詳。

【見円】 けんえん

永久二年（一一一四）～元永元年（一一一八）に勝賢が発願した『法隆寺一切経』の書写に協力した。生没年

不詳。

【厳円】　げんえん

寛喜二年（一二三〇）「上宮王院棟札」に「学衆　法師」と記載。生没年不詳。

【源円房】　げんえんぼう➔「弁祐」の項目を見よ。

【賢音房】　けんおんぼう➔「善舜」の項目を見よ。

【賢音房】　けんおんぼう

堂衆。元和八年（一六二二）『現在僧名帳』に記載。この年に得度。生没年不詳。

【源音房】　げんおんぼう➔「円慶」の項目を見よ。

【賢賀】　けんが

応永九年（一四〇二）『児童大衆等規式間事』、応永二十二年（一四一五）『順禅房罪科間事』に記載。生没年不詳。

【厳賀】　げんが

永久二年（一一一四）〜天承元年（一一三一）に勝賢と林幸が発願した『法隆寺一切経』の書写に協力した。生没年不詳。

【厳雅】　げんが

保安三年（一一二二）〜天承元年（一一三一）に林幸が発願した『法隆寺一切経』の書写に協力した。生没年不詳。

【玄雅】　げんが

「法隆寺別当」。法印。興福寺中南院の僧。文永三年（一二六六）七月二十八日、法隆寺別当に補任。一八年間在任。弘安七年（一二八四）十二月八日没。

【賢懐】　けんかい

応永九年（一四〇二）『児童大衆等規式間事』に記載。生没年不詳。

【厳快】げんかい

法師。応永九年（一四〇二）『児童大衆等規式間事』に記載。文安六年（一四四九）三月十一日の新福寺供養、宝徳三年（一四五一）二月二十七日の聡明寺供養に甲衆として出仕。生没年不詳。

【玄海】げんかい

寛喜二年（一二三〇）「上宮王院棟札」に「学衆　法師」と記載。生没年不詳。

【兼覚】けんかく

「法隆寺別当」。法印。興福寺慈恩院の僧。応永十六年（一四〇九）四月三日、法隆寺別当に補任。応永十九年（一四一二）十二月二十三日、興福寺別当に転任。生没年不詳。

【還覚】げんかく

長暹の長男。はじめ寺主。五十八歳で上座に補任。生没年不詳。

【賢覚房】けんかくぼう

律師。応永五年（一三九八）「西円堂棟札」に「三臈七十九歳」と記載。生没年不詳。

【賢学坊】けんがくぼう

慶長十五年（一六一〇）『現在僧名帳』に記載。この年に得度。生没年不詳。

【源学房】げんがくぼう➡「清憲」の項目を見よ。

【顕寛】けんかん

能算別当の在任中（一〇七六～九四）に目代をつとめる。生没年不詳。

【顕観】けんかん

「法隆寺別当」。僧正。興福寺松東院の僧。嘉暦元年（一三二六）法隆寺別当に補任。一年間在任。

【源寛】げんかん

学頭。法印。蓮長房。文保二年（一三一八）学頭に補任。暦応四年（一三四一）二月四日没。

【賢観房】　けんかんぼう

堂衆律学。大法師。応永五年（一三九八）「西円堂棟札」に記載。生没年不詳。

【源義】　げんぎ

開浦院院主。大治元年（一一二六）七月十九日に開浦院の三昧堂を改修して三経院を建立。天承二年（一一三二）に釈迦、観音、阿弥陀などの仏像や仏具を三経院へ寄進。生没年不詳。

【玄鏡】　げんきょう

天平十九年（七四七）『法隆寺資財帳』に「寺主」と記載。生没年不詳。

【源暁】　げんぎょう

寛喜二年（一二三〇）「上宮王院棟札」に「学衆　法師」と記載。生没年不詳。

【兼継】　けんけい

「法隆寺別当」。大僧正。興福寺東北院の僧。天文十七年（一五四八）十二月、法隆寺別当に補任。天文二十二年（一五五三）九月六日没。

【賢経】　けんけい

堂衆。寛喜二年（一二三〇）「上宮王院棟札」に「禅衆　法師」と記載。生没年不詳。

【厳慶】　げんけい

嘉禄三年（一二二七）五月十日『法隆寺大法師隆詮外十二僧連署契状』及び寛喜二年（一二三〇）「上宮王院棟札」に「大法師　結縁衆」と記載。生没年不詳。

【玄慶】　げんけい

貞応元年（一二二二）十二月十五日『僧快禅小坊売券』に記載。生没年不詳。

【兼光】　けんこう

「法隆寺別当」。僧都。勧修寺（東大寺分）の僧。承元元年（一二〇七）法隆寺別当に補任。四年間在任。承元四年（一二一〇）まで在任。

【賢広】 けんこう

天平十九年（七四七）『法隆寺資財帳』に「可信複位」と記載。天平宝字五年（七六一）の『東院資財帳』に心経を施入したと記載。生没年不詳。

【玄光】 げんこう➜「奝遍」の項目を見よ。

【元厳】 げんごん

慶元の長男。承保二年（一〇七五）～寛治八年（一〇九四）ごろ都維那に補任。永久二年（一一一四）六月七日に殺害された。

【現在僧名帳】 げんざいそうめいちょう

公文在聴が大永七年（一五二七）～慶応二年（一八六六）の間に得度した寺僧の名を記した資料。それには学侶、堂方、承仕、客僧の区分と得度の年月日などを記載している。

【厳算】 げんさん

寛喜二年（一二三〇）「上宮王院棟札」に「学衆　法師」と記載。生没年不詳。

【賢識房】 けんしきぼう➜「定快」の項目を見よ。

【賢識房】 けんしきぼう

元亀三年（一五七二）『現在僧名帳』に記載。生没年不詳。

【賢識房】 けんしきぼう➜「懐賀」の項目を見よ。

【源識房】 げんしきぼう➜「有賀」の項目を見よ。

【顕実】 けんじつ

堂衆。寛喜二年（一二三〇）「上宮王院棟札」に「禅衆　法師」と記載。生没年不詳。

【顕実房】 けんじつぼう

宝治二年（一二四八）「西円堂心束墨書」に記載。生没年不詳。

【憲秀】　けんしゅう

応永九年（一四〇二）『児童大衆等規式間事』に記載。生没年不詳。

【源重】　げんじゅう

律師。円了房。金光院の住。応安四年（一三七一）『上御堂本尊修復結縁文書』に記載。応永十一年（一四〇四）八月、舎利預に補任。護摩堂へ倶利伽羅像一体付蓮華童子一体、厨子愛染明王像一体などを寄進。応永二十四年（一四一七）十一月十日、六十九歳で没。

【賢宗房】　けんしゅうぼう

堂衆律学。大法師。応永五年（一三九八）「西円堂棟札」に記載。生没年不詳。

【賢俊】　けんしゅん

末寺僧。真言律。良永。北室院の住。北室院を中心とする律僧たちの集まりを組織した。正保四年（一六四七）六月十六日没。

【厳舜】　げんしゅん

寛喜二年（一二三〇）「上宮王院棟札」に「学衆　法師」と記載。生没年不詳。

【厳舜】　げんしゅん

応永九年（一四〇二）『児童大衆等規式間事』に記載。生没年不詳。

【顕舜房】　けんしゅんぼう➜「朝芸」の項目を見よ。

【賢順坊】　けんじゅんぼう

堂衆律学。大法師。応永五年（一三九八）「西円堂棟札」に「三昧衆　一臈」と記載。生没年不詳。

【玄俊房】　げんしゅんぼう➜「懐義」の項目を見よ。

【源春房】　げんしゅんぼう➜「重懐」の項目を見よ。

【源舜房】げんしゅんぼう➡「重慶」の項目を見よ。

【玄俊房】げんしゅんぼう➡「弘賛」の項目を見よ。

【玄春房】げんしゅんぼう

天文二十三年（一五五四）『現在僧名帳』に記載。この年に得度。生没年不詳。

【玄順房】げんじゅんぼう

承仕。長雅。円了の弟子。延享四年（一七四七）十一月八日得度。宝暦三年（一七五三）『年会日次記』まで記載。生没年不詳。

【賢聖】けんしょう

堂衆。寛喜二年（一二三〇）「上宮王院棟札」に「禅衆　法師」と記載。生没年不詳。

【賢盛】けんじょう

金堂十僧。五師。宗識房。康永三年（一三四四）六月二十六日、六十三歳で没。

【賢定】けんじょう

天正二年（一五七四）『現在僧名帳』に記載。この年に得度。生没年不詳。

【玄勝】げんしょう

法師。嘉吉二年（一四四二）二月二十三日の竜田社頭舞楽法会に左方錫杖衆として出仕。生没年不詳。

【源乗】げんじょう

応永九年（一四〇二）『児童大衆等規式間事』に記載。生没年不詳。

【賢聖院】けんじょういん

鎌倉時代の創建。元堂衆坊。福生院の北側に位置する子院。正徳二年（一七一二）に中東住院と寺地の交換を行い、宗源寺の東側に移った。寛政九年（一七九七）の寺法の大改正によって学侶坊となった。明治二十九年（一八九六）に院号と表門を法起寺の布教道場がある椌木へ移した。

【顕正房】 けんしょうぼう

宝治二年（一二四八）「西円堂心束墨書」に記載。生没年不詳。

【賢乗房】 けんじょうぼう

天文七年（一五三八）『現在僧名帳』に記載。この年に得度。生没年不詳。

【賢乗房】 けんじょうぼう

寛永三年（一六二六）『現在僧名帳』に記載。この年に得度。生没年不詳。

【賢聖坊】 けんじょうぼう

堂衆律学。大法師。応永五年（一三九八）「西円堂棟札」に記載。生没年不詳。

【賢定房】 けんじょうぼう➡「実恵」の項目を見よ。

【現定坊】 げんじょうぼう

宝治二年（一二四八）「西円堂心束墨書」に記載。生没年不詳。

【源四郎】 げんしろう

大工。応永二十五年（一四一八）の陵山宝積寺の修理や永享六年（一四三四）の地蔵院本堂の建立、永享十年（一四三八）に行われた南大門の再建に従事。出典「南大門棟木銘」

【源四郎】 げんしろう

大工。元禄九年（一六九六）の五重塔、享保三年（一七一八）の中院庫裏の修理に従事。出典「五重塔心柱墨書」「中院庫裏棟札」

【憲信】 けんしん

「法隆寺別当」。僧正。興福寺福智院の僧。嘉暦三年（一三二八）法隆寺別当に補任。六年間在任。

【賢真】 けんしん

承仕。円純房。勝純の弟子。明和七年（一七七〇）三月二十二日得度。八月十五日没。

【顕真】 けんしん

得業。大法師。円永房。松立院の僧。晴喜の次男。寛喜二年（一二三〇）「夢殿棟札」に「学侶分」と記載。建長七年（一二五五）には多年の念願であった聖皇曼荼羅を東大寺の円照上人らの協力を得て完成。東大寺の戒壇院でその開眼供養を行い、同年十月十三日には上宮王院で惣供養をしている。嘉禎年間（一二三五〜三八）には『太子伝私記』（太子伝古今目録抄）二巻を著述。弘長元年（一二六一）九月四日の後嵯峨太上天皇行幸のときに、諸堂の先達をつとめた。正嘉二年（一二五八）九月十六日には顕真の発願によって調子麿相伝という如意輪観音像を西大寺の叡尊が修理した。顕真は太子信仰の高揚につくし、聖霊院と三経院の両院主に補任。生没年不詳。

【顕親】 けんしん

「法隆寺別当」。僧正。興福寺松洞院の僧。元亨元年（一三二一）六月十三日、法隆寺別当に補任。約三箇月在任。

【兼深】 けんじん

「法隆寺別当」。大僧正。興福寺東北院の僧。天文二十二年（一五五三）十二月、法隆寺別当に補任。文禄三年（一五九四）ごろまで在任。この兼深を法隆寺別当の最末とする。

【憲深】 けんじん

元堂衆律学。大法師。智亮房（兵部卿）。快映の弟子。仏性院、賢聖院の住。安永五年（一七七六）十一月八日得度。寛政九年（一七九七）寺法の大改正により学侶に交衆。昶雅の弟子。同年十二月、土屋勝三郎用人藤門氏の養子となる。文化二年（一八〇五）九月二十六日、賢聖院へ転住。文化三年（一八〇六）五月八日没。

【玄深】 げんじん

小別当。『法隆寺衛五師年会所旧記』に応安五年（一三七二）十二月十六日に小別当拝堂を行ったと記載。生没年不詳。

【現身往生所寺】 げんしんおうじょうしょじ⇓「法隆寺」の別称。

【遣隋使】 けんずいし
聖徳太子が推古十五年（六〇七）七月三日に小野妹子を隋へ正式の使者として派遣した名称。出典『日本書紀』

【現禅】 げんぜん
堂衆。寛喜二年（一二三〇）「上宮王院棟札」に「禅衆　法師」と記載。生没年不詳。

【賢泉房】 けんせんぼう➜「定朝」の項目を見よ。

【顕泉房】 けんせんぼう
僧都。応永五年（一三九八）「西円堂棟札」に「一臈八十二歳」と記載。生没年不詳。

【賢禅房】 けんぜんぼう➜「慶朝」の項目を見よ。

【彦祚】 げんそ
「法隆寺別当」。興福寺（長楽寺）の僧。治暦三年（一〇六七）十二月二十六日、法隆寺別当に補任。生没年不詳。

【源三】 げんぞう
瓦工。寛喜二年（一二三〇）五月、夢殿の修理に従事。出典「夢殿棟札」

【源三】 げんぞう
大工。寛喜二年（一二三〇）五月、夢殿の修理に従事。出典「夢殿棟札」

【眷属】 けんぞく
如来や菩薩に従う従者や随行者のこと。法隆寺の壁画などにも多くの眷属の姿を描いている。

【源太】 げんた
大工。寛喜二年（一二三〇）五月、夢殿の修理に従事。

か行

出典「夢殿棟札」

【玄仲】げんちゅう

典薬頭。山中氏の出身。宝永四年（一七〇七）七月、法隆寺典薬頭法橋位に補任。生没年不詳。

【玄忠】げんちゅう

寛喜二年（一二三〇）「上宮王院棟札」に「学衆　法師　結縁衆」と記載。生没年不詳。

【間中定泉】けんちゅうじょうせん

「法隆寺住職」。大僧正。聖徳宗管長。覚澄房。佐伯定胤の弟子。大正九年（一九二〇）十一月十八日得度。昭和二十五年（一九五〇）十一月、聖徳宗宗務長、法隆寺執事長に就任。昭和二十九年（一九五四）法隆寺副住職、昭和三十一年（一九五六）四月一日に法隆寺文化財保存事務所長代理となり、昭和三十八年（一九六三）四月一日、法隆寺住職に就任。昭和四十二年（一九六七）に金堂壁画の再現を行う。昭和五十七年（一九八二）三月三十一日法隆寺住職を辞任し、法隆寺長老となる。平成元年（一九八九）八月十六日没。

【賢長】けんちょう

円了房。遍照院の住。元禄十二年（一六九九）『現在僧名帳』に記載。この年に得度。寛延二年（一七四九）三月五日没。

【賢長房】けんちょうぼう➡「暁賀」の項目を見よ。

【玄貞】げんてい

寛喜二年（一二三〇）「上宮王院棟札」に「学衆　法師」と記載。生没年不詳。

【遣唐使】けんとうし

唐に派遣した使節の名称。

【兼仁】けんにん

永久二年（一一一四）～天承元年（一一三一）に勝賢と林幸が発願した『法隆寺一切経』の書写に協力した。生没年不詳。

【賢忍】けんにん
寛喜二年（一二三〇）「上宮王院棟札」に「法師　結縁衆」と記載。生没年不詳。

【賢範】けんぱん
金堂十僧。五師。良乗房。観応三年（一三五二）一月五日、六十三歳で没。

【源兵衛】げんべえ
大工。鎌田村の住。安永四年（一七七五）護摩堂の再建に従事。出典「護摩堂棟札」

【顕遍】けんぺん
「法隆寺別当」。僧正。興福寺東林院の僧。応安五年（一三七二）二月五日、法隆寺別当に補任。五年間在任。永和二年（一三七六）ごろまで在任。

【顕密】けんみつ
仏教の教学である顕経と密教を総称したもの。

【賢密房】けんみつぼう
堂衆律学。大法師。応永五年（一三九八）「西円堂棟札」に記載。生没年不詳。

【堅有】けんゆう
長禄二年（一四五八）四月二十五日に勝景が堅有の菩提のために東院舎利殿へ『こけら経』を奉納している。堅有の記録は不明。出典「こけら経墨書」

【厳融】げんゆう
養和二年（一一八二）に平群郡七条六里の土地を尊栄に売却した。生没年不詳。

【源祐】げんゆう
応永九年（一四〇二）『児童大衆等規式間事』に記載。生没年不詳。

【現融】げんゆう
堂衆。寛喜二年（一二三〇）「上宮王院棟札」に「禅

衆　法師」と記載。生没年不詳。

【兼与】　けんよ

永久二年（一一一四）～天承元年（一一三一）に勝賢と林幸が発願した『法隆寺一切経』の書写に協力した。生没年不詳。

【賢誉】　けんよ

堂衆行人方。夏一戒師。賢聖院の住。寛文十年（一六七〇）聖霊会の読師をつとめた。生没年不詳。

【厳与】　げんよ

権上座。長厳の次男。永久二年（一一一四）～天承元年（一一三一）に勝賢と林幸が発願した『法隆寺一切経』の書写に協力した。安元二年（一一七六）上座に補任。生没年不詳。

【厳誉】　げんよ

応永九年（一四〇二）『児童大衆等規式間事』に記載。生没年不詳。

【玄耀】　げんよう

天延二年（九七四）七月三日『僧玄耀地直稲請取状』及び『法隆寺僧玄耀家地売券』に記載。生没年不詳。

【玄隆】　げんりゅう

寛喜二年（一二三〇）「上宮王院棟札」に「学衆　法師」と記載。生没年不詳。

【賢良】　けんりょう➡「胤堯」の項目を見よ。

【賢了房】　けんりょうぼう➡「観俊」の項目を見よ。

【源良房】　げんりょうぼう

天文十四年（一五四五）『現在僧名帳』に記載。この年に得度。生没年不詳。

【賢林房】　けんりんぼう➡「印算」の項目を見よ。

【光為】　こうい

応永九年（一四〇二）『児童大衆等規式間事』に記載。

生没年不詳。

【幸意】 こうい

堂衆。寛喜二年（一二三〇）「上宮王院棟札」に「禅衆　法師」と記載。生没年不詳。

【綱維】 こうい

堂衆行人方の大法師のうちから選出した寺務担当の僧のこと。学侶との交渉などを行った。現在では聖霊会前夜に大会が無事厳修されることを祈って衆徒とともに境内の総社で「僉儀の辞」を奉読する僧のことをいう。

【光英】 こうえい

堂衆。大法師。金光院の住。金光院を再興。寛永十七年（一六四〇）八月十七日没。

【光英】 こうえい

堂衆。大法師。性識房。金光院、政南院の住。宝永六年（一七〇九）ごろ諸進に補任。正徳四年（一七一四）十二月八日、三十四歳で没。

【弘栄】 こうえい

堂衆。大法師。善順房。寿福院、持福院、福生院の住。宝永六年（一七〇九）六月二十九日没。

【晃栄】 こうえい

堂衆。了全房。了源房の弟子。文久元年（一八六一）得度。慶応年間（一八六五〜六八）に退院。

【高栄】 こうえい

「一臈法印」。僧都。観音院の住。寛永十四年（一六三七）『版本勝鬘経義疏』を刊行。このころ舎利預に補任。明暦元年（一六五五）四月十七日、一臈法印に昇進。明暦二年（一六五六）聖霊会の講師をつとめる。寛文二年（一六六二）二月二十七日没。

【光円】 こうえん

南部絵師。文永五年（一二六八）に食堂の薬師如来坐像を安置する厨子を新造したときに「絵師　南京」と記載。出典「厨子裏墨書」

か行

【晃圓】 こうえん
「法隆寺別当」。上人。興福寺東北院の僧。永正十五年（一五一八）七月二十八日、法隆寺別当に補任。天文十七年（一五四八）六月十日没。

【光円房】 こうえんぼう➔「周応」の項目を見よ。

【高縁房】 こうえんぼう➔「周応」の項目を見よ。

【光懐】 こうかい➔「妙海」の項目を見よ。

【洪海】 こうかい
常陸公（中将公）。千海の弟子。椿蔵院、中院の住。郡山藩家臣寺内氏の出身。幼名、登喜麿。享和三年（一八〇三）九月二十七日得度。文化元年（一八〇四）六月三十日、中将公に改名。文化三年（一八〇六）九月二十三日、中院へ転住。文化五年（一八〇八）十二月二日退院。

【弘覚】 こうかく
堂衆行人方。一順房。橘坊の住。宝暦十二年（一七六二）二月十七日得度。天明五年（一七八五）十一月四日退院。

【洪覚】 こうかく➔「懐雄」の項目を見よ。

【高覚】 こうかく
律師。大膳公。観音院の住。永井甲斐守の息。幼名、乙之烝。元禄八年（一六九五）得度。元禄十一年（一六九八）十月四日没。

【弘学】 こうがく➔「松田弘学」の項目を見よ。

【宏観房】 こうかんぼう
応永五年（一三九八）「西円堂棟札」に「奉加衆　比丘」と記載。生没年不詳。

【興基】 こうき
律師。実舜房。瓦坊の住。永正四年（一五〇七）九月十七日、舎利預に補任（六十六歳）。永正十年（一五一三）九月十日、七十一歳で没。

【光喜】こうき

「一臈法印」。僧都。花園院の住。舎利預に補任。寛文二年（一六六二）五月二十七日、一臈法印に昇進。寛文七年（一六六七）花園院の表門を新造。寛文九年（一六六九）聖霊会の講師をつとめる。貞享四年（一六八七）一月二日没。

【弘義】こうぎ

権律師。堯寛房。良賛の弟子。花園院の住。元禄十一年（一六九八）十一月十九日得度。享保元年（一七一六）ごろ権律師に昇進。享保四年（一七一九）十二月十五日没。

【後鬼像】こうきぞう

鎌倉時代。木造　彩色。像高三四・四センチメートル。役小角の侍者像。前鬼と一対。至宝四－二七七－（二）

【光及】こうきゅう

堂衆行人方。文識房。政南院の住。正徳三年（一七一三）得度。享保十七年（一七三二）『年会日次記』まで記載。

生没年不詳。

【興暁】こうぎょう

応永九年（一四〇二）『児童大衆等規式間事』に記載。生没年不詳。

【光慶】こうけい

応永九年（一四〇二）『児童大衆等規式間事』に記載。生没年不詳。

【光慶】こうけい

権少僧都。阿弥陀院、花園院の住。元和六年（一六二〇）東武に下向。寛永九年（一六三二）十一月、舎利預に補任。万治三年（一六六〇）十一月十一日没。

【光慶】こうけい

元堂衆律学。大法師。良寛房。淳識の弟子。東住院、法花院の住。安永八年（一七七九）四月七日得度。寛政九年（一七九七）寺法の大改正により学侶に交衆。懐儀の弟子。同年十二月、医師飯田氏の養子となる。仮名を

大蔵卿に改名。文化二年（一八〇五）十二月二日退院。

【公桂】 こうけい

左京公（兵衛公）。知足院の住。大和侍今中氏の出身。幼名、長丸。寛延三年（一七五〇）十一月十一日得度。同年、仮名を兵衛公に改名。同年退院か。

【弘圭】 こうけい

堂衆行人方。良存房。享保三年（一七一八）得度。元文五年（一七四〇）没。

【弘慶】 こうけい

円仙房の弟子。至徳二年（一三八五）の「敬白　清諷誦事　奉書写供養　如法如説妙典一部幷常燈石燈呂一基」に記載。生没年不詳。

【興芸】 こうげい

寛喜二年（一二三〇）「上宮王院棟札」に「学衆　法師」と記載。生没年不詳。

【工芸収納庫】 こうげいしゅうのうこ

収蔵庫の北側に昭和四十五年（一九七〇）に建設した収納施設の名称。百萬塔や工芸関係の宝物を収納する施設。

【紅牙撥鏤尺】 こうげばちるのしゃく

奈良時代。長二九・六センチメートル。幅二・二センチメートル。赤く染めた象牙にはね彫りで文様を表わした尺。聖徳太子が仏像や袈裟を作るときに使用したものと伝える。寺伝に「周尺」という。出典 献納宝物

【紅牙撥鏤針筒】 こうげばちるのはりつつ

象牙を轆轤挽きにした円筒形の針の容器のこと。「牙撥鏤針筒」ともいう。

【紅牙撥鏤針筒】 こうげばちるのはりつつ

奈良時代。象牙製。㈠高七・〇センチメートル。径一・六センチメートル。㈡高七・一センチメートル。径一・六センチメートル。㈢高五・〇センチメートル。径一・七センチメートル。㈣高〇・六センチメートル。径二・一センチメートル。出典 献納宝物

【興賢】 こうけん
応永九年（一四〇二）『児童大衆等規式間事』に記載。生没年不詳。

【光憲】 こうけん
式部公。元禄五年（一六九二）『現在僧名帳』に「学侶」と記載。この年に得度。生没年不詳。

【光賢】 こうけん➜「慶雲」の項目を見よ。

【孝憲】 こうけん
「法隆寺別当」。僧都。興福寺来迎院の僧。康暦元年（一三七九）六月二十三日、法隆寺別当に補任。六年間在任。

【幸賢】 こうけん
堂衆。寛喜二年（一二三〇）「上宮王院棟札」に「禅衆 法師」と記載。生没年不詳。

【弘賢】 こうけん
堂衆。大法師。深空房。弘栄の弟子。持福院、福生院の住。元禄九年（一六九六）ごろ得度。宝永六年（一七〇九）ごろ綱維に補任。享保七年（一七二二）四月十八日、四十六歳で没。

【光賢房】 こうけんぼう
寛文二年（一六六二）『現在僧名帳』に記載。この年に得度。生没年不詳。

【光算】 こうさん
堂衆律学。夏一戒師。大法師。性学房。金光院の住。寛永四年（一六二七）『現在僧名帳』に記載。この年に得度。元禄十年（一六九七）ごろ夏一戒師に昇進。元禄十四年（一七〇一）四月九日退院。

【弘算】 こうさん
「一臈法印」。律師。慶長十年（一六〇五）十二月二十一日、舎利預に補任。慶長十五年（一六一〇）二月十八

日、一臈法印に昇進。元和四年（一六一八）ごろ没。

【弘賛】こうさん
堂衆律学。玄俊房。享保五年（一七二〇）得度。享保七年（一七二二）退院。

【降三世明王】ごうさんぜみょうおう
五大明王の一つ。東方に配され、貪・瞋・癡の三世を降伏させる明王のこと。

【講師】こうし
大会のときに西の高座に登って講説する僧のこと。学侶の上臈の僧がつとめた。

【幸瑚】こうじ
瓦工。寛喜二年（一二三〇）五月、夢殿の修理に従事。
出典「夢殿棟札」

【公寿】こうじゅ
「法隆寺別当」。僧正。興福寺尊光院の僧。永仁六年（一二九八）、法隆寺別当に補任。嘉元二年（一三〇四）二月退任。同年十二月十日、法隆寺別当に再任。二年間在任。徳治三年（一三〇八）七月三日、興福寺別当に転任。

【幸寿】こうじゅ
中綱。寛喜二年（一二三〇）「上宮王院棟札」に「中綱　法師」と記載。生没年不詳。

【交衆】こうしゅう
学侶に加入することをいう。主として堂方が学侶に加入したときに使う例が多い。

【光秀】こうしゅう
応永九年（一四〇二）『児童大衆等規式間事』に記載。生没年不詳。

【光秀】こうしゅう
少将公。実円の弟子。貞享三年（一六八六）得度。生没年不詳。

【幸秀】こうしゅう
兵部卿。懐宣の弟子。円明院、観音院の住。天明六年(一七八六)十一月十四日得度。幼名、為丸。寛政八年(一七九六)ごろ観音院へ転住。寛政九年(一七九七)『年会日次記』まで記載。生没年不詳。

【講衆】こうしゅう
学侶が得度してから最初に補任される位。それによって正式に学侶に入衆したことを意味する。

【公舜】こうしゅん
金堂十僧。承元三年(一二〇九)には「金堂十僧」であった。生没年不詳。出典『金堂日記』

【孝俊】こうしゅん
「法隆寺別当」。僧正。興福寺仏地院の僧。応永二十年(一四一三)九月二十四日、法隆寺別当に補任。嘉吉三年(一四四三)十一月六日没。

【幸舜】こうしゅん
寛喜二年(一二三〇)「上宮王院棟札」に「学衆　法師」と記載。生没年不詳。

【幸順】こうじゅん
彫刻師。嘉暦元年(一三二六)十二月に善弘が西円堂へ施入した薬師悔過版を彫刻している。出典「悔過版刻銘」

【高順】こうじゅん
僧都。観音院の住。元禄五年(一六九二)十二月八日、法隆寺学頭、舎利預に補任。元禄七年(一六九四)三月十六日没。

【高順】こうじゅん
式部卿。湛肇の弟子。和喜院、円明院の住。幼名、弘丸。文化三年(一八〇六)九月十九日得度。文化八年(一八一一)二月十一日、宣順の弟子になる。文政八年(一八二五)六月十五日退院。

【綱順公】こうじゅんこう→「覚盛」の項目を見よ。

【光春房】こうしゅんぼう
寛永五年（一六二八）『現在僧名帳』に記載。この年に得度。生没年不詳。

【光順房】こうじゅんぼう→「良厳」の項目を見よ。

【鴻助】こうじょ
法橋。東院院主、法隆寺小別当。康仁の養子。長元八年（一〇三五）法隆寺小別当に補任。永承五年（一〇五〇）六十九歳で没。

【綱所日記】こうしょにっき→「法隆寺別当記」の項目を見よ。

【康勝】こうしょう
大仏師。法橋。貞永元年（一二三二）に金堂東之間の本尊金銅阿弥陀三尊像を造顕した仏師の名称。出典「光背裏刻銘」

【光盛】こうじょう
大法師。慶長十一年（一六〇六）の伽藍大修理の棟札に「伝灯大法師」と記載。生没年不詳。

【光盛】こうじょう
堂衆。大法師。性舜房。多聞院、中道院、金光院の住。万治元年（一六五八）得度。寛文十年（一六七〇）『聖霊会覚録』、享保七年（一七二二）『太子伝暦註』を著述。宝永二年（一七〇五）『年会日次記』まで記載。生没年不詳。

【幸盛】こうじょう
師公。快盛の弟子。東住院、福生院の住。弘化二年（一八四五）七月二十五日得度。嘉永六年（一八五三）福生院へ転住。安政二年（一八五五）『年会日次記』まで記載。生没年不詳。

【広盛】こうじょう

左京公。千晃の弟子。持宝院の住。郡山藩家臣木部氏の出身。幼名、義丸。安政三年（一八五六）八月十四日得度。慶応三年（一八六七）ごろ退院。

【弘盛】こうじょう

元堂衆律学。権大僧都。空頂房（帥公）。実盛の弟子。福生院の住。雙林院と号す。天明八年（一七八八）十一月十八日、十歳で得度。寛政九年（一七九七）寺法の大改正により学侶に交衆。昶雅の弟子となる。同年（一七九七）十二月、津和野城主亀井能登守家臣天野氏の養子となる。仮名を帥公に改名。文化九年（一八一二）十二月二十一日成業、文政七年（一八二四）四月二十日絵殿預、文政十年（一八二七）二月舎利下旬預、権少僧都に昇進。天保三年（一八三二）八月十六日に隠居した。天保四年（一八三三）七月二十八日、五十五歳で没。同年十月二十九日、法印権大僧都を追贈した。

【幸真】こうしん

堂衆。寛喜二年（一二三〇）「上宮王院棟札」に「禅衆　法師　結縁衆」と記載。生没年不詳。

【香水】こうずい

清浄な水のこと。閼伽井から汲み上げた水を金堂の吉祥天像の前にある香水壺に入れている。金堂修正会の結願に寺僧たちがその香水を戴く儀式がある。

【香水壺】こうずいつぼ

重文。奈良時代。鋳銅　鍍金。高二一・二センチメートル。口径一一・七センチメートル。身は高台付。蓋は宝珠鈕付。細緻な線刻がある。至宝一二―供養具四三三

【香水壺】こうずいつぼ

奈良時代。響銅。高一五・四センチメートル。口径一六・〇センチメートル。下膨れに団形の身と皿を伏せたような蓋を組み合わせたもの。至宝一二―供養具四三四

【香水壺】こうずいつぼ

蓋は奈良時代。響銅。身は鎌倉時代。鋳銅。高一四・五センチメートル。口径一三・七センチメートル。至宝一二―供養具四三五

【興清】 こうせい
永久二年（一一一四）～元永元年（一一一八）に勝賢が発願した『法隆寺一切経』の書写に協力した。生没年不詳。

【光清】 こうせい
応永九年（一四〇二）『児童大衆等規式間事』に記載。生没年不詳。

【光清】 こうせい
大法師。永禄九年（一五六六）に『舎利殿四座講』を書写。生没年不詳。

【興専】 こうせん
応永九年（一四〇二）『児童大衆等規式間事』に記載。生没年不詳。

【興専】 こうせん
「一臈法印」。権少僧都。天正二年（一五七四）に聖霊院の桝を新調。天正四年（一五七六）二月二十一日、舎利預に補任。天正十一年（一五八三）九月十八日、一臈法印に昇進。天正十四年（一五八六）ごろ没。

【公詮】 こうせん
寛喜二年（一二三〇）「上宮王院棟札」に「学衆　法師」と記載。生没年不詳。

【興禅】 こうぜん
応永九年（一四〇二）『児童大衆等規式間事』に記載。生没年不詳。

【幸禅】 こうぜん
堂衆。寛喜二年（一二三〇）「上宮王院棟札」に「禅衆　法師　結縁衆」と記載。生没年不詳。

【幸禅】 こうぜん
木師。文和四年（一三五五）十二月三日に造顕した上御堂の四天王像の墨書に「木師僧」と記載。出典「像首内墨書」

【弘前】　こうぜん

堂衆。大法師。永順房。福生院、中東住院、善住院の住。元和二年（一六一六）得度。慶安二年（一六四九）律学院阿弥陀如来坐像造顕のときに「綱維」と記載。天和元年（一六八一）十月三十一日、七十七歳で没。

【興善院】　こうぜんいん

鎌倉時代の創建。元堂衆坊。「蓮光院」の別称。善住院の西側にあった子院。寛政九年（一七九七）寺法の大改正によって学侶坊となった。明治四十五年（一九一二）に玄関と庫裏の一部を西園院に移築し、院号は興福寺へ移した。

【興善院表門】　こうぜんいんおもてもん➡「蓮光院表門」の項目を見よ。

【興善院本堂】　こうぜんいんほんどう➡「福園院本堂」の項目を見よ。

【光全房】　こうぜんぼう➡「寛典」の項目を見よ。

【好全房】　こうぜんぼう➡「秀海」の項目を見よ。

【興尊】　こうそん

堂衆。寛喜二年（一二三〇）「上宮王院棟札」に「禅衆　法師　結縁衆」と記載。生没年不詳。

【幸尊】　こうそん

堂衆。寛喜二年（一二三〇）「上宮王院棟札」に「禅衆　法師」と記載。生没年不詳。

【弘貞】　こうてい

堂衆。大法師。持宝院の住。天文二十三年（一五五四）『聖皇曼荼羅記』を著述。生没年不詳。

【光道房】　こうどうぼう

宝治二年（一二四八）「西円堂心束墨書」に記載。生没年不詳。

【幸徳】　こうとく

堂童子。寛喜二年（一二三〇）五月「夢殿棟札」に「堂童子」と記載。生没年不詳。

【興忍】こうにん
応永九年（一四〇二）『児童大衆等規式間事』に記載。
生没年不詳。

【光忍】こうにん
末寺僧。真言律。慈照。北室院の住。元禄三年（一六九〇）七月十五日没。

【康仁】こうにん
寺主。調子麿二十一代の末裔。正暦五年（九九四）に聖徳太子の御廟に入り、その様子を朝廷に奏上した。寛弘元年（一〇〇四）に寺家寺主（正暦五年に官符寺主に補任したという説もある）。寛仁元年（一〇一七）八月二十三日、官符寺主に補任。治安元年（一〇二一）没。

【孝仁】こうにん→「きょうにん」の項目を見よ。

【光背】こうはい
仏像の背後にある円相の板状のもので、光り輝く仏や菩薩の威相を表わしたもの。円光ともいう。

【光背】こうはい
飛鳥時代。銅造　鍍金。火焔付円光背。縦一五・四センチメートル。幅一五・〇センチメートル。小金銅仏の光背。至宝三―金銅像光背二

【光背】こうはい
重文。奈良時代。木造　漆箔。総高一一一・〇センチメートル。宝相華文透彫。もと伝法堂東之間の中尊のもの。至宝三―光背一

【光背】こうはい→「獅子力士毛彫光背形」の項目を見よ。

【光背】こうはい
奈良時代。木造　漆箔。総高六八・〇センチメートル。裏面に鳳凰と宝相華文の浮彫が見られる。伝法堂西之間の中尊のものを、後世、弥勒菩薩像に転用。至宝三―乾漆像光背

二

【光背】 こうはい

奈良時代。檜材 漆箔。総高六四・五センチメートル。素文。伝法堂中之間の中尊のもの。至宝三ー乾漆像光背四

【向拝】 こうはい（ごはい）

建物の正面で屋根を前に張り出したところをいう。法隆寺では聖霊院や三経院に見られる。

【光範】 こうはん

宰相公。妙徳院、弥勒院の住。東本願寺門跡内、藤井氏の出身。幼名、重丸。宝暦十三年（一七六三）五月四日得度。宝暦十四年（一七六四）二月二十八日、実名を栄範に改名。明和二年（一七六五）弥勒院へ転住。明和三年（一七六六）十二月一日退院。

【公範】 こうはん

「法隆寺別当」。大僧都。興福寺新院の僧。真範の弟子。延久二年（一〇七〇）二月二十日、法隆寺別当に補任。三年間在任。延久六年（一〇七四）二月に辞任。別当在任中に上宮王院へ揚生庄を施入。

【綱封蔵】 こうふうぞう

国宝。奈良時代。桁行九間。梁行三間。高床式寄棟造りの双倉（ならびくら）。本瓦葺。東室の東側に位置する。宝物を収納する建物。古くは勅封蔵であったが、中世のころから開封の権限が僧侶の管理所である僧綱所に移ったため、その僧綱が封ずる蔵という意味から「綱封蔵」と名付けられた。至宝一ー一八

【弘弁】 こうべん

堂衆。蓮光院の住。貞享元年（一六八四）『現在僧名帳』に「堂衆蓮光院」と記載。この年に得度。生没年不詳。

【弘弁】 こうべん

堂衆行人方。夏一戒師。大法師。良舜房。蓮光院、善住院の住。享保十二年（一七二七）一月、夏一戒師に昇進。享保十五年（一七三〇）九月四日、六十五歳で没。

【弘法大師】 こうぼうだいし

空海（七七四―八三五）。真言宗の開祖。延暦二十三年（八〇四）に入唐して真言密教を恵果から伝授され、帰国して真言宗を弘めた。

【弘法大師画像】 こうぼうだいしがぞう

鎌倉時代。絹本着色。縦六二・九センチメートル。横三二・〇センチメートル。至宝六―二三九

【弘法大師画像】 こうぼうだいしがぞう

暦応五年（一三四二）。絹本着色。縦一二六・五センチメートル。横一〇八・二センチメートル。上部に「仁和寺宮一品寛性法親王」の讃文がある。至宝六―二四〇

【弘法大師画像】 こうぼうだいしがぞう

室町時代。絹本着色。縦一〇〇・四センチメートル。横五〇・七センチメートル。至宝六―二四一

【弘法大師画像】 こうぼうだいしがぞう

享禄四年（一五三一）。絹本着色。縦一一〇・五センチメートル。横八二・〇センチメートル。もとは護摩堂安置か？　印円と琳美が図絵し、懐佑、良憲が沙汰をして寄進した旨の墨書がある。至宝六―二四二

【弘法大師画像】 こうぼうだいしがぞう

室町時代。絹本着色。上部欠損。横四九・七センチメートル。至宝六―二四三

【弘法大師高野四社明神画像】 こうぼうだいしこうやししゃみょうじんがぞう

室町時代。絹本着色。縦九五・〇センチメートル。横三八・五センチメートル。至宝六―一六七

【弘法大師高野四社明神画像】 こうぼうだいしこうやししゃみょうじんがぞう

室町時代。絹本着色。縦一〇二・〇センチメートル。横三九・六センチメートル。至宝六―一六八

【弘法大師坐像】 こうぼうだいしざぞう

重文。木造　彩色。永和元年（一三七五）三月。像高七七・三センチメートル。仏師の慶秀が造顕した護摩堂東之間の本

尊。至宝四ー二七八

【弘法大師四社明神画像】 こうぼうだいししゃみょうじんがぞう

室町時代。絹本着色。縦九二・〇センチメートル。横六二・〇センチメートル。至宝六ー二四七

【広目天】 こうもくてん

四天王の中で西方を守護している護法神の名称。身には鎧をつけ、筆と巻物を持って邪鬼を踏みつけている姿を表わしている。法隆寺では金堂の広目天像がわが国最古の像として名高い。

【広目天立像】 こうもくてんりゅうぞう

国宝。飛鳥時代。木造　彩色。像高一三三・三センチメートル。光背裏に「山口大口費上而次木閛二人作也、筆」の刻字がある。至宝四ー一七八ー(三)

【広目天立像】 こうもくてんりゅうぞう

重文。平安時代。木造　彩色。像高一九七・〇センチメートル。至宝四ー一八一ー(三)

【広目天立像】 こうもくてんりゅうぞう

重文。平安時代。木造　彩色。像高一一〇・五センチメートル。至宝四ー一八二ー(三)

【広目天立像】 こうもくてんりゅうぞう

重文。平安時代。木造　寄木造　粉地彩色。像高九四・五センチメートル。体内に印仏が納入されている。至宝四ー一八九

【坑門】 こうもん

東院東廻廊外の築地の中にある門の名称。葦垣宮への御幸門ともいう。

【光祐】 こうゆう

「一臈法印」。権少僧都。中院の住。慶長八年(一六〇三)八月に『大導師作法』を修補。慶長十四年(一六〇九)八月二十一日、舎利預に補任。元和八年(一六二二)三月六日、一臈法印に昇進。寛永六年(一六二九)三月二十二日、七十四歳で没。

【公祐】 こうゆう

堂衆。大法師。上宮王院堂司。天文二十二年(一五五三)堂司として上宮王院の悔過文台を寄進。生没年不詳。

【幸祐】 こうゆう

大法師。貞治四年(一三六五)舎利殿厨子建立の塗師方奉行に補任。応安四年(一三七一)『上御堂本尊修復結縁文書』に記載。生没年不詳。

【高誉】 こうよ

末寺僧。浄土律。宗源寺の住。安永五年(一七七六)二月十四日没。

【幸琳】 こうりん

寛喜二年(一二三〇)「上宮王院棟札」に「法師　結縁衆」と記載。生没年不詳。

【香炉】 こうろ

香を焚く器。三具足の一つ。「火舎」の項目を参照。

【香炉】 こうろ

鎌倉時代。鋳銅　轆轤挽。高二七・一センチメートル。口径二八・三センチメートル。至宝一二−供養一

【香炉】 こうろ

応永四年(一三九七)。鋳銅　轆轤挽。高二八・〇センチメートル。口径一八・五センチメートル。至宝一二−供養二

【牛王像】 ごおうぞう

牛黄を入れる牛の形をした像のこと。

【牛王像】 ごおうぞう

弘長元年(一二六一)。檜材　一木造　彩色。像高二〇・八センチメートル。西円堂の修二会に用いる。至宝四−三〇〇。出典「箱墨書」

【牛王像】 ごおうぞう

室町時代。檜材　寄木造　彩色。像高一四・八センチメートル。「弥勒院」の銘がある。至宝四−三〇一

【牛王像】 ごおうぞう
室町時代。檜材　寄木造　彩色。総高一九・〇センチメートル。享保二十一年（一七三六）に修理している。至宝四－三〇二。出典「修理銘」

【牛王像】 ごおうぞう
明応七年（一四九八）。檜材　寄木造　彩色。像高一二・三センチメートル。至宝四－三〇三

【牛王像】 ごおうぞう
室町時代。檜材　一木造　彩色。像高一〇・七センチメートル。和銅開珎や唐国通宝などを納入している。至宝四－三〇四

【牛王像】 ごおうぞう
江戸時代。檜材　彩色。像高一一・七センチメートル。至宝四－三〇五

【牛王湯】 ごおうのゆ
吉祥悔過法会のとき湯屋の湯槽に牛王の水を入れて沸かし、金堂十僧が入浴したという。この行事は江戸時代には中断していた。

【牛王宝印】 ごおうほういん
寺院や神社で人びとに出す護符に押している印のこと。この印を押している札を牛王札と呼ぶ。牛王は牛黄を溶いて墨書することからその名が起こったといわれ、一般的には魔避けや病気避けとして信仰されている。とくに中世のころから牛王札の裏を起請文を書く料紙として使用している。法隆寺でも金堂修正会、上宮王院修正会、西円堂修二会に牛王札を授けている。

【虚空蔵菩薩】 こくうぞうぼさつ
宇宙のように広大で無量の福徳と智恵を与えてくれる菩薩の名称。法隆寺では明治三十年代まで百済観音のことを虚空蔵菩薩と呼んでいた。

【虚空蔵菩薩画像】 こくうぞうぼさつがぞう
室町時代。絹本着色。縦二〇五・〇センチメートル。横八九・五

センチメートル。至宝六―三四

【虚空蔵菩薩像】こくうぞうぼさつぞう↓「百済観音像」の項目を見よ。

【虚空蔵要文】こくぞうようぶん

治承四年（一一八〇）書写。一冊。笠置上人貞慶が書写したという。

【極楽寺】ごくらくじ

鎌倉時代の創建。天満宮の北に隣接していた寺院。千日堂と呼ぶ。本尊は阿弥陀坐像（焼失して現存しない）。法隆寺の寺僧や周辺の村落の墓地が隣接している。南北朝時代の地蔵石仏などがある。寺僧の墓石には室町期より古いものはほとんど見られない。

【極楽寺境内の規模】ごくらくじけいだいのきぼ

江戸時代までは東西一一五間、南北二町一六間、坪数一万五六四〇坪であったという。

【柿葺】こけらぶき

檜材を薄くはいだ柿板を重ねて屋根を葺く方法をいう。法隆寺では新堂や宝珠院本堂などに見られる。

【五鈷杵】ごこしょ↓「金剛杵」の項目を見よ。

【五鈷杵】ごこしょ

鎌倉時代。鋳銅　鍍金。一口。長一五・一センチメートル。鈷張四・一センチメートル。至宝一三―九

【五鈷杵】ごこしょ

室町時代。鋳銅　鍍金。一口。長一七・〇センチメートル。鈷張三・五センチメートル。至宝一三―一〇

【五鈷杵】ごこしょ

室町時代。鋳銅。一口。長一四・五センチメートル。鈷張四・四センチメートル。至宝一三―一一

【五鈷杵】ごこしょ

室町時代。鋳銅。一口。長一五・四センチメートル。鈷張四・〇センチメートル。至宝一三ー一二

【五鈷鈴】ごこれい

鎌倉～室町時代。鋳銅　鍍金。一口。高一六・一センチメートル。至宝一三ー一二五

【古今一陽集】ここんいちようしゅう

江戸時代の中ごろに編集した法隆寺の研究書のこと。「一陽集」とも呼ぶ。その内容は東院と西院の二部から構成され、堂塔伽藍の縁起をはじめ本尊や法具類などの由来を詳しく記録している。その奥書によると、良訓が本書を撰述する意願を抱いていたが、途中で没したため法弟の信秀が遺志を継いで延享三年（一七四六）に完成したことがわかる。法隆寺にはその原本と写本が現存している。

【御斎会】ごさいえ（みさいえ）

維摩会、最勝会とともに南都で行われる三会の一つ。一月八日から一週間の間、宮中大極殿で国家の安泰を祈って『金光明最勝王経』を講説させた行事のこと。

【小三郎】こさぶろう

瓦大工。西之京の住。大永四年（一五二四）二月十二日に綱封蔵の瓦を作っている。出典「瓦刻銘」

【五師】ごし

法隆寺の寺務を執行する五人の称。

【御持堂】ごじどう⇒「東院舎利殿」の別称。

【護持堂】ごじどう⇒「東院舎利殿」の別称。

【小島荒神画像】こじまこうじんがぞう

室町時代。絹本着色。縦六三・〇センチメートル。横三四・〇センチメートル。至宝六ー一五四

【小島荒神画像】こじまこうじんがぞう

室町時代。絹本着色。縦八〇・三センチメートル。横三七・〇センチメートル。巻留に万延二年（一八六一）に妙海が修理したとする記載がある。至宝六ー一五五

にある。

【五重塔】ごじゅうのとう

五重の仏塔。中国、朝鮮半島を経て造塔の技術が日本に伝来した。九重、七重、五重、三重の木造塔が建てられた。現存する最古の五重塔は法隆寺、三重塔は法起寺にある。

【五重塔】ごじゅうのとう

国宝。飛鳥時代。三間五重塔婆。初重裳階付き。本瓦葺。裳階板葺。初重の四面に和銅四年（七一一）に造顕した塑像群を安置している。至宝一―二

【五重塔旧壁画】ごじゅうのとうきゅうへきが

五重塔内にも、金堂と同じように壁画があった。昭和十八年（一九四三）から五重塔を解体修理したときに壁画の一部が発見された。元禄の修理のときに壁画を補強するため壁画の上にさらに上塗りをしたものという。現在はこの壁画をぬきとって収蔵庫に保存している。至宝六―三

【五重塔舎利容器】ごじゅうのとうしゃりようき

五重塔心礎の舎利孔に安置している。金銀卵形透彫容器、響銅合子、海獣葡萄鏡、響銅大鋺があり、その内部には瑠璃の舎利容器がある。周辺に瑠璃玉、真珠、象牙管玉、水晶片、金延板、香木などが納められている。

【五重塔塑像群】ごじゅうのとうそぞうぐん

国宝。奈良時代。五重塔初重の四面に安置。

【五重塔秘宝発見】ごじゅうのとうひほうはっけん

大正十五年（一九二六）二月に奈良県技師の岸熊吉が五重塔心柱の下部から深さ八尺の空井戸を発見。四月五日未明に密かに関野貞・荻野三七彦・岸熊吉・佐伯定胤らが塔底に入って調査したが、そのことは公表されていなかった。昭和二十四年（一九四九）にその秘宝の公開をめぐって紛糾したが、同年十月に舎利容器の調査と清掃を行い再び心礎にある舎利孔に納めた。

【五重塔避雷符】ごじゅうのとうひらいふ

弘安六年（一二八三）。檜材。西大寺の叡尊が雷の難から法隆寺の五重塔を守ることを祈って書いたもの。
出典「墨書」

【五重塔伏鉢】 ごじゅうのとうふくばち

奈良時代。鋳銅。総高四四・三センチメートル。保元三年（一一五八）の刻銘がある。

【五重塔模型】 ごじゅうのとうもけい

桂昌院の寄進で修理した五重塔の模型のこと。元禄十年（一六九七）に覚勝が桂昌院にそれを献上した。細工は大工の堀内市郎右衛門、彩色は郡山の画師平蔵と市兵衛が担当した。『献上小塔之記』は弥勒院の懐賢が執筆している。

【五所社旧址】 ごしょしゃきゅうし

東院南西の隅にある小社。伝説では、聖徳太子が夢殿に入って国家安穏の誓願をしたときに住吉と鹿島の二神が影向したという故事によって、春日四所と住吉明神を合わせて五所を鎮座したという。ところが神仏分離によって明治二年（一八六九）八月に天満宮（斑鳩神社）に移すこととなった。その由緒が壊滅することをおそれた千早定朝は明治十二年（一八七九）二月に発願して、地蔵院にあった臥牛形の大石を東院へ移して影向石とした。

【巨勢正範】 こせまさのり

孫兵衛尉。父吉範と同様に万歳則満に寄属する。天文七年（一五三八）正月二日討死。正範討死のとき、同人妻は残された嫡子孫太夫（六歳）と次男甚太夫を引き連れ縁者のいる大和国平群郡法隆寺西里村へ落ち延び、同村の工匠中村伊太夫の下に浪居した。

【巨勢吉範】 こせよしのり

越後守。大和国三輪明神（大神神社）の神主巨勢近江守輪義の弟。大和国万歳之城主万歳備前守則満に寄属する。大永六年（一五二六）十月十四日討死。

【五層塔婆】 ごそうとうば

室町時代ごろに造顕した五重小塔。百済の工が試みに造ったという。その由緒は不明。明治期まで東院伝法堂に安置していたが、現在では大宝蔵殿に移している。至宝一二―舎利荘厳具二五

【御足印】 ごそくいん

聖徳太子が布に踏み遺した足跡と伝える。出典 献納宝物

【五尊像】 ごそんぞう

重文。鎌倉時代。絹本着色。縦一〇五・〇センチメートル。横八六・六センチメートル。大日如来を中心として如意輪観音・虚空蔵菩薩・聖徳太子・弘法大師の五尊を描いたもの。聖徳太子信仰の遺産として貴重。至宝六―二七

【五大尊像】 ごだいそんぞう

室町時代。絹本着色。縦一九・〇センチメートル。横一六・五センチメートル。至宝六―三九

【五大尊像】 ごだいそんぞう

江戸時代。紙本着色。縦八八・七センチメートル。横三九・五センチメートル。至宝六―三七

【五大尊像】 ごだいそんぞう

江戸時代。紙本版彩色。縦一一八・二センチメートル。横五九・五センチメートル。至宝六―三八

【五大明王】 ごだいみょうおう

不動明王を中心に東西南北の四方位に降三世、軍荼利、大威徳、金剛夜叉を配している。

【五大明王像】 ごだいみょうおうぞう

鎌倉時代。銅造 彩色。黒漆塗厨子入。総高「不動明王」一八・八センチメートル。「軍荼利明王」一五・八センチメートル。「大威徳明王」一四・六センチメートル。「降三世明王」一五・八センチメートル。「金剛夜叉明王」一六・〇センチメートル。至宝三―金銅像一八

【小太郎】 こたろう

瓦大工。西之京の住。大永四年（一五二四）二月十二日に綱封蔵の瓦を作っている。出典「瓦刻銘」

【胡蝶羽根】　こちょうのはね

鎌倉時代。革製　彩色。縦五六・五センチメートル。幅一一四・六センチメートル。舞楽「胡蝶」の羽根。源頼朝が法隆寺へ寄進したものという。至宝一〇-装束二一一

【勾当】　こっとう➡「専当」「中綱」の項目を見よ。

【五錣鉄鉢】　ごてつのてっぱち

僧が托鉢や食器として用いる容器。破損しても五度まで補修して用いていたことからその名が由来している。聖徳太子が前世のときに使用した鉢と伝える。破損した鉢を何度も補修をして使用している。出典　献納宝物

【後藤五宗嗣】　ごとうごむねつぐ

漆師小工。貞治四年（一三六五）五月十日に建立した舎利殿の宮殿の天井板に「塗師小工」と記載。

【後藤太郎】　ごとうたろう

漆師小工。貞治四年（一三六五）五月十日に建立した舎利殿の宮殿の天井板に「塗師小工」と記載。

【虚堂南浦法続図】　こどうなんぽほうぞくず

室町時代。紙本墨画淡彩。縦四五・六センチメートル。横六八・二センチメートル。至宝六-一八八

【後藤主水】　ごとうもんど

仏師。文政二年（一八一九）閏四月十七日、法隆寺仏師職に補任。出典『補任記』

【五杯御膳】　ごはいごぜん

会式の供物の名称。猫の耳、素麺、ケイピン（巻餅）、黄色の小判餅、白色の小判餅の五種で、高三〇センチメートル位（素麺は四〇センチメートルあまり）、直径二〇センチメートル位の体裁に仕上げ、小さな三方に立て、隅立ての飾りを施したものをいう。

【御坊五郎】　ごぼうごろう

瓦工。永徳三年（一三八三）三月「夢殿棟札」に「瓦工」と記載。

【護摩堂】 ごまどう

安永五年（一七七六）再建。桁行三間。梁間三間。一重入母屋造。向拝一間。本瓦葺。堂内には平安時代の不動明王立像及び室町時代の二童子、室町時代の弘法大師坐像、江戸時代の聖徳太子勝鬘経講讃坐像を安置している。十四世紀の後半に護摩堂が創建されたが、宝暦十四年（一七六四）四月四日に焼失。至宝二－四二

【護摩堂表門】 ごまどうおもてもん

元弥勒院表門。享保二年（一七一七）七月二十日に弥勒院表門として上棟している。明治時代初期に実相院を経由して大正九年（一九二〇）に護摩堂の表門として移建した。至宝一－三六。出典「弥勒院表門棟札」

【護摩堂本尊等目録案文】 ごまどうほんぞんとうもくろくあんぶん

応永十年（一四〇三）八月二十二日に護摩堂の供僧たちの評定によって寺僧の印実が記した護摩堂安置本尊等の目録のこと。

【後夜導師】 ごやどうし

六時の行法で鶏鳴（寅刻）に行われる法会の導師のこと。法隆寺では金堂修正会、一宮王院修正会、西円堂修二会に見られる。

【五郎二郎大夫】 ごろうじろうだゆう

大工。永享十年（一四三八）に行われた南大門の再建に従事。出典「南大門棟木銘」

【五郎大夫国友】 ごろうだゆうくにとも

大工。貞治四年（一三六五）舎利殿黒漆宮殿の新造に従事。出典「舎利殿厨子天井墨書」

【五郎宗次】 ごろうむねつぐ

塗師大工。貞治四年（一三六五）五月十日に建立した舎利殿の宮殿の天井板に「塗師大工」と記載。

【五郎兵衛】 ごろべえ

大工。元禄九年（一六九六）に行われた五重塔の修理

に従事。**出典**「五重塔棟札」

【金剛庵】 こんごうあん

法隆寺村西里にあった承仕坊の名称。明治四十一年（一九〇八）に秦行純の発願で金剛庵を阿弥陀院と改名した。

【金剛院】 こんごういん

室町時代の創建。南大門内の東に位置していた子院。江戸時代に宝光院と寺地の交換を行い、聖霊院の東南に移った。寛政九年（一七九七）寺法の大改正後に実相院と改称した。

【金剛界】 こんごうかい

真言密教の金剛界、胎蔵界の両部の一つ。金剛界の根本経典は『金剛頂経』で、その経典によって図化したのが金剛界曼荼羅。

【金剛界曼荼羅図】 こんごうかいまんだらず

鎌倉時代。絹本着色。縦一二七・八センチメートル。横一二七・六センチメートル。至宝六－一二－（一）

【金剛薩埵画像】 こんごうさったがぞう

鎌倉時代。絹本着色。縦七一・〇センチメートル。横二六・五センチメートル。至宝六－三二

【金剛杵】 こんごうしょ

古代インドの武器。仏教の外護神となった帝釈天などが持物としている。真言密教ではこれをあらゆる煩悩を破壊するものとして尊重している。その形は杵に似ており、鈷の数によって独鈷杵、三鈷杵、五鈷杵、九鈷杵などと呼ぶ。

【金剛四郎】 こんごうしろう

大工。永正九年（一五一二）政南院文殊堂の建立に従事。**出典**「文殊堂棟札」

【金剛四郎大夫】 こんごうしろうだゆう

大工。応永二十五年（一四一八）の陵山宝積寺や永享六年（一四三四）の地蔵院本堂の修理、永享十年（一四

三八）に行われた南大門の再建に従事している。出典「宝積寺棟札」「地蔵院本堂棟札」「南大門棟木銘」

【金剛盤】 こんごうばん

密教法具。金剛鈴と金剛杵を安置する台の名称。

【金剛盤】 こんごうばん

重文（密教法具一括指定四一口のうち）。鎌倉時代。鋳銅　鍍金。一口。幅二四・六センチメートル。奥行一七・四センチメートル。高四・〇センチメートル。刻銘「奉施入法隆寺金堂　後戸地蔵尊正安二年庚子（一三〇〇）八月日僧教仏」。至宝一三―三九

【金剛盤】 こんごうばん

鎌倉時代。鋳銅　鍍金。一口。幅二六・六センチメートル。奥行一九・九センチメートル。高四・三センチメートル。至宝一三―四〇

【金剛盤】 こんごうばん

室町時代。鋳銅。一口。幅二四・二センチメートル。奥行一八・二センチメートル。高四・五センチメートル。至宝一三―四一

【金剛盤】 こんごうばん

室町時代。鋳銅。一口。幅二三・五センチメートル。奥行一九・〇センチメートル。高四・二センチメートル。至宝一三―四二

【金剛丸】 こんごうまる

瓦工。寛喜二年（一二三〇）五月、夢殿の修理に従事。出典「夢殿棟札」

【金光明最勝王経】 こんこうみょうさいしょうおうきょう

鎮護国家の経典として奈良時代から尊重され、その所説に従って吉祥悔過などの法会が行われる。法隆寺では吉祥悔過とともに大講堂で金光明最勝王経讃説が行われている。

【金剛夜叉明王】 こんごうやしゃみょうおう

五大明王の一つ。「五大明王」の項目を参照。

【金剛力士】 こんごうりきし

仏法を護る執金剛神が阿形と吽形の二体一対となって

寺院の門を守っている。

【金剛力士像】 こんごうりきしぞう

重文。塑像。奈良時代。中門所在。吽形は大半が木彫補修。和銅四年(七一一)に造顕したわが国最古の仁王像。「阿形像」「吽形像」の項目を参照。至宝三―塑像九九、一〇〇

【勤讃】 ごんさん

奈良時代末期の僧。永業の弟子で東院院主に補任したと伝える。生没年不詳。

【厳修】 ごんしゅう

法要を行うことをいう。

【権少才】 ごんしょうさい

瓦工。寛喜二年(一二三〇)五月の夢殿の修理に従事。

出典 「夢殿棟札」

【金堂】 こんどう

国宝。飛鳥時代。桁行五間。梁行四間。二重下層裳階付き。入母屋造。本瓦葺。裳階板葺。法隆寺の中心殿堂の称。釈迦三尊像、薬師如来像、阿弥陀如来像、四天王像、毘沙門天像、吉祥天像などを安置している。至宝一―一

【金堂預】 こんどうあずかり

「金堂別当」ともいい、金堂を管理する僧のこと。

【金銅飾金具】 こんどうかざりかなぐ

飛鳥～白鳳時代。銅製。金銅灌頂幡や幡などに附属していた金具。これに類する金具は献納宝物中にも伝えられている。

【金堂修正会】 こんどうしゅしょうえ

金堂の吉祥天像と毘沙門天像を本尊として正月に行う法会の名称。「吉祥悔過」ともいう。

【金堂十僧】 こんどうじゅっそう

金堂の吉祥悔過に出仕する開白導師、咒願導師、後夜

導師、日中導師、日没導師、初夜導師、半夜導師、晨朝導師、堂行事、咒師の一〇人の僧のこと。金堂十僧になることを「入供」という。

【金堂焼損壁画】 こんどうしょうそんへきが

重文。昭和二十四年（一九四九）一月二十六日に焼損した金堂の壁画のこと。至宝六‐一

【金銅装唐組垂飾】 こんどうそうからぐみすいしょく

重文。白鳳時代。入子菱形文様の唐組の帯に金銅製の透彫金具や鈴を付けた垂飾。幡や繡帳に附属していた。至宝一二‐荘厳具五五三

【金銅造像記】 こんどうぞうぞうき

重文。甲午年（舒明六年〔六三四〕あるいは持統八年〔六九四〕）。銅造 鍍金。長二三・一センチメートル。幅五・〇センチメートル。両面に刻銘。鵤大寺の徳聡、片岡王寺の令弁、飛鳥寺の弁聡が父母への報恩のために観音菩薩像を造った由来を刻んでいる。至宝三‐造像記一

【金堂天蓋】 こんどうてんがい

重文。箱形天蓋。木造 彩色。三個。中之間、西之間のものは白鳳時代。東之間のものは天福元年（一二三三）に五師の隆詮が新造している。三個の天蓋ともに天人像と鳳凰が附属している。「中之間天蓋」幅二七五・〇センチメートル。奥行二四六・〇センチメートル。「西之間天蓋」幅二四二・五センチメートル。奥行二一七・〇センチメートル。「東之間天蓋」幅二一九・〇センチメートル。奥行二四〇・〇センチメートル。至宝一二‐荘厳具一三八～一四〇

【金堂天人小壁画】 こんどうてんにんしょうへきが

重文。金堂内陣の小壁に描かれた二〇面の天人図のこと。昭和二十四年（一九四九）の焼損を免れた。至宝六‐二

【金堂日記】 こんどうにっき

三冊。平安時代に編集された金堂に関する記録書のこと。南北朝時代の書写本が現存している。至宝八‐古記録八五～八七

【金堂日記櫃】 こんどうにっきひつ

江戸時代。木製。高二七・五センチメートル。蓋二二・一×四〇・二一センチメートル。『金堂日記』などを収める櫃。享保年間（一七一六〜三六）に良訓が金堂預のときに新調したもの。出典「墨書」

【金堂壁画】 こんどうへきが

金堂の内陣一二面に描かれた釈迦浄土、阿弥陀浄土、薬師浄土、弥勒浄土などの壁画と一二面の天人や山中羅漢のこと。製作年代は白鳳時代。至宝六ー一、二

【金堂壁画自粛法要】 こんどうへきがじしゅくほうよう

毎年一月二十六日に法隆寺の金堂と収蔵庫で行っている法要の名称。昭和二十四年（一九四九）一月二十六日未明に金堂壁画を焼損したが、昭和二十九年（一九五四）十一月三日に金堂の修理が完成。昭和三十年（一九五五）一月二十六日から文化財防火デーがはじまったのをきっかけとして厳修している。

【金銅法具類】 こんどうほうぐるい

重文。鎌倉時代。鋳銅。四一点。火舎　四口、花瓶　四口、六器　二四口、飲食器　二口、金剛盤　一口、四橛　四本、灑水器　一口、塗香器　一口。六器の一口に「法隆寺舎利殿」、金剛盤に「正安二年（一三〇〇）」の刻銘がある。出典「刻銘」

【権兵衛】 ごんべえ

大工。享保三年（一七一八）中院庫裏の修理に従事。出典「中院庫裏棟札」

【根本陀羅尼】 こんぽんだらに

重文。奈良時代。版本。縦五・五センチメートル。横五一・二センチメートル。「百萬塔納入無垢浄光経陀羅尼」の項目を参照。

【西院】 さいいん➡「千海」の項目を見よ。

【西院】 さいいん

法隆寺の伽藍の総称。夢殿の東院に対する称。

さ行

【西院大垣】 さいいんおおがき

重文。江戸時代。西院を取り囲んでいる築地塀の名称。至宝一-二七~二九

【西院廻廊】 さいいんかいろう

国宝。飛鳥時代。東廻廊は桁行折曲り延長四二間、梁行一間。西廻廊は桁行折曲り延長四〇間、梁行一間。本瓦葺。至宝一-四

【西院伽藍】 さいいんがらん

金堂、五重塔を中心とした南大門、東大門、西大門、北門の内部の寺域をいう。

【西院経蔵】 さいいんきょうぞう

国宝。奈良時代。桁行三間。梁行二間。楼造。切妻造。本瓦葺。経典類を収納する施設。西院西廻廊の講堂寄りに位置する建物。至宝一-五

【西院御供所】 さいいんごくしょ

元禄十二年(一六九九)に建立した吉祥悔過の仏供などを調進する建物のことをいう。桁行三間。梁行二間。西面切妻造。本瓦葺。東面居室部に接属。もとは西院鐘楼の北側に建っていた。明治三十三年(一九〇〇)に実相院へ移建したが、大正九年(一九二〇)に普門院の本堂として再び移建した。至宝二-五〇

【西院常番所】 さいいんじょうばんしょ

桁行三間半。梁行二間。明治二十三年(一八九〇)に新築。現存していない。

【西院鐘楼】 さいいんしょうろう

国宝。平安時代。桁行三間。梁行二間。楼造。切妻造。本瓦葺。西院東廻廊の講堂寄りに位置する建物。至宝一-六

【西院西南隅子院築垣】 さいいんせいなんすみしいんついがき

重文。本瓦葺。南大門から地蔵院、西園院上土門、西園院唐門、旧西南院を経て西大門に至る築地塀。至宝一-三〇

【西院東南隅子院築垣】 さいいんとうなんすみしいんついがき

重文。本瓦葺。南大門から宝光院、護摩堂、実相院、普門院を経て東大門に至る築地塀。子院の表門五棟を含む。至宝二−三四

【西院梵鐘】 さいいんぼんしょう

重文。奈良時代。銅鋳造。総高一八六・七センチメートル。口径一一八・二センチメートル。西院鐘楼所在。西院で行われる行事の合図に使用される。至宝一三−二九〇

【西円堂】 さいえんどう

国宝。鎌倉時代。八角円堂。一重。本瓦葺。西院境内北西の小高い丘の上に位置する。「峰の薬師」とも呼ばれ、奈良時代の薬師如来坐像を本尊としている。橘夫人の発願によって行基が創建したと伝える。創建の建物は永承五年（一〇五〇）に倒壊したため、建長元年（一二四九）に再建している。本尊薬師如来坐像の無病息災、延命長寿の霊験に対して人びとの信仰を集め、諸願成就を願って武器、鏡、小袖、白銀などが奉納され、昭和十年（一九三五）に着手した解体修理までは、堂内に奉納品が充満していた。この堂で行われる行事としては毎年二月の修二会と鬼追式が名高い。なお、平成六年(一九九四)十月八日に西円堂へ鏡を奉納する信仰を再興した。至宝一一−一四

【西円堂供所】 さいえんどうくしょ

室町時代の創建。宝性院の北に隣接していた西円堂の供物を調達する建物のこと。

【西円堂御供所】 さいえんどうごくしょ⇒西円堂供所、薬師坊の別称。

【西円堂籠所】 さいえんどうこもりしょ

江戸時代。西円堂の西側に位置する。西円堂へ参拝する信者が参籠する施設。至宝一−四二

【西円堂修二会】 さいえんどうしゅにえ

二月に西円堂で行われる薬師悔過の法要のこと。

【西円堂鐘楼】 さいえんどうしょうろう

明治二十二年（一八八九）に宗源寺住職の楓実賢が発願して建立した鐘楼。西円堂の北東に位置する。至宝一-一四〇

【西円堂手水屋】 さいえんどうてみずや（ちょうずや）

参拝者が口や手を洗う施設。西円堂の南正面近くに位置する。享和三年（一八〇三）に銅水盤と水舎を造った。至宝一-一四四

【西円堂堂司】 さいえんどうどうつかさ

西円堂を管理する堂司のこと。堂方の行人方の大法師のうちから補任した。至宝一三-二九四

【西円堂堂司住坊】 さいえんどうどうつかさじゅうぼう⇒薬師坊の別称。

【西円堂梵鐘】 さいえんどうぼんしょう

明治二十年（一八八七）に宗源寺住職の楓実賢が発願して西円堂奉納鏡を鋳して造顕した梵鐘のこと。至宝一三-二九四

【西円堂本尊胎内鏡】 さいえんどうほんぞんたいないきょう

薬師如来坐像の光背に納められた奈良時代の鏡。

【西円堂本尊薬師如来胎内仏】 さいえんどうほんぞんやくしにょらいたいないぶつ→「薬師如来坐像（銅造）」の項目を見よ。

【西円堂廻地所絵図】 さいえんどうまわりちしょえず

宝暦七年（一七五七）に描かれたもの。西円堂の周辺の地所や樹木を巡る学侶と堂方の争論に対する裁定を記したもの。

【菜桶】 さいおけ

室町時代。木造　朱漆塗。高二八・六センチメートル。径三六・〇センチメートル。至宝一四-生活具八

【西園院】 さいおんいん

平安時代の創建。学侶坊。地蔵院の北に隣接する子院。明治四十五年（一九一二）からは法隆寺の本坊になっている。

【西園院上土門】さいおんいんあげつちもん

重文。江戸時代。檜皮葺。屋根に土を置いた門のこと。武家屋敷の門の形態の一つ。もとは地蔵院の通用門。昭和十四年（一九三九）に地蔵院から西園院に移建した。至宝一－二六

【西園院唐門】さいおんいんからもん

重文。江戸時代。平唐門。檜皮葺。もとは地蔵院の表門。大正八年（一九一九）に西園院表門として移建した。至宝一－二五

【西園院客殿】さいおんいんきゃくでん

重文。桃山時代。大和葺。書院造。桁行一一・九メートル。梁間一二・八メートル。北面入母屋造。西園院の坊舎。至宝一－二四

【西園院庫裏】さいおんいんくり

江戸時代。本瓦葺。桁行二六・七四メートル。梁間一〇・八三メートル。南面入母屋造。西園院の台所などの施設。至宝一－五〇

【西園院衡門】さいおんいんこうもん

梁行一間半。冠木門。明治二十三年（一八九〇）に皇后（照憲皇太后）の行啓に際して表門の北側の築地を切り開いて新築した。大正八年（一九一九）に取り除いた。

【西園院台所門】さいおんいんだいどころもん

西園院の表門が破損したため明治二十三年（一八九〇）に中道院の表門を移建したが、大正九年（一九二〇）に地蔵院の上土門と交換したため、現在は地蔵院の表門となっている。

【西弘】さいこう

漆師。文永五年（一二六八）に食堂の薬師如来坐像を安置する厨子を新造したときに「沙弥　漆師」と記載。

出典「厨子裏墨書」

【西国三十三所観音菩薩立像】さいごくさんじゅうさんしょかんのんぼさつりゅうぞう

江戸時代。檜材　寄木造　漆箔。三三体。像高「中尊」四〇・六センチメートル。宗源寺本堂に安置。至宝四―三七二

【西寺】さいじ⇒「西院伽藍」の別称。かつては学侶を示す言葉でもあった。

【西実】さいじつ

堂衆。弘安七年（一二八四）十二月二十五日『法隆寺講堂夏衆田地売券』に「諸進」と記載。生没年不詳。

【細字法華経】さいじほけきょう

鳩摩羅什訳七巻本の『法華経』を写したもの。小野妹子が将来した『同朋之御経』と伝える。その巻末の奥書に長寿三年（六九四）に中国の長安の李元恵が楊州で書写したとある。出典献納宝物

【歳紹】さいしょう

承暦三年（一〇七九）吉祥悔過の承仕に補任。生没年不詳。出典『金堂日記』

【宰相公】さいしょうこう➡「堯朝」の項目を見よ。

【宰相公】さいしょうこう➡「光範」の項目を見よ。

【宰相公】さいしょうこう➡「宣識」の項目を見よ。

【宰相公】さいしょうこう➡「真懐」の項目を見よ。

【宰相公】さいしょうこう➡「範興」の項目を見よ。

【宰相公】さいしょうこう➡「訓賛」の項目を見よ。

【宰相公】さいしょうこう➡「江馬隆晃」の項目を見よ。

【最勝房】さいしょうぼう➡「江馬隆晃」の項目を見よ。

【最昌房】さいしょうぼう➡「宣識」の項目を見よ。

【宰正房】さいしょうぼう➡「懐玄」の項目を見よ。

【財善】ざいぜん

中綱。寛喜二年（一二三〇）「上宮王院棟札」に「中綱　権専当法師」と記載。生没年不詳。

【西南院】さいなんいん

鎌倉時代の創建。学侶坊。大湯屋の西に隣接する子院。

延宝年間（一六七三〜八一）に坊舎を英賛が再興したという。明治六年（一八七三）に廃院。

【西南院表門】 さいなんいんおもてもん➡「宝光院表門」の項目を見よ。

【西方院】 さいほういん
江戸時代の創建。西円堂の西方に位置する法隆寺境内末寺。

【西北円堂】 さいほくえんどう⇒「西円堂」の別称。

【最誉】 さいよ
末寺僧。浄土律。宗源寺の住。天保二年（一八三一）三月十八日没。

【佐右衛門】 さうえもん
大工。葛上郡新庄の住。安永四年（一七七五）護摩堂の再建に従事。出典「護摩堂棟札」

【佐伯学栄】 さえきがくえい
元堂衆。大律師。了源房。律学院堂司。宝光院、西園院の住。法隆寺村佐伯氏の出身。天保元年（一八三〇）十二月十六日得度。天保七年（一八三六）十二月八日、大法師に補任。明治二年（一八六九）寺法の大改正により学侶に交衆。出納兼勧進副に就任。明治六年（一八七三）西園院に転住。同年九月二十二日、教導職「試補」を拝命。明治八年（一八七五）五月二日、「権訓導」を拝命。明治九年（一八七六）七月二十五日、五十七歳で没。

【佐伯寛応】 さえきかんのう
元堂衆。中僧正。胎道房。学栄の弟子。宝光院の住。山辺郡福住郷乾氏の出身。嘉永六年（一八五三）二月十六日出生。明治元年（一八六八）十月二十八日、学栄に従って得度。明治二年（一八六九）寺法の大改正により学侶に交衆。明治三年（一八七〇）三月二十日、宝光院の住職に就任。明治六年（一八七三）九月二十二日、教導職「試補」を拝命。明治二十八年（一八九五）京都清水寺住職代理に就任。明治三十六年（一九〇三）宝光

院住職を辞任。法相宗法皇協会や聖徳太子法皇協会などを設立。昭和五年（一九三〇）四月六日、七十九歳で没。

【佐伯京仙】 さえききょうせん

勾当。天明四年（一七八四）四月二十一日没。

【佐伯京林】 さえききょうりん

勾当。宝暦十二年（一七六二）十二月十一日得度。文化二年（一八〇五）三月十八日没。

【佐伯定胤】 さえきじょういん

「法隆寺住職」。大僧正。法相宗管長。薬師寺住職。覚円房。佐伯学栄の弟子。法隆寺村佐伯氏の出身。幼名、学次郎。明治十年（一八七七）七月二十三日得度。明治十七年（一八八四）より泉涌寺の学匠佐伯旭雅に従って法相教学を修学。明治十九年（一八八六）八月二十一日、大法師。明治二十一年（一八八八）三月十五日、権律師に補任。明治二十三年（一八九〇）四月、京都清水寺で『八衆綱要』を講義する。このころ『法相宗綱要』を撰述。明治二十四年（一八九一）三月四日、『法相宗綱要』を撰述した功により権大僧都に昇進。明治二十六年（一八九三）一月二十八日、興福寺勧学院の講師に就任して『成唯識論述記』を講じる。同年八月一日、法隆寺勧学院の開設に伴い内典講師に就任。法隆寺学頭、権僧正に昇進。明治二十九年（一八九六）八月二十二日、法相宗勧学院院長に就任。同年十一月十三日、慈恩会を再興して竪義を遂業。明治三十年（一八九七）一月、法隆寺副住職に就任。明治三十一年（一八九八）六月二十四日、探題僧正に補任。明治三十二年（一八九九）四月十六日、法相宗管長事務取扱に就任。同年十二月二十三日、西園院住職、明治三十四年（一九〇一）十月十五日、薬師寺住職に就任。明治三十五年（一九〇二）六月五日、大僧正に補任。同年九月二十三日、法相宗管長に就任。明治三十六年（一九〇三）法隆寺住職に就任。明治四十五年（一九一二）法起寺住職に就任。大正五年（一九一六）薬師寺住職を辞任。大正九年（一九二〇）薬師寺住職に再任。大正十年（一九二一）四月十一日、聖徳太子一千三百年聖霊会の講師をつとめる。大正十三年（一九二四）中国の廬山で開催された世界仏教大会に出席。昭和四年（一九二九）帝国学士院会員に勅任。

昭和六年（一九三一）寿像（高村光雲作）造顕。昭和十四年（一九三九）六月一日、薬師寺住職を辞任。昭和二十五年（一九五〇）三月三十一日、法隆寺住職を辞任。長老となる。同年九月二十二日、聖徳宗の開宗を表明。昭和二十七年（一九五二）十一月二十三日、八十六歳で没。法隆寺の復興と法相教学の振興、聖徳太子信仰の高揚に果たした功績は大きい。

【佐伯定胤坐像】　さえきじょういんざぞう

昭和五年（一九三〇）。檜材　寄木造　素地。像高八三・七センチメートル。高村光雲作。西室東厨子に安置。至宝四-二九三。「佐伯定胤」の項目を参照。

【佐伯良謙】　さえきりょうけん

「法隆寺住職」。大僧正。法相宗管長。聖徳宗管長。興福寺の雲井良海の弟子。法隆寺村佐伯氏の出身。幼名、辰四郎。明治二十五年（一八九二）六月七日得度。明治二十七年（一八九四）十一月、大法師。明治三十七年（一九〇四）六月十七日、権大僧都に補任。明治三十八年（一九〇五）法相宗勧学院研究科を卒業。明治四十三年（一九一〇）四月、法相宗勧学院の助講師に就任。明治四十四年（一九一一）十一月十三日に慈恩会竪義を遂業。大正十年（一九二一）四月二日、探題権僧正に補任。大正十四年（一九二五）五月に次期興福寺住職内定。昭和三年（一九二八）十一月十日、権中僧正に補任。昭和七年（一九三二）一月十二日、佐伯定胤の強い要請に応じて法隆寺副住職として法隆寺へ転住。昭和十六年（一九四一）八月二日、法相宗管長顧問に就任。昭和十八年（一九四三）三月三十一日、大僧正に補任。昭和二十五年（一九五〇）三月十八日、法隆寺住職に就任。同年五月一日、法相宗管長に就任。聖徳宗の開宗にともない同年十一月十五日、聖徳宗管長に就任。昭和二十八年（一九五三）二月二十二日、叡福寺座主に就任。昭和三十年（一九五五）三月、法起寺住職に就任。昭和三十六年（一九六一）四月十一日、聖徳会館を建立。昭和三十八年（一九六三）三月八日没。昭和五十七年（一九八二）六月二十六日、和上像（西村公朝作）の開眼を行う。

【佐伯良謙坐像】　さえきりょうけんざぞう

昭和五十七年（一九八二）に遺弟高田良信の発願によって仏師の西村公朝が造顕。木造　彩色。像高六六・五センチメートル。律学院の西之間厨子に安置。至宝四－二九四。「佐伯良謙」の項目を参照。

【佐伯林泉】　さえきりんせん

勾当。嘉永五年（一八五二）七月没。

【左衛門五郎】　さえもんごろう

大工。寛正三年（一四六二）の政蔵院本堂や明応三年（一四九四）の北室寺の建立に従事。

【左衛門五郎】　さえもんごろう

瓦大工。永享八年（一四三六）に南大門の瓦を作った。

出典「瓦刻銘」

【左衛門次郎】　さえもんじろう

大工。永享八年（一四三六）北室院の建立に従事。

出典「北室上棟文書」

【左衛門四郎大夫】　さえもんしろうだゆう

大工。永享十年（一四三八）に行われた南大門の再建に従事。出典「南大門棟木銘」

【左衛門二郎大夫】　さえもんじろうだゆう

大工。永享八年（一四三六）の北室寺の建立や永享十年（一四三八）に行われた南大門の再建に従事。出典「北室上棟文書」「南大門棟木銘」

【左衛門次郎大夫】　さえもんじろうだゆう

大工。明応三年（一四九四）北室寺の修理に従事。

出典「北室上棟文書」

【蔵王権現】　ざおうごんげん

修験道の本尊とされる菩薩の名称。金剛蔵王権現ともいう。

【蔵王権現像】　ざおうごんげんぞう

室町時代。檜材　一木造　彩色。像高一一二・七センチメートル。

行者堂に安置。もと蔵王堂の本尊。至宝四-一二三八

【蔵王堂】 ざおうどう

法隆寺裏山の花山のほとりに建っていた建物。行者堂に安置している役小角像、前鬼像、後鬼像、蔵王権現像は蔵王堂の本尊であったという。

【蔵王堂の滝】 ざおうどうのたき

旧蔵王堂の近くにあった滝の名称。堂方行人が安居の期間中に上之御堂の供花の水などに使用したという。花山の滝の別名か。

【左京公】 さきょうこう↓「千懐」の項目を見よ。

【左京公】 さきょうこう↓「昌尊」の項目を見よ。

【左京公】 さきょうこう↓「公桂」の項目を見よ。

【左京公】 さきょうこう↓「栄覚」の項目を見よ。

【左京公】 さきょうこう↓「真懐」の項目を見よ。

【左京公】 さきょうこう↓「隆範」の項目を見よ。

【左京公】 さきょうこう↓「広盛」の項目を見よ。

【作兵衛】 さくべえ

大工。元禄九年（一六九六）に行われた五重塔の修理に従事。出典「五重塔棟札」

【左近四郎】 さこんしろう↓「左近四郎大夫」の項目を見よ。

【左近四郎大夫】 さこんしろうだゆう

大工。永享六年（一四三四）の地蔵院本堂の建立や永享十年（一四三八）に行われた南大門の再建に従事。

出典「地蔵院本堂棟木墨書」「南大門棟木銘」

【左近太郎】 さこんたろう

塗師小工。貞治四年（一三六五）五月十日に建立した舎利殿の宮殿の天井板の墨書に「塗師小工」と記載。

出典「天井板墨書」

【左次兵衛】 さじひょうえ

四大工。寛文七年（一六六七）三月、法隆寺四大工職

に補任。出典『公文所補任記』

【沙汰衆】 さたしゅう

境内のことを指揮する僧のこと。学侶の中臈から下臈に至る六人が補任し、これを「衆分六人」という。その僧が記したものを『沙汰衆日記』と呼ぶ。

【貞末】 さだすえ

瓦工。寛喜二年（一二三〇）五月、夢殿の修理に従事。出典「夢殿棟札」

【左太郎】 さたろう

大工。葛上郡新庄の住。安永四年（一七七五）護摩堂の再建に従事。出典「護摩堂棟札」

【三郎】 さぶろう

四大工。延慶三年（一三一〇）惣社の修理に従事。出典『嘉元記』

【三郎】 さぶろう

児童。寛正三年（一四六二）二月二十四日の竜田社頭舞楽法会に瓦坊より児童として出仕。

【三郎五郎大夫】 さぶろうごろうだゆう

大工。明応三年（一四九四）の北室寺の修理や永正九年（一五一二）の政南院文殊堂の建立に従事。出典「北室上棟文書」「政南院文殊堂棟札」

【三郎太郎】 さぶろうたろう

瓦大工。永享八年（一四三六）に南大門の瓦を作った。出典「瓦刻銘」

【三郎兵衛】 さぶろべえ

瓦大工。永正十六年（一五一九）十月十日、瓦大工職に補任。出典『公文所補任記』

【三郎兵衛】 さぶろべえ

大工。福井の住。明和九年（一七七二）善住院庫裏の建立に従事。出典「善住院棟札」

さ行

【左兵衛】さへい
大工。本町の住。享保三年（一七一八）中院庫裏の修理に従事。出典「中院庫裏棟札」

【左門次郎大夫】さもんじろうだゆう
大工。応永二十五年（一四一八）陵山宝積寺の修理に従事。出典「棟札銘写」

【皿】さら
仏への供え物を入れる容器。

【皿】さら
奈良時代。響銅。高四・〇センチメートル。口径二一・五センチメートル。至宝一二―供養具四四四

【皿】さら
奈良時代。響銅。高二・四センチメートル。口径一五・七センチメートル。至宝一二―供養具四四五

【皿】さら
奈良時代。響銅。高四・七センチメートル。口径二一・九センチメートル。至宝一二―供養具四四八

【三経】さんぎょう
『勝鬘経』『維摩経』『法華経』の三経典のこと。

【三経院】さんぎょういん
国宝。鎌倉時代。桁行一九間。梁行正面五間。背面四間。切妻造。妻入り。本瓦葺。（後方の西室を含む）南側七間分を三経院と呼んでいる。三経院は『勝鬘経』『維摩経』『法華経』の三経を講演する道場に由来し、大治元年（一一二六）に寺僧の源義が創建したという。その後、寛喜三年（一二三一）に再建している。至宝一―一二、一三

【三経院院主】さんぎょういんいんじゅ
「三経院」の管理を行う学僧のこと。

【三経院太子伝之図】さんぎょういんたいしでんのず

寛保三年（一七四三）に三経院で行われた聖徳太子の伝記を講義する様子を描いたもの。

【三経院前池】さんぎょういんまえいけ

三経院の前にある池の名称。嘉禎二年（一二三六）六月二十七日に築いた。弁天池とも呼ぶ。

【三経義疏】さんぎょうぎしょ

聖徳太子が『勝鬘経』『維摩経』『法華経』を注釈した書の称。

【三経義疏版木】さんぎょうぎしょはんぎ

宝治元年（一二四七）開版。木造　一枚造。縦二七・〇センチ《メートル》。幅八二・三センチ《メートル》。至宝七―版木三

【三経宗】さんぎょうしゅう

『法華経』『勝鬘経』『維摩経』の三経を所依とする宗派名。「太子宗」ともいう。聖徳太子が『三経義疏』を撰述したことに由来して『三経』と『三経義疏』及び『聖徳太子伝暦』の研鑽をする宗派。中世のころから法隆寺の古記録にその名が見られる。

【三経衆】さんぎょうしゅう

三経院で行われる夏安居講師の名代をつとめ「因明本作法」などの講義を行う学識を有する僧のこと。

【三教房】さんきょうぼう→「隆詮」の項目を見よ。

【珊堯房】さんぎょうぼう

護摩堂承仕。天文六年（一五三七）『現在僧名帳』に記載。この年に得度。生没年不詳。

【散華】さんげ

仏菩薩を讃嘆するときに天空から花が降りそそぐという経典の教えによって、法要のときに紙で作った蓮華の花びらを散らすことをいう。法隆寺の吉祥悔過などでは椿の葉を使用する。大正十年（一九二一）の聖霊会から和紙に版画を施した散華を使っている。昭和四十年代か

らは画家が描いたものを木版画にして用いている。

【散華衆】 さんげしゅう

聖霊会などの大会の散華（声明）を唱和する僧のこと。

【三綱】 さんごう

朝廷から封戸を寄せられた大寺に設置されていた上座、寺主、都維那の三官を総称したもの。

【三千仏】 さんぜんぶつ

過去世、現在世、未来世の三劫に現われる三千の仏のこと。

【三千仏図】 さんぜんぶつず

江戸時代。紙本着色。縦一三七・五センチメートル。横一七〇・五センチメートル。至宝六ー七三

【三蔵会】 さんぞうえ

玄奘三蔵の命日である二月五日に、その遺徳を讃えて三経院で行う讃嘆法要のこと。昭和五十八年（一九八三）に再興した。

【三鼓】 さんのこ

雅楽に用いる楽器の名称。

【三鼓】 さんのこ

奈良時代。鼓面径三三・六センチメートル。長四四・七センチメートル。彩色は後補。至宝一〇ー四一八

【三宝院】 さんぽういん

室町時代の創建。東院の伝法堂の東側にあった子院。舎利殿の参籠所であった建物の跡に晩懐が寛正四年（一四六三）に創建した。元禄四年（一六九一）には徳川家の御霊屋となり、歴代の位牌を安置していたが、明治時代初期に廃寺となった。

【三宝荒神画像】 さんぽうこうじんがぞう

室町時代。絹本着色。縦九四・〇センチメートル。横三九・六センチメートル。巻留に寛永十九年（一六四二）の修理銘がある。至宝六ー一五六

【三昧耶形図像】さんまいやぎょうずぞう
室町時代。紙本墨画。一巻。縦二三・〇センチメートル。横九七八・四センチメートル。至宝六ー三一二

【三位公】さんみこう↓「千範」の項目を見よ。

【三位公】さんみこう↓「朝定」の項目を見よ。

【三位公】さんみこう↓「朝弘」の項目を見よ。

【三位公】さんみこう↓「千純」の項目を見よ。

【三役】さんやく
公文在聴、沙汰衆、年会五師のことをいう。

【三論宗】さんろんしゅう
日本で最も古い宗派名。『中論』（四巻、竜樹造、鳩摩羅什訳）、『百論』（二巻、提婆造、鳩摩羅什訳）、『十二門論』（一巻、竜樹造、鳩摩羅什訳）の三部の論書を所依とする宗派の名称のこと。

【慈雲房】じうんぼう↓「秀盛」の項目を見よ。

【治右衛門】じえもん
大工。葛上郡新庄の住。安永四年（一七七五）護摩堂の再建に従事。出典「護摩堂棟札」

【慈恩大師画像】じおんだいしがぞう
鎌倉時代。絹本着色。縦九二・七センチメートル。横三八・八センチメートル。至宝六ー二一九

【慈恩大師画像】じおんだいしがぞう
鎌倉時代。絹本着色。縦五二・二センチメートル。横二六・八センチメートル。至宝六ー二二〇

【慈恩大師画像】じおんだいしがぞう
南北朝〜室町時代。絹本着色。縦九六・三センチメートル。横三九・七センチメートル。至宝六ー二二一

【慈恩大師画像】じおんだいしがぞう
絹本着色。縦三一九・三センチメートル。横一四三・七センチメートル。慈恩

会の本尊として久富春年が描いた画像。昭和七年（一九三二）十一月十三日に開眼供養を行った。至宝六ー四一三

【慈恩大師坐像】　じおんだいしざぞう

昭和十四年（一九三九）。木造　彩色。像高九六・〇センチメートル。大川逞一作。西室西厨子に安置。

【慈恩大師伝】　じおんだいしでん

大正十四年（一九二五）に佐伯良謙が慈恩大師の伝記について撰述した書物のこと。

【慈恩会】　じおんね

法相宗の開祖慈恩大師基（窺基）の命日である十一月十三日に、その遺徳を讃えて大講堂で行う讃嘆法要のこと。この法要のときに法相宗の高揚を図る竪義が行われる。近年、法隆寺では昭和五十七年（一九八二）に再興。

【四箇法要】　しかほうよう

法要の基本的な形式で「唄」「散華」「梵音」「錫杖」のことをいう。

【慈願】　じがん

「法隆寺別当」。大徳。法隆寺の僧。寛平年間（八八九～九八）法隆寺別当に補任。生没年不詳。

【式音房】　しきおんぼう➔「訓覚」の項目を見よ。

【式音房】　しきおんぼう➔「覚義」の項目を見よ。

【識恩房】　しきおんぼう➔「訓清」の項目を見よ。

【識行房】　しきぎょうぼう

元和八年（一六二二）『現在僧名帳』に記載。この年に得度。生没年不詳。

【識厳房】　しきげんぼう➔「懐宣」の項目を見よ。

【識玄房】　しきげんぼう

寛永五年（一六二八）『現在僧名帳』に記載。この年に得度。生没年不詳。

【四騎獅子狩文錦】しきししかりもんにしき
国宝。中国唐代（七世紀）。緯錦。縦二五〇・五センチ《メートル》。横一三四・五センチ《メートル》。寛元元年（一二四三）の『宝蔵宝物自北被度南時日記』に「四天王歟文錦一丈許赤地」と記載。聖徳太子の軍旗とする伝えもある。至宝一二―荘厳具二三四

【識舜房】しきしゅんぼう
永禄元年（一五五八）『現在僧名帳』に記載。この年に得度。生没年不詳。

【識舜房】しきしゅんぼう
慶長十六年（一六一一）『現在僧名帳』に記載。この年に得度。生没年不詳。

【識順房】しきじゅんぼう
寛文二年（一六六二）『現在僧名帳』に記載。この年に得度。生没年不詳。

【識禅房】しきぜんぼう
元亀二年（一五七一）『現在僧名帳』に記載。この年に得度。生没年不詳。

【食堂】じきどう
寺院で僧が斎食を行う施設のこと。

【食堂】じきどう
国宝。奈良時代。桁行七間。梁行四間。切妻造。本瓦葺。政所を食堂に改造したものという。本尊薬師如来坐像。至宝一―一六

【式部卿】しきぶきょう➔「懐順」の項目を見よ。

【式部卿】しきぶきょう➔「千範」の項目を見よ。

【式部卿】しきぶきょう➔「湛肇」の項目を見よ。

【式部卿】しきぶきょう➔「高順」の項目を見よ。

【式部卿】しきぶきょう➔「宗盛」の項目を見よ。

【式部公】しきぶこう➔「光憲」の項目を見よ。

【式部公】しきぶこう➡「行訓」の項目を見よ。

【寺家】じけ
法隆寺のことをいう。

【滋慶】じけい
保安三年（一一二二）～天承元年（一一三一）に林幸が発願した『法隆寺一切経』の書写に協力した。生没年不詳。

【四厥】しけつ
密教法具の名称の一つ。重文（密教法具一括指定四一口のうち）。鎌倉時代。鋳銅　鍍金。四口。各長三一・八センチ《メートル》。至宝一三―法具五八

【師公】しこう➡「仙秀」の項目を見よ。

【地獄絵粉本断簡】じごくえふんぽんだんかん
室町時代。紙本墨画。巻子装。一巻。縦二五・一センチ《メートル》。横一六五・四センチ《メートル》。至宝六―三一六

【持国天】じこくてん
四天王の一つ。仏教世界の中心に聳える須弥山の中腹の東に居住し、東方を守護している。堂内では須弥壇の東南隅に安置されている。

【持国天像】じこくてんぞう
国宝。飛鳥時代。木造　彩色。像高一三三・三センチ《メートル》。至宝四―一七八

【持国天像】じこくてんぞう
飛鳥時代。樟材　一木造　素地。像高五〇・四センチ《メートル》。至宝四―一七九

【持国天像】じこくてんぞう
重文。平安時代。檜材　彩色。像高二〇一・三センチ《メートル》。至宝四―一八一（一）

【持国天像】じこくてんぞう
重文。平安時代。檜材　彩色。像高九一・九センチ《メートル》。常

楽寺分。至宝四ー一八三

【持国天像】じこくてんぞう

平安時代。檜材　一木造　彩色。像高九二・五センチメートル。

至宝四ー一八五

【持国天像】じこくてんぞう

重文。文和四年（一三五五）。檜材　彩色　切金。像高一六七・二センチメートル。至宝四ー一九一（二）

【獅子口取袴】ししくちとりはかま

行道用の装束。丈四八・八センチメートル。幅二六・六センチメートル。聖霊会に使用された獅子口取りの袴で、元亨二年（一三二二）の墨書銘がある。至宝一〇ー三四八

【獅子口取裲襠】ししくちとりりょうとう

行道用の装束。丈四二・七センチメートル。幅二二・八センチメートル。聖霊会に使用された獅子口取りの裲襠で、延慶四年（一三一一）の墨書銘がある。至宝一〇ー二六三

【寺主】じしゅ

三綱の一つ。寺院内の綱規を統轄する僧のこと。

【侍従公】じじゅうこう↓「覚因」の項目を見よ。

【侍従公】じじゅうこう↓「昶雅」の項目を見よ。

【侍従公】じじゅうこう↓「頼算」の項目を見よ。

【侍従公】じじゅうこう↓「秀慶」の項目を見よ。

【慈照】じしょう↓「光忍」の項目を見よ。

【獅子力士毛彫光背形】ししりきしけぼりこうはいかた

重文。奈良時代。銅造　鍍金。舟形光背。高五七・四センチメートル。もとは表面に献納宝物の押出阿弥陀三尊及び比丘形像が付いていた。表面に墨書力士像、裏面に獅子力士毛彫がある。至宝三ー光背一

【自心印陀羅尼】じしんいんだらに

重文。奈良時代。版本。縦五・八センチメートル。横四一・八センチメートル。「百萬塔納入無垢浄光経陀羅尼」の項目を参照。

【四節願文】 しせつがんもん
聖徳太子が病気見舞いに訪れた田村皇子（後の舒明天皇）に語った四箇条の遺言のこと。それには、（一）聖徳太子創建の七寺の興隆を図ること、（二）法隆寺の寺僧は勝鬘、維摩、法華の三部経を講讃すること、（三）聖徳太子創建寺院へ俗権力が介入しないこと、（四）聖徳太子が建立した熊凝村の寺を護持すること、が記されている。

【四節願文版木】 しせつがんもんはんぎ
鎌倉時代。木造　一枚造。縦二六・七センチメートル。幅五八・三センチメートル。至宝七‐版木二

【地蔵院】 じぞういん
元応二年（一三二〇）の創建。学侶坊。「南大門坊」ともいう。南大門内の西側に位置する子院の名称。出典『別当記』

【地蔵院表門】 じぞういんおもてもん
旧中道院表門と伝える。この門は元禄九年（一六九六）十二月十四日に新造したと『天保記』に記載しているものに比定できる。しかし様式上もう少し新しいとする見解もある。明治二十三年（一八九〇）に西園院表門として移建したが、昭和十四年（一九三九）に地蔵院表門として再び移建している。至宝一‐三〇。出典『法隆寺日記』

【地蔵院庫裏】 じぞういんくり
江戸時代。地蔵院の坊舎のこと。現在は「洗心寮」と呼ぶ。至宝一‐四九

【地蔵院本堂】 じぞういんほんどう➡「中院本堂」の項目を見よ。

【地蔵会】 じぞうえ
東院伝法堂の地蔵菩薩像を本尊として毎年七月二十四日の夕刻に行う法要のこと。

【地蔵講式】 じぞうこうしき
地蔵菩薩の功徳を嘆じ、衆生の救済を願うもの。地蔵

菩薩像が聖徳太子の時代に百済より伝わったとする、聖徳太子信仰に関連した記載がある。

【地蔵菩薩】　じぞうぼさつ

釈迦の入滅から弥勒菩薩が現われるまでの五六億七〇〇〇万年の間に、衆生を救済することを任された菩薩のこと。姿は僧形。法隆寺では古くから聖徳太子信仰と地蔵信仰とが融合したことによって地蔵菩薩像が多く安置されている。

【地蔵菩薩画像】　じぞうぼさつがぞう

鎌倉時代。絹本着色。縦九六・三センチメートル。横三七・四センチメートル。至宝六－一一三

【地蔵菩薩画像】　じぞうぼさつがぞう

南北朝時代。絹本着色。縦六二・五センチメートル。横三〇・六センチメートル。至宝六－一一五

【地蔵菩薩半跏像】　じぞうぼさつはんかぞう

重文。鎌倉時代。檜材　寄木造　彩色　切金。像高（含左足先）七一・七センチメートル。旧妙音院地蔵堂の本尊。至宝四－一二九

【地蔵菩薩半跏像】　じぞうぼさつはんかぞう

鎌倉時代。桜材　寄木造　彩色　切金。像高（含左足先）七一・二センチメートル。中院本堂の本尊。至宝四－一三〇

【地蔵菩薩半跏像】　じぞうぼさつはんかぞう

鎌倉時代。檜材　寄木造　彩色　切金。像高（含左足先）二四・七センチメートル。至宝四－一三一

【地蔵菩薩半跏像】　じぞうぼさつはんかぞう

鎌倉時代。檜材　寄木造　彩色　切金。像高（含左足先）七〇・七センチメートル。至宝四－一三二

【地蔵菩薩半跏像】　じぞうぼさつはんかぞう

鎌倉時代。檜材　寄木造　彩色　切金。像高（含左足先）七五・五センチメートル。宝永二年（一七〇五）に台座を修理している。至宝四－一三三。出典「墨書」

【地蔵菩薩来迎図】 じぞうぼさつらいごうず

鎌倉時代。絹本着色。縦一〇〇・五センチメートル。横三八・九センチメートル。至宝六―一一四

【地蔵菩薩立像】 じぞうぼさつりゅうぞう

木造。満米上人の作、あるいは春日仏師の作と伝える。康永年間（一三四二〜四五）願識房の乳母の随順尼が所持していた持仏であったという。明治十二年（一八七九）には西円堂に安置していたが、現在は所在不明。

【地蔵菩薩立像】 じぞうぼさつりゅうぞう

国宝。平安時代。一木造　彩色。像高一七二・七センチメートル。廃仏毀釈のとき三輪の大御輪寺より移された。至宝四―一一〇

【地蔵菩薩立像】 じぞうぼさつりゅうぞう

重文。平安時代。木造　素地。像高七六・七センチメートル。聖霊院西厨子に安置。至宝四―一一一

【地蔵菩薩立像】 じぞうぼさつりゅうぞう

平安時代。檜材　一木造　彩色。像高六五・八センチメートル。福園院本堂の本尊。台座は延宝四年（一六七六）に新調。至宝四―一一二

【地蔵菩薩立像】 じぞうぼさつりゅうぞう

平安時代。檜材　割矧　彩色。像高七二・〇センチメートル。律学院東厨子に安置。台座は明和五年（一七六八）に新調。至宝四―一一三

【地蔵菩薩立像】 じぞうぼさつりゅうぞう

平安時代。一木造　漆箔。像高五七・三センチメートル。至宝四―一一四

【地蔵菩薩立像】 じぞうぼさつりゅうぞう

平安時代。杉材　割矧　素地。像高六四・二センチメートル。至宝四―一一五

【地蔵菩薩立像】 じぞうぼさつりゅうぞう

平安時代。檜材　一木造　彩色。像高三二・五センチメートル。新堂所在。厨子（南北朝時代）に安置している。至宝四―一一六

【地蔵菩薩立像】じぞうぼさつりゅうぞう
平安時代。桐材　一木造　素地。像高四二・三センチメートル。北室院所在。至宝四―一一七

【地蔵菩薩立像】じぞうぼさつりゅうぞう
鎌倉時代。榧材　一木造　彩色。像高六四・五センチメートル。至宝四―一一八

【地蔵菩薩立像】じぞうぼさつりゅうぞう
鎌倉時代。檜材　寄木造　彩色　切金。像高七九・三センチメートル。至宝四―一一九

【地蔵菩薩立像】じぞうぼさつりゅうぞう
鎌倉時代。檜材　寄木造　彩色。像高七八・〇センチメートル。至宝四―一二〇

【地蔵菩薩立像】じぞうぼさつりゅうぞう
鎌倉時代。檜材　一木造　彩色。像高四一・七センチメートル。享保元年（一七一六）に台座を新調している。至宝四―一二一。出典「墨書」

【地蔵菩薩立像】じぞうぼさつりゅうぞう
室町時代。檜材　一木造　彩色。像高七七・〇センチメートル。宗源寺所在。至宝四―一二二

【地蔵菩薩立像】じぞうぼさつりゅうぞう
室町時代。一木造　漆箔。像高三一・五センチメートル。阿弥陀院所在。至宝四―一二三

【地蔵菩薩立像】じぞうぼさつりゅうぞう
室町時代。檜材　一木造　彩色。像高三〇・〇センチメートル。至宝四―一二四

【地蔵菩薩立像】じぞうぼさつりゅうぞう
室町時代。木造　素地。像高二四・〇センチメートル。至宝四―

一二五

【地蔵菩薩立像】じぞうぼさつりゅうぞう

室町時代。木造　彩色。像高一八八・〇センチメートル。東院伝法堂に安置。七月七日に行われる地蔵会の本尊。至宝四—一二六

【七弦琴】しちげんきん

木製黒漆塗螺鈿装。長一〇九・八センチメートル。最大幅一七・〇センチメートル。七弦の琴のこと。唐・開元十二年（七二四）に九龍県で作られたとする銘があり法隆寺に伝来していた。九龍県は琴材の産地で、蜀に所属していたという。これと同類の琴が正倉院にも伝来している。法隆寺には天明元年（一七八一）に模造した琴がある。出典献納宝物。「墨書銘」

【七星文銅大刀】しちせいもんどうたち

飛鳥時代。拵全長六九・九センチメートル。身長四九・八センチメートル。鞘長五五・一センチメートル。金堂の持国天の持剣とされ、聖徳太子七歳のお守りと伝えられている。天体信仰による雲・七星・日月・雲・日月・雲・山岳が刻まれた貴重な刀剣である。

【七大寺巡礼私記】しちだいじじゅんれいしき

重文。綴葉一帖。大江親通が撰述した十二世紀前半の南都諸大寺の巡礼記。親通が嘉承元年（一一〇六）秋と保延六年（一一四〇）三月の二度にわたり南都を巡礼して見聞したときの印象と諸種の文献を参照しつつ、寺院の縁起や堂舎、仏像の形状などを詳しく記載したもの。その内容は序・東大寺・大安寺・西大寺・興福院・興福寺・元興寺・唐招提寺・薬師寺・法隆寺の順に記されている。法隆寺に現存する鎌倉時代の写本（重文）は他に類似本がなく極めて貴重な資料である。至宝八—古記録四

【七徳寺】しちとくじ⇩「法隆寺」の別称。

【仕丁】しちょう➡「堂童子」の項目を見よ。

【七郎次郎大夫】しちろうじろうだゆう

大工。永享十年（一四三八）に行われた南大門の再建に従事。出典「南大門棟木銘」

さ行

【七郎大夫】　しちろうだゆう

大工。応永二十五年（一四一八）陵山宝積寺の修理に従事。出典「宝積寺棟札写」

【実胤】　じついん

大法師。五師。『応安年中以来法隆寺評定日記』に至徳二年（一三八五）五月二十五日～応永十年（一四〇三）まで五師をつとめたと記載。生没年不詳。

【実円】　じつえん

「一臈法印」。僧都。隆実の弟子。尊慶房。椿蔵院の住。寛永十三年（一六三六）得度。舎利預に補任。貞享四年（一六八七）二月二十九日、一臈法印に昇進。法隆寺学頭に補任。円成院を再興した。元禄四年（一六九一）十二月二十八日、七十二歳で没。

【実渕】　じつえん

内記公。実乗の弟子。安養院の住。郡山藩家臣矢野氏の出身。幼名、邦磨。嘉永五年（一八五二）十月二十七日得度。文久二年（一八六二）九月四日退院。

【実延房】　じつえんぼう

天文十年（一五四一）『現在僧名帳』に記載。この年に得度。生没年不詳。

【実恩】　じつおん

寛喜二年（一二三〇）「上宮王院棟札」に「学衆　法師」と記載。生没年不詳。

【実賀】　じつが

応永九年（一四〇二）『児童大衆等規式間事』に記載。生没年不詳。

【実雅】　じつが

「法隆寺別当」。僧正。興福寺松林院の僧。応永三年（一三九六）九月八日、法隆寺別当に補任。応永十六年（一四〇九）春に没。

【実雅】　じつが

権律師。秀甚房（刑部卿）。宝光院、地蔵院の住。医師石黒氏の出身。幼名、伝七丸。元禄十四年（一七〇一）得度。享保十四年（一七二九）十月二十六日没。

【実懐】　じっかい
「法隆寺別当」。法印。興福寺松林院の僧。弘安七年（一二八四）十月、法隆寺別当に補任。六年間在任。この在任中に因明講などの教学振興の行事を始行。正応二年（一二八九）に別当を辞退。

【実海】　じっかい
応永九年（一四〇二）『児童大衆等規式間事』に記載。生没年不詳。

【実暁】　じつぎょう
応永九年（一四〇二）『児童大衆等規式間事』に記載。生没年不詳。

【実恵】　じっけい
金堂十僧。得業。賢定房。正和元年（一三一二）十一月に金堂十僧に入供。生没年不詳。出典『金堂日記』

【実慶】　じっけい
堂衆。大法師。良忍房。天文十五年（一五四六）得度。永禄四年（一五六一）三十歳で『仁王護国経疏』を書写。天正八年（一五八〇）十一月十八日、戒師に補任。生没年不詳。出典『現在僧名帳』

【実慶】　じっけい
大法師。良恩房。安養院の住。元禄十一年（一六九八）四月二十八日没。

【実継】　じっけい
堂衆律学。大法師。明春房。持宝院の住。宝永六年（一七〇九）ごろ上宮王院堂司に補任。享保三年（一七一八）十二月二十四日没。

【実厳】　じつげん
応永九年（一四〇二）『児童大衆等規式間事』に記載。生没年不詳。

さ行

【実玄】 じつげん

三綱。寛喜二年（一二三〇）「上宮王院棟札」に「三綱 大法師」と記載。生没年不詳。

【実憲】 じっけん

寛喜二年（一二三〇）「上宮王院棟札」に「学衆 法師」と記載。生没年不詳。

【実賢】 じっけん

堂衆行人方。大法師。専良房。弘圭の弟子。善住院の住。元文三年（一七三八）二月六日得度。宝暦十二年（一七六二）五月十七日、西円堂堂司に補任。明和九年（一七七二）善住院の庫裏などを再建。安永三年（一七七四）四月八日、西円堂へ釣燈籠を寄進。寛政六年（一七九四）七月七日、六十七歳で没。

【実賢】 じっけん

治部卿。千晃の弟子。阿弥陀院の住。郡山藩家臣内山氏の出身。幼名、千代麿。安政五年（一八五八）十一月十二日得度。慶応三年（一八六七）中臈位に補任。のちに退院。

【実済】 じっさい

永和四年（一三七八）『廿人沙汰間条々』に記載。生没年不詳。

【実算】 じっさん

「法隆寺別当」。大威儀師。興福寺の僧。天延元年（九七三）法隆寺別当に補任。三年間（六年ともいう）在任。

【実賛】 じっさん

大法師。将監公。普門院、中院の住。藤堂藩家臣市田氏の出身。幼名、竹丸。享保十九年（一七三四）十二月十六日得度。寛保三年（一七四三）五月七日没。

【実賛】 じっさん

堂衆行人方。一菴房。宝暦三年（一七五三）二月六日得度。明和五年（一七六八）八月二十三日退院。

【実秀】　じっしゅう

堂衆行人方。橋之坊の住。康永元年（一三四二）勧進して上御堂の火舎二口を新調。応安四年（一三七一）『上御堂本尊修復結縁文書』に記載。永徳三年（一三八三）に勧進して上御堂の磬台を新調。応永十七年（一四一〇）二月二十一日、七十歳で没。

【実秀】　じっしゅう

応永九年（一四〇二）『児童大衆等規式間事』に記載。文安六年（一四四九）三月十一日の新福寺供養に錫杖衆として出仕。生没年不詳。

【実秀】　じっしゅう

権律師。阿弥陀院の住。天正十年（一五八二）に『平氏伝雑勘文』を書写。文禄五年（一五九六）三十七歳（戒二十六）で『窓蛍掃塵抄』、慶長十二年（一六〇七）に『太子伝撰集鈔別要』を著述。慶長十九年（一六一四）徳川家康が法隆寺阿弥陀院に寄宿したときの阿弥陀院の院主。慶長二十年（一六一五）二月十八日、五十六歳で没。

実秀の百五十年忌のときに、生前の功績を讃えて権少僧都を追贈。

【実俊】　じっしゅん

堂衆。大法師。貞治四年（一三六五）に上宮王院の牛王箱を新調。そのころ上宮王院堂司に補任。応安四年（一三七一）『上御堂本尊修復結縁文書』に「堂衆二臈」と記載。生没年不詳。

【実俊】　じっしゅん

律師。願順房。地蔵院の住。永享六年（一四三四）地蔵院本堂の建立を発願。永享十年（一四三八）南大門再興の沙汰衆に補任。同年八月、六十三歳で舎利預に昇進。文安五年（一四四八）一月二十六日、七十三歳で没。

【実俊】　じっしゅん

応永九年（一四〇二）『児童大衆等規式間事』、応永二十二年（一四一五）『順禅房罪科間事』に記載。生没年不詳。

【実舜】　じっしゅん

金堂十僧。得業。善蓮房。正安三年（一三〇一）八月に金堂十僧に入供。正和五年（一三一六）九月十二日没。

出典『金堂日記』

【実舜】　じっしゅん

権律師。嘉吉二年（一四四二）二月の竜田社頭舞楽法会に左方衲衆として出仕。生没年不詳。

【実春】　じっしゅん

寛喜二年（一二三〇）「上宮王院棟札」に「学衆　法師」と記載。生没年不詳。

【実舜房】　じっしゅんぼう

天文十二年（一五四三）『現在僧名帳』に記載。生没年不詳。

【実舜房】　じっしゅんぼう➜「興基」の項目を見よ。

【実乗】　じつじょう

得業。円信房。宝光院、地蔵院の住。法起寺に住していた周遍大阿闍梨（玄光）に従って真言密教を修学。東室の秘密経蔵に周遍から授与された秘訣の書を奉納。暦応二年（一三三九）十二月六日と康永四年（一三四五）三月十三日の二回にわたって聖霊院で周遍大阿闍梨に従い伝法灌頂を受けている。広沢流を弟子の印実や慶懐に授けたという。暦応四年（一三四一）『大般涅槃経』を修復。貞治二年（一三六三）十二月八日に金剛院で長日護摩を始行。護摩堂の建立を念願しつつ、貞治三年（一三六四）三月十一日（貞治二年ともいう）没。

【実乗】　じつじょう

中務公（逸我房）。実然の弟子。政南院、善住院、宝珠院の住。郡山藩家臣樋口氏の出身。天保五年（一八三四）十一月十四日得度。安政四年（一八五七）権律師に補任。文久元年（一八六一）宝珠院へ転住。明治二年（一八六九）権大僧都に昇進。明治三年（一八七〇）ごろ退院。明治十三年（一八八〇）から法隆寺の録事をつとめる。「樋口正輔」の項目を参照。

【実浄】じつじょう
堂衆。寛喜二年（一二三〇）「上宮王院棟札」に「禅衆 法師」と記載。生没年不詳。

【実盛】じつじょう
応永九年（一四〇二）『児童大衆等規式間事』に記載。生没年不詳。

【実盛】じつじょう
元堂衆律学。大法師。専春房（東秀房）。深盛の弟子。福生院の住。雙林院と号す。寛延三年（一七五〇）九月二十七日得度。安永五年（一七七六）十二月十七日、大法師に補任。天明五年（一七八五）上宮王院堂司に昇進。寛政九年（一七九七）寺法の大改正により隠退。寛政十年（一七九八）五十八歳で没。

【実乗房】じつじょうぼう
堂衆。元和八年（一六二二）『現在僧名帳』に記載。

この年に得度。生没年不詳。

【実勝房】じっしょうぼう➜「円為」の項目を見よ。

【実信】じっしん
応永九年（一四〇二）『児童大衆等規式間事』に記載。生没年不詳。

【実清】じっせい
堂衆律学。大法師。寛文四年（一六六四）律学院前机新調のときに「沙汰衆」と記載。生没年不詳。

【実清】じっせい
大法師。二位公。覚勝の弟子。阿弥陀院の住。田原無足人横田氏の出身。元禄七年（一六九四）得度。宝永五年（一七〇八）一月九日、二十五歳で没。

【実誠】じっせい
堂衆。寛喜二年（一二三〇）「上宮王院棟札」に「禅衆 法師」と記載。生没年不詳。

【実善】 じつぜん

堂衆。寛喜二年（一二三〇）「上宮王院棟札」に「禅衆　法師」と記載。嘉禄二年（一二二六）『沽却　東室第四室西面事』に記載。生没年不詳。

【実然】 じつぜん

「一臈法印」。権大僧都。民部卿。覚賢の弟子。安養院、中院、宝珠院、善住院の住。公家裏辻氏の出身。文化三年（一八〇六）十月十五日得度。文化六年（一八〇九）安養院より中院へ転住。文化十三年（一八一六）中臈位になる。文政八年（一八二五）安養院へ転住。文政九年（一八二六）ごろ宝珠院へ転住。文政十年（一八二七）成業。天保六年（一八三五）絵殿預。天保十二年（一八四一）五月二十三日、権少僧都。同年十一月二十二日、法印権大僧都に補任。弘化三年（一八四六）一臈法印に昇進。安政元年（一八五四）十二月十一日、維摩院と改号。文久元年（一八六一）三月十二日隠居。明治六年（一八七三）一月十六日没。

【実禅】 じつぜん

「一臈法印」。僧都。良顕房。文和三年（一三五四）十月六日には一臈に昇進。延文元年（一三五六）の黒漆鼓胴に「願主一臈」と記載。康安二年（一三六二）二月十四日には法印に補任。貞治四年（一三六五）の舎利殿厨子建立のときの墨書に「一臈」と記載。生没年不詳。

【実禅房】 じつぜんぼう

永禄六年（一五六三）『現在僧名帳』に記載。この年に得度。生没年不詳。

【実専】 じっせん

応永九年（一四〇二）『児童大衆等規式間事』に記載。生没年不詳。

【実詮】 じっせん

寺主。永和四年（一三七八）『廿人沙汰間条々』、応永二十四年（一四一七）『沽却　作主職新立券文事』に記載。生没年不詳。

【実相】 じっそう

寛喜二年（一二三〇）「上宮王院棟札」に「学衆　法師」と記載。生没年不詳。

【実聡】 じっそう

「法隆寺別当」。僧正。興福寺西南院の僧。嘉暦二年（一三二七）九月二日、法隆寺別当に再任。一年間在任。

【実相院】 じっそういん

江戸時代の創建。元堂衆坊。普門院の西に隣接する子院の名称。安政三年（一八五六）に持福院を改名したものという。

【実相院表門】 じっそういんおもてもん

旧花園院表門。寛文七年（一六六七）四月に花園院表門として建立。大正九年（一九二〇）十二月十五日に修理した。至宝二-一三九。出典「花園院表門棟木銘」「墨書銘」

【実相院庫裏】 じっそういんくり

江戸時代の建立。実相院の坊舎のこと。桁行一六・九五メートル。梁間九・一一メートル。入母屋造。本瓦葺。大正九年（一九二〇）に花園院の地へ移建。至宝二-一四九

【実存】 じっそん

応永九年（一四〇二）『児童大衆等規式間事』に記載。生没年不詳。

【実尊房】 じっそんぼう

元和三年（一六一七）『現在僧名帳』に記載。この年に得度。生没年不詳。

【実如】 じつにょ

少将公。千学の弟子。阿弥陀院の住。郡山藩家臣馬嶋氏の出身。幼名、又三郎。文化十一年（一八一四）十月十八日得度。天保四年（一八三三）十二月二十二日、大法師に補任。天保十一年（一八四〇）『年会日次記』（四十歳）まで記載。生没年不詳。

【実弁】 じつべん
寛喜二年（一二三〇）「上宮王院棟札」に「学衆　法師」と記載。生没年不詳。

【実遍】 じっぺん
「法隆寺別当」。僧正。興福寺法雲院の僧。永和二年（一三七六）三月三十日、法隆寺別当に補任。康暦元年（一三七九）ごろまで在任。

【十方院】 じっぽういん
室町時代の創建。元堂衆坊。清浄院の西側にあった子院。享保二年（一七一七）八月に庫裏を改修し、表門を建立した。寛政九年（一七九七）寺法の大改正によって学侶坊となった。安政三年（一八五六）の文書に坊舎が存在すると記載しているが、明治時代初期に廃院となった。

【十方院表門】 じっぽういんおもてもん
享保二年（一七一七）八月に建立。現在は弥勒院表門として移建。出典「十方院表門棟札」

【実祐】 じつゆう
応永九年（一四〇二）『児童大衆等規式間事』に記載。生没年不詳。

【実融】 じつゆう
寛喜二年（一二三〇）「上宮王院棟札」に「学衆　法師」と記載。生没年不詳。

【実誉】 じつよ
堂衆。永徳三年（一三八三）「上宮王院棟札」に「律家方、比丘」と記載。生没年不詳。

【実燿】 じつよう
大法師。『応安年中以来法隆寺評定日記』に応永十四年（一四〇七）七月二十九日～応永二十年（一四一三）まで五師をつとめたと記載。生没年不詳。

【実蓮】 じつれん

堂衆。寛喜二年（一二三〇）「上宮王院棟札」に「禅衆　法師」と記載。生没年不詳。

【四天王】してんのう
須弥山の中腹で四方を向き仏法を護持する天部のこと。堂内では須弥壇の四隅に安置している。

【四天王寺図】してんのうじず
元禄九年（一六九六）に大坂四天王寺で行った出開帳のときの図面のこと。

【四天王邪鬼】してんのうじゃき
平安時代。木造　彩色。幅四〇・五〜五五・五センチメートル。旧伝法堂四天王像附属。至宝四-四四五〜四四八

【四天王立像】してんのうりゅうぞう
国宝。飛鳥時代。木造　彩色。総高「持国天」一三三・三センチメートル。「増長天」一三四・三センチメートル。「広目天」一三三・三センチメートル。「多聞天」一三四・二センチメートル。金堂に安置。わが国最古の四天王像。至宝四-一七八-（一）〜（四）

【四天王立像】してんのうりゅうぞう
重文。平安時代。木造　彩色。像高「持国天」二〇一・三センチメートル。「増長天」一九四・八センチメートル。「広目天」一九七・〇センチメートル。「多聞天」二〇四・〇センチメートル。講堂に安置。至宝四-一八一-（一）〜（四）

【四天王立像】してんのうりゅうぞう
重文。平安時代。木造　彩色。像高「持国天」一〇九・三センチメートル。「増長天」一〇九・七センチメートル。「広目天」一一〇・五センチメートル。「多聞天」一〇九・二センチメートル。新堂に安置。至宝四-一八二-（一）〜（四）

【四天王立像】してんのうりゅうぞう
重文。平安時代。木造　彩色。像高「持国天」九一・九センチメートル。至宝四-一八三。「増長天」一〇二・八センチメートル。至宝四-一八四。「広目天」九九・一センチメートル。至宝四-一八七。「多聞天」九八・三センチメートル。至宝四-一八八。伝法堂に安置。神仏分離のときに常楽寺より移されたものという。

【四天王立像】 してんのうりゅうぞう

重文。南北朝時代。木造　彩色。像高「持国天」一六七・二センチメートル。「増長天」一七三・五センチメートル。「広目天」一六八・九センチメートル。「多聞天」一七一・〇センチメートル。上御堂に安置。法隆寺の領地である鵤庄が武家に押収されていたため、その返還を鎌倉幕府に要求して、それが実現したときには四天王像を新造することを聖徳太子に誓願していた。幸い嘉暦四年（一三二九）に返還されたので、文和四年（一三五五）に四天王像を造って上御堂に安置したもの。至宝四－一九一－（一）～（四）

【四天王立像】 してんのうりゅうぞう

室町時代。一木造　彩色。四体。黒漆塗厨子附属。像高「持国天」一一〇・四センチメートル。至宝四－一九二

【四天王立像】 してんのうりゅうぞう

室町時代。一木造　彩色。四体。黒漆塗厨子附属。像高「持国天」一一八・六センチメートル。中央に火焔宝珠形舎利器がある。至宝四－一九三

【四天王立像】 してんのうりゅうぞう

重文。奈良時代。塑像。像高「持国天」九一・四センチメートル。「増長天」九二・七センチメートル。「広目天」九五・一センチメートル。「多聞天」九一・八センチメートル。平成十年（一九九八）から大宝蔵院に移している。至宝三－一〇一～一〇四

【蔀戸】 しとみど

格子を組んだ板を長押から吊り、上に跳ね上げて開くようにした戸の名称。法隆寺では三経院、聖霊院、旧妙音院地蔵堂など鎌倉時代ごろの建物に見られる。

【芝川利右衛門】 しばかわりえもん

大工。文政元年（一八一八）の北室院唐門、文政八年（一八二五）の北室院護摩堂の修理に従事。出典「北室院唐門棟札」「北室院護摩堂棟札」

【治部卿】 じぶきょう➡「良賛」の項目を見よ。

【治部卿】 じぶきょう➡「尊慧」の項目を見よ。

【治部卿】 じぶきょう↓「堯長」の項目を見よ。

【治部卿】 じぶきょう↓「行継」の項目を見よ。

【治部卿】 じぶきょう↓「実賢」の項目を見よ。

【持福院】 じふくいん

江戸時代の創建。金蔵院の北に隣接している子院の名称。安政三年（一八五六）に実相院に改名したという。

【持物太刀】 じぶつたち

平安時代。長六六・四センチメートル。聖霊院の御殿東之間に安置している国宝卒末呂王像の持物のこと。直刃の刃文を焼き、わずかに反りがつき、短寸ながら古様の太刀の姿をよく示している。

【治部房】 じぶぼう↓「尊慧」の項目を見よ。

【持宝院】 じほういん

室町時代に創建か。元堂衆坊。文殊院の西側にあった子院。寛政九年（一七九七）寺法の大改正によって学侶坊となった。安政三年（一八五六）の文書には坊舎が存在すると記載しているが、明治五年（一八七二）十月八日に廃院となった。

【清水浄運】 しみずじょううん

仏師。弘化二年（一八四五）に聖霊院の本尊を模して聖徳太子摂政像を造顕した。

【寺務御拝堂注文】 じむごはいどうちゅうもん

十四世紀に法隆寺で行われていた寺務別当や小別当の拝堂などの記録を集めたもの。貞治年間（一三六二〜六八）ごろに書写した。

【下修理奉行】 しもしゅうりぶぎょう

境内の破損状況を巡視し大衆の評定の席に報告する僧のこと。

【寺門伝奏】 じもんでんそう

法隆寺から朝廷へ奏上する取次役の公家のこと。裏松家、花園家、柳原家などがある。元文四年（一七三九）から柳原大納言家に法隆寺の寺門伝奏を依頼した。学侶の中には柳原家の猶子になった寺僧も多い。

【寺門天奏願記】 じもんてんそうがんき

寺僧の良訓が朝廷と法隆寺の関係を旧記を引用して箇条書にした記録。その内容は『法隆寺伝奏願在京之記録』『裏松家系図大概』『法隆寺旧記条々』『法隆寺仏閣霊仏宝等目録』の四部から構成されている。

【釈迦】 しゃか

古代インドに生まれ仏教を開いた釈尊のこと。正しくは「釈迦牟尼」という。

【釈迦院】 しゃかいん

江戸時代の創建。林賢坊の北側に隣接していた子院の名称。のちに院名の変更が行われたらしい。

【釈迦三尊】 しゃかさんぞん

釈迦如来を中心として両脇に二菩薩を配置した仏像をいう。釈迦の左右の脇侍は文殊、普賢と薬王、薬上など寺院によって脇侍の名称が異なる。

【釈迦三尊画像】 しゃかさんぞんがぞう

室町時代。絹本着色。縦一五〇・五センチメートル。横八五・〇センチメートル。至宝六-七九

【釈迦三尊坐像】 しゃかさんぞんざぞう

国宝。飛鳥時代。金銅。像高「中尊」八七・五センチメートル。「薬王菩薩」九一・三センチメートル。「薬上菩薩」九三・九センチメートル。金堂の中間本尊。止利仏師が造った聖徳太子等身の像。至宝三-金銅像一

【釈迦三尊坐像】 しゃかさんぞんざぞう

国宝。平安時代。桜材　一木造　漆箔。像高「中尊」二二七・九センチメートル。「文殊菩薩」一五五・七センチメートル。「普賢菩薩」一五三・九センチメートル。上御堂の本尊。中尊及び脇侍ともに二重の円光を背負い、宣字型の台座に座り、中尊の台座には裳が垂れ下がっている。上御堂が転倒したときには大講堂へ移されていた。至宝四-一-（一）～（三）。

【釈迦三尊像光背銘文】 しゃかさんぞんぞうこうはいめいぶん

金堂釈迦三尊像の光背に推古三十一年（六二三）に造顕したという由来を記した銘文のこと。

【釈迦十大弟子画像】しゃかじゅうだいでしがぞう

鎌倉時代。絹本着色。縦一一一・〇センチメートル。横七一・六センチメートル。裱背に宝永七年（一七一〇）に覚賢が修理したと記載。至宝六―八一

【釈迦十六善神画像】しゃかじゅうろくぜんしんがぞう

鎌倉時代。絹本着色。縦一二二・五センチメートル。横七九・五センチメートル。至宝六―八二

【釈迦十六羅漢図】しゃかじゅうろくらかんず

鎌倉時代。絹本着色。縦一三七・三センチメートル。横七一・五センチメートル。裱背に宝永七年（一七一〇）に覚賢が修理したと記載。至宝六―八四

【釈迦誕生仏】しゃかたんじょうぶつ

朝鮮李朝時代。銅造　鍍金。総高一九・一センチメートル。至宝三―金銅像一五

【釈迦如来画像】しゃかにょらいがぞう

南北朝時代。絹本着色。縦一四二・三センチメートル。横五七・八センチメートル。至宝六―七六

【釈迦如来坐像】しゃかにょらいざぞう

重文。平安時代。檜材　一木造　彩色　切金。像高七一・八センチメートル。至宝四―二

【釈迦如来坐像】しゃかにょらいざぞう

保延四年（一一三八）二月二十六日。木造　漆箔。像高三四・四センチメートル。至宝四―三

【釈迦如来坐像】しゃかにょらいざぞう

江戸時代。木造　漆箔。像高二七・九センチメートル。宝山湛海作。至宝四―四。出典「墨書」

【釈迦如来並びに脇侍像】しゃかにょらいならびにきょうじぞう

重文。飛鳥時代。金銅。一光三尊像。止利式。光背高三八・二センチメートル。像高「中尊」一六・七センチメートル。「脇侍」

一三・六センチメートル。大宝蔵院に安置。右脇侍を欠く。光背に刻銘があり、戊子年（推古三十六年〔六二八〕）に蘇我馬子の三周忌に造顕したものという。至宝三―金銅像六

【釈迦涅槃像】 しゃかねはんぞう

国宝。奈良時代。塑像。像長九九・五センチメートル。五重塔北面に安置。至宝三―塑像二一

【邪鬼】 じゃき

仏法に背き、反抗するもの。四天王に踏まれている鬼の名称。法隆寺では金堂に安置している四天王像の邪鬼が名高い。天邪鬼ともいう。

【笏】 しゃく

束帯を着たときに右手に持つ木製や象牙製の細長い札のようなもの。もとは心覚えを書きつけていたが、後世になると儀礼用の道具の一つとなった。法隆寺では聖徳太子摂政像の持物としてそれを見ることができる。

【釈円】 しゃくえん

金堂十僧。大法師。承暦三年（一〇七九）吉祥悔過の呪師に補任。生没年不詳。出典『金堂日記』

【錫杖】 しゃくじょう

僧や修験者が持ち歩く杖の名称。その頭部に鉄の輪などがついており、歩くと鳴るようになっている。この錫杖は法会などの僧具として用いられるようになった。

【錫杖】 しゃくじょう

重文。奈良～平安時代。鋳銅。三柄。一柄の頭部は鎌倉時代。長一五二・三～一六一・二センチメートル。至宝一三―四二一～四二三

【錫杖】 しゃくじょう

鎌倉時代。鋳銅。長三四・〇センチメートル。輪幅八・〇センチメートル。柄の短い手錫杖。頂に五輪塔、輪の中央に宝塔、左右に水瓶がある。至宝一三―四二五

【錫杖】 しゃくじょう

室町時代。鋳銅。長三五・九センチメートル。輪幅九・二センチメートル。手

錫杖。頂に宝塔、輪の中央に蓮華座上の宝塔、左右に小宝塔がある。至宝一三-四二七

【錫杖衆】しゃくじょうしゅう

聖霊会のときに堂方律学のうちの大法師位の一〇人が唱和する声明の一つ。

【尺八】しゃくはち

奈良時代。唐の楽器。聖徳太子が法隆寺から四天王寺へ至る途中に椎坂でこの笛を吹いたところ、山神が現われてそれにあわせて踊ったという。出典 献納宝物

【捨身飼虎図】しゃしんしこず

玉虫厨子の台座右側面壁に描かれている図。サッタ太子が竹林で七匹の仔をつれた餓死寸前の母虎に出会ったときに太子は崖にのぼり、上衣を脱いで傍らの木に掛け、虚空に身をおどらせ、みずからの身体を虎に喰わせた、という『金光明経』捨身品の物語を描いたもの。

【灑水器】しゃすいき

密教法具。灑水に用いる香水を入れる器の名称。

【灑水器】しゃすいき

重文(密教法具一括指定四一口のうち)。鎌倉時代。鋳銅 鍍金。一口。高一一・七センチメートル。至宝一三-二四四。出典「刻銘」

【舎利】しゃり

仏舎利。釈迦の遺骨のことをいう。法隆寺には五重塔の心礎に納められたものと、舎利殿に安置している南無仏舎利が伝わっている。

【舎利預】しゃりあずかり

舎利殿に安置している南無仏舎利を管理する僧のこと。これには学侶の上位三人が毎月を三等分して上旬預、中旬預、下旬預に補任していた。

【舎利講】しゃりこう

南無仏舎利を奉出して讃嘆する法要の名称。鎌倉時代より始行。現在は一月一日~三日まで行われる。

【舎利殿障子絵】 しゃりでんしょうじえ

漢高祖（東障子）、周文王（西障子）の物語を描いたもの。画師の土佐将監光信が描いた。享保年間（一七一六～一三六）に障子絵が老朽化したため屏風に改造して綱封蔵に納め、画師の長谷川等真がそれを模写している。屏風にした旧障子絵（室町時代）は献納宝物。

【舎利塔】 しゃりとう

国宝。奈良時代。塑造。総高三七・三センチメートル。五重塔西面に安置。至宝三-塑像五六

【舎利塔】 しゃりとう

金銅。宝塔形。総高六一・〇センチメートル。南無仏舎利を納入するために五師の覚厳が保延四年（一一三八）八月に造顕したもの。出典 献納宝物。「墨書銘」

【舎利塔】 しゃりとう

貞和三年（一三四七）。総高三六・八センチメートル。南無仏舎利を納める。舎利殿に安置。水晶製五輪塔と金銅製の花台からなる。

【舎利堂の糸桜】 しゃりどうのいとざくら

舎利殿（堂）の前にあるしだれ桜のこと。元禄十年（一六九七）閏二月二十四日に寺僧たちがその桜を見物したという記録がある。

【寿庵】 じゅあん

曲薬頭。並松の住。長尾氏。宝永四年（一七〇七）七月、法隆寺典薬頭法橋位に補任。生没年不詳。

【十一面観音印仏】 じゅういちめんかんのんいんぶつ

紙本墨摺。縦二八・八センチメートル。横四二・六センチメートル。三経院の広目天像の体内に納入されている印仏。

【十一面観音懸仏】 じゅういちめんかんのんかけぶつ

鎌倉時代。径二一・七センチメートル。観音は南北朝時代の後補。至宝三-懸仏三

【十一面観音画像】 じゅういちめんかんのんがぞう

室町時代。絹本着色。縦六四・〇センチメートル。横三一・二センチメートル。至宝六—一一八

【十一面観音画像】じゅういちめんかんのんがぞう

室町時代。絹本着色。縦九〇・〇センチメートル。横三六・四センチメートル。安永九年（一七八〇）に修理している。至宝六—一一九。出典「墨書」

【十一面観音画像】じゅういちめんかんのんがぞう

室町時代。絹本着色。額装。一面。縦八八・五センチメートル。横四〇・八センチメートル。長谷寺式。至宝六—一二〇

【十一面観音悔過】じゅういちめんかんのんけか

十一面観音を本尊とする夢殿の悔過法要（上宮王院修正会）。古くから秘仏の救世観音を十一面観音と信じられていた。毎年一月十六日〜十八日まで行われる。

【十一面観音菩薩】じゅういちめんかんのんぼさつ

観音の頭上に人びとの苦しみを救済する力を秘めた十または十一の小面を頂く観音菩薩の変化した姿をいう。十一の法力を一身に表現したもの。

【十一面観音菩薩坐像】じゅういちめんかんのんぼさつざぞう

室町時代。銅造　鍍金。黒漆塗厨子入。像高五・五センチメートル。至宝三—金銅像一二

【十一面観音菩薩立像】じゅういちめんかんのんぼさつりゅうぞう

木造。もとは竜田新宮の別当坊「東之坊」の本尊であったという。廃仏毀釈によって東之坊が廃寺となったために聖天堂に移されたという。これに該当する像は不明。

【十一面観音菩薩立像】じゅういちめんかんのんぼさつりゅうぞう

平安時代。一木造　漆箔。像高一二一・六センチメートル。至宝四—八〇

【十一面観音菩薩立像】じゅういちめんかんのんぼさつりゅうぞう

平安時代。桜材　一木造　彩色。像高四四・五センチメートル。至宝四—八一

【十一面観音菩薩立像】じゅういちめんかんのんぼさつりゅうぞう

平安時代。檜材　一木造　漆箔。像高一七二・二センチメートル。もとは西茶所に安置していた。至宝四-八二

【十一面観音菩薩立像】 じゅういちめんかんのんぼさつりゅうぞう

江戸時代。一木造　漆箔。像高二二・四センチメートル。至宝四-八三

【十一面観音菩薩立像】 じゅういちめんかんのんぼさつりゅうぞう

江戸時代。檜材　一木造　素地。像高三七・五センチメートル。至宝四-八四

【十一面観音菩薩立像】 じゅういちめんかんのんぼさつりゅうぞう

江戸時代。木造　漆箔。黒漆塗厨子附属。像高二六・三センチメートル。至宝四-八七

【衆一臈】 しゅういちろう

学侶の中臈位の一臈のこと。

【宗壱】 しゅういつ

中綱。寛喜二年（一二三〇）「上宮王院棟札」に「中綱　法師」と記載。生没年不詳。

【宗印】 しゅういん

堂衆。寛喜二年（一二三〇）「上宮王院棟札」に「禅衆　法師」と記載。生没年不詳。

【重印】 じゅういん

応永九年（一四〇二）『児童大衆等規式間事』に記載。生没年不詳。

【秀慧】 しゅうえ

堂衆行人方。大法師。懐全房（快全房）。秀海の弟子。元文五年（一七四〇）二月六日得度。明和五年（一七六八）六月退院。

【宗栄】 しゅうえい

貞泉房。正保二年（一六四五）『現在僧名帳』に記載。この年に得度。生没年不詳。

【宗英】 しゅうえい

永和四年（一三七八）『廿人沙汰間条々』に記載。生没年不詳。

【秀栄】しゅうえい
元堂衆行人方。妙専房。秀盛の弟子。天明四年（一七八四）二月六日得度。寛政九年（一七九七）寺法の大改正により学侶に交衆。懐儀の弟子となる。同年十二月、大和侍今中氏の養子となる。同年退衆か。生没年不詳。

【秀栄】しゅうえい
真龍房。秀延の弟子。奈良大豆山町、乾氏の出身。明治元年（一八六八）十二月三日得度。明治七年（一八七四）退院。

【重栄】じゅうえい
応永九年（一四〇二）『児童大衆等規式間事』に記載。生没年不詳。

【重右衛門】じゅうえもん
大工。葛上郡新庄の住。安永四年（一七七五）護摩堂の再建に従事。出典「護摩堂棟札」

【周縁】しゅうえん
新堂衆。大法師。義海房。胤周の弟子。聖霊院堂司。喜多院の住。享和元年（一八〇一）十二月二十五日得度。文化四年（一八〇七）十二月十二日、大法師に補任。文政八年（一八二五）十二月六日隠居。生没年不詳。

【宗円】しゅうえん
大法師。応安四年（一三七一）『上御堂本尊修復結縁文書』や永徳三年（一三八三）「上宮王院棟札」に記載。生没年不詳。

【宗円】しゅうえん
応永九年（一四〇二）『児童大衆等規式間事』に記載。生没年不詳。

【秀延】しゅうえん
権少僧都。縫殿公。秀賛の弟子。十方院、政蔵院、興善院の住。柳本藩家臣岸上氏の出身。文政十年（一八二

七）十二月得度。十方院に住す。天保六年（一八三五）十二月五日、政蔵院へ転住。嘉永二年（一八四九）ごろ興善院へ転住。明治二年（一八六九）九月、管廟破却事件により隠居。

【周応】しゅうおう
　新堂衆。光円房（高縁房）。周縁の弟子。文政三年（一八二〇）得度。文政八年（一八二五）一月七日没。

【宗穏】しゅうおん
　応永九年（一四〇二）『児童大衆等規式間事』に記載。生没年不詳。

【宗音】しゅうおん
　承仕。正保四年（一六四七）『現在僧名帳』に記載。この年に得度。生没年不詳。

【宗恩房】しゅうおんぼう➡「長乗」の項目を見よ。

【宗音房】しゅうおんぼう
　天文四年（一五三五）『現在僧名帳』に記載。この年に得度。生没年不詳。

【宗音房】しゅうおんぼう➡「教継」の項目を見よ。

【秀懐】しゅうかい
　堂衆行人方。学政房。秀遍の弟子。蓮池院の住。宝永四年（一七〇七）得度。宝永五年（一七〇八）『年会日次記』まで記載。生没年不詳。

【秀懐】しゅうかい
　右京公。明光院、妙徳院の住。大坂城与力多湖氏の出身。幼名、幾久丸。宝暦十三年（一七六三）三月二十一日得度。明和二年（一七六五）妙徳院へ転住。明和三年（一七六六）十二月一日退院。

【秀海】しゅうかい
　永和四年（一三七八）『廿人沙汰間条々』に記載。生没年不詳。

【秀海】　しゅうかい
大法師。応永九年（一四〇二）『児童大衆等規式間事』に記載。『応安年中以来法隆寺評定日記』に応永二十年（一四一三）七月二十七日に五師をつとめたと記載。生没年不詳。

【秀海】　しゅうかい
堂衆行人方。夏一戒師。大法師。好全房。蓮光院の住。享保十四年（一七二九）得度。蓮光院を再興。元文五年（一七四〇）大法師に昇進。宝暦十二年（一七六二）十一月一日、妻室堂司に補任。天明六年（一七八六）五月十九日、七十歳で没。

【重懐】　じゅうかい
法印。学頭。源春房。弥勒院の住。興福寺の僧を兼ねる。延文三年（一三五八）四月一日、仲甚と回観音講をはじめる。上宮王院の竜神画像と五天竺図を描く。貞治三年（一三六四）八月九日に『法隆寺縁起白拍子』を撰述。生没年不詳。

【重海】　じゅうかい
五師。寛正四年（一四六三）ごろ五師に補任。生没年不詳。

【禽覚】　しゅうかく
大法師。永和四年（一三七八）『廿人沙汰間条々』に記載。『応安年中以来法隆寺評定日記』に応永二十年（一四一三）七月二十九日に五師をつとめたと記載。生没年不詳。

【秀覚】　しゅうかく
栄恩房。松立院の住。元禄十四年（一七〇一）に得度。宝永二年（一七〇五）『年会日次記』まで記載。生没年不詳。

【宗学房】　しゅうがくぼう
天正二年（一五七四）『現在僧名帳』に記載。この年に得度。生没年不詳。

さ行

【宗学房】 しゅうがくぼう

寛永三年（一六二六）『現在僧名帳』に記載。この年に得度。生没年不詳。

【宗観坊】 しゅうかんぼう

堂衆律学。大法師。応永五年（一三九八）「西円堂棟札」に記載。生没年不詳。

【従儀師】 じゅうぎし

大会のときに威儀師に従って威儀を整える僧のこと。

【宗行房】 しゅうぎょうぼう

宝治二年（一二四八）「西円堂心束墨書」に記載。生没年不詳。

【宗慶】 しゅうけい

応永九年（一四〇二）『児童大衆等規式間事』に記載。生没年不詳。

【宗継】 しゅうけい

堂衆律学。大法師。尚春房。実継の弟子。持宝院の住。元禄十七年（一七〇四）得度。享保四年（一七一九）ごろ没。

【秀恵】 しゅうけい

堂衆行人方。夏一戒師。大法師。学春(俊)房。仏性院、文殊院、蓮池院の住。正保四年（一六四七）『現在僧名帳』に記載。その年に得度。元禄十三年（一七〇〇）ごろ夏一戒師に昇進。宝永二年（一七〇五）『年会日次記』まで記載。生没年不詳。

【秀慶】 しゅうけい

堂衆。大法師。慶安二年（一六四九）に造った律学院阿弥陀如来坐像の台座に「律学院持」と記載。生没年不詳。

【秀慶】 しゅうけい

承仕。良信房。甚勝房の弟子。円成院の住。安永七年

（一七七八）十二月二十三日得度。寛政五年（一七九三）一月十七日没。

【秀慶】しゅうけい

侍従公。秀延の弟子。十方院、政倉院の住。小泉藩家臣大河原氏の出身。幼名、徹丸。天保十五年（一八四四）十一月一日得度。万延二年（一八六一）『年会日次記』まで記載。生没年不詳。

【重慶】じゅうけい

得業。大法師。源舜房。応永九年（一四〇二）『児童大衆等規式間事』に記載。永享十年（一四三八）聖霊会の宝幢造顕奉行や同年の南大門再興の奉行衆に補任。生没年不詳。

【重継】じゅうけい

「一臈法印」。僧都。金堂十僧。得業。善賢房。正安元年（一二九九）十一月に金堂十僧に入供。元応二年（一三二〇）ごろ一臈法印に昇進。元亨元年（一三二一）三月二十九日没。

【秀賢】しゅうけん

承仕。智山房。賢長の弟子。遍照院の後住。享保十七年（一七三二）得度。寛保四年（一七四四）智寛房円賢に改名。延享三年（一七四六）『年会日次記』まで記載。生没年不詳。

【秀賢】しゅうけん

堂衆行人方。昌信房。秀盛の弟子。安永六年（一七七七）二月十七日得度。天明七年（一七八七）『年会日次記』まで記載。生没年不詳。

【周元】しゅうげん

新堂衆。大丈房。上宮王院堂司。律学院堂司。聖霊院堂司。喜多院の住。天保四年（一八三三）十二月十四日得度。天保六年（一八三五）周栄に改名。嘉永元年（一八四八）『年会日次記』まで記載。生没年不詳。

【重賢】じゅうけん

応永九年（一四〇二）『児童大衆等規式間事』に記載。

生没年不詳。

【重玄】じゅうげん

「一臈法印」。権少僧都。貞治四年（一三六五）ごろ舎利預に補任。『法隆寺衛五師年会所旧記』及び『応安年中以来法隆寺評定日記』に貞治三年（一三六四）～貞治六年（一三六七）まで当座一臈をつとめ、貞治七年（一三六八）～永和四年（一三七八）まで五師であったと記載。応安四年（一三七一）『上御堂本尊修復結縁文書』に「二臈少僧都」と記載。その後に一臈法印に昇進。生没年不詳。

【宗興】しゅうこう

寛喜二年（一二三〇）「上宮王院棟札」に「法師　結縁衆」と記載。生没年不詳。

【重弘】じゅうこう

永和四年（一三七八）『廿人沙汰間条々』に記載。生没年不詳。

【重済】じゅうさい

応永九年（一四〇二）『児童大衆等規式間事』、応永二十二年（一四一五）『順禅房罪科間事』に記載。生没年不詳。

【宗才才承介】しゅうさいさいしょうすけ

刀禰。寛喜二年（一二三〇）五月「夢殿棟札」に「刀禰」と記載。

【秀賛】しゅうさん

「一臈法印」。元堂衆行人方。権僧正。大円房。秀盛の弟子。蓮光院、興善院の住。寛政四年（一七九二）二月六日得度。寛政九年（一七九七）寺法の大改正により学侶に交衆。懐儀の弟子となる。弾正公に改名。蓮光院を興善院に改めた。文化元年（一八〇四）慈恩会竪義の註記をつとめる。文化六年（一八〇九）中臈位。文政七年（一八二四）五月二十日、権律師。文政九年（一八二六）四月二十一日、西円堂輪番。文政十二年（一八二九）ごろ権少僧都。天保三年（一八三二）八月、舎利中旬預に補任。天保十年（一八三九）十一月二十二日、一臈法印大僧都に昇進。勅許により権僧正を賜わる。弘化三年（一八四六）一月三日、六十五歳で没。

【秀山】 しゅうざん↓「寿見房」の項目を見よ。

【十三杯御膳】 じゅうさんぱいごぜん

会式の供物の名称。白豆、黒豆、青豆、鼠の耳、榧、銀杏、ホオズキ、キンカン、干柿、クワイ、ミズクワイ、紅白寒天、切餅の一三種で、高二五センチメートル位、直径八センチメートル位の体裁に仕上げ、小さな三方に立て、隅立ての飾りを施したものをいう。

【十三仏】 じゅうさんぶつ

亡くなった人の年忌法事のときに本尊とする十三の仏のこと。

【十三仏図】 じゅうさんぶつず

桃山時代。麻絹着色。縦一一一・六センチメートル。横七三・〇センチメートル。至宝六–一一二

【宗識房】 しゅうしきぼう↓「賢盛」の項目を見よ。

【十七条憲法】 じゅうしちじょうけんぽう

聖徳太子が推古十二年（六〇四）四月三日に発布した憲法のこと。

【十七条憲法版木】 じゅうしちじょうけんぽうはんぎ

重文。弘安八年（一二八五）開版。縦二五・九センチメートル。横八五・六センチメートル。至宝七–版木一

【宗実房】 しゅうじつぼう

元和四年（一六一八）『現在僧名帳』に記載。この年に得度。生没年不詳。

【宗樹】 しゅうじゅ

大法師。応安四年（一三七一）『上御堂本尊修復結縁文書』に記載。生没年不詳。

【重秀】 じゅうしゅう

堂衆。夏一戒師。大法師。定忍房。橋之坊の住。康正二年（一四五六）ごろ上宮王院堂司に補任。寛正三年（一四六二）二月二十四日の竜田社頭舞楽法会の読師をつとめた。生没年不詳。

【宗春】しゅうしゅん
承仕。元和二年（一六一六）『現在僧名帳』に記載。この年に得度。生没年不詳。

【宗春房】しゅうしゅんぼう
元亀二年（一五七一）『現在僧名帳』に記載。この年に得度。生没年不詳。

【宗舜房】しゅうしゅんぼう
永禄八年（一五六五）『現在僧名帳』に記載。この年に得度。生没年不詳。

【秋春房】しゅうしゅんぼう
堂衆律学。大法師。応永五年（一三九八）「西円堂棟札」に記載。生没年不詳。

【宗順房】しゅうじゅんぼう
宝治二年（一二四八）「西円堂心束墨書」に記載。生没年不詳。

【宗順房】しゅうじゅんぼう
慶長四年（一五九九）『現在僧名帳』に記載。この年に得度。生没年不詳。

【宗成】しゅうじょう
堂衆。寛喜二年（一二三〇）「上宮王院棟札」に「禅衆　法師」と記載。生没年不詳。

【宗盛】しゅうじょう
式部卿。快盛の弟子。福生院、東住院の住。郡山藩家臣樋山氏の出身。幼名、政磨。安政四年（一八五七）八月三日得度。万延元年（一八六〇）十二月、東住院へ転住。のち退院。

【秀盛】しゅうじょう

堂衆行人方。昌賢房。秀海の弟子。十方院の住。宝暦三年（一七五三）二月六日得度。天明六年（一七八六）七月、聖霊院堂司に補任。寛政五年（一七九三）『年会日次記』まで記載。生没年不詳。

【秀盛】　しゅうじょう

慈雲房。秀延房の弟子。明治元年（一八六八）得度。のち退院。

【宗信】　しゅうしん

保安三年（一一二二）～天承元年（一一三一）に林幸が発願した『法隆寺一切経』の書写に協力した。生没年不詳。

【宗信】　しゅうしん

寛喜二年（一二三〇）「上宮王院棟札」に「学衆　法師」と記載。生没年不詳。

【宗親】　しゅうしん

「法隆寺別当」。法印。興福寺東林院の僧。嘉元二年（一三〇四）三月一日、法隆寺別当に補任。同年十二月に辞退。生没年不詳。

【宗甚】　しゅうじん

応永九年（一四〇二）『児童大衆等規式間事』に記載。生没年不詳。

【重親】　じゅうしん

応永九年（一四〇二）『児童大衆等規式間事』に記載。生没年不詳。

【秀深房】　しゅうじんぼう➡「快恵」の項目を見よ。

【秀甚房】　しゅうじんぼう➡「実雅」の項目を見よ。

【重盛】　じゅうせい

法師。宝徳三年（一四五一）二月二十七日の聡明寺供養に錫杖衆として出仕。生没年不詳。

【宗詮】　しゅうせん

寛喜二年（一二三〇）「上宮王院棟札」に「学衆　法師」

と記載。生没年不詳。

【宗禅】 しゅうぜん

堂衆。寛喜二年（一二三〇）「上宮王院棟札」に「禅衆法師」と記載。生没年不詳。

【十禅師】 じゅうぜんじ

光仁天皇の時代に全国から高徳の僧一〇人を選んで補任したもの。

【宗泉房】 しゅうせんぼう➡「快専」の項目を見よ。

【宗禅房】 しゅうぜんぼう➡「頼盛」の項目を見よ。

【重蔵】 じゅうぞう

大工。弘化二年（一八四五）西円堂の修理に従事。

出典「西円堂棟札」

【収蔵庫】 しゅうぞうこ

昭和二十七年（一九五二）に建設。焼損した金堂壁画を収納する施設。

【秀存】 しゅうそん

堂衆行人方。大法師。学専房。蓮池院の住。宝永七年（一七一〇）得度。享保十七年（一七三二）『年会日次記』まで記載。生没年不詳。

【重貞】 じゅうてい

真覚房。『法隆寺衛五師年会所旧記』に記載。生没年不詳。

【十二神将】 じゅうにしんしょう

薬師如来の眷属である一二人の武人の姿を表現したもの。時刻を守り仏教の行者を守護する役目を持っている。「十二夜叉大将」ともいう。法隆寺には金堂壁画第十号壁や鎌倉時代の十二神将像（西円堂）がある。

【十二神将立像】 じゅうにしんしょうりゅうぞう

重文。鎌倉時代。木造　彩色　切金。子、亥のみ楠材一木造。ほかの神将像は檜材寄木造。像高七六・五～八九・七センチメートル。西円堂所在。至宝四-二二九

【十二神将立像】じゅうにしんしょうりゅうぞう

江戸時代。檜材　彩色。像高五一・二〜五四・一センチメートル。至宝四―二三〇

【十二天】じゅうにてん

古代インドの神話に出てくる神のこと。密教に採り入れられて方位を守護する護法神となる。帝釈天、火天、閻魔天、羅刹天、水天、風天、毘沙門天、伊舎那天、梵天、地天、日天、月天。密教において道場を守護するために祀られている。

【十二天画像】じゅうにてんがぞう

室町時代。絹本着色。一二幅。各縦九五・七センチメートル。横四〇・八センチメートル。至宝六―六一

【十二天画像】じゅうにてんがぞう

室町時代。紙本着色。三幅。各縦一二八・五センチメートル。横五七・五センチメートル。もとは護摩堂安置か？　至宝六―六二

【十二天堂】じゅうにてんどう

桁行二間。梁行一間。切妻造。本瓦葺。護摩堂と聖天堂の間に位置する建物。修正会のとき十二天神供を修行する道場のこと。安永九年（一七八〇）ごろに再建した。

【周尺】しゅうのしゃく↓「紅牙撥鏤尺」の項目を見よ。

【繍仏片】しゅうぶつへん

飛鳥〜奈良時代。天寿国曼荼羅繍帳や天人幡などの断片。

【秀遍】しゅうへん

堂衆行人方。大法師。学深房。蓮池院の住。延宝年間（一六七三〜八一）ごろ得度。宝永五年（一七〇八）ごろ諸進に補任。享保二年（一七一七）八月十四日没。

【奝遍】しゅうへん

澄遍・長遍・玄光・賢光ともいい、仁和寺の僧。仁和寺を退去し南都の白毫律院に隠棲して持戒の僧とな

る。斎遍が密教に博達であることを伝聞した法隆寺の寺僧たちは、法隆寺に勧請して、斎遍に従って修学した。斎遍の法統は、仁和寺の前大僧正行遍より両部の大法を受け、小野流は小野曼荼羅寺の仁海の正統、広沢流は広沢六流の一つである西院流を伝授したという。暦応二年（一三三九）十二月六日に聖霊院で斎遍が大阿闍梨となって伝法灌頂を修し、実乗や北室の禅観が受法している。康永四年（一三四五）にも伝法灌頂があり、定順・円順・浄観が受法している。観応元年（一三五〇）五月十日、七十六歳で没。

【十萬節塔】 じゅうまんせっとう

重文。奈良時代。十三重塔。塔身は檜材。総高七〇・〇センチメートル。底面径二〇・〇センチメートル。九輪高一九・五センチメートル。百萬塔が十万の満数にあたったときに造ったもの。至宝五

【宗祐】 しゅうゆう

大法師。浄専房。応安四年（一三七一）『上御堂本尊修復結縁文書』に記載。生没年不詳。

【重祐】 じゅうゆう

堂衆。大法師。行観房。西之院の住。応安四年（一三七一）『上御堂本尊修復結縁文書』、応永五年（一三九八）「西円堂棟札」に記載。応永三十三年（一四二六）には夏一戒師として上御堂の上欄格子を寄進。正長二年（一四二九）二月二十三日の竜田社頭舞楽法会の読師をつとめた。生没年不詳。

【秀誉】 しゅうよ

応永九年（一四〇二）『児童大衆等規式間事』に記載。生没年不詳。

【秀誉】 しゅうよ

五師。深源房。西園院の住。明応六年（一四九七）ごろ五師に補任。生没年不詳。

【十郎兵衛】 じゅうろうべえ

大工。法隆寺村芝口の住。元禄九年（一六九六）蓮池院表門の建立に従事。出典「蓮池院表門棟札」

【十六善神】 じゅうろくぜんしん
『大般若経』とその経を読誦する人びとを守護する護法神の名称。「釈迦十六善神」ともいう。

【十六羅漢】 じゅうろくらかん
釈迦が涅槃に入るときに正法を委嘱され、人びとを守護する羅漢の名称。

【十六羅漢図】 じゅうろくらかんず
室町時代。絹本着色。一六面。各縦七七・三センチメートル。横四二・八センチメートル。至宝六‐八五

【十六羅漢図】 じゅうろくらかんず
室町時代。絹本着色。四幅。各縦一四一・五センチメートル。横七三・四センチメートル。各幅の裱背に嘉永五年（一八五二）の一源による修理銘がある。至宝六‐八六

【十六羅漢図】 じゅうろくらかんず
室町時代。絹本着色。二幅。各縦九四・四センチメートル。横三七・九センチメートル。各幅の裱背に慶安五年（一六五二）往基による修理銘がある。至宝六‐八七

【十六羅漢図屏風】 じゅうろくらかんずびょうぶ
重文。鎌倉時代。絹本着色。八曲一双。縦五六・四センチメートル。横三八・八センチメートル。至宝六‐一三九

【寿王三郎】 じゅおうさぶろう➡「ユウ阿弥」の項目を見よ。

【寿王次郎】 じゅおうじろう
瓦大工。永享八年（一四三六）に南大門の瓦を作っている。出典「瓦刻銘」

【咒願導師】 じゅがんどうし
法会などの願意を述べる導師のこと。咒願文を読む僧をいう。法隆寺では金堂修正会などに見られる。

【寿見房】 じゅけんぼう
承仕。長山（秀山）。円成院の住。享保十一年（一七

二六）得度。元文二年（一七三七）秀山に改名。のち退院。

【寿見房】じゅけんぼう➜「祐信」の項目を見よ。

【珠光院】じゅこういん➜「昶雅」の項目を見よ。

【咒師】しゅし

口で真言を唱え、加持祈禱を行い法会の道場を結界する僧のことをいう。法隆寺では金堂修正会に見られる。

【出仕僧】しゅっしそう

法会などに出席している僧のこと。

【珠南院】しゅなんいん➜「修南院」の項目を見よ。

【修南院】しゅなんいん

境内末寺。「珠南院」「東林寺」ともいう。文永七年（一二七〇）に法隆寺の近くに止住している工匠たちが聖徳太子の広恩に報いるために東院の東に建立した寺院のこと。しかし、文永七年造営説は疑わしい。『法隆寺文書』に文明七年（一四七五）二月二十三日に「修南院堂供養之事」が記載されているから、同年に建立した可能性が高い。明治十二年（一八七九）に廃院となっている。

【修南院結鎮座】しゅなんいんけっちんざ

毎年一月二十日に大工仲間たちが修南院に集まって聖徳太子の広恩に感謝し、仲間の結束を誓う儀式のこと。元和五年（一六一九）から明治時代初期に至る約三〇〇年間断絶することなく行われたという。

【修南院住職之事】しゅなんいんじゅうしょくのこと

大工仲間の一臈や老体の人が住職に就任している。

【珠南院の湯釜】しゅなんいんのゆがま

珠（修）南院で行われた結鎮座に使用された鉄釜のこと。元和五年（一六一九）に中井利次が珠南院へ寄進した。

【寿仁】じゅにん

平安時代初期の僧。勤讃の弟子。勤讃の次に東院院主に補任したという。生没年不詳。

【麈尾】しゅび

奈良時代。木製漆塗。全長五五・七センチ《メートル》。幅四・六センチ《メートル》。高僧が人びとを導くために用いる仏具。聖徳太子が橘寺で『勝鬘経』を講讃したときに用いたと伝えている。出典 献納宝物

【守文房】しゅぶんぼう

天文六年（一五三七）『現在僧名帳』に記載。この年に得度。西里庵に住す。生没年不詳。

【須弥山】しゅみせん

仏教説話の中に登場する、世界の中央に聳え立っているという山の名称。その頂上には帝釈天、中腹には四天王が住み、日月がその周囲を巡っているという。

【須弥山図】しゅみせんず

玉虫厨子の台座背面壁に描かれている図。霊鷲山で釈迦の説法を聞いた海竜王が、歓喜して釈迦を竜宮に請じ、諸竜のために説法を乞うたという『海竜王経』請仏品の物語を描いたもの。

【純意】じゅんい

承仕。勝解房（勝海房、勝誠房）。勝南房の弟子。金剛院の住。享和三年（一八〇三）十二月十二日得度。勝解房純頤と名乗る。文化五年（一八〇八）純意勝海房に改名。弘化二年（一八四五）二月七日没。

【純頤】じゅんい ➡「純意」の項目を見よ。

【俊栄】しゅんえい

嘉禄三年（一二二七）五月十日『法隆寺大法師隆詮外十二僧連署契状』、寛喜二年（一二三〇）「上宮王院棟札」に「結縁衆」と記載。生没年不詳。

【俊英】しゅんえい

応永九年（一四〇二）『児童大衆等規式間事』、応永二十二年（一四一五）『順禅房罪科間事』に記載。生没

年不詳。

【舜英】しゅんえい
法師。中院の住。明暦二年（一六五六）聖霊会の沙汰衆に補任。万治二年（一六五九）十二月二十五日、二十五歳で没。

【順英】じゅんえい
筒井順慶の弟という。善住院の住。織田信長より拝領の「伊賀焼茶入号青苔、一名勝利」を順慶より贈られたと伝える。生没年不詳。「青苔茶入」の項目を参照。

【舜栄房】しゅんえいぼう
堂衆。享禄四年（一五三一）『現在僧名帳』に記載。この年に得度。生没年不詳。

【俊円】しゅんえん
「法隆寺別当」。僧正。興福寺東北院の僧。宝徳二年（一四五〇）十一月二十四日、法隆寺別当として拝堂式を行う。文明十六年（一四八四）五月十三日没。

【順円】じゅんえん
三綱。寛喜二年（一二三〇）「上宮王院棟札」に「三綱　大法師　結縁衆」と記載。生没年不詳。

【舜円房】しゅんえんぼう↓「快賀」の項目を見よ。

【順円房】じゅんえんぼう↓「性専」の項目を見よ。

【順円房】じゅんえんぼう
承応三年（一六五四）『現在僧名帳』に記載。この年に得度。生没年不詳。

【春王丸】しゅんおうまる
瓦大工。永享八年（一四三六）に南大門の瓦を作っている。出典「瓦刻銘」

【舜音房】しゅんおんぼう
堂衆。金光院の住。弘治三年（一五五七）『現在僧名帳』に「堂夏方　金光院」と記載。この年に得度。生没年不詳。

【春可】しゅんか
大法師。天文十七年（一五四八）『奉唱　大別当御拝堂威儀僧事』に「講堂堂達」と記載。生没年不詳。

【春懐】しゅんかい➡「慶雲」の項目を見よ。

【春海】しゅんかい
三綱。加賀公。天文十九年（一五五〇）『現在僧名帳』に「三綱方」と記載。この年に得度。生没年不詳。

【舜懐】しゅんかい➡「慶雲」の項目を見よ。

【舜海】しゅんかい
法師。応永九年（一四〇二）『児童大衆等規式間事』に記載。宝徳三年（一四五一）二月二十七日の聡明寺供養に梵音衆として出仕。生没年不詳。

【順快】じゅんかい
大法師。天文十七年（一五四八）『奉唱　大別当御拝堂威儀僧事』に「威儀僧」と記載。生没年不詳。

【順懐】じゅんかい
大法師。延松房。応永九年（一四〇二）『児童大衆等規式間事』に記載。永享十年（一四三八）南大門再興の奉行衆に補任。文安六年（一四四九）三月十一日の新福寺供養に甲衆、宝徳三年（一四五一）二月二十七日の聡明寺供養に奉行衆として出仕した。また『応安年中以来法隆寺評定日記』に寛正三年（一四六二）から五師をつとめたと記載。生没年不詳。

【順戒房】じゅんかいぼう➡「円常」の項目を見よ。

【春覚房】しゅんかくぼう➡「隆実」の項目を見よ。

【春覚房】しゅんかくぼう
堂衆。蓮光院の住。天正十年（一五八二）『現在僧名帳』に「蓮光院」と記載。この年に得度。生没年不詳。

【舜覚房】しゅんかくぼう➡「春慶」の項目を見よ。

【春学房】しゅんがくぼう➡「頼英」の項目を見よ。

【春学房】しゅんがくぼう
天文十二年（一五四三）『現在僧名帳』に記載。この年に得度。生没年不詳。

【順学房】じゅんがくぼう➡「慶賢」の項目を見よ。

【春観房】しゅんかんぼう➡「懐暁」の項目を見よ。

【順観房】じゅんかんぼう
得業。永徳二年（一三八二）十月五日『僧有英田地売券』に「得業」と記載。生没年不詳。

【春京】しゅんきょう
勾当。元禄十五年（一七〇二）～寛延三年（一七五〇）『年会日次記』まで記載。生没年不詳。

【春暁】しゅんぎょう
応永九年（一四〇二）『児童大衆等規式間事』に記載。生没年不詳。

【春京房】しゅんきょうぼう
堂衆律学。夏一戒師。大法師。応永五年（一三九八）「西円堂棟札」に「戒師　一臈」と記載。生没年不詳。

【春教房】しゅんきょうぼう
承仕。永禄十年（一五六七）『現在僧名帳』に記載。この年に得度。生没年不詳。

【俊堯房】しゅんぎょうぼう➡「石征」の項目を見よ。

【俊行房】しゅんぎょうぼう➡「寛盛」の項目を見よ。

【春堯房】しゅんぎょうぼう
天文四年（一五三五）『現在僧名帳』に記載。この年に得度。生没年不詳。

【春行房】しゅんぎょうぼう
堂衆。天文十九年（一五五〇）『現在僧名帳』に記載。この年に得度。生没年不詳。

【春行房】しゅんぎょうぼう
堂衆。寛文四年（一六六四）『現在僧名帳』に記載。この年に得度。生没年不詳。

【舜行房】しゅんぎょうぼう
永禄十年（一五六七）『現在僧名帳』に記載。この年に得度。生没年不詳。

【順教房】じゅんきょうぼう
天文十四年（一五四五）『現在僧名帳』に記載。この年に得度。生没年不詳。

【順行房】じゅんぎょうぼう
明暦元年（一六五五）『現在僧名帳』に記載。この年に得度。生没年不詳。

【舜空房】しゅんくうぼう
大永七年（一五二七）『現在僧名帳』に「立田」と記載。この年に得度。生没年不詳。

【春慶】しゅんけい
仏師。舜覚房という。長禄三年（一四五九）に文殊菩薩騎獅像（宝珠院本堂に安置）を造顕。

【舜慶】しゅんけい
仏師。民部公という。康暦二年（一三八〇）に護摩堂の不動明王の脇侍二童子像を造顕。

【舜慶】しゅんけい
法師。嘉吉二年（一四四二）二月二十三日の竜田社頭舞楽法会に左方錫杖衆として出仕。生没年不詳。

【淳継】じゅんけい
堂衆律学。大法師。良忍房。長慶の弟子。法華院の住。元禄十五年（一七〇二）得度。宝永八年（一七一一）大法師に昇進。寛保二年（一七四二）八月四日没。

【順慶】じゅんけい
木師。文和四年（一三五五）十二月三日に造顕した上御堂の四天王像首内の墨書に「木師僧　法橋」と記載。

【淳芸】　じゅんげい
僧都。了識房。弥勒院の住。永享二年（一四三〇）聖霊会の会料として散手面を施入。同年九月、舎利預に補任（六十五歳）。永享六年（一四三四）十一月四日、六十九歳で没。

【俊憲】　しゅんけん
嘉禄三年（一二二七）五月十日『法隆寺大法師隆詮外十二僧連署契状』に記載。生没年不詳。

【俊賢】　しゅんけん
寛喜二年（一二三〇）「上宮王院棟札」に「学衆　法師」と記載。生没年不詳。

【舜憲】　しゅんけん
大法師。応永二年（一三九五）の聖霊会の絵殿預に補任。応永二十二年（一四一五）『本末寺文書目録』に「五師所沙汰人」と記載。『応安年中以来法隆寺評定日記』に応永二十九年（一四二二）十月三日～永享二年（一四三〇）まで五師をつとめたと記載。生没年不詳。

【舜賢】　しゅんけん
応永九年（一四〇二）『児童大衆等規式間事』に記載。生没年不詳。

【俊玄】　しゅんげん
嘉禄三年（一二二七）五月十日『法隆寺大法師隆詮外十二僧連署契状』に記載。生没年不詳。

【順厳】　じゅんげん
応永九年（一四〇二）『児童大衆等規式間事』に記載。生没年不詳。

【俊賢房】　しゅんけんぼう➡「勝訓」の項目を見よ。
【春見房】　しゅんけんぼう➡「堯英」の項目を見よ。
【舜現房】　しゅんげんぼう➡「清玄」の項目を見よ。
【順賢房】　じゅんけんぼう

さ行

客僧。大永七年（一五二七）『現在僧名帳』に「客僧阿伽井内」と記載。この年に得度。生没年不詳。

【俊弘】　しゅんこう
応永九年（一四〇二）『児童大衆等規式間事』に記載。生没年不詳。

【順弘】　じゅんこう
応永九年（一四〇二）『児童大衆等規式間事』に記載。生没年不詳。

【春光房】　しゅんこうぼう
天正三年（一五七五）『現在僧名帳』に記載。この年に得度。生没年不詳。

【春光坊】　しゅんこうぼう
寛文十年（一六七〇）『現在僧名帳』に記載。この年に得度。生没年不詳。

【春光房】　しゅんこうぼう➡「寛算」の項目を見よ。

【順光房】　じゅんこうぼう
天文二十二年（一五五三）『現在僧名帳』に記載。この年に得度。生没年不詳。

【順光房】　じゅんこうぼう
永禄三年（一五六〇）『現在僧名帳』に記載。この年に得度。生没年不詳。

【俊厳】　しゅんごん
「一臈法印」。金堂十僧。擬講。良真房。松立院の住。定栄の長男。七歳のときに父の定栄が他界したため、顕真の随弟となる。永仁三年（一二九五）四月、金堂十僧に入供。正安三年（一三〇一）に堂僧和上擬講に昇進。嘉元三年（一三〇五）十一月二十日没。顕真から伝聞したことを纏めた『顕真得業口決抄』を撰述。

【順西】　じゅんさい
堂衆。寛喜二年（一二三〇）「上宮王院棟札」に「禅

衆　法師」と記載。生没年不詳。

【俊算】　しゅんさん

寛喜二年（一二三〇）「上宮王院棟札」に「法師　結縁衆」と記載。生没年不詳。

【淳算】　じゅんさん

得業。深恩房。金光院の住。応永九年（一四〇二）『児童大衆等規式間事』に記載。宝徳三年（一四五一）二月二十七日の聡明寺供養に甲衆として出仕。文明七年（一四七五）四月二十八日、舎利預に補任。同年九月八日、六十三歳で没。

【俊賛房】　しゅんさんぼう➜「懐祐」の項目を見よ。

【舜珊房】　しゅんさんぼう

享禄二年（一五二九）『現在僧名帳』に記載。この年に得度。生没年不詳。

【春識】　しゅんしき

天文七年（一五三八）『現在僧名帳』に記載。この年に得度。生没年不詳。

【淳識】　じゅんしき

堂衆律学。夏一戒師。大法師。良昌房。発志院の住。円継の弟子。良福寺村森本氏の出身。元文四年（一七三九）三月十六日得度。安永七年（一七七八）一月、上宮王院堂司に補任。寛政八年（一七九六）ごろ夏一戒師に昇進。『寛政九年（一七九七）寺法の大改正により隠退。隠居して養寿院と号した。享和二年（一八〇二）九月二十四日、七十五歳で没。

【春識房】　しゅんしきぼう

天文二年（一五三三）『現在僧名帳』に記載。この年に得度。生没年不詳。

【春識房】　しゅんしきぼう

永禄十一年（一五六八）『現在僧名帳』に記載。この年に得度。生没年不詳。

【舜識房】 しゅんしきぼう
堂衆律学。大法師。応永五年(一三九八)「西円堂棟札」に記載。生没年不詳。

【舜識房】 しゅんしきぼう↓「暁円」の項目を見よ。

【舜識房】 しゅんしきぼう
天文十三年(一五四四)『現在僧名帳』に記載。この年に得度。生没年不詳。

【順識房】 じゅんしきぼう↓「印誉」の項目を見よ。

【春実房】 しゅんじつぼう
永禄四年(一五六一)『現在僧名帳』に記載。この年に得度。生没年不詳。

【舜秀】 しゅんしゅう
応永九年(一四〇二)『児童大衆等規式間事』に記載。生没年不詳。

【舜重】 しゅんじゅう
得業。大法師。覚円房。応安四年(一三七一)『上御堂本尊修復結縁文書』に記載。生没年不詳。

【舜重】 しゅんじゅう
応永九年(一四〇二)『児童大衆等規式間事』に記載。生没年不詳。

【順宗房】 じゅんしゅうぼう
『応安年中以来法隆寺評定日記』に応永十七年(一四一〇)九月まで絵殿預をつとめたと記載。生没年不詳。

【順春房】 じゅんしゅんぼう
天文十年(一五四一)『現在僧名帳』に記載。この年に得度。生没年不詳。

【舜盛】 しゅんじょう
堂衆律学。大法師。諸進。中道院の住。寛文六年(一六六六)に『地蔵講式』を書写。生没年不詳。

【舜盛】　しゅんじょう
堂衆行人方。性善房。宝永八年（一七一一）得度。正徳五年（一七一五）八月十三日退院。

【順盛】　じゅんじょう
堂衆。大法師。応安四年（一三七一）『上御堂本尊修復結縁文書』に「堂衆の一臈」と記載。生没年不詳。

【順盛】　じゅんじょう
法師。宝徳三年（一四五一）二月二十七日の聡明寺供養に錫杖衆として出仕。生没年不詳。

【春清房】　しゅんしょうぼう
堂衆。慶安四年（一六五一）『現在僧名帳』に記載。この年に得度。生没年不詳。

【春乗房】　しゅんじょうぼう
享禄二年（一五二九）『現在僧名帳』に記載。この年に得度。生没年不詳。

【春乗房】　しゅんじょうぼう➜「英胤」の項目を見よ。

【春浄房】　しゅんじょうぼう➜「良海」の項目を見よ。

【舜浄房】　しゅんじょうぼう
天正十年（一五八二）『現在僧名帳』に記載。この年に得度。生没年不詳。

【舜定房】　しゅんじょうぼう➜「慶懐」の項目を見よ。

【順乗房】　じゅんじょうぼう
慶長五年（一六〇〇）『現在僧名帳』に記載。この年に得度。生没年不詳。

【春心】　しゅんしん
応永九年（一四〇二）『児童大衆等規式間事』に記載。生没年不詳。

【順真】　じゅんしん
応永九年（一四〇二）『児童大衆等規式間事』に記載。

生没年不詳。

【春甚房】しゅんじんぼう
明暦元年（一六五五）『現在僧名帳』に記載。この年に得度。生没年不詳。

【淳心房】じゅんしんぼう➜「高田良信」の項目を見よ。

【春晴】しゅんせい
慶長十年（一六〇五）『現在僧名帳』に記載。この年に得度。生没年不詳。

【舜清】しゅんせい
文安六年（一四四九）三月十一日の新福寺供養、宝徳三年（一四五一）二月二十七日の聡明寺供養に甲衆として出仕。『応安年中以来法隆寺評定日記』に寛正三年（一四六二）に五師をつとめたと記載。生没年不詳。

【舜清】しゅんせい
「一臈法印」。律師。阿弥陀院の住。慶長十年（一六〇五）八月二十一日、舎利預に補任。慶長十一年（一六〇六）三月十一日、一臈法印に昇進。慶長十五年（一六一〇）ごろ没。

【淳清】じゅんせい
法師。文安六年（一四四九）三月十一日の新福寺供養、宝徳三年（一四五一）二月二十七日の聡明寺供養に錫杖衆として出仕。生没年不詳。

【順宣】じゅんせん
法師。応永九年（一四〇二）『児童大衆等規式間事』に記載。宝徳三年（一四五一）二月二十七日の聡明寺供養に梵音衆として出仕。生没年不詳。

【順専】じゅんせん➜「英胤」の項目を見よ。

【俊善房】しゅんぜんぼう➜「栄祐」の項目を見よ。

【春禅房】しゅんぜんぼう
享禄三年（一五三〇）『現在僧名帳』に記載。この年に得度。生没年不詳。

さ行

【順泉房】じゅんせんぼう↓「忍英」の項目を見よ。

【順泉房】じゅんせんぼう↓「覚済」の項目を見よ。

【順善房】じゅんぜんぼう
元和七年（一六二一）『現在僧名帳』に記載。この年に得度。生没年不詳。

【順禅房】じゅんぜんぼう
天文二年（一五三三）『現在僧名帳』に記載。この年に得度。生没年不詳。

【順禅房】じゅんぜんぼう
永禄十二年（一五六九）『現在僧名帳』に記載。この年に得度。生没年不詳。

【舜尊房】しゅんそんぼう
天正八年（一五八〇）『現在僧名帳』に記載。この年に得度。生没年不詳。

【舜存房】しゅんぞんぼう
天正六年（一五七八）『現在僧名帳』に記載。この年に得度。生没年不詳。

【純長】じゅんちょう
大法師。貞治四年（一三六五）「舎利殿厨子造立墨書」や応安四年（一三七一）『上御堂本尊修復結縁文書』に記載。永和四年（一三七八）八月二十八日～嘉慶元年（一三八七）まで五師をつとめる。『応安年中以来法隆寺評定日記』に康暦三年（一三八一）・至徳三年（一三八六）・嘉慶元年に年会五師をつとめたと記載。生没年不詳。

【春長房】しゅんちょうぼう↓「永尊」の項目を見よ。

【春長房】しゅんちょうぼう
永禄八年（一五六五）『現在僧名帳』に記載。この年に得度。生没年不詳。

【舜長房】 しゅんちょうぼう

慶長三年（一五九八）『現在僧名帳』に記載。この年に得度。生没年不詳。

【順長房】 じゅんちょうぼう

弘治二年（一五五六）『現在僧名帳』に記載。この年に得度。生没年不詳。

【春珍】 しゅんちん

永久二年（一一一四）～元永元年（一一一八）に勝賢が発願した『法隆寺一切経』の書写に協力した。生没年不詳。

【春堂信海】 しゅんどうしんかい

大真公。頼宣の弟子。仏性院、善住院の住。郡山藩家臣横田氏の出身。慶応二年（一八六六）九月二十三日得度。明治九年（一八七六）九月三十日、教導職「試補」を拝命。明治十五年（一八八二）十一月九日退院。

【春湯房】 しゅんとうぼう

大永七年（一五二七）『現在僧名帳』に記載。この年に得度。生没年不詳。

【順堂房】 じゅんどうぼう➡「弁英」の項目を見よ。

【春堂隆乗】 しゅんどうりゅうじょう

良寛房。実然の弟子。藤堂藩無足人十市郡下村、榊原氏の出身。幼名、篤麿。明治元年（一八六八）十一月二十三日得度。明治六年（一八七三）宝珠院住職に就任。同年九月二十二日、教導職「試補」を拝命。明治十一年（一八七八）十月十七日没。

【舜如】 しゅんにょ

少弐公。実如の弟子。円明院の住。郡山藩家臣山田氏の出身。幼名、雅丸。天保六年（一八三五）九月二十二日得度。天保七年（一八三六）九月十六日、無量寿院と号す。天保十一年（一八四〇）『年会日次記』（十七歳）まで記載。生没年不詳。

【俊忍房】 しゅんにんぼう
慶長三年（一五九八）『現在僧名帳』に記載。この年に得度。生没年不詳。

【春範】 しゅんぱん➡「祐雅」の項目を見よ。

【舜範】 しゅんぱん
良学房。正和三年（一三一四）に聖霊会料として私領地を法隆寺へ寄進。生没年不詳。

【順文房】 じゅんぶんぼう➡「定継」の項目を見よ。

【俊弁】 しゅんべん
寛喜二年（一二三〇）「上宮王院棟札」に「法師　結縁衆」と記載。生没年不詳。

【舜遍】 しゅんぺん
寛喜二年（一二三〇）「上宮王院棟札」に「学衆　法師」と記載。生没年不詳。

【順明房】 じゅんみょうぼう
天文二年（一五三三）『現在僧名帳』に「客僧」と記載。この年に得度。生没年不詳。

【俊祐】 しゅんゆう
「法隆寺別当」。律師。興福寺仏地院の僧。嘉吉三年（一四四三）十二月、法隆寺別当に補任。宝徳二年（一四五〇）ごろまで在任。

【春良】 しゅんりょう
承仕。松算房。勝純の弟子。円成院の住。明和七年（一七七〇）九月十九日得度。安永二年（一七七三）十二月八日退院。

【俊良房】 しゅんりょうぼう➡「寛専」の項目を見よ。

【春良房】 しゅんりょうぼう
寛永四年（一六二七）『現在僧名帳』に記載。この年に得度。生没年不詳。

【順良房】 じゅんりょうぼう
永禄四年（一五六一）『現在僧名帳』に記載。この年に得度。生没年不詳。

【順蓮坊】 じゅんれんぼう
堂衆律学。大法師。応永五年（一三九八）「西円堂棟札」に記載。生没年不詳。

【諸院寺地覚】 しょいんじちのおぼえ
明治六年（一八七三）に作成した法隆寺境内地に所在する寺院の由来や寺地の記録。

【清安】 しょうあん
金堂十僧。大法師。承暦三年（一〇七九）吉祥悔過の呪願師に補任。生没年不詳。出典『金堂日記』

【清意】 しょうい
寛喜二年（一二三〇）「上宮王院棟札」に「学衆　法師」と記載。生没年不詳。

【勝印】 しょういん
寛喜二年（一二三〇）「上宮王院棟札」に「学衆　法師」と記載。生没年不詳。

【乗印】 じょういん
天平十九年（七四七）『法隆寺資財帳』に「可信半位」と記載。生没年不詳。

【浄印】 じょういん
堂衆。寛喜二年（一二三〇）「上宮王院棟札」に「禅衆　法師」と記載。生没年不詳。

【静因】 じょういん
永久二年（一一一四）～天承元年（一一三一）に勝賢と林幸が発願した『法隆寺一切経』の書写に協力した。生没年不詳。

【貞胤】 じょういん
陽専房。寛永十五年（一六三八）『現在僧名帳』に記載。

この年に得度。生没年不詳。

【定印】 じょういん

応永九年（一四〇二）『児童大衆等規式間事』に記載。生没年不詳。

【定胤忌】 じょういんき

法隆寺住職の佐伯定胤の命日十一月二十三日に律学院で行う法要。平成八年（一九九六）から厳修している。「佐伯定胤」の項目を参照。

【請雨経法図】 しょううぎょうほうず

五穀豊饒のために降雨を祈る修法の図。

【請雨経法図】 しょううぎょうほうず

南北朝時代。紙本墨画。一巻。縦三二・八センチメートル。横三九六・二センチメートル。至宝六-三一一

【清雲】 しょううん

承仕。慶安二年（一六四九）『現在僧名帳』に記載。

この年に得度。生没年不詳。

【清雲院】 しょううんいん➔「訓覚」の項目を見よ。

【昌栄】 しょうえい

応永九年（一四〇二）『児童大衆等規式間事』、応永二十二年（一四一五）『順禅房罪科間事』に記載。生没年不詳。

【性英】 しょうえい

堂衆。大法師。金光院の住。慶長八年（一六〇三）十月八日、六十三歳で没。

【定栄】 じょうえい

寛喜二年（一二三〇）「上宮王院棟札」に「大法師結縁衆」と記載。生没年不詳。

【定英】 じょうえい

権少僧都。貞治七年（一三六八）ごろ権律師に昇進。応安四年（一三七一）『上御堂本尊修復結縁文書』に「五

臈権律師」と記載。永和元年（一三七五）ごろ権少僧都に昇進。生没年不詳。

【小会式】 しょうえしき

毎年の聖徳太子の命日二月二十二日（明治四十四年〔一八八一〕から三月二十二日に厳修）に聖霊院で行う聖霊会のこと。「会式」ともいう。

【庄右衛門】 しょうえもん

大工。法隆寺村西里の住。元禄十三年（一七〇〇）宝珠院庫裏の建立に従事。出典「宝珠院棟札」

【正円】 しょうえん

承仕。昌順房。福城院の住。文化五年（一八〇八）二月五日得度。文政十一年（一八二八）『年会日次記』まで記載。生没年不詳。

【聖縁】 しょうえん

建仁二年（一二〇二）『沽却　売買東室小子房事』に記載。生没年不詳。

【璋円】 しょうえん

已講。法隆寺学頭。興福寺の僧。嘉禄三年（一二二七）の義疏談義をはじめ勧学講、唯識講、因明講、慈恩会など法隆寺教学の振興につとめた。中宮寺の中興信如比丘尼はその娘と伝える。生没年不詳。

【浄円】 じょうえん

中綱。寛喜二年（一二三〇）「上宮王院棟札」に「中綱　権専当法師」と記載。生没年不詳。

【浄円】 じょうえん

承仕。慶長八年（一六〇三）『現在僧名帳』に記載。この年に得度。生没年不詳。

【貞円】 じょうえん

寛喜二年（一二三〇）「上宮王院棟札」に「学衆　法師　結縁衆」と記載。生没年不詳。

【定縁】 じょうえん

さ行

寛喜二年（一二三〇）「上宮王院棟札」に「法師　結縁衆」と記載。生没年不詳。

【勝円房】　しょうえんぼう➡「祐盛」の項目を見よ。

【勝円房】　しょうえんぼう➡「藪内行意」の項目を見よ。

【乗円房】　じょうえんぼう

大永七年（一五二七）『現在僧名帳』に記載。この年に得度。生没年不詳。

【浄円房】　じょうえんぼう➡「有円」の項目を見よ。

【定円房】　じょうえんぼう

永禄八年（一五六五）『現在僧名帳』に記載。この年に得度。生没年不詳。

【正応】　しょうおう

権律師。弥勒院の住。永禄五年（一五六二）六月に『太子伝抄』（三〇巻、「正応抄」ともいう）を撰述。天正六年（一五七八）『観音経釈』を筆写。天正十二年（一五八四）ごろ舎利預に補任。生没年不詳。

【常応】　じょうおう

新堂衆。大法師。竜乗房。奥金剛院の住。寛政十年（一七九八）得度。享和二年（一八〇二）六月二十三日退院。

【貞応】　じょうおう

右京公。延宝元年（一六七三）『現在僧名帳』に「安養院」と記載。この年に得度。元禄十四年（一七〇一）退院。

【聖音房】　しょうおんぼう

宝治二年（一二四八）「西円堂心柬墨書」に記載。生没年不詳。

【浄音房】　じょうおんぼう

弘治三年（一五五七）『現在僧名帳』に記載。この年に得度。生没年不詳。

さ行

【定恩房】 じょうおんぼう➔「訓覚」の項目を見よ。

【鉦架】 しょうか

銅や合金で製造した円形の平たい打楽器をかける台。

【鉦架】 しょうか

重文。鎌倉時代。木造　漆塗　彩色。二口。各高九三・○センチメートル。幅七三・五センチメートル。源頼朝が法隆寺へ寄進したとする伝承がある。至宝一〇-四三二、四三三

【清賀】 しょうが

応永九年（一四〇二）『児童大衆等規式間事』に記載。生没年不詳。

【定賀】 じょうが

応永九年（一四〇二）『児童大衆等規式間事』に記載。生没年不詳。

【清快】 しょうかい

応永九年（一四〇二）『児童大衆等規式間事』に記載。生没年不詳。

【清懐】 しょうかい

学頭。五師。興福寺の寺僧を兼ねる。浄舜房。西花園院（阿弥陀院）の住。暦応四年（一三四一）学頭に補任。康永三年（一三四四）一月十二日、六十三歳で没。

【浄快】 じょうかい

堂衆。夏一戒師。弘安七年（一二八四）十二月二十五日『法隆寺講堂夏衆田地売券』に「夏一」と記載。生没年不詳。

【成海】 じょうかい

応永九年（一四〇二）『児童大衆等規式間事』に記載。生没年不詳。

【静快】 じょうかい

保安三年（一一二二）～天承元年（一一三一）に林幸が発願した『法隆寺一切経』の書写に協力した。生没年不詳。

【定快】　じょうかい
保安三年（一一二二）～天承元年（一一三一）に林幸が発願した『法隆寺一切経』の書写に協力した。生没年不詳。

【定快】　じょうかい
金堂十僧。得業。賢識房。応長二年（一三一二）一月に金堂十僧に入供。正和元年（一三一二）十二月十七日、五十一歳で没。

【定海】　じょうかい
応永九年（一四〇二）『児童大衆等規式間事』に記載。生没年不詳。

【勝解房】　しょうかいぼう➜「純意」の項目を見よ。

【勝海房】　しょうかいぼう➜「純意」の項目を見よ。

【性覚】　しょうかく
応永九年（一四〇二）『児童大衆等規式間事』に記載。生没年不詳。

【清覚】　しょうかく
応永九年（一四〇二）『児童大衆等規式間事』に記載。生没年不詳。

【乗覚】　じょうかく
応永九年（一四〇二）『児童大衆等規式間事』に記載。生没年不詳。

【正覚寺】　しょうがくじ
江戸時代初期の創建。善住院の南側を寺地としていた。元禄六年（一六九三）に法隆寺末寺となり、本尊として大日如来像、弘法大師像などを安置していたが、明治五年（一八七二）ごろに廃寺となる。

【性学房】　しょうがくぼう➜「光算」の項目を見よ。

【定覚房】　じょうかくぼう
堂衆律学。大法師。応永五年（一三九八）「西円堂棟札」

に記載。生没年不詳。

【乗観】 じょうかん
天平十九年（七四七）『法隆寺資財帳』に「上座僧」と記載。生没年不詳。

【定観】 じょうかん
保安三年（一一二二）〜天承元年（一一三一）に林幸が発願した『法隆寺一切経』の書写に協力した。生没年不詳。

【定願】 じょうがん
大法師。建武元年（一三三四）七月に石塔婆を建立。生没年不詳。

【少監公】 しょうかんこう➡「快幢」の項目を見よ。

【聖観音菩薩】 しょうかんのんぼさつ
観音の総称。観音そのものという意味から「正観音」ともいう。

【聖観音菩薩立像】 しょうかんのんぼさつりゅうぞう
重文。平安時代。檜材 一木造 彩色。像高一四六・三センチメートル。救世観音像の前立像。至宝四-六八

【聖観音菩薩立像】 しょうかんのんぼさつりゅうぞう
平安時代。木造 漆箔。像高六六・〇センチメートル。至宝四-七三

【聖願房】 しょうがんぼう
宝治二年（一二四八）「西円堂心束墨書」に記載。生没年不詳。

【城吉二郎】 じょうきちじろう
堂童子。嘉永七年（一八五四）七月没。

【浄久】 じょうきゅう
承仕。天正元年（一五七三）『現在僧名帳』に記載。この年に得度。生没年不詳。

【聖暁】 しょうぎょう

金堂十僧。承元三年（一二〇九）ごろ金堂十僧に入供。嘉禄三年（一二二七）五月十日『法隆寺大法師隆詮外十二僧連署契状』に記載。生没年不詳。

【乗教】 じょうきょう

天平宝字五年（七六一）『東院資財帳』に「可信法師」と記載。生没年不詳。

【貞行】 じょうぎょう

寛喜二年（一二三〇）「上宮王院棟札」に「法師　結縁衆」と記載。生没年不詳。

【松京院】 しょうきょういん➜「千懐」の項目を見よ。

【浄教房】 じょうきょうぼう

弘治三年（一五五七）『現在僧名帳』に記載。この年に得度。生没年不詳。

【聖求】 しょうぐう

三綱。寛喜二年（一二三〇）「上宮王院棟札」に「三綱　大法師」と記載。生没年不詳。

【乗空】 じょうくう

嘉元三年（一三〇五）「聖徳太子絵伝紙背墨書銘」に記載。生没年不詳。

【上宮王院】 じょうぐうおういん⇩「東院伽藍」の別称。上宮王（聖徳太子）の寺院という意味。

【上宮王院修正会】 じょうぐうおういんしゅしょうえ➜「十一面観音悔過」の項目を見よ。

【上宮王院正堂】 じょうぐうおういんしょうどう⇩「夢殿」の別称。

【上宮王院堂司】 じょうぐうおういんどうつかさ

上宮王院（夢殿）の堂司のこと。堂方律学の大法師のうちから一人が補任された。

【上宮太子】　じょうぐうたいし
聖徳太子の名前の一つ。

【上宮太子講式】　じょうぐうたいしこうしき
聖徳太子の遺徳を讃えて節をつけて読むもの。元和六年（一六二〇）に書写されたもので、巻末には太子和讃を記している。

【勝訓】　しょうくん
俊賢房。覚勝の弟子。法輪院の住。松平越前守家臣津田氏の出身。俊照。元禄十四年（一七〇一）『現在僧名帳』に「横入　法輪院」と記載。宝蔵院良英と宝珠院慶懐の間に交衆する。正徳三年（一七一三）『年会日次記』まで記載。生没年不詳。

【勝景】　しょうけい
長禄二年（一四五八）四月二十五日に堅有の菩提のために東院舎利殿へ『こけら経』を奉納している。出典「こけら経墨書」

【性恵】　しょうけい
律師。金堂十僧。弘安八年（一二八五）に金堂十僧に入供、正安元年（一二九九）十一月に一臈に昇進。乾元二年（一三〇三）二月六日没。

【清慶】　しょうけい
応永九年（一四〇二）『児童大衆等規式間事』に記載。生没年不詳。

【聖経】　しょうけい
堂衆。寛喜二年（一二三〇）「上宮王院棟札」に「禅衆　法師」と記載。生没年不詳。

【浄慶】　じょうけい
堂衆。寛喜二年（一二三〇）「上宮王院棟札」に「禅衆　法師」と記載。生没年不詳。

【貞恵】　じょうけい
堂衆。大法師。諸進。寛文元年（一六六一）政南院持

さ行

仏堂の前机を新調。生没年不詳。

【貞慶】 じょうけい

鎌倉時代の法相宗の学僧（一一五五―一二一三）。「解脱上人」「笠置上人」ともいう。南都仏教の復興につくした。

【定慶】 じょうけい

仏師。弘安六年（一二八三）七月に西円堂の薬師如来坐像を修復している。光背裏に「越前法橋」と記載。

出典「光背裏墨書」

【定継】 じょうけい

「一臈法印」。僧都。順文房。知足院の住。『応安年中以来法隆寺評定日記』に応永二十九年（一四二二）十月三日～応永三十年（一四二三）まで五師をつとめたと記載。永享六年（一四三四）十一月、舎利預に補任（六十七歳）。嘉吉三年（一四四三）ごろ一臈法印に昇進。享徳元年（一四五二）十月十七日、八十五歳で没。

【貞慶画像】 じょうけいがぞう

室町時代。紙本着色。縦一〇〇・〇センチメートル。横四三・四センチメートル。至宝六－一二八

【勝賢】 しょうけん

永久年間（一一一三～一八）に二七〇〇余巻の写経を発願して完成。天養元年（一一四四）勧進して鉦鼓を作る。『金堂日記』の保元三年（一一五八）の項に「前堂司五師」と記載。生没年不詳。

【勝賢】 しょうけん

法師。宝徳三年（一四五一）二月二十七日の聡明寺供養に梵音衆として出仕。生没年不詳。

【正賢】 しょうけん

客僧。寛永十八年（一六四一）『現在僧名帳』に「客僧」と記載。この年に得度。生没年不詳。

【清憲】 しょうけん

得業。源学房。橘坊の住。応永九年（一四〇二）『児童大衆等規式間事』に記載。永享十年（一四三八）南大門再興の修理奉行。嘉吉二年（一四四二）二月二十三日の竜田社頭舞楽法会の左方梵音衆、宝徳三年（一四五一）二月二十七日の聡明寺供養に甲衆及び奉行衆として出仕。寛正二年（一四六一）金堂敷瓦の奉行。『応安年中以来法隆寺評定日記』に寛正三年（一四六二）から年会五師をつとめたと記載。文明九年（一四七七）一月二十五日、舎利預に補任。同年十一月十六日、六十八歳で没。

【聖憲】 しょうけん

寛喜二年（一二三〇）「上宮王院棟札」に「学衆　法師」と記載。生没年不詳。

【聖厳】 しょうげん

堂衆。寛喜二年（一二三〇）「上宮王院棟札」に「禅衆　法師　結縁衆」と記載。生没年不詳。

【聖玄】 しょうげん

正応五年（一二九二）に『朗詠要集』（献納宝物）を琳弘に口伝した。生没年不詳。

【定賢】 じょうけん

堂衆。寛喜二年（一二三〇）「上宮王院棟札」に「禅衆　法師」と記載。生没年不詳。

【昌賢房】 しょうけんぼう➡「秀盛」の項目を見よ。

【照玄房】 しょうげんぼう

堂衆律学。大法師。応永五年（一三九八）「西円堂棟札」に記載。生没年不詳。

【正元房】 しょうげんぼう➡「如道」の項目を見よ。

【浄賢房】 じょうけんぼう

堂衆。蓮池院の住。天文二十四年（一五五五）『現在僧名帳』に記載。この年に得度。生没年不詳。

【定見房】 じょうけんぼう

堂衆律学。大法師。応永五年（一三九八）「西円堂棟札」に記載。生没年不詳。

【鉦鼓】　しょうこ

雅楽の楽器の一つ。鰐口を半分にした形で、念仏などを唱えるときに打ち鳴らして調子をとることもある。法隆寺では雅楽に使用している。

【盛弘】　じょうこう

嘉元三年（一三〇五）「聖徳太子絵伝紙背墨書銘」に記載。生没年不詳。

【定好】　じょうこう

仁階の舎弟。已講。正暦年間（九九〇～九五）東院の院主に補任。生没年不詳。

【定弘】　じょうこう

権律師。願泉房。応安四年（一三七一）『上御堂本尊修復結縁文書』に記載。『法隆寺衛五師年会所旧記』に応安四年九月三日～応安五年（一三七二）まで五師をつとめたと記載。応安五年には阿伽井坊地蔵堂建立の願主となった。生没年不詳。

【聖皇曼荼羅】　しょうこうまんだら

聖徳太子を中心に太子と関係の深い人物や遺品を図式的に配したもの。図中には、空海（真言宗）・慧思（天台宗）・達磨大師（禅宗）などの宗祖たちが並び、各宗派と太子信仰のつながりを示している。

【聖皇曼荼羅】　しょうこうまんだら

重文。建長六年（一二五四）。絹本着色。縦一六三・五センチメートル横一一七・〇センチメートル。堯尊画。顕真の発願によって作成。至宝六―一二三

【聖皇曼荼羅】　しょうこうまんだら

寛政十二年（一八〇〇）。紙本着色。縦一七八・六センチメートル横一二七・二センチメートル。竹坊与次兵衛慶茂画。至宝六―一二四

【聖皇曼荼羅版木】　しょうこうまんだらはんぎ

江戸時代開版。縦六九・二センチメートル。横三三・〇センチメートル。

【聖国寺】しょうこくじ⇩「法隆寺」の別称。

【上座】じょうざ
三綱の一つ。衆僧の上に座すという意味で、年臘高徳の僧が補任した。

【浄西】じょうさい
堂衆。寛喜二年（一二三〇）「上宮王院棟札」に「禅衆　法師」と記載。生没年不詳。

【清算】しょうさん
応永九年（一四〇二）『児童大衆等規式間事』に記載。生没年不詳。

【清賛】しょうさん
尊光坊。寛永十八年（一六四一）『現在僧名帳』に記載。この年に得度。生没年不詳。

【聖算】しょうさん
寛喜二年（一二三〇）「上宮王院棟札」に「学衆　法師　結縁衆」と記載。生没年不詳。

【聖讃】しょうさん
大法師。善信房。梨本房。文永五年（一二六八）に食堂の厨子を新造。晩年に多数の『法相宗章疏』を経蔵に奉納。建治二年（一二七六）十二月二十六日没。

【浄算】じょうさん
寛喜二年（一二三〇）「上宮王院棟札」に「学衆　法師」と記載。生没年不詳。

【貞算】じょうさん
寛喜二年（一二三〇）「上宮王院棟札」に「学衆　法師　結縁衆」と記載。生没年不詳。

【松算房】しょうさんぼう➡「春良」の項目を見よ。

さ行

【承仕】 じょうじ
寺僧の身分の一つ。法会の雑役を司る下級僧のこと。最高位は法師。

【性識房】 しょうしきぼう↓「光英」の項目を見よ。

【浄識房】 じょうしきぼう
天文十二年（一五四三）『現在僧名帳』に記載。生没年不詳。

【定識房】 じょうしきぼう
公文寺主。応永五年（一三九八）「西円堂棟札」に「公文寺主」と記載。生没年不詳。

【清実】 しょうじつ
応永九年（一四〇二）『児童大衆等規式間事』に記載。生没年不詳。

【定実房】 じょうじつぼう↓「尊実」の項目を見よ。

【城治兵衛】 じょうじへえ
堂童子。慶応元年（一八六五）四月没。

【静寂】 じょうじゃく
勧進僧。保元元年（一一五六）に修理をした帝釈天像に「勧進上人」と記載。生没年不詳。

【正秀】 しょうしゅう
大法師。慶長十一年（一六〇六）に修理した聖霊院、南大門、伝法堂などの棟札に「伝灯大法師」と記載。生没年不詳。

【正秀】 しょうしゅう
堂衆律学。長実房。大法師。正保四年（一六四七）得度。寛文四年（一六六四）に新調した律学院前机に「沙汰衆」と記載。生没年不詳。

【晴秀】 しょうしゅう

寛文六年（一六六六）『現在僧名帳』に記載。この年に得度。生没年不詳。

【定秀】 じょうしゅう

大法師。応安四年（一三七一）『上御堂本尊修復結縁文書』や永徳三年（一三八三）「上宮王院棟札」に「専寺方」と記載。生没年不詳。

【貞充】 じょうじゅう

寛喜二年（一二三〇）「上宮王院棟札」に「学衆　法師」と記載。生没年不詳。

【浄宗房】 じょうしゅうぼう

永禄元年（一五五八）『現在僧名帳』に「客僧、護摩堂承仕」と記載。この年に得度。生没年不詳。

【清舜】 しょうしゅん

応永九年（一四〇二）『児童大衆等規式間事』、応永二十二年（一四一五）『順禅房罪科間事』に記載。生没年不詳。

【聖舜】 しょうしゅん

弘安七年（一二八四）十二月二十五日『法隆寺講堂夏衆田地売券』に記載。生没年不詳。

【浄俊】 じょうしゅん

寛喜二年（一二三〇）「上宮王院棟札」に「大法師結縁衆」と記載。生没年不詳。

【静舜】 じょうしゅん

弘安元年（一二七八）『買渡　東室西面第四大坊事』に記載。生没年不詳。

【定舜】 じょうしゅん

保安三年（一一二二）～天承元年（一一三一）に林幸が発願した『法隆寺一切経』の書写に協力した。生没年不詳。

【定舜】 じょうしゅん

法師。嘉吉二年（一四四二）二月二十三日の竜田社頭

さ行

舞楽法会に左方錫杖衆として出仕。生没年不詳。

【盛舜】 じょうしゅん

大法師。『応安年中以来法隆寺評定日記』に永和二年（一三七六）九月二十三日～永和四年（一三七八）まで五師をつとめたと記載。生没年不詳。

【尚春房】 しょうしゅんぼう➡「宗継」の項目を見よ。

【性舜房】 しょうしゅんぼう➡「光盛」の項目を見よ。

【聖舜坊】 しょうしゅんぼう

堂衆律学。大法師。応永五年（一三九八）「西円堂棟札」に記載。生没年不詳。

【勝純房】 しょうじゅんぼう

承仕。高盛。金剛院の住。享保二十年（一七三五）得度。寛政二年（一七九〇）『年会日次記』まで記載。生没年不詳。

【昌順房】 しょうじゅんぼう➡「正円」の項目を見よ。

【松順房】 しょうじゅんぼう➡「円秀」の項目を見よ。

【浄春房】 じょうしゅんぼう

慶長二年（一五九七）『現在僧名帳』に記載。この年に得度。生没年不詳。

【浄舜房】 じょうしゅんぼう➡「清懐」の項目を見よ。

【定舜房】 じょうしゅんぼう➡「弁与」の項目を見よ。

【定舜房】 じょうしゅんぼう

堂衆律学。大法師。応永五年（一三九八）「西円堂棟札」に記載。生没年不詳。

【浄順房】 じょうじゅんぼう

寛永元年（一六二四）『現在僧名帳』に記載。この年に得度。生没年不詳。

【定順房】 じょうじゅんぼう

永禄十年（一五六七）『現在僧名帳』に記載。この年に得度。生没年不詳。

【定性】じょうしょう
中綱。寛喜二年（一二三〇）「上宮王院棟札」に「中綱　権専当法師」と記載。生没年不詳。

【定聖】じょうしょう
堂衆。寛喜二年（一二三〇）「上宮王院棟札」に「禅衆　法師　結縁衆」と記載。生没年不詳。

【清浄院】しょうじょういん
室町時代に創建。学侶坊。善住院の西側にあった子院。正徳元年（一七一一）に多聞院の南側に移建。安政三年（一八五六）の『自公儀梵鐘取調記』に「無住　無坊舎」とあり、明治時代初期に廃院。

【少将公】しょうしょうこう↓「英定」の項目を見よ。

【少将公】しょうしょうこう↓「胤周」の項目を見よ。

【少将公】しょうしょうこう↓「実如」の項目を見よ。

【少将公】しょうしょうこう↓「堯英」の項目を見よ。

【少将公】しょうしょうこう↓「光秀」の項目を見よ。

【照浄尼】しょうじょうに
天平四年（七三二）五月二十三日に『瑜伽師地論』を書写した尼僧。その断簡を五重塔内から発見している。

【正承房】しょうしょうぼう↓「尊継」の項目を見よ。

【定勝房】じょうしょうぼう
堂衆律学。大法師。応永五年（一三九八）「西円堂棟札」に記載。生没年不詳。

【定勝房】じょうしょうぼう
永禄十一年（一五六八）『現在僧名帳』に記載。この年に得度。生没年不詳。

【清真】しょうしん
応永九年（一四〇二）『児童大衆等規式間事』に記載。生没年不詳。

【聖真】 しょうしん
寛喜二年（一二三〇）「上宮王院棟札」に「学衆　法師」と記載。生没年不詳。

【清尋】 しょうじん
応永九年（一四〇二）『児童大衆等規式間事』に記載。生没年不詳。

【成真】 じょうしん
堂衆。寛喜二年（一二三〇）「上宮王院棟札」に「禅衆　法師」と記載。生没年不詳。

【定真】 じょうしん
「法隆寺別当」。大僧都。興福寺八室の僧。康和三年（一一〇一）一月十四日、法隆寺別当に補任。天仁二年（一一〇九）に辞任。天永元年（一一一〇）十一月十二日没。

【静尋】 じょうじん
保安三年（一一二二）～天承元年（一一三一）に林幸が発願した『法隆寺一切経』の書写に協力した。生没年不詳。

【定甚】 じょうじん
律師。地蔵院の住。永和四年（一三七八）『廿人沙汰間条々』に記載。明徳二年（一三九一）に『金堂御行等日記』を書写。生没年不詳。

【奘甚】 じょうじん
「一臈法印」。律師。金堂十僧。観林房。正安元年（一二九九）十一月四日没。

【少進公】 しょうしんこう➡「湛肇」の項目を見よ。

【少進公】 しょうしんこう➡「懐英」の項目を見よ。

【少進房】 しょうしんぼう➡「信賀」の項目を見よ。

【昌信房】 しょうしんぼう➡「秀賢」の項目を見よ。

【定深房】 じょうじんぼう
堂衆。永禄二年（一五五九）『現在僧名帳』に「堂夏方」

と記載。この年に得度。生没年不詳。

【正世】しょうせい
治暦四年（一〇六八）に上座に補任。公範別当の在任中（一〇七〇～七四）寺務に昇進。生没年不詳。

【定清】じょうせい
絵師。常陸房。長禄三年（一四五九）七月に造顕した文殊菩薩騎獅像に「南都住常陸房絵所定清」と記載。
出典「框座裏墨書」

【昌仙】しょうせん↓「学順」の項目を見よ。

【性専】しょうせん
金堂十僧。得業。順円房。正和五年（一三一六）に金堂十僧に入供。元徳二年（一三三〇）一月十二日に金堂預に補任。貞和元年（一三四五）十二月十一日没。

【正禅】しょうぜん
承仕。慶長七年（一六〇二）『現在僧名帳』に記載。この年に得度。生没年不詳。

【上詮】じょうせん
寛喜二年（一二三〇）「上宮王院棟札」に「学衆　法師」と記載。生没年不詳。

【乗仙】じょうせん
承仕。天正十九年（一五九一）『現在僧名帳』に記載。この年に得度。生没年不詳。

【定専】じょうせん
大法師。『応安年中以来法隆寺評定日記』に応永十年（一四〇三）七月二十九日～応永十一年（一四〇四）まで五師をつとめたと記載。生没年不詳。

【定全】じょうぜん
堂衆。寛喜二年（一二三〇）「上宮王院棟札」に「禅衆　法師」と記載。生没年不詳。

【松禅房】しょうぜんぼう

『応安年中以来法隆寺評定日記』に応永十七年（一四一〇）九月より絵殿預に任じられたと記載。生没年不詳。

【性善房】しょうぜんぼう➡「舜盛」の項目を見よ。

【聖禅房】しょうぜんぼう➡「頼実」の項目を見よ。

【浄専房】じょうせんぼう➡「宗祐」の項目を見よ。

【浄泉房】じょうせんぼう➡「有朝」の項目を見よ。

【貞泉房】じょうせんぼう➡「宗栄」の項目を見よ。

【定禅房】じょうぜんぼう

堂衆。永禄三年（一五六〇）『現在僧名帳』に記載。この年に得度。生没年不詳。

【聖増】しょうぞう

円識房。寛喜二年（一二三〇）「上宮王院棟札」に「学衆　法師　結縁衆」と記載。生没年不詳。

【定増】じょうぞう

寛喜二年（一二三〇）「上宮王院棟札」に「法師　結縁衆」と記載。生没年不詳。

【昌尊】しょうそん

左京公。花園院の住。興福寺大乗院門跡内の医師渡辺氏の出身。幼名、久米丸。享保六年（一七二一）得度。享保十三年（一七二八）一月二十八日没。

【清尊】しょうそん

大法師。迎□房。応永九年（一四〇二）『児童大衆等規式間事』に記載。永享十年（一四三八）南大門再興の奉行衆に補任。生没年不詳。

【清尊】しょうそん

寛永十九年（一六四二）『現在僧名帳』に記載。この年に得度。生没年不詳。

【上尊】じょうそん

保延四年（一一三八）に釈迦如来坐像を造顕。生没年不詳。

【浄尊】じょうそん

保安三年（一一二二）～天承元年（一一三一）に林幸が発願した『法隆寺一切経』の書写に協力した。生没年不詳。

【浄尊】 じょうそん

寛喜二年（一二三〇）「上宮王院棟札」に「学衆　法師」と記載。生没年不詳。

【盛尊】 じょうそん

一臈。権少僧都。応安四年（一三七一）『上御堂本尊修復結縁文書』に記載。生没年不詳。

【静尊】 じょうそん

寛喜二年（一二三〇）「上宮王院棟札」に「学衆　法師」と記載。生没年不詳。

【定尊】 じょうそん

応永九年（一四〇二）『児童大衆等規式間事』に記載。生没年不詳。

【奘存房】 じょうそんぼう

堂衆。天文十八年（一五四九）『現在僧名帳』に記載。この年に得度。生没年不詳。

【勝長】 しょうちょう

権律師。大弐公。吉祥院、円明院、政蔵院、西南院の住。元禄七年（一六九四）得度。正徳三年（一七一三）十二月四日没。

【定朝】 じょうちょう

「一臈法印」。僧都。金堂十僧。金堂預。学頭。賢泉房。三経院の院主。永仁三年（一二九五）十一月、金堂十僧に入供。正安二年（一三〇〇）堂行事五師に補任。延慶三年（一三一〇）中院の持仏堂を建立。正和五年（一三一六）五月三日、一臈法印に昇進。元応二年（一三二〇）十二月十八日没。

【定朝】 じょうちょう➡「千早定朝」の項目を見よ。

【定朝忌】じょうちょうき

法隆寺住職の千早定朝の命日三月十七日に律学院で行う法要の名称。法隆寺では平成八年（一九九六）から厳修している。「千早定朝」の項目を参照。

【清珍】しょうちん

保安三年（一一二二）～天承元年（一一三一）に林幸が発願した『法隆寺一切経』の書写に協力した。生没年不詳。

【聖天堂】しょうてんどう

安永七年（一七七八）。正面三間。側面三間。宝形造。本瓦葺。至宝二―四四

【聖天堂供所】しょうてんどうくしょ

聖天堂に附属する坊舎の名称。現在の弥勒院のこと。

【證道】しょうどう

承仕。観月房。如道の弟子。文化十三年（一八一六）四月五日得度。文政九年（一八二六）二月二十六日退院。

【浄道】じょうどう

永久二年（一一一四）～元永元年（一一一八）に勝賢が発願した『法隆寺一切経』の書写に協力した。生没年不詳。

【聖徳太子】しょうとくたいし

皇太子。厩戸皇子。上宮太子。敏達三年（五七四）用明天皇の皇子として出生。用明二年（五八七）に物部守屋と戦って勝利する。推古元年（五九三）摂政皇太子となる。推古九年（六〇一）斑鳩宮を造営。推古十一年（六〇三）冠位十二階を制定。推古十二年（六〇四）憲法十七条を制定。推古十五年（六〇七）法隆寺を建立。同年、遣隋使を派遣。推古三十年（六二二）二月二十二日没。

【聖徳太子絵伝】しょうとくたいしえでん

献納宝物の四幅本太子絵伝のこと。嘉元三年（一三〇五）。絹本着色。縦一七九・〇～一八〇・〇センチメートル。

横八五・七〜八六・八センチメートル。聖徳太子の事蹟七〇あまりの場面を四幅に配当したもので、その四幅は春（桜花）・夏（藤花）・秋（紅葉）・冬（雪山）を表現している。

【聖徳太子絵伝貼付絵】 しょうとくたいしえでんはりつけえ

聖徳太子の生涯の五〇あまりの事蹟を、年代順によらずに自由に構成し、東院絵殿の五間の壁間に描いたもの。現存のものは治暦五年（一〇六九）に秦致真が描いた障子絵（旧図）を天明七年（一七八七）に吉村周圭が模写したもの。旧図は献納宝物。

【聖徳太子懸仏】 しょうとくたいしかけぶつ

応永二十四年（一四一七）。銅 押出。径三〇・二センチメートル。聖霊院中之間の厨子の上に懸けてある垂迹像で、聖徳太子を観音の化身とする信仰を表現したもの。至宝三―金銅像五。出典「裏板墨書」

【聖徳太子画像（孝養像）】 しょうとくたいしがぞう（こうようぞう）

重文。鎌倉時代。絹本着色。額装。縦一四九・八センチメートル。横五九・〇センチメートル。至宝六―一九三

【聖徳太子画像（孝養像）】 しょうとくたいしがぞう（こうようぞう）

弘治二年（一五五六）。絹本着色。縦一〇一・五センチメートル。横三九・〇センチメートル。裱背に弘治元年（一五五五）の造顕、弘治二年（一五五六）の開眼供養の銘文がある。至宝六―一九五

【聖徳太子画像（摂政像）】 しょうとくたいしがぞう（せっしょうぞう）

鎌倉時代。絹本着色。額装。縦一〇九・五センチメートル。横八二・〇センチメートル。至宝六―一九九

【聖徳太子画像（水鏡御影）】 しょうとくたいしがぞう（みずかがみのみえ）

正和二年（一三一三）。絹本着色。縦六五・〇センチメートル。横四一・〇センチメートル。一山一寧の賛がある。至宝六―二〇〇

【聖徳太子画像（水鏡御影）】 しょうとくたいしがぞう（みずかがみのみえ）

鎌倉時代。絹本着色。縦一〇九・〇センチメートル。横四三・二センチメートル。裱背に永徳三年（一三八三）の修理銘がある。至宝六―二〇一

【聖徳太子画像（水鏡御影）】 しょうとくたいしがぞう（みずかがみのみえ）

室町時代。絹本着色。縦八四・三センチメートル。横三六・四センチメートル。裱背に嘉永四年（一八五一）行秀などの修理銘がある。至宝六‐二〇二

【聖徳太子騎馬像】 しょうとくたいしきばぞう

江戸時代。檜材　寄木造　彩色。像高一六二・五センチメートル。聖徳太子十六歳の物部守屋討伐のときの姿を表わしたもの。守屋太子と呼ぶ。寛永四年（一六二七）に律学院太子堂の本尊として造った。至宝四‐二六八。出典「体内銘」

【聖徳太子憲法幷制條】 しょうとくたいしけんぽうならびにせいじょう

「十七条憲法」の版木のこと。その版木の奥書に、寛永十四年（一六三七）に法隆寺観音院の高栄が開版したとある。

【聖徳太子講式】 しょうとくたいしこうしき

文明十七年（一四八五）に書写した講式。

【聖徳太子孝養像】 しょうとくたいしこうようぞう

聖徳太子が父用明天皇の病気平癒を祈る十六歳の姿である。髪を中央で左右に分けた美豆良に結った童子形で、鎌倉時代ごろから盛んに造像されている。

【聖徳太子孝養像】 しょうとくたいしこうようぞう

重文。鎌倉時代。檜材　寄木造　彩色　金泥　切金。像高九一・一センチメートル。厨子附属。至宝四‐一六一

【聖徳太子孝養像】 しょうとくたいしこうようぞう

鎌倉時代。檜材　寄木造　彩色。像高四七・七センチメートル。至宝四‐一六二

【聖徳太子孝養像】 しょうとくたいしこうようぞう

鎌倉時代。檜材　寄木造　彩色。像高六四・二センチメートル。至宝四‐一六三

【聖徳太子孝養像】 しょうとくたいしこうようぞう

室町時代。檜材　素地。像高五〇・四センチメートル。至宝四‐

二六四

【聖徳太子孝養像】 しょうとくたいしこうようぞう

室町時代。一木造　素地。像高四七・三センチメートル。袈裟右袖後側に「奉　範宴少納言」の銘がある。法隆寺では親鸞（範宴）の御作と伝える。至宝四－二六五

【聖徳太子孝養像】 しょうとくたいしこうようぞう

江戸時代。塑像　彩色。像高（肩まで）六九・八センチメートル。頭部欠落。至宝三－塑像一一六

【聖徳太子孝養像版木】 しょうとくたいしこうようぞうはんぎ

江戸時代開版。縦四三・七センチメートル。横一七・二センチメートル。

【聖徳太子御所持六目鏑矢考証】 しょうとくたいしごしょじむつめかぶらやこうしょう

京都の矢師が法隆寺が所有していた聖徳太子所持の六目鏑矢に関する史伝を纏めたもの。

【聖徳太子讃嘆式】 しょうとくたいしさんたんしき

聖徳太子の事蹟を回顧し徳を讃える言葉を記したもので、聖徳太子を講讃する法要のときに導師が読むもの。

【聖徳太子七歳像】 しょうとくたいししちさいぞう

重文。木造　彩色。像高五七・九センチメートル。治暦五年（一〇六九）作の七歳像のこと。七歳像は、古くから聖霊会の本尊として会場へ渡御する。像内に「治暦五年仏師僧円快、絵師奉致貞」の墨書がある。至宝四－一四八

【聖徳太子七歳像】 しょうとくたいししちさいぞう

室町時代。塑像。像高三九・一センチメートル。至宝三－塑像一〇九

【聖徳太子四天王画像】 しょうとくたいししてんのうがぞう

室町時代。絹本着色。縦五九・二センチメートル。横三四・八センチメートル。巻留に「関東極楽寺長老一房明玄云々」の銘がある。至宝六－一〇三

【聖徳太子勝鬘経講讃図】 しょうとくたいししょうまんぎょうこうさんず

推古十四年（六〇六）聖徳太子三十五歳のときに、山

背大兄王・慧慈法師・百済学呵博士・蘇我馬子・小野妹子らを前にして『勝鬘経』を講じた様子を描いたもの。

【聖徳太子勝鬘経講讃図】 しょうとくたいししょうまんぎょうこうさんず
鎌倉時代。絹本着色。縦一九七・〇センチメートル。横一五五・〇センチメートル。至宝六―二〇九

【聖徳太子勝鬘経講讃図】 しょうとくたいししょうまんぎょうこうさんず
鎌倉時代。絹本着色。額装。縦一九四・五センチメートル。横一六五・二センチメートル。至宝六―二一〇

【聖徳太子勝鬘経講讃図】 しょうとくたいししょうまんぎょうこうさんず
重文。鎌倉時代。絹本着色。額装。縦二一〇・五センチメートル。横一七七・四センチメートル。尊智画。至宝六―二一一

【聖徳太子勝鬘経講讃図】 しょうとくたいししょうまんぎょうこうさんず
室町時代。絹本着色。縦一二一・三センチメートル。横一二五・〇センチメートル。至宝六―二一二

【聖徳太子勝鬘経講讃像】 しょうとくたいししょうまんぎょうこうさんぞう
江戸時代。檜材　寄木造　彩色。像高八五・五センチメートル。推古十四年（六〇六）太子三十五歳のときに『勝鬘経』を講じられた姿の像。西室に安置。至宝四―二五四

【聖徳太子勝鬘経講讃像】 しょうとくたいししょうまんぎょうこうさんぞう
享保年間（一七一六～三六）阿弥陀院祐懐が造顕したもの。

【聖徳太子摂政像】 しょうとくたいしせっしょうぞう
国宝。平安時代。檜材　寄木造　彩色。像高八四・二センチメートル。聖霊院の中央厨子に安置。胎内には蓬莱山に乗った奈良時代の金銅救世観音像や平安時代に隆暹が書写した三経を納めている。至宝四―二四九―（一）

【聖徳太子摂政像】 しょうとくたいしせっしょうぞう
江戸時代。檜材　寄木造　彩色。像高五一・五センチメートル。至宝四―二五一

【聖徳太子摂政像】 しょうとくたいしせっしょうぞう
江戸時代。檜材。寄木造　彩色。像高八四・七センチメートル。

中院の千晃が発願して聖霊院の本尊を模した像。像内に弘化二年（一八四五）に仏師の清水浄運が造顕したという墨書銘がある。至宝四—一二五三

【聖徳太子摂政像】 しょうとくたいしせっしょうぞう

江戸時代。塑像　彩色。像高七一・九センチメートル。至宝三—塑像一一七

【聖徳太子像附属の沓】 しょうとくたいしぞうふぞくのくつ

室町時代。木製　黒漆塗。長二三・〇センチメートル。聖霊院の国宝聖徳太子像に添えられているもの。

【聖徳太子伝玉林抄】 しょうとくたいしでんぎょくりんしょう

文安五年（一四四八）に寺僧の訓海が編集した太子伝暦の注釈書。

【聖徳太子伝金玉抄】 しょうとくたいしでんきんぎょくしょう

永禄十一年（一五六八）に寺僧の栄甚律師が『玉林抄』や『聖誉抄』などを参考に記述した聖徳太子の伝記のこと。

【聖徳太子伝古今目録抄】 しょうとくたいしでんここんもくろくしょう

鎌倉時代に寺僧の顕真が聖徳太子の伝記や法隆寺に関する記録を集大成したもので「聖徳太子伝私記」ともいう。原本は自筆本で献納宝物となっている。

【聖徳太子伝私記】 しょうとくたいしでんしき⇒「聖徳太子伝古今目録抄」の別称。

【聖徳太子伝正応抄】 しょうとくたいしでんしょうおうしょう

永禄五年（一五六二）に寺僧の正応が著した聖徳太子の伝記のこと。

【聖徳太子伝暦】 しょうとくたいしでんりゃく

聖徳太子の代表的な伝記。延暦十七年（七九八）に藤原兼輔が数多くの太子の伝記を年代記風に編集したものという。法隆寺に現存するものは二巻本で、その奥書には観応二年（一三五一）寺僧仲甚書写の記載がある。

【聖徳太子唐形立像】 しょうとくたいしとうぎょうりゅうぞう

塑像。明治十二年（一八七九）に千早定朝の発願によって瓦匠の安井弥平が造顕したもの。夢殿の北正面に安置していた。

【聖徳太子童子形御影】 しょうとくたいしどうじぎょうのみえ

治暦五年（一〇六九）に造顕した聖徳太子童子形（七歳）像の別称。

【聖徳太子二王子像】 しょうとくたいしにおうじぞう

奈良時代。紙本着色。縦一〇一・七センチメートル。横五三・七センチメートル。宮内庁所蔵の御物聖徳太子像（唐本御影、旧一万円札などの図柄）のこと。太子の前には殖栗王が立ち、後には山背大兄王が従うという、唐本を参考にした三尊形式で描かれている。

【聖徳太子二王子像】 しょうとくたいしにおうじぞう

宝暦十三年（一七六三）。紙本着色。縦九五・五センチメートル。横五三・四センチメートル。裱背に宝暦十三年（一七六三）幽竹法眼画、千範の造顕銘がある。至宝六‐二〇五

【聖徳太子二王子像】 しょうとくたいしにおうじぞう

江戸時代。紙本着色。縦一二一・〇センチメートル。横五三・〇センチメートル。箱蓋裏に嘉永七年（一八五四）妙海の記銘がある。
至宝六‐二〇六

【聖徳太子二歳像】 しょうとくたいしにさいぞう

『聖徳太子伝暦』には、聖徳太子が二歳のときに、東を向いて両手を合わせ南無仏と唱えたと伝える。本像はその姿を表現したものであり「南無仏太子」と呼ばれている。

【聖徳太子二歳像】 しょうとくたいしにさいぞう

檜材　寄木造　彩色。像高六九・〇センチメートル。徳治二年（一三〇七）に造顕されたと像内の墨書にある。至宝四‐二六九

【聖徳太子二歳像】 しょうとくたいしにさいぞう

鎌倉時代。檜材　寄木造　彩色。像高六七・四センチメートル。
至宝四‐二七〇

【聖徳太子二歳像】しょうとくたいしにさいぞう

南北朝時代。檜材　寄木造　彩色。像高六五・五センチ《メートル》。至宝四―二七一

【聖徳太子二歳像】しょうとくたいしにさいぞう

室町時代。檜材　寄木造　彩色。像高六七・〇センチ《メートル》。至宝四―二七二

【聖徳太子八童子画像】しょうとくたいしはちどうじがぞう

鎌倉時代。絹本着色。縦九三・八センチ《メートル》。横四〇・四センチ《メートル》。至宝六―一九二

【聖徳太子奉讃会物故者追悼会】しょうとくたいしほうさんかいぶっこしゃついとうえ

大正七年（一九一八）に聖徳太子の遺徳を讃えるために設立した聖徳太子奉讃会（聖徳太子一千三百年御忌奉讃会）の功労者を追悼する法会の名称。律学院で平成十年（一九九八）から厳修している。

【聖徳太子水鏡御影】しょうとくたいしみずかがみのみえ

聖徳太子の摂政の姿とするが、これを水鏡御影とも楊枝御影とも伝える。水鏡とは、太子自らの姿を水鏡に写して描かれたもの。楊枝とはその姿を楊枝をもって自ら描いたものと伝える。

【少納言公】しょうなごんこう➜「信賛」の項目を見よ。

【少納言公】しょうなごんこう➜「長秀」の項目を見よ。

【少納言公】しょうなごんこう➜「専啓」の項目を見よ。

【少納言公】しょうなごんこう➜「長覚」の項目を見よ。

【勝南房】しょうなんぼう➜「宥盛」の項目を見よ。

【少弐公】しょうにこう➜「堯懐」の項目を見よ。

【少弐公】しょうにこう➜「円範」の項目を見よ。

【少弐公】しょうにこう➜「永懐」の項目を見よ。

【少弐公】しょうにこう➜「舜如」の項目を見よ。

【寺要日記】じようにっき

南北朝時代に編集された法隆寺の年中行事の記録。一箇月ごとに一二冊にまとめたもの。写本は献納宝物。法

さ行

隆寺にも写本が伝来している。

【成忍房】　じょうにんぼう

宝治二年（一二四八）「西円堂心束墨書」に記載。生没年不詳。

【乗範】　じょうはん

天平十九年（七四七）十一月十四日『正倉院文書』に「法隆寺上座」と記載。生没年不詳。

【乗範】　じょうはん

「法隆寺別当」。法印。興福寺竹林院の僧。弘安六年（一二八三）十二月十八日、法隆寺別当に補任。二年間在任。弘安七年（一二八四）九月没。

【盛範】　じょうはん

大法師。貞治四年（一三六五）の聖霊会の舎利預。応安四年（一三七一）『上御堂本尊修復結縁文書』に記載。生没年不詳。

【貞範】　じょうはん

図書公。堯長の弟子。文殊院の住。文政三年（一八二〇）十一月二十七日得度。天保四年（一八三三）三月二十二日退院。

【寺要便覧】　じようびんらん

寺僧の覚栄（覚英）が正徳四年（一七一四）九月十四日に得度してからの法隆寺の出来事や旧記などを集めた記録書。それには『年会日次記』に記していない私的なことまで克明に記載している。

【成福寺】　じょうふくじ

末寺。聖徳太子が没した地という。葦垣宮跡に嘉祥二年（八四九）に建てられた寺院の名称。本尊には鎌倉時代の聖徳太子孝養像（重文）などがある。

【庄兵衛尉】　しょうべえのじょう

大工。寛文七年（一六六七）花園院表門（現在の実相院表門）の建立に従事。出典「花園院表門棟木銘」

【小別当拝堂】 しょうべっとうはいどう

法隆寺の小別当に就任した僧が法隆寺の伽藍を拝堂する儀式のことをいう。

【聖弁】 しょうべん

寛喜二年（一二三〇）「上宮王院棟札」に「法師　結縁衆」と記載。生没年不詳。

【盛遍】 じょうへん

比丘。西大寺僧か？　正嘉三年（一二五九）三月十五日に如意輪観音像（聖霊院安置）を法隆寺僧顕真の勧めによって叡尊が発願して修理したときに「奉行　比丘」と記載。生没年不詳。出典「像底墨書」

【貞遍】 じょうへん

寛喜二年（一二三〇）「上宮王院棟札」に「学衆　法師　結縁衆」と記載。生没年不詳。

【乗弁】 じょうべん

金堂十僧。五師。権律師。願識房。文和元年（一三五二）金堂預に補任。貞治三年（一三六四）十月十六日に五師として『法隆寺衛五師年会所旧記』に署名している。生没年不詳。

【貞弁】 じょうべん

寛喜二年（一二三〇）「上宮王院棟札」に「法師　結縁衆」と記載。生没年不詳。

【定弁】 じょうべん

堂衆。寛喜二年（一二三〇）「上宮王院棟札」に「禅師　法師」と記載。生没年不詳。

【定弁】 じょうべん

浄宗房。定朝の弟子。中院の住。三経院院主。元弘二年（一三三二）に三経院の屋根の葺き替えを行った。生没年不詳。

【成宝】 じょうほう

「法隆寺別当」。僧都。正治元年（一一九九）十二月四

日、法隆寺別当に補任。承元元年（一二〇七）まで在任。

【昭宝院】 しょうほういん

末寺。真言宗。明和八年（一七七一）四月十二日に弥勒院の支配下になった。その後、廃院した。

【小法二郎】 しょうほうじろう

大工。永享十年（一四三八）に行われた南大門の再建に従事。出典「南大門棟木銘」

【勝鬘院】 しょうまんいん➡「堯懐」の項目を見よ。

【勝鬘院】 しょうまんいん➡「堯長」の項目を見よ。

【勝鬘会】 しょうまんえ

建暦二年（一二一二）から範圓別当の発意で興福寺、東大寺、薬師寺、法隆寺の四箇寺の僧が出仕して夢殿で厳修した法会の名称。嘉禄三年（一二二七）からは毎年十一月十五日に大講堂で行われた法会。維摩会や最勝会とならぶ重要な法会であった。勝鬘、法華、維摩の三経を講じ、因内二明の論義、法相、三論、華厳の宗を論じるもので、その作法は興福寺の維摩会を参考にしたもの。後柏原院在位中（一五〇〇～二六）に廃絶した。

【勝鬘経】 しょうまんぎょう

正しくは『勝鬘獅子吼一乗大方広方便経』という。如来蔵による一乗思想を説く大乗仏典の一つ。その内容は在家の勝鬘夫人が法を説く形式で構成している。古くから在家仏教の在り方を示す経典として広く普及している。わが国における注釈書に聖徳太子の『勝鬘経義疏』がある。

【勝鬘経義疏】 しょうまんぎょうぎしょ

聖徳太子が撰述した『勝鬘経』の注釈書。法隆寺に現存する版木には刊記はないが、鎌倉時代に法隆寺で開版したものと見られる。それは、太子の草本を模して宝治元年（一二四七）に開版した『法華義疏』に書風や形式が類似しており、ほぼ同時期に『維摩経義疏』とともに開版したのであろう。至宝七-版木三

【勝鬘経疏詳玄記】 しょうまんぎょうそしょうげんき

華厳の学僧凝然（一二四〇—一三二一）が著した『三経義疏』（一八巻）に対する詳しい注釈書。

【勝鬘獅子吼一乗大方広方便経】 しょうまんししくいちじょうだいほうこうほうべんきょう➡「勝鬘経」の項目を見よ。

【勝鬘夫人】 しょうまんぶにん

「シューリーマーラー」という。『勝鬘経』の主人公。「勝鬘経」の項目を参照。

【声明】 しょうみょう

インドの代表的な学問である五明（声明・工巧明・医方明・因明・内明）の一つで、言語、文学、音楽を研究する学問のこと。日本では仏典を朗唱する声楽の総称。

【浄名】 じょうみょう➡「維摩」の項目を見よ。

【浄名大士】 じょうみょうだいし➡「維摩」の項目を見よ。

【城弥三郎】 じょうやさぶろう

堂童子。嘉永元年（一八四八）七月没。

【成唯識論】 じょうゆいしきろん

世親の『唯識三十頌』に対する注釈書を唐の玄奘が護法の訳を中心として訳出したもの。十大論師の注釈書。

【成唯識論述記】 じょうゆいしきろんじゅっき

唐の慈恩大師（窺基）が撰述した『成唯識論』の注釈書。重文。平安時代。二〇冊。春日版。至宝七-その他の版経一～二〇

【正雄】 しょうゆう

堂衆律学。大法師。教学房。発志院、賢聖院の住。正徳三年（一七一三）得度。寛保三年（一七四三）一月二十八日没。

【聖融】 しょうゆう

金堂十僧。承元三年（一二〇九）ごろ金堂十僧に補任。

生没年不詳。

【貞祐】　じょうゆう

金堂十僧。律師。永源房。永仁四年（一二九六）十二月に金堂十僧に入供。正安二年（一三〇〇）二臈成業に昇進。応長二年（一三一二）一月十六日没。

【貞祐】　じょうゆう

堂衆行人方。大法師。学乗房。聖霊院堂司。福園院の住。正徳五年（一七一五）一月二十七日得度。宝暦三年（一七五三）『年会日次記』まで記載。生没年不詳。

【定祐】　じょうゆう

大法師。貞治四年（一三六五）の舎利殿厨子建立の塗師方奉行。応安四年（一三七一）『上御堂本尊修復結縁文書』に記載。生没年不詳。

【定融】　じょうゆう

堂衆。寛喜二年（一二三〇）「上宮王院棟札」に「禅衆　法師」と記載。生没年不詳。

【奘融】　じょうゆう

小別当。権律師。永徳三年（一三八三）「上宮王院棟札」に「小別当　権律師」と記載。生没年不詳。

【浄祐】　じょうゆう

大法師。禅春房。橘坊の住。嘉吉二年（一四四二）二月二十三日の竜田社頭舞楽法会に読師として出仕。生没年不詳。

【性誉】　しょうよ

「法隆寺別当」。僧正。興福寺の僧。永仁三年（一二九五）法隆寺別当に補任。四年間在任。冥府社を新造。永仁六年（一二九八）に辞退。

【聖誉】　しょうよ

永徳三年（一三八三）『唯識義』を書写。応永年間（一三九四～一四二八）に『聖徳太子伝暦』の注釈書である『聖誉抄』を撰述。生没年不詳。

さ行

【貞誉】　じょうよ
堂衆行人方。大法師。良識房。宥信の弟子。西円堂堂司。橋之坊の住。宝永二年（一七〇五）得度。享保五年（一七二〇）ごろ堯昭房訓清に改名。宝暦十二年（一七六二）五月十七日、西円堂堂司に補任。同年十月五日没。

【定誉】　じょうよ
応永九年（一四〇二）『児童大衆等規式間事』に記載。生没年不詳。

【定誉】　じょうよ
律師。中院の住。『竜田会記』を著述。天文十五年（一五四六）八月三日、五十九歳で没。

【定燿】　じょうよう
法頭。調子麿二十代の末裔。延長三年（九二五）ごろ法隆寺公文法頭に補任。生没年不詳。

【聖誉抄】　しょうよしょう
応永年間（一三九四～一四二八）に寺僧の聖誉が編集した『聖徳太子伝暦』の注釈書。

【常楽寺】　じょうらくじ
鎌倉時代ごろの創建か。若草の南東の古市場にあった寺院。五間四面の堂。本尊は五智如来像。鎮守社もあったが、明治維新のときに官有地となり廃寺。仏像などは東院伝法堂へ遷している。

【正力】　しょうりき
堂童子。寛喜二年（一二三〇）五月に修理した夢殿の棟札に「堂童子」と記載。生没年不詳。

【松立院】　しょうりついん
鎌倉時代の創建。学侶坊。安養院の西に隣接していた子院。明治時代初期に廃院となる。

【聖霊院】　しょうりょういん

国宝。鎌倉時代（弘安七年〔一二八四〕）大改修。桁行六間。梁行五間。切妻造。本瓦葺。正面一間通り檜皮葺。聖徳太子坐像（平安時代）を本尊とする殿堂。至宝一–九

【聖霊院院主】 しょうりょういんいんじゅ

聖霊院を管理する僧のこと。院主としては調子麿の子孫と自称していた顕真が名高い。

【聖霊院旧蓮池図】 しょうりょういんきゅうれんちず

聖霊院中御殿の旧壁貼付絵にある蓮池の絵をいう。墨書銘によると、絵師の長谷川等真らによって元禄三年（一六九〇）〜元禄四年（一六九一）に描かれたもの。

【聖霊院新蓮池図】 しょうりょういんしんれんちず

平成元年（一九八九）に日本画家の林功が新たに聖霊院厨子内に描いた蓮池図。

【聖霊院の供物】 しょうりょういんのくもつ➜「回甲礼」「五杯御膳」「十三杯御膳」の項目を見よ。

【聖霊院半鐘】 しょうりょういんはんしょう

鋳銅。高五七・五センチメートル。口径三六・二センチメートル。寛永十二年（一六三五）十月二十三日に南甚介らが聖霊院へ寄進した。聖霊院で行う修正会の通夜作法のときに打ち鳴らす。至宝一三–梵音具二九五。出典「刻銘」

【聖霊会】 しょうりょうえ

聖徳太子の命日にその遺徳を讃えて行う法会のこと。「会式」ともいう。夢殿で行われていたが、元禄四年（一六九一）から西院大講堂前に移している。毎年の命日に聖霊院で行う太子の追悼の法要も会式という。

【勝蓮房】 しょうれんぼう

弘慶の舎兄。至徳二年（一三八五）の「敬白　清諷誦事　奉書写供養　如法如説妙典一部幷常燈石燈呂一基」に記載。生没年不詳。

【正廊房】 しょうろうぼう

天文十四年（一五四五）『現在僧名帳』に記載。この

年に得度。生没年不詳。

【勝六】しょうろく

四大工。元和七年（一六二一）十二月二十七日、四大工職に補任。

【昭和資財帳】しょうわしざいちょう

昭和五十六年（一九八一）からはじめた法隆寺の寺宝調査の名称。天平十九年（七四七）に勘録した『法隆寺伽藍縁起并流記資財帳』に由来したもので、法隆寺が所有している全ての資財を収録し、伝統儀式や声明などの無形的なものまでを収録しようとするもの。

【小鋺】しょうわん

奈良時代。響銅。高七・一センチメートル。口径九・九センチメートル。至宝一二–三九二

【小鋺】しょうわん

中国・至正十年（一三五〇）。響銅。高二・八センチメートル。口径八・八センチメートル。金堂修正会の牛王を入れる鋺に使われている。至宝一二–三九七

【初学衆】しょがくしゅう

「三経」並びに『三経義疏』の素読、『唯識論』の重難な論議をつとめる学識を有する僧のこと。

【褥】じょく

奈良時代前期。絹綿、麻、平絹などからなり、蜀江錦の縁取りがある。しとね、敷物のこと。全長二一〇・〇センチメートル。幅一三三・〇センチメートル。法会のときに用いられたと考えられる。至宝一二–褥四八〇、四八一

【燭台】しょくだい

鎌倉～室町時代。木造　黒漆塗。高一一八・二センチメートル。基台径二八・四センチメートル。新堂所在。灯心や蠟燭などを立て火をともす台。至宝一二–燈燭台二〇七

【止与古】しよこ

己未年（養老三年〈七一九〉）に止与古が尼道果のために命過幡を作った。止与古については不詳。出典 献納

宝物。「墨書」

【助公】じょこう

寛文七年（一六六七）『現在僧名帳』に記載。この年に得度。生没年不詳。

【所司】しょし

別当の直轄下にあって法隆寺の庶務全般を担当する僧のこと。

【諸進】しょしん

堂方律学の大法師のうちから就任した寺務を担当する僧のこと。行人方の綱維のような役職。

【蜀江錦】しょっこうきん

飛鳥時代。中国の蜀の国で織られたという赤地錦の名称。

【蜀江大幡】しょっこうだいばん

飛鳥時代。坪に白地双竜連珠円文綾、縁に蜀江錦を用いた綾大幡の通称。現存長九六二・三センチメートル。幅二四・〇センチメートル。昭和資財帳調査で発見。法会のときに五重塔の九輪から懸けたものと推定される。至宝一二-荘厳具二四九

【諸仏】しょぶつ

堂童子。寛喜二年（一二三〇）五月に修理した夢殿の棟札に「堂童子」と記載。生没年不詳。

【諸仏集会図】しょぶつしゅうえず

鎌倉時代。絹本着色。縦九〇・八センチメートル。横三七・三センチメートル。至宝六-七五

【初夜導師】しょやどうし

六時の行法で戌刻（午後七時〜午後九時）に行われる法会の導師のこと。法隆寺では金堂修正会などに見られる。

【素木唐櫃】しらきからびつ

奈良時代。木造。杉製被せ蓋造りの四脚唐櫃。高

五三・〇センチメートル。蓋一〇五・三×六九・七センチメートル。至宝一四-収納具二六八

【素木櫃】 しらきひつ

奈良時代。木造。杉製。高七〇・二センチメートル。縦二二二・六センチメートル。横九一・四センチメートル。板厚二・七センチメートル。至宝一四-収納具二六一

【慈輪】 じりん

天平十九年（七四七）『法隆寺資財帳』に「都維那」と記載。生没年不詳。

【四郎】 しろう

四大工。延慶三年（一三一〇）惣社の修理に従事。

出典『嘉元記』

【次郎】 じろう

大工。永享六年（一四三四）地蔵院本堂の建立に従事。

出典「地蔵院本堂棟木墨書」

【二郎】 じろう

瓦工。寛喜二年（一二三〇）五月、夢殿の修理に従事。

出典「夢殿棟札」

【二郎九郎】 じろうくろう

瓦大工。大永四年（一五二四）二月十二日に綱封蔵の瓦を作った。出典「瓦刻銘」

【四郎五郎大夫】 しろうごろうだゆう

大工。永享十年（一四三八）に行われた南大門の再建に従事。出典「南大門棟木銘」

【四郎二郎】 しろうじろう

瓦大工。大永四年（一五二四）二月十二日に綱封蔵の瓦を作った。出典「瓦刻銘」

【四郎大夫】 しろうだゆう

大工。応永二十五年（一四一八）陵山宝積寺の修理に従事。出典「宝積寺棟木銘」

【次郎大夫】 じろうだゆう
興福寺系大工。文永五年（一二六八）西室の建立に従事。

【次郎大夫】 じろうだゆう
大工。永享八年（一四三六）の北室寺の建立や永享十年（一四三八）に行われた南大門の再建に従事。出典「北室上棟文書」「南大門棟木銘」

【次郎大夫】 じろうだゆう
大工。明応三年（一四九四）北室寺の修理に従事。
出典「北室上棟文書」

【四郎太郎】 しろうたろう
大工。永享六年（一四三四）の地蔵院本堂の建立や永享十年（一四三八）に行われた南大門の再建に従事。
出典「南大門棟木銘」

【次郎太郎】 じろうたろう
大工。明応三年（一四九四）北室寺の修理に従事。
出典「北室上棟文書」

【二郎太郎】 じろうたろう
大工。永享十年（一四三八）に行われた南大門の再建に従事。出典「南大門棟木銘」

【次郎太郎大夫】 じろうたろうだゆう
大工。寛正三年（一四六二）政蔵院本堂の建立に従事。
出典『良訓補忘集』

【次郎太郎大夫】 じろうたろうだゆう
大工。明応三年（一四九四）の北室寺の修理や永正九年（一五一二）の政南院文殊堂の建立に従事。出典「北室上棟銘」「政南院文殊堂棟札」

【次郎兵衛尉】 じろうひょうえのじょう
大工。今北村の住。寛文七年（一六六七）花園院表門（現在の実相院表門）の建立に従事。出典「花園院表門棟木銘」

【次郎兵衛】 じろうべえ

大工。西里の住。享保二年（一七一七）弥勒院表門（現護摩堂表門）の建立に従事。出典「弥勒院表門棟札」

【次郎兵衛】 じろうべえ

法隆寺村本町の住。貞享元年（一六八四）六月に西円堂へ鰐口を寄進。出典「刻銘」

【尋胤】 じんいん

保安三年（一一二二）～天承元年（一一三一）に林幸が発願した『法隆寺一切経』の書写に協力した。生没年不詳。

【新右衛門】 しんえもん

大工。葛上郡新庄の住。安永四年（一七七五）護摩堂の再建に従事。出典「護摩堂棟札」

【新右衛門】 しんえもん

瓦大工。藤原宗次。慶長八年（一六〇三）六月に作った講堂の西鳥衾に「瓦大工　西京四十七才」と刻している。「藤原宗次」の項目を参照。出典「瓦刻銘」

【甚右衛門】 じんえもん

大工。東安堵村の住。文政元年（一八一八）北室院唐門の修理に従事。出典「北室院唐門棟札」

【甚右衛門】 じんえもん

瓦大工。藤原臣甚右衛門。寛永十六年（一六三九）九月に律学院大棟の鬼瓦を作った。出典「鬼瓦刻銘」

【信円】 しんえん

「一﨟法印」。僧都。西園院の住。天正二年（一五七四）七月、舎利預に補任。天正四年（一五七六）ごろ一﨟法印に昇進。天正七年（一五七九）十二月二十二日没。

【甚円房】 じんえんぼう

寛永五年（一六二八）『現在僧名帳』に記載。この年に得度。生没年不詳。

さ行

【深恩房】しんおんぼう➡「淳算」の項目を見よ。

【信賀】しんが
法師。嘉吉二年（一四四二）二月二十三日の竜田社頭舞楽法会に左方梵音衆として出仕。生没年不詳。

【信賀】しんが
権律師。少進房。西園院の住。片桐藩家臣、竜田本宮社士安村氏の出身。幼名、小七丸。元禄十四年（一七〇一）得度。享保十年（一七二五）権律師に補任。享保十三年（一七二八）七月十六日退院。

【真懐】しんかい
権律師。左京公。祐懐の弟子。観寿院、妙徳院、宝光院、無量寿院、十乗院、阿弥陀院の住。片桐石見守家臣相羽氏の出身。幼名、重丸。安永三年（一七七四）五月二十六日得度。安永四年（一七七五）妙徳院へ転住。天明二年（一七八二）十二月一日、仮名を宰相公に改名。天明四年（一七八四）仮名を大蔵公に改名。天明五年（一七八五）十乗院と号し、実名を真恒に改名。寛政元年（一七八九）十二月、宝光院へ転住。寛政三年（一七九一）成業になる。寛政四年（一七九二）権律師に補任。寛政五年（一七九三）『年会日次記』まで記載。生没年不詳。

【尋海】じんかい
保安三年（一一二二）～天承元年（一一三一）に林幸が発願した『法隆寺一切経』の書写に協力した。生没年不詳。

【深海房】じんかいぼう➡「快賛」の項目を見よ。

【信覚】しんかく
嘉禄二年（一二二六）『宛行　東室第六房事』と寛喜二年（一二三〇）「上宮王院棟札」に「結縁衆」と記載。生没年不詳。

【甚行房】じんぎょうぼう➡「尊誉」の項目を見よ。

【甚行房】じんぎょうぼう➡「栄恩」の項目を見よ。

【深空房】 じんくうぼう➜「弘賢」の項目を見よ。

【神供作法】 じんぐさほう

修正会などの法要のとき神々に供養して擁護を祈る作法のこと。

【神供作法】 じんぐさほう

応永二十九年（一四二二）書写。巻子。縦二九・〇センチメートル。長四五・二センチメートル。

【信慶】 しんけい

「法隆寺別当」。僧都。興福寺東院の僧。久安四年（一一四八）五月二十九日、法隆寺別当に補任。七年間在任。

【信継】 しんけい

堂衆律学。大法師。良般房。北之院、法華院の住。宝暦二年（一七五二）三月九日得度。寛政九年（一七九七）寺法の大改正により隠退。桂樹院と号す。文化四年（一八〇七）九月二十六日没。

【真慶】 しんけい

大法師。五師。応永二年（一三九五）の聖霊会の舞台役人に補任。応永二十二年（一四一五）『本末寺文書目録』に「年会五師」と記載。『応安年中以来法隆寺評定日記』に応永二十九年（一四二二）十月三日～永享二年（一四三〇）まで五師をつとめたと記載。生没年不詳。

【深慶房】 じんけいぼう➜「隆範」の項目を見よ。

【信賢】 しんけん

応永九年（一四〇二）『児童大衆等規式間事』に記載。生没年不詳。

【信玄】 しんげん

寛喜二年（一二三〇）「上宮王院棟札」に「大法師結縁衆」と記載。生没年不詳。

【信玄】 しんげん

擬講。金堂十僧。琳賢坊。正安三年（一三〇一）十二月、金堂十僧に入供。文保元年（一三一七）五月二十二日没。

【尋玄】じんげん
保安三年（一一二二）～天承元年（一一三一）に林幸が発願した『法隆寺一切経』の書写に協力した。生没年不詳。

【深源房】じんげんぼう➔「秀誉」の項目を見よ。

【真弘】しんこう
応永九年（一四〇二）『児童大衆等規式間事』に記載。生没年不詳。

【真恒】しんこう➔「真懐」の項目を見よ。

【信業】しんごう
大蔵卿。永信の弟子。蓮池院、観音院の住。郡山藩家臣谷口氏の出身。幼名、八重丸。文化八年（一八一一）十二月十一日得度。文政四年（一八二一）八月十八日、蓮池院から観音院へ転住。文政八年（一八二五）再び蓮池院へ転住。文政十一年（一八二八）九月退院。

【甚光房】じんこうぼう
元和四年（一六一八）『現在僧名帳』に記載。この年に得度。生没年不詳。

【壬午命過幡】じんごみょうがばん
壬午年（天武十一年〔六八二〕）に飽波書刀自のために作った命過幡のこと。出典 献納宝物。「墨書」

【真言宗】しんごんしゅう
『大日経』『金剛頂経』の所説に従って、仏の真実の言葉（「真言」）を唱え、手に印を結び、心を静寂の境地にすませることによって生き身のまま成仏すると説く宗派のこと。平安時代から法隆寺にも浸透し、室町時代には護摩堂を建立している。法隆寺は、明治六年（一八七三）～明治十五年（一八八二）まで真言宗の所轄を受けていた。

【真言八祖】しんごんはっそ

真言密教をインド、中国、日本へと伝えた八人の祖師のこと。それには「付法の八祖」と「伝持の八祖」がある。付法の八祖とは大日如来、金剛薩埵、竜猛、竜智、金剛智、不空、恵果、空海をいう。伝持の八祖とは大日如来、金剛薩埵をのぞいて善無畏、一行を加えたものをいう。

【真言八祖画像】 しんごんはっそがぞう

室町時代。絹本着色。八幅。各縦八三・七センチメートル。横四九・二センチメートル。もとは護摩堂安置か？　箱蓋裏に天保六年（一八三五）頼尊の修理銘がある。至宝六―一二三六

【新三郎】 しんざぶろう

瓦大工。大永四年（一五二四）二月十二日に綱封蔵の瓦を作った。出典「瓦刻銘」

【甚三郎】 じんざぶろう

瓦大工。慶長八年（一六〇三）六月に作った講堂の西鳥衾に「瓦大工　西京」と刻している。「藤原家次」の項目を参照。出典「瓦刻銘」

【甚三郎】 じんざぶろう

大工。今市村の住。安永四年（一七七五）護摩堂の再建に従事。出典「護摩堂棟札」

【信算】 しんさん

寛喜二年（一二三〇）「上宮王院棟札」に「法師　結縁衆」と記載。生没年不詳。

【信賛】 しんさん

僧都。少納言公。西南院の住。久留米藩家臣の出身。延宝八年（一六八〇）得度。元禄二年（一六八九）十二月二十五日没。

【心識房】 しんしきぼう

天正十年（一五八二）『現在僧名帳』に記載。この年に得度。生没年不詳。

【甚識房】 じんしきぼう↓「英弘」の項目を見よ。

【新七】 しんしち
大工。辻本の住。享保二年（一七一七）現護摩堂表門の建立に従事。出典「現護摩堂表門棟札」

【新七】 しんしち
大工。吉野の住。安永四年（一七七五）護摩堂の再建に従事。出典「護摩堂棟札」

【進実】 しんじつ
堂衆。寛喜二年（一二三〇）「上宮王院棟札」に「禅衆 法師」と記載。生没年不詳。

【信秀】 しんしゅう
「一臈法印」。権大僧都。大膳房（大膳公）。覚勝の弟子。政倉院の住。大坂町奉行与力安東氏の出身。幼名、岩丸。正徳六年（一七一六）得度。寛保二年（一七四二）十二月二十二日、成業になる。寛保三年（一七四三）一月二十二日、権律師。同年二月二十二日、権少僧都に補任。延享二年（一七四五）に覚定から信秀に改名。宝暦二年（一七五二）三月二十二日、法印権大僧都。宝暦五年（一七五五）一臈法印に昇進。法兄良訓の遺志を継いで『古今一陽集』を完成した。宝暦六年（一七五六）十月二十日没。

【深秀房】 じんしゅうぼう➡「快弁」の項目を見よ。

【新十郎】 しんじゅうろう
大工。元和九年（一六二三）「宝積寺棟札」に「大日講衆」と記載。

【信舜】 しんしゅん
寺主。嘉吉二年（一四四二）二月二十三日の竜田社頭舞楽法会に出仕。応永九年（一四〇二）『児童大衆等規式間事』に記載。生没年不詳。

【甚舜房】 じんしゅんぼう
元和元年（一六一五）『現在僧名帳』に記載。この年に得度。生没年不詳。

【神勝】しんしょう
法師。測護房（測諄房、弁公）。尭懐の弟子。円明院、知足院の住。郡山藩家臣山田家の出身。幼名、弥四郎。正徳五年（一七一五）得度。享保十二年（一七二七）十二月二十一日、弁公に改名。享保十七年（一七三二）四月二十日没。

【真浄】しんじょう
中綱。寛喜二年（一二三〇）「上宮王院棟札」に「中綱　法師」と記載。生没年不詳。

【信乗】しんじょう
文安六年（一四四九）三月十一日の新福寺供養に錫杖衆として出仕。生没年不詳。

【真譲】しんじょう
末寺僧。真言律。練性。真政の弟子。北室院の住。延宝八年（一六八〇）十月六日没。

【深盛】じんじょう
堂衆律学。夏一戒師。大法師。空順房。実継の弟子。持宝院、仏性院、持福院、福生院の住。宝永元年（一七〇四）得度。寛保二年（一七四二）八月、夏一戒師に補任。宝暦十二年（一七六二）五月二日没。

【晨朝導師】じんじょうどうし
六時の行法で卯刻（午前六時ごろ）に行われる法会の導師のこと。法隆寺では金堂修正会などに見られる。

【真乗房】しんじょうぼう
寛永二年（一六二五）『現在僧名帳』に記載。この年に得度。生没年不詳。

【深正房】じんしょうぼう➡「快応」の項目を見よ。

【深正房】じんしょうぼう
堂衆。慶安四年（一六五一）『現在僧名帳』に「堂衆」と記載。この年に得度。生没年不詳。

【甚勝房】 じんしょうぼう➡「長清」の項目を見よ。

【壬辰命過幡】 じんしんみょうがばん

壬辰年（持統六年（六九二））に満得尼のために作った命過幡のこと。幡身・幡足部長八三・三センチメートル。幡身幅一七・七センチメートル。出典献納宝物。「墨書」

【新助】 しんすけ

大工。法隆寺村の住。安永七年（一七七八）聖天堂の再建に従事。出典「聖天堂棟札」

【新助】 しんすけ

大工。文政六年（一八二三）天満宮の修理に従事。出典「天満宮棟札」

【新助】 しんすけ

大工。魚町の住。安政二年（一八五五）三経院の修理に従事。出典「三経院棟札」

【真政】 しんせい

末寺僧。真言律。円忍。北室院の住。法起寺を再興。大鳥山神鳳寺の開山。寛文元年（一六六一）北室院を真譲に託し法起寺に隠居。『法起寺再興由来記』を記す。延宝五年（一六七七）十二月二十五日没。

【深専房】 じんせんぼう➡「快映」の項目を見よ。

【真尊】 しんそん

大法師。承暦二年（一〇七八）『金堂日記』や『金光院三昧僧等解』に「寺主」と記載。生没年不詳。

【新堂】 しんどう

重文。弘安七年（一二八四）。桁行三間。梁行三間。入母屋造。妻入。柿葺。西園院の東北隅にある堂の名称。「新堂院」ともいう。平安時代の薬師三尊像（重文）と鎌倉時代の四天王立像（重文）を安置している。至宝一―一二三

【新堂院】しんどういん➜「新堂」の項目を見よ。

【真入道】しんにゅうどう

大工。永享十年（一四三八）に行われた南大門の再建に従事。出典「南大門棟木銘」

【真如】しんにょ

平城天皇の第三皇子。超昇寺の住。弘法大師空海の弟子。法隆寺の道詮より「三論」を学ぶ。空海入定の後、求法のために貞観四年（八六二）に入唐。さらに入竺の途中、羅越国（マレー半島）で虎害に遭い没。

【新之丞】しんのじょう

京仏師。寛文四年（一六六四）三月に現宝珠院本堂の須弥壇の欄間を造顕。出典「須弥壇墨書」

【真範】しんぱん

上宮王院の住。「山階一乗前僧正」と呼び、行信の法流を汲むという。十一世紀中ごろの僧。生没年不詳。

【信弁】しんべん

権律師。応安四年（一三七一）『上御堂本尊修復結縁文書』に「三臈権律師」と記載。生没年不詳。

【信遍】しんぺん

寛喜二年（一二三〇）「上宮王院棟札」に「学衆　法師」と記載。生没年不詳。

【尋亦】じんやく

保安三年（一一二二）〜天承元年（一一三一）に林幸が発願した『法隆寺一切経』の書写に協力した。生没年不詳。

【信有】しんゆう

法師。文安六年（一四四九）三月十一日の新福寺供養、宝徳三年（一四五一）二月二十七日の聡明寺供養に錫杖衆として出仕。生没年不詳。

【信誉】しんよ

応永九年（一四〇二）『児童大衆等規式間事』に記載。生没年不詳。

【真与】　しんよ

永久二年（一一一四）～元永元年（一一一八）に勝賢が発願した『法隆寺一切経』の書写に協力した。生没年不詳。

【親誉】　しんよ

「法隆寺別当」。大徳。長暦三年（一〇三九）十二月、法隆寺別当に補任。九年間在任。

【真耀】　しんよう

五師。保元三年（一一五八）に金堂へ聖天像を奉納。生没年不詳。

【真楽】　しんらく

中綱。寛喜二年（一二三〇）「上宮王院棟札」に「中綱　権専当法師」と記載。生没年不詳。

【親鸞聖人袈裟】　しんらんしょうにんのけさ

鎌倉時代。木蘭色麻。二五条。丈一一五・〇センチメートル。幅二二〇・〇センチメートル。親鸞聖人が法隆寺円明院へ寄進したものと伝える。至宝一三－四九〇

【真龍房】　しんりゅうぼう➡「秀栄」の項目を見よ。

【深亮房】　じんりょうぼう➡「快胤」の項目を見よ。

【神朗】　しんろう➡「専啓」の項目を見よ。

【瑞雲房】　ずいうんぼう➡「慶祐」の項目を見よ。

【随音房】　ずいおんぼう

宝治二年（一二四八）「西円堂心束墨書」に記載。生没年不詳。

【推古天皇御忌】　すいこてんのうぎょき

推古天皇（推古三十六年〈六二八〉没）の命日三月十七日に聖霊院で行う法要の名称。平成八年（一九九六）から厳修している。

【水晶五輪塔】すいしょうごりんとう
室町時代。南無仏舎利を納める舎利塔のこと。一月一日～三日まで行われる舎利講のときの本尊。至宝一四－三七

【随心如意輪心経】ずいしんにょいりんしんぎょう
版木。嘉慶二年（一三八八）開版。縦二七・五センチメートル。横九三・九センチメートル。至宝七－その他の版木（三）

【随善】ずいぜん
堂衆。寛喜二年（一二三〇）「上宮王院棟札」に「禅衆　法師」と記載。生没年不詳。

【水瓶】すいびょう
水を入れる容器。飲料水と手を洗う水を入れることがある。仏教法具の一つとして古くから使用されている。

【水瓶】すいびょう
重文。中国唐代。響銅　轆轤挽。高三〇・九センチメートル。胴径一一・五センチメートル。胡面水瓶という。至宝一二－供養具四二四

【水瓶】すいびょう
江戸時代。鋳銅　轆轤挽。縦一六・八センチメートル。胴張九・三センチメートル。至宝一二－供養具四二五

【水瓶】すいびょう
江戸時代。鋳銅　轆轤挽。縦二五・八センチメートル。胴張一四・〇センチメートル。至宝一二－供養具四二八

【菅原天神】すがわらてんじん
平安時代の貴族、菅原道真の神号。火雷天神とする信仰がある。

【菅原天神画像】すがわらてんじんがぞう
室町時代。絹本着色。縦八七・五センチメートル。横四〇・三センチメートル。巻留に宝永七年（一七一〇）覚賢の修理銘がある。至宝六－一七三

【菅原天神画像】 すがわらてんじんがぞう

室町時代。絹本着色。縦五八・五センチメートル。横三二・九センチメートル。至宝六－一七四

【菅原天神画像】 すがわらてんじんがぞう

江戸時代。絹本着色。縦四五・九センチメートル。横五六・八センチメートル。狩野寿石画。弘化四年（一八四七）に弥勒院定朝が寄進。至宝六－一七五。出典「墨書」

【助九郎】 すけくろう

大工。永享十年（一四三八）に行われた南大門の再建に従事。出典「南大門棟木銘」

【助五郎】 すけごろう

大工。永享十年（一四三八）に行われた南大門の再建に従事。出典「南大門棟木銘」

【助三郎】 すけさぶろう

大工。永享八年（一四三六）北室寺の建立に従事。永享十年（一四三八）に行われた南大門の再建に従事。出典「南大門棟木銘」「北室上棟文書」

【助二郎大夫】 すけじろうだゆう

大工。永享十年（一四三八）に行われた南大門の再建に従事。出典「南大門棟木銘」

【塗香】 ずこう

修行者が心身を清浄にするために香を身に塗ること。道場に入るときにも塗香する場合が多い。

【塗香器】 ずこうき

重文（密教法具一括指定四一口のうち）。鎌倉時代。鋳銅 鍍金。一口。高一〇・八センチメートル。至宝一一三－一四四

【厨子】 ずし

仏像や経巻を安置するもので、扉が付いた箱形や宮殿形、木瓜形のものがある。

【厨子】 ずし

文永五年（一二六八）。木造　弁板塗。総高一七七・〇センチメートル。文永五年に聖讃が食堂の薬師如来像を安置するために新造した厨子。現在は観勒像を安置している。至宝一二ー荘厳具三〇。出典「厨子裏墨書」

【厨子】ずし
貞和四年（一三四八）。舎利殿厨子。木造　黒漆塗。春日形。総高二五三・〇センチメートル。南無仏舎利を納める厨子。至宝一二ー荘厳具三三。出典「墨書」

【厨子】ずし
南北朝時代。木造　黒漆塗。木瓜形。総高五四・〇センチメートル。地蔵菩薩像安置。至宝一二ー荘厳具七九

【厨子】ずし
室町時代。木造　黒漆塗。春日形。高五八・七センチメートル。幅四二・二センチメートル。奥行三六・一センチメートル。至宝一二ー荘厳具三二

【厨子】ずし
室町時代。木造　黒漆塗。春日形。総高五八・二センチメートル。至宝一二ー荘厳具三四

【厨子】ずし
室町時代。木造　黒漆塗。春日形。総高九四・二センチメートル。幅七三・五センチメートル。至宝一二ー荘厳具三五

【厨子】ずし
室町時代。木造　黒漆塗。春日形。総高一五六・〇センチメートル。幅一〇〇・六センチメートル。至宝一二ー荘厳具三六

【厨子】ずし
室町時代。木造　黒漆塗。木瓜形。総高四一・五センチメートル。幅二〇・〇センチメートル。至宝一二ー荘厳具八〇

【厨子】ずし
室町時代。木造　黒漆塗。木瓜形。総高一八・二センチメートル。幅一七・八センチメートル。至宝一二ー荘厳具八一

【厨子】ずし

室町時代。木造　黒漆塗。木瓜形。総高二三・三センチメートル。幅一一・五センチメートル。至宝一二―荘厳具一　一三

【崇峻塔銘】　すしゅんとうめい

重文。平安時代。巻子本。縦二五・五センチメートル。全長八五・〇センチメートル。唐の崇峻法師の略伝を記した塔碑銘を書写したもの。至宝七―その他の写経二〇

【図書公】　ずしょこう➡「湛肇」の項目を見よ。

【図書公】　ずしょこう➡「貞範」の項目を見よ。

【硯水入れ】　すずりのみずいれ

奈良時代または中国唐代。古代の文房具。総高七・二センチメートル。聖徳太子が『法華義疏』を撰したときに使用したものと伝える。出典 献納宝物

【隅右衛門】　すみえもん

瓦大工。西京尻枝田村の住。元和七年（一六二一）二月一日に鬼瓦を作った。出典「鬼瓦刻銘」

【角藤久三郎】　すみふじきゅうざぶろう

慶長十六年（一六一一）八月に聖霊院へ釣燈籠を寄進。出典「釣燈籠刻銘」

【住吉影現立像】　すみよしようげんりゅうぞう

塑像。明恵上人の室に影現した住吉神の姿を宅磨法印澄賀が写した画像を参考として、明治十二年（一八七九）六月に千早定朝が発願して瓦匠の安井弥平が造顕。夢殿東面に安置した。

【摺仏】　すりぼとけ

仏や菩薩などの姿を紙や布に摺写したもの。印仏ともいう。

【晴喜】　せいき

法頭。五師。慶世の三男。二十九歳で上座に補任。承元元年（一二〇七）ごろに八世法頭に補任。生没年不詳。

【晴喜】　せいき

寛喜二年（一二三〇）「上宮王院棟札」に「大法師結縁衆」と記載。生没年不詳。

【清九郎】せいくろう

大工。椿井の住。文政八年（一八二五）西円堂の修理に従事。出典「西円堂棟札」

【勢芸】せいげい

堂衆。寛喜二年（一二三〇）「上宮王院棟札」に「禅衆　法師」と記載。生没年不詳。

【勢賢】せいけん

堂衆。寛喜二年（一二三〇）「上宮王院棟札」に「禅衆　法師」と記載。生没年不詳。

【清玄】せいげん

絵師。舜現房。康暦二年（一三八〇）四月二十三日に造顕した護摩堂の不動明王、脇侍の二童子像の台座裏に「彩色　清玄　舜現房　南都住」と記載。東大寺法華堂の応安六年（一三七三）作の不動三尊像の絵仏師。出典「二童子像台座裏墨書」

【清七】せいしち

大工。葛上郡新庄の住。安永四年（一七七五）護摩堂の再建に従事。出典「護摩堂棟札」

【勢至菩薩】せいしぼさつ

正式には大勢至菩薩という。智恵の光で人びとの迷いを取り除く。観音とともに阿弥陀の脇侍となっている。

【勢至菩薩画像】せいしぼさつがぞう

室町時代。絹本着色。縦一〇八・〇センチメートル。横三八・三センチメートル。至宝六‐一〇二‐（二）

【勢至菩薩立像】せいしぼさつりゅうぞう

重文。白鳳時代。木造　漆箔。総高八六・〇センチメートル。六観音の一つ。至宝四‐一〇二

【勢至菩薩立像】せいしぼさつりゅうぞう

江戸時代。木造　漆箔。像高七二・八センチメートル。至宝四‐

一〇四

【勢至菩薩立像】せいしぼさつりゅうぞう

江戸時代。檜材　一木造　素地。像高三三・七センチメートル。至宝四−一〇六

【勢至菩薩立像】せいしぼさつりゅうぞう

江戸時代。檜材　漆箔。像高三三・三センチメートル。至宝四−一〇七

【勢至菩薩立像】せいしぼさつりゅうぞう

江戸時代。榧材　一木造　素地。像高七七・三センチメートル。至宝四−一〇八

【勢至菩薩立像】せいしぼさつりゅうぞう

鎌倉時代。銅造　鍍金。伝金堂阿弥陀如来脇侍。現在はパリのギメ美術館所蔵。平成六年（一九九四）に模像を造り金堂に安置した。

【政治郎】せいじろう

大工。阿波村の住。天保十年（一八三九）興善院本堂の修理に従事。出典「興善院本堂棟札」

【清秀】せいしゅう

法師。宝徳三年（一四五一）二月二十七日の聡明寺供養に錫杖衆として出仕。生没年不詳。

【清尋】せいじん

権律師。嘉吉二年（一四四二）二月二十三日の竜田社頭舞楽法会に右方衲衆として出仕。生没年不詳。

【晴世】せいせい

法頭。威儀師。慶世の次男。二十九歳で上座に補任。応保年間（一一六一〜六三）ごろ七世法頭に昇進。生没年不詳。

【政倉院】せいそういん

寛正三年（一四六二）ごろ創建か。学侶坊。松立院の西に隣接していた子院。明治時代初期に廃院となり、持仏堂は実相院の附属となったが現存していない。

【政倉院表門】 せいそういんおもてもん

薬医門。本瓦葺。旧安養院棟門の西側に建っている門。鬼瓦に正徳元年（一七一一）の刻銘があり、そのころの建立と考えられる。この門には移建の形跡は見られない。至宝一一七三。出典「鬼瓦刻銘」

【盛尊】 せいそん

大法師。『法隆寺衛五師年会所旧記』『応安年中以来法隆寺評定日記』に貞治三年（一三六四）八月五日～永和二年（一三七六）まで五師をつとめたと記載。

【青苔茶入】 せいたいのちゃいれ

伊賀焼茶入。善住院に伝来していたが散失。明治二〇年（一八八七）五月二日、広瀬神社宮司山根懿輔（温知）が法隆寺へ寄進。現在は所在不明。

【西南院】 せいなんいん➜「さいなんいん」の項目を見よ。

【政南院】 せいなんいん

鎌倉時代の創建。学侶坊。東蔵院の西に隣接していた子院。文化十三年（一八一六）に本堂を宝珠院へ移建。明治時代初期に廃院となる。

【清祐】 せいゆう

阿弥陀院の住。応永十七年（一四一〇）ごろの僧。生没年不詳。

【精誉】 せいよ

末寺僧。浄土律。宗源寺の住。文政五年（一八二二）一月二十三日没。

【誠誉】 せいよ

末寺僧。浄土律。宗源寺の住。享保十四年（一七二九）一月二十七日没。

【西楽門】 せいらくもん

西院西廻廊の中央にある出入口の名称。

さ行

さ行

【世音院】 せおんいん➡「隆昭」の項目を見よ。

【石征】 せきせい
堂衆。大法師。俊堯房。寛文四年（一六六四）ごろ得度。賢聖の住。元禄十四年（一七〇一）四月九日退院。

【施身聞偈図】 せしんもんげず
玉虫厨子の台座左側面壁に描かれている図。ヒマラヤ山で修行中の雪山童子は羅刹が唱える「諸行無常・是生滅法」の二句の偈を聞いて、自分の命と引き換えに後の二句「生滅滅已・寂滅為楽」を教えてほしいと頼む。やがて教えられた童子は断崖に登って、後世のために、それを岩に書きつけてから身を投げる。ところが、その羅刹は帝釈天の化身であったために、たちまちにしてもとの姿にもどり、落下する童子の身体を受けとめたという『涅槃経』聖行品の物語を描いたもの。この偈文の意味は、もろもろのつくられたものは無常である。生じては滅びる性質のものであり、それらの静まることが安楽であるということ。

【宣栄】 せんえい
応永九年（一四〇二）『児童大衆等規式間事』に記載。生没年不詳。

【専英】 せんえい
絵師。法橋。文和四年（一三五五）十二月三日に造顕した上御堂の増長天像の墨書に「絵師　法橋」と記載。
出典「像首内墨書」

【専栄】 せんえい
大法師。延徳元年（一四八九）九月十二日、『大導師作法』を西室南坊において書写。生没年不詳。

【善英】 ぜんえい
権少僧都。普門院の住。慶長五年（一六〇〇）九月二十一日、舎利預に補任。慶長六年（一六〇一）八月十三日没。

【専縁】 せんえん

金堂十僧。得業。良忍房。正安三年（一三〇一）八月十一日没。

【善円】ぜんえん
堂衆。寛喜二年（一二三〇）「上宮王院棟札」に「禅衆　法師」と記載。生没年不詳。

【善円】ぜんえん
応永九年（一四〇二）『児童大衆等規式間事』に記載。生没年不詳。

【禅恩房】ぜんおんぼう
応永五年（一三九八）「西円堂棟札」に「奉加衆」と記載。生没年不詳。

【千夏】せんか
五師。大法師。「鹿園院山券券文」を所持。永承五年（一〇五〇）十二月九日『五師千夏地幷田譲状』に記載。生没年不詳。

【仙懐】せんかい↓「千懐」の項目を見よ。

【千懐】せんかい
「一臈法印」。権僧正。左京公（大蔵卿〔房〕、大納言公）。弥勒院、阿弥陀院の住。松京院と号す。南都奉行与力十楚氏の出身。幼名、松丸。五条前大納言為範の猶子。宝永元年（一七〇四）十一月十三日得度。享保二年（一七一七）大蔵卿（房）に改名。享保十二年（一七二七）十二月三十一日、懐存から仙懐に改名。享保十四年（一七二九）ごろ千懐に改名。享保十六年（一七三一）十月二十二日、三十五歳で舎利預、権少僧都に補任。寛保二年（一七四二）八月二十五日、勅許により法印大僧都。寛保三年（一七四三）二月十九日より阿弥陀院と号す。延享二年（一七四五）十二月十六日、勅許により権僧正を賜わる。寛延二年（一七四九）二月二十日、仮名を大納言公に改名。宝暦五年（一七五五）八月十日、五十九歳で没。

【千海】せんかい
権大僧都。中将公。千範の弟子。弥勒院の住。西院と

号す。郡山藩家臣楠本氏の出身。幼名、松麿。天明三年（一七八三）九月十六日得度。文化元年（一八〇四）六月一日病気のため隠退（三十七歳）。文化六年（一八〇九）二月二十一日没。遷化と同時に法印権大僧都大和尚位を追贈。

【専懐】 せんかい

応永九年（一四〇二）『児童大衆等規式間事』に記載。生没年不詳。

【専懐】 せんかい

金堂堂達。大法師。天文十七年（一五四八）『奉唱大別当御拝堂威儀僧事』に「金堂堂達」と記載。生没年不詳。

【暹快】 せんかい

保安三年（一一二二）～天承元年（一一三一）に林幸が発願した『法隆寺一切経』の書写に協力した。生没年不詳。

【仙懐】 せんかい

善信房。仙尊の弟子。地蔵院、普門院の住。寛永六年（一六二九）得度。貞享元年（一六八四）十二月三十一日没。

【千学】 せんがく

権少僧都。宮内卿。千海の弟子。阿弥陀院、弥勒院の住。郡山藩家臣猪之口氏の出身。幼名、虎麿。享和二年（一八〇二）六月二十八日得度。文化六年（一八〇九）三月十九日、阿弥陀院より弥勒院へ転住。文化十二年（一八一五）十二月二十二日、中臈位になる。天保三年（一八三二）八月、金堂預。天保十年（一八三九）十一月二十三日、権少僧都に昇進。浄土曼荼羅を新造し、東院礼堂で開眼の供養法を三日間執行、その供養料を施入して毎年二季の彼岸会に律学院で曼荼羅供理趣三昧を行った。天保十二年（一八四一）五月九日己刻、四十八歳で高声で弥陀の名号を唱えつつ没。明治二十七年（一八九四）五月九日、僧正法印大和尚位を追贈。

【仙学房】せんがくぼう➡「栄甚」の項目を見よ。

【専学房】せんがくぼう
寛永四年（一六二七）『現在僧名帳』に記載。この年に得度。生没年不詳。

【専学房】せんがくぼう➡「長継」の項目を見よ。

【禅覚房】ぜんかくぼう
五師。応永五年（一三九八）「西円堂棟札」に「年会」と記載。生没年不詳。

【善学房】ぜんがくぼう
寛永元年（一六二四）『現在僧名帳』に記載。この年に得度。生没年不詳。

【禅閑】ぜんかん
泰果の弟子。延長年間（九二三〜三一）のころ東院院主、律師に補任。生没年不詳。

【禅観房】ぜんかんぼう
享禄二年（一五二九）『現在僧名帳』に記載。この年に得度。生没年不詳。

【前鬼像】ぜんきぞう
鎌倉時代。木造　彩色。役小角の侍者像。後鬼と一対。像高四〇・三センチメートル。至宝四−二七七−（二）

【千行】せんぎょう
瓦工。寛喜二年（一二三〇）五月の夢殿の修理に従事。
出典「夢殿棟札」

【専堯房】せんぎょうぼう
永禄五年（一五六二）『現在僧名帳』に記載。この年に得度。生没年不詳。

【善堯房】ぜんぎょうぼう
慶長二年（一五九七）『現在僧名帳』に記載。この年に得度。生没年不詳。

【善堯房】　ぜんぎょうぼう
寛永十六年（一六三九）『現在僧名帳』に記載。この年に得度。生没年不詳。

【禅行房】　ぜんぎょうぼう
客僧。天文三年（一五三四）『現在僧名帳』に「客僧」と記載。この年に得度。生没年不詳。

【専訓】　せんくん
中納言公。円明院、花園院、西南院の住。延享三年（一七四六）二月二十五日得度。同年十一月二十六日、花園院へ転住。延享五年（一七四八）五月三十日より金堂十僧となる。同年十月三十日、西南院と号す。宝暦三年（一七五三）ごろの『年会日次記』まで記載。生没年不詳。

【仙慶】　せんけい
嘉禄三年（一二二七）五月十日『法隆寺大法師隆詮外十二僧連署契状』に記載。生没年不詳。

【仙慶】　せんけい
一位公。天和二年（一六八二）『現在僧名帳』に「一位公　学侶」と記載。この年に得度。生没年不詳。

【専啓】　せんけい
元堂衆行人方。大蒸房。寛専の弟子。天明二年（一七八二）二月二十八日得度。寛政九年（一七九七）寺法の大改正により学侶に交衆。同年十二月、京都久保家の養子。胤周の弟子となる。寛政十三年（一八〇一）少納言公神朗に改名。文化六年（一八〇九）十二月二十二日、大法師。文化九年（一八一二）十二月二十一日、権律師に補任。文政十三年（一八三〇）五月七日退院。

【専慶】　せんけい➜「専継」の項目を見よ。

【専慶】　せんけい
承仕。観道房。福城院の住。寛政九年（一七九七）十一月三十日得度。同年の『年会日次記』まで記載。生没年不詳。

【専継】 せんけい
「一臈法印」。正応六年（一二九三）一臈法印に昇進。永仁四年（一二九六）十二月二十四日没。

【専継】 せんけい
大律師。学侶三綱。「専慶」ともいう。法橋を兼ねる。恩識房（恩信房）。知足院の住。村上源氏別所氏の出身。幼名、長丸。元禄七年（一六九四）得度。元禄十五年（一七〇二）二月五日、竪義を遂業。享保六年（一七二一）聖霊会の会奉行になる。享保十年（一七二五）隠居。同年三月二十八日没。

【善恵】 ぜんけい
「一臈法印」。権少僧都。延文四年（一三五九）六月十四日～貞治七年（一三六八）まで五師として、『法隆寺衛五師年会所旧記』に署名。康安元年（一三六一）十二月二日、権少僧都。貞治四年（一三六五）ごろ舎利預に補任。その後、一臈法印に昇進。応安四年（一三七一）『上御堂本尊修復結縁文書』に「一臈少僧都」と記載。生没年不詳。

【善慶】 ぜんけい
寛喜二年（一二三〇）「上宮王院棟札」に「学衆　法師」と記載。生没年不詳。

【専現房】 せんげんぼう
法印。至徳二年（一三八五）『奉寄進　法隆寺護摩堂御影供衆理趣三昧料田事』に記載。生没年不詳。

【善賢房】 ぜんけんぼう➔「重継」の項目を見よ。

【千晃】 せんこう
「一臈法印」。学侶。権大僧都。大進公。千学の弟子。弥勒院、椿蔵院、中院の住。尼崎藩家臣市川氏の出身。文政八年（一八二五）十一月十四日得度。天保九年（一八三八）十二月二十二日、成業大法師になる。天保十二年（一八四一）十一月二十二日、権律師。弘化二年（一八四五）西円堂の修理を発願。安政二年（一八五五）六月二十二日、権少僧都に補任。万延二年（一八六一）

権大僧都、一臈法印に昇進。文久四年（一八六四）一月六日、四十九歳で没。明治二十七年（一八九四）五月九日、権僧正法印大和尚位を追贈。

【専弘】 せんこう

応永九年（一四〇二）『児童大衆等規式間事』に記載。生没年不詳。

【善幸】 ぜんこう

堂衆。寛喜二年（一二三〇）「上宮王院棟札」に「禅衆　法師」と記載。生没年不詳。

【善弘】 ぜんこう

大法師。嘉暦元年（一三二六）西円堂へ悔過板を奉納。生没年不詳。出典「悔過板裏刻銘」

【善光寺如来信仰】 ぜんこうじにょらいしんこう

法隆寺には「善光寺如来御書」と呼ばれるものを秘蔵している。その箱の中には、善光寺如来から聖徳太子に宛てた返書と伝えられるものが三通入っている。太子は、父君である用明天皇の菩提を弔うために、三十九歳の二月に、七日間にわたって念仏を七万遍唱えた。太子は、はたしてその功徳が通じたか否かを知りたいものと考えて側近の阿部臣や小野妹子、蘇我馬子などを使者として、信濃国善光寺の阿弥陀如来のもとに三度書状を遣したという。そのたびに善光寺如来から返書があり、使者たちが太子に献上したところ、太子はそれを法隆寺の宝蔵へ納めたと伝える。この伝説は『善光寺縁起』にも記されている。法隆寺だけではなく、善光寺にもそのような伝承が存在することは注目に値する。少なくとも中世には、善光寺如来と太子信仰が強く結ばれていたことを示すものといえる。

【仙光坊】 せんこうぼう

堂衆。永禄二年（一五五九）『現在僧名帳』に「堂夏方」と記載。この年に得度。生没年不詳。

【仙光坊】 せんこうぼう

慶長十一年（一六〇六）『現在僧名帳』に記載。この年に得度。生没年不詳。

【善行房】　ぜんこうぼう
天文三年（一五三四）『現在僧名帳』に記載。この年に得度。生没年不詳。

【禅弘房】　ぜんこうぼう➜「隆詮」の項目を見よ。

【善光坊】　ぜんこうぼう
普門院の住。筒井氏の一族という。生没年不詳。

【専算房】　せんさんぼう
承仕。良長。専勝の弟子。元文四年（一七三九）十二月七日得度。寛延二年（一七四九）十一月十一日退院。

【禅珊房】　ぜんさんぼう
堂衆。享禄四年（一五三一）『現在僧名帳』に「堂方」と記載。この年に得度。生没年不詳。

【宣識】　せんしき
元堂衆律学。権律師。最昌房（宰相公）。淳識の弟子。東蔵院、発志院、法華院の住。明和四年（一七六七）三月十五日得度。寛政九年（一七九七）寺法の大改正により学侶に交衆。同年十二月、福智院家の養子。懐儀の弟子となる。文化二年（一八〇五）権律師に補任。文化三年（一八〇六）八月九日、法華院へ転住。同年九月五日隠退。養寿院と号す。文化十年（一八一三）『年会日次記』まで記載。生没年不詳。

【泉識房】　せんしきぼう
永禄十二年（一五六九）『現在僧名帳』に記載。この年に得度。生没年不詳。

【善識房】　ぜんしきぼう
寛文二年（一六六二）『現在僧名帳』に記載。この年に得度。生没年不詳。

【専実房】　せんじつぼう
慶安五年（一六五二）『現在僧名帳』に記載。この年に得度。生没年不詳。

【善住院】ぜんじゅいん
鎌倉時代の創建。元堂衆坊。東院の西南の角（福生院の南）にある子院。明和九年（一七七二）に庫裏（桁行一一間半。梁行六間）を再興。寛政九年（一七九七）寺法の大改正によって学侶坊となる。昭和三十年（一九五五）庫裏の老化によって取り畳む。昭和六十二年（一九八七）内仏蔵を福生院に移建。

【善住院表門】ぜんじゅいんおもてもん
江戸時代中期以降に建立。一間棟門。本瓦葺。この門には移建の形跡があり、もとは南面（現在は北面している）していたことが判明している。至宝二—三二

【仙秀】せんしゅう
師公。良尊の弟子。宝光院の住。本多出雲守家臣高木氏の出身。幼名、半次郎。元禄元年（一六八八）得度。生没年不詳。元禄九年（一六九六）『年会日次記』まで記載。生没年不詳。

【宣秀】せんしゅう
応永九年（一四〇二）『児童大衆等規式間事』に記載。生没年不詳。

【善秀】ぜんしゅう
寛喜二年（一二三〇）「上宮王院棟札」に「学衆　法師」と記載。生没年不詳。

【善住】ぜんじゅう
堂衆。寛喜二年（一二三〇）「上宮王院棟札」に「禅衆　法師」と記載。生没年不詳。

【善重】ぜんじゅう
法師。文明六年（一四七四）ごろ沙汰衆に補任。生没年不詳。

【千手観音】せんじゅかんのん
千の慈眼と千の慈手で人びとを救済する観音の名称。

【千手観音菩薩画像】せんじゅかんのんぼさつがぞう
鎌倉時代。絹本着色。縦七四・八センチ《メートル》。横三八・五センチ《メートル》。至宝六‐一二二

【千手観音菩薩坐像】せんじゅかんのんぼさつざぞう
江戸時代。檜材　素地　切金。像高一六・五センチ《メートル》。北倉所在。台座框裏に「金剛院」の銘がある。至宝四‐九四

【千手観音菩薩立像】せんじゅかんのんぼさつりゅうぞう
重文。平安時代。桜材　一木造　彩色。像高一八四・八センチ《メートル》。もとは法隆寺の西方約四〇〇メートルのところにあった金光寺の本尊。金光寺が明治時代初期に廃寺となり、明治三十八年（一九〇五）に西円堂へ移している。至宝四‐八九

【千手観音菩薩立像】せんじゅかんのんぼさつりゅうぞう
重文。平安時代。木造　漆箔。像高九七・五センチ《メートル》。至宝四‐九〇

【千手観音菩薩立像】せんじゅかんのんぼさつりゅうぞう
平安時代。檜材　一木造。像高一八二・〇センチ《メートル》。円成院観音堂の本尊。元禄五年（一六九二）に東院伝法堂から移している。江戸時代中期に大きな修理を受けている。至宝四‐九一

【仙舜】せんしゅん
寛文六年（一六六六）『現在僧名帳』に記載。この年に得度。生没年不詳。

【千純】せんじゅん
権律師。三位公。千学の弟子。妙音院、福生院の住。尼崎藩家臣久保松氏の出身。幼名、喜代丸。天保五年（一八三四）得度。万延元年（一八六〇）十二月二十一日、福生院へ転住。文久元年（一八六一）三月二十二日、権律師に補任。慶応年間（一八六五〜六八）に退院。明治三年（一八七〇）修行僧へ声明などを指導するために再び入寺したが、明治四年（一八七一）の太子一千二百五十年忌を終えた明治五年（一八七二）退寺。

【宣順】 せんじゅん
権少僧都。中務卿。湛肇の弟子。妙音院、政蔵院、西南院、吉祥院の住。郡山藩家臣井野口氏の出身。幼名、鹿麿。寛政九年（一七九七）十一月二十二日得度。寛政十三年（一八〇一）一月十八日、西南院へ転住。文化元年（一八〇四）八月十四日、妙音院より政蔵院へ転住。文化三年（一八〇六）十二月二十二日、成業になる。文化六年（一八〇九）三月二十二日、権律師に補任。文化八年（一八一一）二月十一日、西南院へ転住。文政五年（一八二二）五月二十二日、権少僧都に昇進。吉祥院と号す。文政七年（一八二四）四月二十日没。

【善舜】 ぜんしゅん
金堂十僧。得業。賢音房。永仁六年（一二九八）ごろ金堂十僧に入供。乾元二年（一三〇三）七月十九日没。

【善順】 ぜんじゅん
寛文十一年（一六七一）『現在僧名帳』に記載。この年に得度。生没年不詳。

【仙舜房】 せんしゅんぼう
堂衆。持福院の住。弘治三年（一五五七）『現在僧名帳』に記載。この年に得度。生没年不詳。

【仙舜房】 せんしゅんぼう
護摩堂承仕。永禄三年（一五六〇）『現在僧名帳』に記載。この年に得度。生没年不詳。

【仙舜房】 せんしゅんぼう
堂衆。延宝三年（一六七五）『現在僧名帳』に記載。この年に得度。生没年不詳。

【専春房】 せんしゅんぼう➡「実盛」の項目を見よ。

【専舜房】 せんしゅんぼう
慶長二年（一五九七）『現在僧名帳』に記載。この年に得度。生没年不詳。

【善俊房】 ぜんしゅんぼう

万治元年（一六五八）『現在僧名帳』に記載。この年に得度。生没年不詳。

【善春房】 ぜんしゅんぼう

天正八年（一五八〇）『現在僧名帳』に記載。この年に得度。生没年不詳。

【善舜房】 ぜんしゅんぼう

天文十七年（一五四八）『現在僧名帳』に記載。この年に得度。生没年不詳。

【禅春房】 ぜんしゅんぼう

応永五年（一三九八）「西円堂棟札」に「奉加衆」と記載。生没年不詳。

【善順房】 ぜんじゅんぼう➜「慶遍」の項目を見よ。

【善順房】 ぜんじゅんぼう➜「弘栄」の項目を見よ。

【千叙】 せんじょ

従儀師。応和三年（九六三）十一月十三日に法隆寺へ

『仏名経』の経箱を寄進。生没年不詳。出典『良訓補忘集』

【専勝】 せんしょう

承仕。福城院の住。寛政十三年（一八〇一）『年会日次記』に記載。文化二年（一八〇五）『年会日次記』まで記載。生没年不詳。

【善勝】 ぜんしょう

堂衆。寛喜二年（一二三〇）「上宮王院棟札」に「禅衆　法師」と記載。生没年不詳。

【専勝房】 せんしょうぼう

弘治三年（一五五七）『現在僧名帳』に記載。この年に得度。生没年不詳。

【専勝房】 せんしょうぼう

慶長十三年（一六〇八）『現在僧名帳』に記載。この年に得度。生没年不詳。

【専勝房】せんしょうぼう➜「円長」の項目を見よ。

【専勝房】せんしょうぼう➜「長慶」の項目を見よ。

【仙乗房】せんじょうぼう

堂衆。天文十九年（一五五〇）『現在僧名帳』に記載。この年に得度。生没年不詳。

【専乗房】せんじょうぼう

元和四年（一六一八）『現在僧名帳』に記載。この年に得度。生没年不詳。

【専浄房】せんじょうぼう➜「覚賀」の項目を見よ。

【善清房】ぜんしょうぼう

享禄二年（一五二九）『現在僧名帳』に記載。この年に得度。生没年不詳。

【善勝房】ぜんしょうぼう

天文元年（一五三二）『現在僧名帳』に記載。この年に得度。生没年不詳。

【善正房】ぜんしょうぼう

堂衆。覚清。十方院の住。延宝五年（一六七七）『現在僧名帳』に記載。この年に得度。生没年不詳。

【禅乗坊】ぜんじょうぼう

慶長十三年（一六〇八）『現在僧名帳』に記載。この年に得度。生没年不詳。

【専真】せんしん

客僧。寛永十六年（一六三九）『現在僧名帳』に記載。この年に得度。生没年不詳。

【善真】ぜんしん

堂衆。寛喜二年（一二三〇）「上宮王院棟札」に「禅衆　法師」と記載。生没年不詳。

【禅信】ぜんしん

寛喜二年（一二三〇）「上宮王院棟札」に「学衆　法師」と記載。生没年不詳。

【専真房】　せんしんぼう
承仕。行盛。寛延三年（一七五〇）四月二十六日得度。宝暦三年（一七五三）『年会日次記』まで記載。生没年不詳。

【善信房】　ぜんしんぼう↓「聖讃」の項目を見よ。

【善信房】　ぜんしんぼう
寛永六年（一六二九）『現在僧名帳』に記載。この年に得度。生没年不詳。

【禅真房】　ぜんしんぼう↓「隆盛」の項目を見よ。

【禅真房】　ぜんしんぼう
堂衆。大永七年（一五二七）『現在僧名帳』に記載。この年に得度。生没年不詳。

【仙誠】　せんせい
承仕。慶安五年（一六五二）『現在僧名帳』に記載。この年に得度。生没年不詳。

【仙蔵】　せんぞう
大工。弘化二年（一八四五）西円堂の修理に従事。
出典「西円堂棟札」

【仙尊】　せんそん
「一臈法印」。僧都。地蔵院の住。慶長十一年（一六〇六）伽藍修理の棟札に「伝灯大法師」と記載。慶長十五年（一六一〇）地蔵院本堂の修理を行う。元和八年（一六二二）の東院築地造営の修理奉行に補任。寛永九年（一六三二）十二月一日、一臈法印に昇進。寛永十六年（一六三九）と寛永二十一年（一六四四）の聖霊会の講師になる。承応四年（一六五五）一月七日、七十八歳で没。

【暹尊】　せんそん
保安三年（一一二二）～天承元年（一一三一）に林幸が発願した『法隆寺一切経』の書写に協力した。生没年不詳。

【千太郎】せんたろう

大工。弘化二年（一八四五）西円堂の修理に従事。

出典「西円堂棟札」

【禅忠】ぜんちゅう

堂衆。寛喜二年（一二三〇）「上宮王院棟札」に「禅衆 法師 結縁衆」と記載。文永六年（一二六九）『処分 東大門北脇房敷地新文券』にも記載。生没年不詳。

【千長】せんちょう

承仕。快俊房。宝暦十二年（一七六二）八月十一日横入。明和三年（一七六六）『年会日次記』まで記載。生没年不詳。

【専長】せんちょう

承仕。専真の弟子。元禄六年（一六九三）『現在僧名帳』に記載。この年に得度。生没年不詳。

【暹珎】せんちん

康治二年（一一四三）十一月二十二日『僧慶世田地買券』に別筆で記載。生没年不詳。

【善是】ぜんてい

天平宝字五年（七六一）『東院資財帳』に「上座法師」と記載。橘夫人宅（伝法堂）を東院へ寄進した。生没年不詳。

【善貞房】ぜんていぼう

宝治二年（一二四八）「西円堂心束墨書」に記載。生没年不詳。

【専当】せんとう

「中綱」「算主」「勾当」ともいい、寺の雑務を司る役の称。古くは下級僧侶（妻帯法師）の役であったが、江戸時代から優婆塞の者がそれを担当した。そのうちの一臈を「勾当」、二臈を「都維那」、三臈を「納言師」、四臈を「専当」といい、それを「四人中綱」と呼ぶ。また五臈・六臈を「西円堂年行事職」、七臈・八臈を「東院年行事幷竜田新宮大行事職」と呼んでいる。江戸時代中期には一三人の専当がいた。明和六年（一七六九）ごろの『年会日次記』から栗原、秦、桂、佐伯、植栗などの姓が見られる。この職は明治二年（一八六九）に全廃している。

【禅得】 ぜんとく

中綱。寛喜二年（一二三〇）「上宮王院棟札」に「中綱　専当法師」と記載。生没年不詳。

【善女竜王】 ぜんにょりゅうおう

空海が天長元年（八二四）に京都神泉苑で請雨を行ったときに愛宕山に出現した姿を書き留めたものと伝える。

【善女竜王像】 ぜんにょりゅうおうぞう

重文。鎌倉時代。檜材　一木造　彩色　切金。黒漆塗春日形厨子入。厨子の内面に八竜神像を描いている。像高二〇・〇センチメートル。至宝四-二三三

【禅忍房】 ぜんにんぼう↓「良舜」の項目を見よ。

【千範】 せんぱん

大僧都。三位公（式部卿）。千懐の弟子。阿弥陀院、弥勒院の住。小泉藩家臣青木氏の出身。幼名、定丸。延享元年（一七四四）十月七日得度。宝暦五年（一七五五）二十五歳で権少僧都、舎利預に補任。明和三年（一七六六）八月、千懐の遺願によって鎮守天満宮祭礼神輿渡御之儀式を再興。明和九年（一七七二）護摩堂、聖天堂を再建。安永三年（一七七四）八月十七日、弥勒院の住職披露。安永四年（一七七五）八月十二日、無量寿院と号す。安永八年（一七七九）九月、施茶所を新造。天明元年（一七八一）柳原前大納言紀光の猶子となる。同年九月一日、権大僧都に補任。同年九月十四日、勅許によって大僧都を賜わる。同年、三経院の大床及び御拝屋根を修理。天明三年（一七八三）弥勒院を再興。同年、絵殿の内部改造を行う。天明四年（一七八四）絵殿の古画を修理して屏風に改装して宝蔵へ納める。天明七年（一七八七）絵殿の障壁画（太子伝）を吉村周圭に模写させる。天明八年（一七八八）七月五日、五十八歳で没。

【千松】 せんまつ

児童。寛正三年（一四六二）二月二十四日の竜田社頭舞楽法会に金剛院より出仕。生没年不詳。

【扇面古写経】 せんめんこしゃきょう

重文。平安時代後期。紙本彩色。縦二三・三センチメートル《センチメートル》。上部四八・八センチメートル《センチメートル》。下部二〇・九センチメートル《センチメートル》。『観普賢経』冊子断簡。四天王寺伝来。「扇の太子」と呼ぶ。享保十七年（一七三二）十二月に観音院長秀の遺物として法隆寺の文庫へ納めた。至宝六―二八〇

【宣祐】 せんゆう

応永九年（一四〇二）『児童大衆等規式間事』に記載。生没年不詳。

【専祐】 せんゆう

応永九年（一四〇二）『児童大衆等規式間事』に記載。生没年不詳。

【専祐】 せんゆう

「一﨟法印」。僧都。法師。琳宗房。西院、弥勒院の住。応永二十二年（一四一五）『順禅房罪科間事』に記載。嘉吉二年（一四四二）二月二十三日の竜田社頭舞楽法会に右方甲衆、文安六年（一四四九）三月十一日の新福寺供養に奉行衆として出仕。長禄三年（一四五九）に安養院（現在は宝珠院）の文殊騎獅像を造顕。『応安年中以来法隆寺評定日記』に寛正三年（一四六二）に五師をつとめたと記載。文明二年（一四七〇）二月九日、舎利預に補任（六十七歳）。文明七年（一四七五）ごろ一﨟法印に昇進。文明十二年（一四八〇）五月十七日、七十七歳で没。

【専祐】 せんゆう

僧都。永正四年（一五〇七）『法隆寺文書』に記載。生没年不詳。

【善祐】 ぜんゆう

堂衆。寛喜二年（一二三〇）「上宮王院棟札」に「禅

衆　法師」と記載。生没年不詳。

【善融】　ぜんゆう
堂衆。寛喜二年（一二三〇）「上宮王院棟札」に「禅衆　法師」と記載。生没年不詳。

【暹世】　せんよ
文治二年（一一八六）『法隆寺三綱　五師等請文案』に「都維那」と記載。生没年不詳。

【仙良房】　せんりょうぼう
寛永十四年（一六三七）『現在僧名帳』に記載。この年に得度。生没年不詳。

【専良房】　せんりょうぼう➜「実賢」の項目を見よ。

【善良房】　ぜんりょうぼう
堂衆律学。大法師。応永五年（一三九八）「西円堂棟札」に記載。生没年不詳。

【善良房】　ぜんりょうぼう
永禄十年（一五六七）『現在僧名帳』に記載。この年に得度。生没年不詳。

【禅良房】　ぜんりょうぼう
宝治二年（一二四八）「西円堂心東墨書」に記載。生没年不詳。

【善蓮房】　ぜんれんぼう➜「実舜」の項目を見よ。

【増栄】　ぞうえい
中綱。寛喜二年（一二三〇）「上宮王院棟札」に「中綱　小都那　法師」と記載。生没年不詳。

【増円房】　ぞうえんぼう
宝治二年（一二四八）「西円堂心東墨書」に記載。生没年不詳。

【増覚】　ぞうかく

五師。天仁二年（一一〇九）に聖霊院院主に補任。生没年不詳。

【増喜】ぞうき
嘉応二年（一一七〇）に上座に補任。生没年不詳。

【僧形八幡】そうぎょうはちまん
僧形の姿をした八幡神のこと。奈良時代末期からの本地垂迹思想が高まって生まれたもので「八幡大菩薩」ともいう。

【僧形八幡画像】そうぎょうはちまんがぞう
室町時代。絹本着色。縦九八・〇センチメートル《センチメートル》。横四〇・一センチメートル《センチメートル》。法輪寺の舜現が北室院へ寄進したもの。北室院の一源が修理。至宝六―一六三

【相慶】そうけい
五師。長寛二年（一一六四）に行信発願の『大般若経』（行信経）の修理を行い、三〇〇巻を新写して六〇〇巻とした。生没年不詳。

【増慶】ぞうけい
金堂十僧。承元三年（一二〇九）ごろ金堂十僧に補任。生没年不詳。出典『金堂日記』

【増慶】ぞうけい
大法師。『応安年中以来法隆寺評定日記』に応永三年（一三九六）二月八日に五師をつとめたと記載。生没年不詳。

【増経】ぞうけい
堂衆。寛喜二年（一二三〇）「上宮王院棟札」に「禅衆　法師」と記載。生没年不詳。

【宗源寺】そうげんじ
境内末寺。浄土律。元禄十二年（一六九九）に金光院の跡地に創建した太子常念仏の道場のこと。

【宗源寺庫裏】そうげんじくり
桁行二二・〇〇メートル《メートル》。梁間一二・四九メートル《メートル》。一重入母屋造。

客殿と台所が一棟からなる南北に長い建物。江戸時代中期の建立と考えられるが、江戸時代末期に大改修を行っている。至宝二―二五

【宗源寺四脚門】 そうげんじしきゃくもん
重文。嘉禎三年（一二三七）建立。四脚門。切妻造。本瓦葺。旧金光院四脚門。至宝二―二四。出典『法隆寺別当記』

【宗源寺地蔵堂】 そうげんじじぞうどう
享保年間（一七一六～三六）建立。桁行五・八八メートル。梁間二・九九メートル。一重本瓦葺。石造の地蔵菩薩像を安置している。至宝二―二五

【宗源寺鐘楼】 そうげんじしょうろう
元禄十五年（一七〇二）八月三日建立。丈間四面。本瓦葺。至宝二―二五。出典「宗源寺鐘楼棟札」

【宗源寺茶室】 そうげんじちゃしつ
明治二十三年（一八九〇）に宗源寺住職の楓実賢が新築した茶室。桁行二間。梁行一間半。

【宗源寺梵鐘】 そうげんじぼんしょう
元禄十四年（一七〇一）九月十四日に東院の南門の前で西円堂奉納の古鏡を溶かして造顕した。出典「刻銘」

【宗源寺本堂】 そうげんじほんどう
桁行一五・二八メートル。梁間一〇・五六メートル。寄棟造。妻入本葺錣葺。北面庇付桟瓦葺。元禄十二年（一六九九）に建立した太子常念仏堂のこと（部材には桃山～江戸時代のものがある）。至宝二―二五

【僧護】 そうご→「叡弁」の項目を見よ。

【僧綱】 そうごう
僧尼や寺院を監督する僧官のこと。

【宗五郎】 そうごろう
瓦大工。永享八年（一四三六）に南大門の瓦を作った。出典「瓦刻銘」

【象座】 ぞうざ

平安時代。樟材　一木造　彩色。現存高二七・〇センチメートル。至宝四-三〇七

【宗左衛門】 そうざえもん

鍛冶大工。寛永五年（一六二八）二月、鍛冶大工職に補任。出典『公文所補任記』

【宋纂】 そうさん

法師。宝徳三年（一四五一）二月二十七日の聡明寺供養に錫杖衆として出仕。生没年不詳。

【増住】 ぞうじゅ

瓦工。寛喜二年（一二三〇）五月の夢殿の修理に従事。

出典「夢殿棟札」

【宗十郎】 そうじゅうろう

四大工。慶長元年（一五九六）十二月、四大工職に補任。出典『公文所補任記』

【宗甚】 そうじん

大法師。文安六年（一四四九）三月十一日の新福寺供養に衲衆として出仕。生没年不詳。

【増真】 ぞうしん

堂衆。寛喜二年（一二三〇）「上宮王院棟札」に「禅衆　法師」と記載。生没年不詳。

【双身毘沙門天立像】 そうしんびしゃもんてんりゅうぞう

室町時代。銅造　鍍金。黒漆塗厨子入。像高五・二センチメートル。至宝三-一一三

【僧都】 そうず

僧正の下で僧尼を統轄する僧官のこと。延文五年（一三六〇）一月二十七日に朝廷から法隆寺に対して「権少僧都」二口の永宣が下賜されている。

【増善】 ぞうぜん

仏師。康和四年（一一〇二）十月九日に来迎料として菩薩面を造顕。出典「菩薩面裏墨書」

【増長】 ぞうちょう

堂衆。寛喜二年（一二三〇）「上宮王院棟札」に「禅衆　法師」と記載。生没年不詳。

【増長天】 ぞうちょうてん

四天王の一つ。仏教世界の中心とする須弥山の中腹の南方に居住して仏を守護している護法神。堂内では須弥壇の南西隅に安置されている。

【増長天像】 ぞうちょうてんぞう

国宝。飛鳥時代。木造　彩色。像高一三四・三センチメートル。至宝四－一七八（二）

【増長天像】 ぞうちょうてんぞう

重文。平安時代。木造　彩色。像高一九四・八センチメートル。至宝四－一八一（二）

【増長天像】 ぞうちょうてんぞう

重文。平安時代。木造　彩色　切金。像高一〇九・七センチメートル。至宝四－一八二（二）

【増長天像】 ぞうちょうてんぞう

平安時代。檜材　一木造　彩色。像高九三・八センチメートル。至宝四－一八六

【増長天像】 ぞうちょうてんぞう

重文。南北朝時代。木造　彩色　切金。像高一七三・五センチメートル。像内に文和四年（一三五五）の造像銘がある。至宝四－一九一（二）

【増力】 ぞうりき

堂童子。寛喜二年（一二三〇）五月に修理した夢殿の棟札に「堂童子」と記載。生没年不詳。出典「夢殿棟札」

【雙林院】 そうりんいん↓「実盛」の項目を見よ。

【雙林院】 そうりんいん↓「弘盛」の項目を見よ。

【相輪陀羅尼】 そうりんだらに

重文。奈良時代。版本。縦五・八センチメートル。横三六・二センチメートル。百萬塔内納入。「無垢浄光大陀羅尼経」の項目を参照。

【増林房】 ぞうりんぼう

宝治二年（一二四八）「西円堂心束墨書」に記載。生没年不詳。

【蘇我稲目】 そがのいなめ

蘇我高麗の子。馬子の父。宣化天皇、欽明天皇時代の大臣。用明天皇、崇峻天皇、推古天皇の外祖父。崇仏を唱える。欽明三十一年（五七〇）三月没。欽明三十年（五六九）説もある。

【蘇我入鹿】 そがのいるか

蘇我蝦夷の子。政治を専横して皇極二年（六四三）に山背大兄王を襲撃し、その一族を自害させた。皇極四年（六四五）六月十二日に飛鳥板蓋宮で暗殺された。

【蘇我馬子】 そがのうまこ

飛鳥時代を代表する大豪族。蘇我稲目の子。敏達、用明、崇峻、推古天皇の大臣。仏教の興隆につとめた。政治を専横して崇峻天皇の暗殺を実行したという。推古三十四年（六二六）没。

【測諄房】 そくじゅんぼう↓「神勝」の項目を見よ。

【祖染房】 そぜんぼう↓「堯慎」の項目を見よ。

【帥公】 そつこう↓「忠懐」の項目を見よ。

【帥公】 そつこう↓「弘盛」の項目を見よ。

【帥公】 そつこう↓「幸盛」の項目を見よ。

【園部忍慶】 そのべにんけい

法相宗管長。興福寺住職。清水寺住職。京都府聖護院村、園家の出身。勤皇僧月照（忍向）の弟子。慶応四年（一八六八）成就院住職。明治八年（一八七五）清水寺住職。明治十四年（一八八一）興福寺住職。明治十五年（一八八二）に法相宗の独立のために尽力するとともに清水寺と興福寺、法相宗の復興に努めた功績は大きい。明治二十年（一八八七）七月に法相宗管長に就任。明治二十三年（一八九〇）二月二十二日、四十九歳で没。

【卒末呂王】　そまろおう

聖徳太子の異母弟。用明天皇と葛城直磐村の女広子の子。麻呂子皇子という。

【卒末呂王像】　そまろおうぞう

国宝。平安時代。木造　彩色　切金。像高五二・四センチ《メートル》。聖霊院東厨子に安置。太刀を持っている姿を表現したもの。至宝四-二四九-（四）

【尊慧】　そんえ

権大僧都。円寛房（治部卿〈房〉）。訓栄の弟子。安養院の住。正徳四年（一七一四）九月十四日得度。享保三年（一七一八）治部卿〈房〉と改名。享保十二年（一七二七）ごろ覚英から尊慧と改名。寛保二年（一七四二）成業となる。寛保三年（一七四三）一月二十二日、権律師。同年二月二十一日、権少僧都。延享三年（一七四六）十月二十一日、法印権大僧都に昇進。宝暦二年（一七五二）三月二日、四十八歳で没。

【尊栄】　そんえい

養和二年（一一八二）に平群郡七条六里の土地を厳融より買い取った。生没年不詳。

【尊英】　そんえい

応永九年（一四〇二）『児童大衆等規式間事』に記載。生没年不詳。

【尊英】　そんえい

律師。延光房。花園院、南之坊の住。延徳二年（一四九〇）六月八日に『太子伝玉林抄』を書写。大永七年（一五二七）十二月二十四日、舎利預に補任。天文四年（一五三五）一月二十七日、八十一歳で没。

【尊英】　そんえい

権律師。五師。中院の住。明暦元年（一六五五）十月二十四日、五十一歳で没。

【尊円】そんえん
勧進僧。寛喜二年（一二三〇）西室や夢殿の修理の大勧進。生没年不詳。

【尊円】そんえん
応永九年（一四〇二）『児童大衆等規式間事』に記載。生没年不詳。

【尊懐】そんかい
僧都。地蔵院の住。明暦二年（一六五六）聖霊会の舎利下旬預。寛文九年（一六六九）聖霊会の会奉行に補任。寛文十二年（一六七二）二月二十二日没。

【尊海】そんかい
「法隆寺別当」。法印。興福寺遍照院の僧。建長七年（一二五五）十二月二十七日、法隆寺別当に補任。五年間在任。

【尊海房】そんかいぼう➡「暁詮」の項目を見よ。

【尊学房】そんがくぼう
明暦元年（一六五五）『現在僧名帳』に記載。この年に得度。生没年不詳。

【尊堯】そんぎょう
中将公。清浄院、西園院の住。高取藩家臣柴田家の出身。幼名、祐丸。享保十七年（一七三二）二月十九日得度。享保二十年（一七三五）十月三日より西園院へ転住。寛保二年（一七四二）十二月二十二日、中臈になる。延享四年（一七四七）一月二十二日、律師。同年二月、僧都に補任。同年五月七日没。

【尊堯房】そんぎょうぼう
寛永十四年（一六三七）『現在僧名帳』に記載。この年に得度。生没年不詳。

【尊継】そんけい
堂衆律学。正承房。明和三年（一七六六）十一月十六日得度。安永六年（一七七七）十月三日没。

【尊慶房】そんけいぼう➜「実円」の項目を見よ。

【尊慶房】そんけいぼう
承応三年（一六五四）『現在僧名帳』に記載。この年に得度。生没年不詳。

【尊光坊】そんこうぼう➜「清賛」の項目を見よ。

【尊算房】そんさんぼう➜「円賢」の項目を見よ。

【尊識房】そんしきぼう
承応三年（一六五四）『現在僧名帳』に記載。この年に得度。生没年不詳。

【尊実】そんじつ
定実房。文永六年（一二六九）『処分　東大門北脇房敷地新文事』に記載。生没年不詳。

【尊殊】そんしゅ
「一臈法印」。僧都。宝蔵院の住。元禄五年（一六九二）三月六日、一臈法印に昇進。元禄十一年（一六九八）隠居。真如院と号す。元禄十六年（一七〇三）三月二日没。

【尊秀】そんしゅう
法師。応永九年（一四〇二）『児童大衆等規式間事』に記載。宝徳三年（一四五一）二月二十七日の聡明寺供養に梵音衆として出仕。生没年不詳。

【尊重】そんじゅう
応永九年（一四〇二）『児童大衆等規式間事』に記載。生没年不詳。

【尊舜】そんしゅん
法師。刑部卿。地蔵院の住。天和二年（一六八二）九月二十三日没。

【尊舜房】そんしゅんぼう
大永七年（一五二七）『現在僧名帳』に記載。この年に得度。生没年不詳。

【尊舜房】 そんしゅんぼう
慶安二年（一六四九）『現在僧名帳』に記載。この年に得度。生没年不詳。

【尊順房】 そんじゅんぼう
宝治二年（一二四八）「西円堂心束墨書」に記載。生没年不詳。

【尊清】 そんしょう
応永九年（一四〇二）『児童大衆等規式間事』に記載。生没年不詳。

【尊聖】 そんしょう
建仁二年（一二〇二）『沽却　売買東室小子房事』に記載。生没年不詳。

【尊盛】 そんじょう
永和四年（一三七八）『廿人沙汰間条々』に記載。生没年不詳。

【尊信】 そんしん
得業。西園院の住。元和九年（一六二三）十二月二十七日没。

【尊信】 そんしん
快膳房。椿蔵院の住。尊殊の弟子。本多下野守家臣佐治氏の出身。幼名、源之助。貞享三年（一六八六）得度。元禄十二年（一六九九）二月五日竪義を遂業。宝永六年（一七〇九）五月六日退院。

【尊深房】 そんじんぼう
堂衆。延宝四年（一六七六）『現在僧名帳』に「堂衆」と記載。この年に得度。生没年不詳。

【尊禅房】 そんぜんぼう
明暦元年（一六五五）『現在僧名帳』に記載。この年に得度。生没年不詳。

【尊長】 そんちょう

大法師。左京公。知足院の住。延宝二年（一六七四）得度。元禄九年（一六九六）十二月十日没。

【尊忍房】 そんにんぼう

宝治二年（一二四八）「西円堂心束墨書」に記載。生没年不詳。

【尊祐】 そんゆう

五師。中院の住。慶長九年（一六〇四）得度。元和八年（一六二二）一月十一日、三十八歳で没。

【尊誉】 そんよ

甚行房。寛永十五年（一六三八）『現在僧名帳』に記載。この年に得度。生没年不詳。

【尊良房】 そんりょうぼう

宝治二年（一二四八）「西円堂心束墨書」に記載。生没年不詳。

【大威徳明王】 だいいとくみょうおう

五大明王の一つ。文殊の化身ともいわれ、西方に位置して世間の悪を屈服させるという。

【大威徳明王画像】 だいいとくみょうおうがぞう

鎌倉時代。絹本着色。縦五六・〇センチメートル。横四一・四センチメートル。裱背に寛永二十年（一六四三）の明空の修理銘がある。至宝六-四八

【大威徳明王画像】 だいいとくみょうおうがぞう

延享二年（一七四五）。紙本着色。額装、縦三六・七センチメートル。横一九・〇センチメートル。額裏に延享二年の千懐の造顕銘がある。至宝四-四九

【大円房】 だいえんぼう→「秀賛」の項目を見よ。

【泰果】 たいか

禎果の弟子。延喜年間（九〇一～九二三）ごろ東院院主に補任。生没年不詳。

【大工の大夫】 だいくのだゆう

四大工に就任した大工の称。修南院でその就任披露式を行ったという。

【太玄房】 たいげんぼう➡「大野可圓」の項目を見よ。

【大賢房】 だいけんぼう➡「堯祐」の項目を見よ。

【太鼓】 たいこ

室町〜江戸時代。木造 彩色。高一二九・〇センチメートル。鼓面径五二・六センチメートル。至宝一〇―楽器四一一

【太鼓】 たいこ

江戸時代。木造。高五三・五センチメートル。追儺用。至宝一〇―楽器四一二

【大講堂】 だいこうどう

国宝。平安時代。桁行九間。梁行四間。入母屋造。本瓦葺。西院伽藍の北正面に位置する。この建物は寺僧たちが仏教を研鑽する道場であり、修正会、涅槃会、仏生会、慈恩会などの法会を営むところでもある。現在の建物は延長三年（九二五）に雷火によって創建の建物が焼失したあと、正暦元年（九九〇）に再建したもの。至宝一―七

【大講堂讃説】 だいこうどうさんぜつ

正月に大講堂で『最勝王経』を讃説する法会のこと。

【大光房】 だいこうぼう➡「頼宣」の項目を見よ。

【大黒天】 だいこくてん

古代インドの戦闘神であったが、日本では中世のころから大国主命と同一視されて財福の神として信仰されている。

【大黒天像】 だいこくてんぞう

室町時代。檜材 寄木造 彩色。像高四四・二センチメートル。至宝四―二〇八

【大黒天像】 だいこくてんぞう

江戸時代。木造 素地。像高一〇・五センチメートル。素木厨子附属。至宝四―二一〇

【**大黒天立像**】だいこくてんりゅうぞう
江戸時代。檜材　一木造。像高二三・五センチメートル。至宝四―二〇九

【**大黒天立像**】だいこくてんりゅうぞう
寛永十一年（一六三四）。檜材　寄木造　彩色。像高四六・九センチメートル。至宝四―二一一

【**大孤父**】たいこふ
重文。「酔胡王」ともいう。奈良時代。桐材　彩色。縦三四・六センチメートル。法隆寺に現存する唯一の伎楽面。至宝一〇―一

【**退寺**】たいじ↓「退衆」の項目を見よ。

【**大慈恩寺三蔵法師伝**】だいじおんじさんぞうほっしでん
重文。唐の玄奘の伝記。「慈恩伝」ともいう。一〇巻からなる。前半の五巻は慧立が玄奘の事蹟を撰述したもの。後半の五巻は唐・垂拱四年（六八八）に彦悰が慧立の遺志を継いで玄奘の帰国以後の事蹟を記したもの。法隆寺に現存する写本（重文）は奥書の識語によって、大治元年（一一二六）に寺僧の覚印が興福寺の権別当であった経尋から借用した本を書写したものであることがわかる。この『慈恩伝』や『西域記』が聖霊院に安置されていたと『法隆寺伽藍縁起白拍子』は記載している。至宝七―六～八

【**太子間道**】たいしかんどう
法隆寺に伝わる赤地広東裂の通称。飛鳥時代。法隆寺に現存するものは、全長八五・〇センチメートル、幅四・〇センチメートルで、幡の坪裂と思われる。至宝一二―荘厳具二六二

【**大師四社明神画像**】だいしししゃみょうじんがぞう
室町時代。絹本着色。縦九五・〇センチメートル。横三八・五センチメートル。巻留に芝法眼尊海筆とある。至宝六―一六七

【**大師四社明神画像**】だいしししゃみょうじんがぞう
室町時代。絹本着色。縦一〇二・〇センチメートル。横三九・六センチメートル。至宝六―一六八

【太子宗】たいししゅう➡「三経宗」の項目を見よ。

【太子伝開講図】たいしでんかいこうず
文政十年（一八二七）に宝珠院で行われた太子伝の講演の座席などの様子を描いたもの。

【太子伝開講図】たいしでんかいこうず
天保九年（一八三八）に善住院で行われた太子伝の講演の座席の様子を描いたもの。

【帝釈天】たいしゃくてん
古代インドの最強の神。仏教に採り入れられて護法神となった。

【帝釈天立像】たいしゃくてんりゅうぞう
重文。奈良時代。塑像　彩色。像高一〇九・五センチメートル。至宝三-塑像一〇六

【帝釈天立像】たいしゃくてんりゅうぞう
重文。平安時代。寄木造　彩色。像高一六一・五センチメートル。像内に保元元年（一一五六）修理、勧進僧静寂の墨書銘がある。至宝四-二〇五

【退衆】たいしゅう
法隆寺から退出した寺僧のこと。退山、退寺ともいう。

【大十師】だいじゅっし
堂方で大法師位に補任している一〇人のこと。

【泰盛】たいじょう
堂衆律学。大法師。恵海房。深盛の弟子。持宝院の住。元文元年（一七三六）九月二十九日得度。宝暦十二年（一七六二）五月三日、律学院院主に補任。明和元年（一七六四）七月十一日没。

【大丈房】だいじょうぼう➡「周元」の項目を見よ。

【大蒸房】だいじょうぼう➡「専啓」の項目を見よ。

【大真公】だいしんこう➡「春堂信海」の項目を見よ。

た行

【大進公】だいしんこう➔「覚峯」の項目を見よ。

【大進公】だいしんこう➔「堯継」の項目を見よ。

【大進公】だいしんこう➔「覚賢」の項目を見よ。

【大進公】だいしんこう➔「敬懐」の項目を見よ。

【大進公】だいしんこう➔「千晃」の項目を見よ。

【泰甚房】たいじんぼう➔「祐範」の項目を見よ。

【大真房】だいしんぼう➔「覚賢」の項目を見よ。

【大介七郎】だいすけしちろう

刀禰。寛喜二年（一二三〇）五月に修理した夢殿の棟札に「刀禰」と記載。

【待清庵】たいせいあん➔「覚賢」の項目を見よ。

【大膳公】だいぜんこう➔「高覚」の項目を見よ。

【大膳公】だいぜんこう➔「頼賢」の項目を見よ。

【大泉房】だいせんぼう➔「頼縁」の項目を見よ。

【大膳房】だいぜんぼう➔「信秀」の項目を見よ。

【胎蔵界】たいぞうかい

金剛界に対する語。密教では『大日経』の所説に基づいて宇宙の全ては大日如来の表われであるとして慈悲を示したものという。

【胎蔵界曼荼羅図】たいぞうかいまんだらず

鎌倉時代。絹本着色。両界曼荼羅二幅のうち。縦一三六・〇センチメートル。横一二七・五センチメートル。裱背に宝暦二年（一七五二）の修理銘がある。至宝六ー一二一（二）

【大唐西域記】だいとうさいいき

重文。唐の玄奘が中国からインドを往還した旅行の記録。一二巻。玄奘は唐・貞観元年（六二七）に長安の都を出発し、天山南路を通って西域の国々を経由してインドに入りマカダ国のナーランダ寺で修学し、多くの仏典を携えて貞観十九年（六四五）に帰国した。本書は奈良時代に多く書写されているが、現存する古写本は極めて少ない。法隆寺に現存する写本は林幸が勧進した『法隆寺一切経』のうち、大治元年（一一二六）に寺僧の静因が書写したもの。朱点や送仮名などが施されており、寺僧たちの修学していた様子をうかがわせる貴重な資料でもある。至宝七ーその他の写経九～一八

【胎道房】たいどうぼう↓「寛攻」の項目を見よ。

【胎道房】たいどうぼう↓「佐伯寛応」の項目を見よ。

【大徳】だいとく

堂童子。寛喜二年（一二三〇）五月に修理した夢殿の棟札に「堂童子」と記載。

【大納言公】だいなごんこう↓「千懐」の項目を見よ。

【大弐公】だいにこう↓「勝長」の項目を見よ。

【大弐公】だいにこう↓「訓恵」の項目を見よ。

【大弐公】だいにこう↓「永信」の項目を見よ。

【大弐公】だいにこう↓「胤尭」の項目を見よ。

【大日経】だいにちきょう

正式には『大毘盧舎那成仏神変加持経』という。密教の教理を体系的に説いたもので『金剛頂経』とともに真言密教の根本経典となっている。

【大日如来】だいにちにょらい

密教の中心仏の名称。『大日経』『金剛頂経』の本尊。その姿は如来であるが、瓔珞、宝冠などで身を飾り王者の姿を表現している。

【大日如来坐像】だいにちにょらいざぞう

鎌倉時代。銅造。像高一六・〇センチメートル。至宝三―金銅像一九

【大日如来坐像】だいにちにょらいざぞう

木造。竜田新宮の別当坊である東之坊の台金堂の本尊であったが、神仏分離のときに西円堂北正面に移した。所在不明。

【大日如来坐像】だいにちにょらいざぞう

平安時代。檜材　割矧　漆箔。像高二九・二センチメートル。至宝四―四五

【大日如来坐像】だいにちにょらいざぞう

平安時代。木造　漆箔。像高五八・〇センチメートル。至宝四―四六

【大日如来坐像】だいにちにょらいざぞう
室町時代。檜材　金泥　切金。像高一〇二・二センチ《メートル》。至宝四―四七

【大日如来坐像】だいにちにょらいざぞう
室町時代。檜材　寄木造　漆箔。像高七六・五センチ《メートル》。至宝四―四八

【大日如来坐像】だいにちにょらいざぞう
室町時代。檜材　寄木造　金泥。像高三三・九センチ《メートル》。至宝四―四九

【大日如来坐像】だいにちにょらいざぞう
江戸時代。榧材　一木造　素地。像高七九・二センチ《メートル》。円空作。昭和四十年代に宗源寺の本堂で発見。至宝四―五〇

【大日如来坐像】だいにちにょらいざぞう
江戸時代。漆箔。像高一一七・五センチ《メートル》。至宝四―五一

【大日如来坐像】だいにちにょらいざぞう
江戸時代。素地。像高一三・二センチ《メートル》。至宝四―五二

【大涅槃図】だいねはんず
西岸寺古澗が大講堂で行う涅槃会のために描いた涅槃図のこと。三幅。各縦五七九・三センチ《メートル》。横四五五・七センチ《メートル》。至宝六―九〇―（一）

【大般若経】だいはんにゃきょう
重文。空の思想を説く、大乗仏教の基本経典の一つ。六〇〇巻からなる。法隆寺に現存する『大般若経』は夢殿を建立したことで知られる行信が朝廷や四恩（父母、衆生、国王、三宝）をはじめ衆生済度のために『法華経』『金光明経』『大般若経』『瑜伽師地論』などを合わせて二七〇〇巻の書写を発願したもの。その行信が途中で没したため、その弟子の孝仁らが神護景雲元年（七六七）に完成したことが巻末の識語によって知られる。この『大般若経』は夢殿に伝来していたことから『上宮王院行信御真筆大般若経』と呼ばれ、疫病退散や寺領の保全など

法隆寺の大事に遭遇したときにはしばしば読誦された由緒ある古写経である。通称「行信経」という。至宝七—二大般若経

【大毘盧舎那経】だいびるしゃなきょう

天長五年（八二八）に西大寺四天王堂から法隆寺に移している。出典『日本紀略』

【大夫公】たいふこう↓「覚賢」の項目を見よ。

【大夫公】たいふこう↓「暁詮」の項目を見よ。

【大夫公】たいふこう↓「堯朝」の項目を見よ。

【大夫公】たいふこう↓「行栄」の項目を見よ。

【大夫公】たいふこう↓「長恵」の項目を見よ。

【大夫公】たいふこう↓「猷海」の項目を見よ。

【大方広仏華厳経第四十二】だいほうこうぶつけごんきょうだいよんじゅうに

重文。奈良時代。巻子本。縦二七・〇センチメートル。全長八九九・〇センチメートル。至宝七—その他の写経三

【大宝蔵院】だいほうぞういん

百済観音堂を取り巻くように建てられた宝物館。玉虫厨子・橘夫人厨子・夢違観音など法隆寺を代表する宝物を収納する施設。建物は八世紀前後の様式。平成十年（一九九八）十月二十二日から五日間にわたって落慶法要を厳修した。

【大宝蔵殿】だいほうぞうでん

昭和十四年（一九三九）に建立した法隆寺の宝物館の名称。

【大菩薩蔵経巻第十三】だいぼさつぞうきょうかんだいじゅうさん

重文。承和十四年（八四七）に武蔵国分寺で書写。巻子本。縦二四・四センチメートル。横一一三〇・〇センチメートル。出典「墨書」

【当麻曼荼羅】たいまんだら

『観無量寿経』の所説に従って表現された観経変相図の一つ。奈良当麻寺の綴れ織りの曼荼羅からその名称が起こったという。

【当麻曼荼羅図】たいまんだらず

江戸時代。絹本着色。縦七三・七センチメートル。横六八・〇センチメートル。至宝六ー一〇六

【当麻曼荼羅図】 たいままんだらず

宝永七年（一七一〇）。紙本版彩色。縦一七三・〇センチメートル。横一七六・五センチメートル。西岸寺明誉古礀筆。至宝六ー一〇七

【大雄房】 だいゆうぼう➔「長尊」の項目を見よ。

【平国友】 たいらのくにとも

銅工。貞永元年（一二三二）金堂東之間の本尊金銅阿弥陀三尊像の造顕に参画した。出典「光背銘」

【平金剛大夫政盛】 たいらのこんごうだゆうまさもり

大工。慶長十一年（一六〇六）聖霊院、南大門、伝法堂などの棟札に「寺職工」と記載。

【平四郎貞国】 たいらのしろうさだくに

塗師小工。貞治四年（一三六五）五月十日に建立した舎利殿の宮殿の天井板の墨書に「塗師小工」と記載。

【平末清】 たいらのすえきよ

興福寺系大工。寛喜二年（一二三〇）夢殿の修理に従事。出典「夢殿棟札」

【平末光】 たいらのすえみつ

興福寺系大工。土佐権守。建保七年（一二一九）舎利殿の建立に従事。出典「舎利殿棟木銘」

【平末守】 たいらのすえもり

興福寺系大工。寛喜二年（一二三〇）夢殿の修理に従事。出典「夢殿棟札」

【平宗次郎大夫】 たいらのそうじろうだゆう

四大工。文禄二年（一五九三）に修理した新堂や慶長十一年（一六〇六）に修理した聖霊院、南大門、伝法堂などの棟札に「寺職工」と記載。

【平多聞甚九郎】 たいらのたもんじんくろう

四大工。文禄二年（一五九三）新堂の修理に従事。
出典「新堂棟札」

【平政隆】 たいらのまさたか↓「今奥吉兵衛」の項目を見よ。

【平政盛金剛善四郎】 たいらのまさもりこんごうぜんしろう
四大工。文禄二年（一五九三）新堂の修理に従事。
出典「新堂棟札」

【平宗景】 たいらのむねかげ
大工。永徳三年（一三八三）夢殿の修理に従事。出典「夢殿棟札」

【平宗国】 たいらのむねくに
大工。永徳三年（一三八三）夢殿の修理に従事。出典「夢殿棟札」

【平宗貞】 たいらのむねさだ
大工。永徳三年（一三八三）夢殿の修理に従事。出典「夢殿棟札」

【平宗成】 たいらのむねしげ
大工。永徳三年（一三八三）夢殿の修理に従事。出典「夢殿棟札」

【平宗継】 たいらのむねつぐ
大工。永享六年（一四三四）地蔵院本堂の建立に従事。
出典「地蔵院本堂棟札」

【大良房】 たいりょうぼう↓「頼栄」の項目を見よ。

【泰琳房】 たいりんぼう↓「森智純」の項目を見よ。

【鷹図】 たかず
江戸時代。絹本着色。三幅。各縦一四七・二センチメートル。横六六・〇センチメートル。曾我二直庵筆。裱背に宝永二年（一七〇五）法華院快真の寄進銘及び明暦二年（一六五六）曾我順蝿の越前国曾我家系図がある。至宝六—二九四

【高田良信】 たかだりょうしん

「法隆寺住職」。大僧正。聖徳宗管長。淳心房。佐伯良謙の弟子。幼名、新二。昭和二十八年（一九五三）八月二十二日、法隆寺へ入寺。昭和二十九年（一九五四）五月九日得度。『法隆寺昭和資財帳』や『法隆寺史』の編纂を提唱。昭和五十七年（一九八二）聖徳宗宗務長、法隆寺執事長、法隆寺文化財保存事務所長、昭和資財帳編纂所長に就任。平成四年（一九九二）四月、法隆寺副住職、法起寺住職に就任。平成五年（一九九三）六月一日、法隆寺一山の要請によって難渋している寺務を処理するため法隆寺住職代行に就任して法隆寺の寺務を総覧指揮する。平成六年（一九九四）四月二十二日、法隆寺管主（法隆寺代表役員代務者）に就任。平成七年（一九九五）五月二十二日、法隆寺住職に就任。百済観音堂建立の勧進講演のために全国を行脚。平成十年（一九九八）十月二十二日、百済観音堂落慶供養導師をつとめる。十月二十六日、百済観音堂落慶供養結願法要を終えて辞意を表明し、隠退届を提出。寺務処理を終えた十一月末日をもって辞任し、十二月一日付で長老となる。

【高屋大夫】 たかやのたいふ

丙寅年（推古一四年〔六〇六〕・天智五年〔六六六〕の説がある）に夫人の阿麻古のために金銅弥勒菩薩半跏像を造顕した。弥勒半跏像は献納宝物。

【托子】 たくし

奈良時代。響銅。高二・三センチメートル。径一四・三センチメートル。至宝一二–供養具四七四

【托子】 たくし

奈良時代。響銅。高四・二センチメートル。径一一・五センチメートル。至宝一二–供養具四七五

【武田長兵衛】 たけだちょうべい

武田薬品中興の祖。第五代武田長兵衛。号は和敬。昭和八年（一九三三）ごろから法隆寺の復興のために多大の浄財を寄進。とくに多くの法隆寺関係の古書を蒐集して法隆寺へ奉納するとともに昭和十一年（一九三六）には古書籍の収納と閲覧の施設として鵤文庫及び淵黙書堂を建立して法隆寺へ寄進した。近代を代表する法隆寺の大檀越。昭和三十四年（一九五九）九十歳で没。

【鼉太鼓】だだいこ
重文。平安時代。木造 漆塗 彩色。一対。高(左)三七三・三センチメートル、(右)三八一・〇センチメートル。幅(左)一九六・七センチメートル、(右)二〇一・五センチメートル。源頼朝が法隆寺へ寄進したとする伝承がある舞楽の太鼓。康永四年(一三四五)に修理している。至宝一〇-四〇九、四一〇。
出典「墨書」

【橘国重】たちばなくにしげ
瓦工。永徳三年(一三八三)三月の「夢殿棟札」に「瓦工 大工」と記載。

【橘国継】たちばなくにつぐ
興福寺系大工。弘安七年(一二八四)新堂の修理に従事。出典「新堂棟札」

【橘国利】たちばなくにとし
興福寺系大工。寛喜二年(一二三〇)夢殿の修理に従事。出典「夢殿棟札」

【橘実国】たちばなさねくに
大工。永徳三年(一三八三)夢殿の修理に従事。出典「夢殿棟札」

【橘実継】たちばなさねつぐ
大工。寛正三年(一四六二)政蔵院本堂の建立に従事。
出典『良訓補忘集』

【橘実光】たちばなさねみつ
大工。永徳三年(一三八三)夢殿の修理に従事。出典「夢殿棟札」

【橘茂長】たちばなしげなが
瓦大工。谷口石見尉。元禄九年(一六九六)七月二十日、法隆寺瓦大工職に補任。出典『公文所補任記』

【橘重成】たちばなしげなり
興福寺系大工。寛喜二年(一二三〇)夢殿の修理に従事。出典「夢殿棟札」

【橘末国】 たちばなすえくに
大工。永享十年（一四三八）に行われた南大門の再建に従事。出典「南大門棟木銘」

【橘夫人念持仏厨子】 たちばなふじんねんじぶつずし
国宝。白鳳時代。総高二六八・九センチメートル。幅一三六・七センチメートル。伝橘夫人念持仏の金銅阿弥陀三尊像を本尊としている。至宝一二一荘厳具二三

【橘坊】 たちばなぼう
元堂衆坊。阿弥陀院の西に隣接していた子院。明治時代初期に廃院。

【橘正流】 たちばなまさる
陰陽師。備後尉。目立氏。享保三年（一七一八）一月二十日、法隆寺陰陽師に補任。生没年不詳。出典『公文所補任記』

【橘吉重】 たちばなよししげ
瓦大工。嘉永七年（一八五四）十一月二十五日、法隆寺瓦大工職に補任。出典『公文所補任記』

【橘吉重】 たちばなよししげ➜「彦次郎」の項目を見よ。

【橘吉長】 たちばなよしなが
瓦大工。与次兵衛。元禄元年（一六八八）十二月、法隆寺瓦大工職に補任。出典『公文所補任記』

【竜田社行道図】 たつたしゃぎょうどうず
嘉吉二年（一四四二）の聖霊会のときに竜田本宮で行われた竜田会の様子を描いたもの。

【竜田新宮】 たつたしんぐう
奈良県斑鳩町竜田。孝徳天皇（在位六四五～五四）の時代に遷宮された竜田本宮の新宮のこと。

【竜田新宮社略絵図】 たつたしんぐうしゃりゃくえず
法隆寺の西南約五〇〇メートルにある竜田新宮を描いたもの。

【竜田大明神旧絵図】 たつただいみょうじんきゅうえず

永正四年（一五〇七）に竜田本宮を描いたもの。

【竜田本宮】 たつたほんぐう

奈良県三郷町立野にあり、明治維新まで法隆寺の守護社。

【竜田本宮縁起】 たつたほんぐうえんぎ

聖徳太子と竜田明神に関する伝記が記載されている縁起書のこと。

【立田老翁化現立像】 たつたろうおうけげんりゅうぞう

塑像。像高五〇・二センチメートル。法隆寺の建立を聖徳太子に指南した立田老翁の姿を表現したもの。明治十二年（一八七九）六月に千早定朝が発願して瓦匠の安井弥平が造顕。至宝三―塑像一三八

【辰巳三郎兵衛安信】 たつみさぶろべえやすのぶ

大工。福井小路の住。文政八年（一八二五）の西円堂や北室院護摩堂、天保十年（一八三九）の聖霊院の修理に従事。出典「西円堂棟札」「北室院護摩堂棟札」「聖霊院墨書」

【辰巳仁三郎】 たつみじんざぶろう

大工。文政八年（一八二五）西円堂の修理に従事。

出典「西円堂棟札」

【建古臣】 たてこのおみ

辛亥年（白雉二年〈六五一〉）に笠評臣のためにその息子の布奈太利古臣とともに金銅観音菩薩像（像高二二・三センチメートル）を造顕した。出典献納宝物。「像框座刻銘」

【楯太郎】 たてたろう

大工。寛正三年（一四六二）政蔵院本堂の建立に従事。

出典『良訓補忘集』

【玉虫厨子】 たまむしのずし

国宝。飛鳥時代。木造　漆塗　彩色。総高二二六・六センチメートル。幅一三六・七センチメートル。奥行一一九・一センチメートル。推古天皇

の念持仏と伝える漆塗の厨子。大棟に鴟尾をあげた単層入母屋造で錣葺の宮殿部と須弥座、台脚で構成。透彫り金具の下に玉虫の羽根を入れていることから玉虫厨子という。宮殿部と須弥座に密陀絵もしくは漆絵で天部菩薩、霊鷲山、仏供養、捨身飼虎、施身聞偈、須弥山が描かれており、宮殿内部には銅板押出千仏像が飾られている。至宝一二-厨子二二

【多聞院】 たもんいん

室町時代の創建。学侶坊。三綱坊。中道院の北に隣接していた子院。明治時代初期に廃院。

【多聞左次兵衛正次】 たもん（おかど）さじひょうえまさつぐ

四大工。寛文八年（一六六八）天満宮の修理に従事。

出典「天満宮棟札」

【多聞太郎】 たもん（おかど）たろう

大工。永享八年（一四三六）北室寺の建立に従事。

出典「北室上棟文書」

【多聞太郎】 たもん（おかど）たろう

大工。永正九年（一五一二）政南院文殊堂の建立に従事。出典「政南院文殊堂棟札」

【多聞天】 たもんてん

四天王の一つ。仏教世界の中心にある須弥山の中腹の北方に居住し、北方世界を守護する護法神。「毘沙門天」とも呼ぶ。堂の内部では須弥壇の北東隅に安置されている。

【多聞天像】 たもんてんぞう

国宝。飛鳥時代。木造　彩色　切金。像高一三四・二センチメートル。光背に「薬師徳保上而鐵師手古二人作也」の刻字がある。至宝四-一七八-（四）

【多聞天像】 たもんてんぞう

飛鳥時代。樟材　一木造　素地。像高五一・九センチメートル。至宝四-一八〇

た行

【多聞天像】 たもんてんぞう
重文。平安時代。木造　彩色。像高二〇四・〇センチメートル。至宝四ー一八一ー（四）

【多聞天像】 たもんてんぞう
重文。平安時代。木造　彩色　切金。像高一〇九・二センチメートル。至宝四ー一八二ー（四）

【多聞天像】 たもんてんぞう
重文。平安時代。木造　彩色　切金。像高九八・三センチメートル。至宝四ー一八八

【多聞天像】 たもんてんぞう
重文。平安時代。木造　寄木造　粉地　彩色。像高九三・四センチメートル。体内に印仏を納入している。至宝四ー一九〇

【多聞天像】 たもんてんぞう
重文。南北朝時代。木造　彩色　切金。像高一七一・〇センチメートル。像内に「文和四年（一三五五）木師僧幸禅、絵師法師円勝」の墨書がある。至宝四ー一九一ー（四）

【多聞平大夫】 たもん（おかど）へいだゆう
棟梁。元禄五年（一六九二）『棟梁住所幷大工杣大鋸木挽人数作高之覚』に「並棟梁和州法隆寺村其外方々罷在候分・和州法隆寺東里住居仕候」と記載。

【多利思比古】 たりしひこ
『隋書倭国伝』に推古八年（六〇〇）のころの倭王の字が「多利思比古」であったと伝える。出典『隋書倭国伝』

【達磨大師】 だるまだいし
中国禅宗の初祖である菩提達磨のこと。中国禅宗の初祖。聖徳太子が片岡山で達磨大師に会ったという伝説がある。

【達磨大師像】 だるまだいしぞう
江戸時代。檜材　彩色。像高二四・一センチメートル。至宝四ー

二八六

【太郎五郎】 たろうごろう

大工。明応三年（一四九四）北室寺の修理に従事。

出典「北室上棟文書」

【太郎女】 たろうじょ

永享十年（一四三八）十一月八日に西円堂へ銅鏡を奉納している。出典「墨書」

【太郎四郎】 たろうしろう

大工。永享六年（一四三四）地蔵院本堂の建立や永享十年（一四三八）に行われた南大門の再建に従事。出典「地蔵院本堂棟木銘」「南大門棟木銘」

【湛舜】 たんしゅん

「一臈法印」。僧都。堯禅房。隆詮の弟子。宝光院の住。貞和五年（一三四九）に僧都、一臈法印に昇進。俊厳と播州鵤庄の訴訟のために永らく鎌倉に止まり領地の返還を訴えた。それが成就したときには上御堂の四天王像を造顕することを誓願。ついに鵤庄は法隆寺に返還されたが、四天王像の完成を見ることなく文和三年（一三五四）八月二十八日、八十四歳で没。

【湛肇】 たんしょう

「一臈法印」。大僧都。図書公（式部卿、少進公）。懐宣の弟子。観音院の住。北小路家の猶子。安永六年（一七七七）十一月十二日得度。寛政三年（一七九一）二月二十日、仮名を式部公に改名。寛政九年（一七九七）五重塔伏鉢を新造。寛政十三年（一八〇一）一月十八日、実名の覚宣を英肇に改名。享和三年（一八〇三）に湛肇に改名。文化三年（一八〇六）九月十八日、仮名を少進公に改名。文化六年（一八〇九）十一月二十五日、一臈法印に昇進。文化七年（一八一〇）三月四日、四十五歳で没。同年六月四日、弟子の宣順が師匠の追善供養のために春日曼荼羅を法隆寺の宝庫に奉納。

【堪照】 たんしょう

「法隆寺別当」。僧都。興福寺の僧。天慶年間（九三八～四七）法隆寺別当に補任。一二年間在任。

【湛乗】 たんじょう

建武五年（一三三八）自恣布薩会の手洗盤二口と同花器一口を大講堂に施入。生没年不詳。

【弾正公】 だんじょうこう➡「慶雲」の項目を見よ。

【弾正公】 だんじょうこう➡「栄覚」の項目を見よ。

【弾正公】 だんじょうこう➡「秀賛」の項目を見よ。

【男神像】 だんしんぞう

江戸時代。檜材　一木造　彩色。総高八・九センチメートル。至宝四—二四七

【探題】 たんだい

勝鬘会、慈恩会、三蔵会などで論議の出題を行い、その論議が終わるとその可否を判定する僧のこと。

【単弁蓮華文軒丸瓦】 たんべんれんげもんのきまるかわら

飛鳥時代。若草伽藍、斑鳩宮、西院伽藍出土。九弁のものと八弁のものとがある。

【湛誉】 たんよ

金堂十僧。得業。円長房。正応六年（一二九三）金堂十僧に入供。正安三年（一三〇一）十二月二十四日没。

出典『金堂日記』

【湛誉】 たんよ

永徳三年（一三八三）「上宮王院棟札」に「大勧進」と記載。生没年不詳。

【智印】 ちいん

天承二年（一一三二）四月二十一日に「慈恩大師書讃及び頌文」を書写。永久二年（一一一四）〜天承元年（一一三一）に勝賢と林幸が発願した『法隆寺一切経』の書写に協力した。生没年不詳。

【智寛房】 ちかんぼう➡「秀賢」の項目を見よ。

【智経】 ちきょう

経尋別当の在任中（一一〇九〜三二）、小別当に補任。

生没年不詳。

【智京房】 ちきょうぼう

宝治二年（一二四八）「西円堂心束墨書」に記載。生没年不詳。

【智恵】 ちけい

堂衆。寛喜二年（一二三〇）「上宮王院棟札」に「禅衆　法師」と記載。生没年不詳。

【智元】 ちげん

永久二年（一一一四）〜天承元年（一一三一）に勝賢と林幸が発願した『法隆寺一切経』の書写に協力した。

【智厳】 ちげん

保安四年（一一二三）に『仏説菩薩夢経』（巻上）を書写。保安三年（一一二二）〜天承元年（一一三一）に林幸が発願した『法隆寺一切経』の書写に協力した。生没年不詳。

【稚児読み】 ちごよみ

出家する直前の稚児が師匠から習う経典の読誦方法。「ヲコト点」に従った独特の節回しである。とくに『般若心経』『唯識三十頌』などに用いられている。

【智山房】 ちざんぼう↓「秀賢」の項目を見よ。

【智純】 ちじゅん↓「森智純」の項目を見よ。

【智昭】 ちしょう

金堂十僧。承元三年（一二〇九）金堂十僧に入供。承元四年（一二一〇）に相慶が発願した『大般若経』六〇〇巻に校合を加えた。生没年不詳。出典『金堂日記』

【智成】 ちじょう

堂衆。寛喜二年（一二三〇）「上宮王院棟札」に「禅衆　法師」と記載。生没年不詳。

【智心】 ちしん

大法師。永和四年（一三七八）『廿人沙汰間条々』に記載。『応安年中以来法隆寺評定日記』に応永九年（一四〇二）〜応永十三年（一四〇六）まで五師をつとめたと記載。生没年不詳。

【智泉法師命過幡】 ちせんほうしみょうがばん

白・赤・黄・紫・緑の五色の平絹を用いた平絹幡の通称。飛鳥時代。現存長一四七・五センチメートル。幅二八・八センチメートル。幡身に「智泉法師命過」の墨書がある。至宝一二―荘厳具二五二

【智蔵】 ちぞう

福亮の息。入唐して嘉祥大師吉蔵から「三論」を学ぶ。天武元年（六七二）僧正に補任。その門下に大安寺の道慈、元興寺の智光、元興寺の頼光らがいる。生没年不詳。

【知足院】 ちそくいん

室町時代の創建。学侶坊。弥勒院の西に隣接していた子院。明治時代初期に廃院。

【智仁】 ちにん

保安三年（一一二二）～天承元年（一一三一）に林幸が発願した『法隆寺一切経』の書写に協力した。生没年不詳。

【千早定円】 ちはやじょうえん

定朝の弟子。丹波市村駒村氏の出身。明治二年（一八六九）十一月二十二日得度。明治六年（一八七三）六月二日、阿弥陀院住職に就任。明治八年（一八七五）二月九日、教導職「試補」を拝命。明治二十一年（一八八八）九月二十八日、三十一歳で没。

【千早定憲】 ちはやじょうけん

宗泉房。定朝の弟子。奈良安養寺町藤井氏の出身。明治元年（一八六八）十一月二十三日得度。明治六年（一八七三）十一月、弥勒院住職に就任。明治八年（一八七五）二月九日、教導職「試補」を拝命。明治十四年（一八八一）に米尾山多聞院へ移る。生没年不詳。

【千早正朝】 ちはやしょうちょう

中僧正。定朝の弟子。中院の住。法隆寺村川西氏の出身。幼名、正夫。明治二十二年（一八八九）十月二十一日得度。明治四十四年（一九一一）十一月十三日、慈恩

会堅義を遂業。佐伯定胤を補佐して法隆寺の復興に尽力した。昭和六年（一九三一）三月十四日没。

【千早定朝】 ちはやじょうちょう

「法隆寺住職」。大僧正。法相宗管長。興福寺住職。清水寺住職。中納言公（貫轍房）。千学の弟子。椿蔵院、弥勒院、中院の住。藤堂家家臣無足人河（川）村氏の出身。幼名、松麿。文政六年（一八二三）九月十五日出生。天保六年（一八三五）九月二十二日得度。天保十三年（一八四二）十二月四日、弥勒院に止住。元治元年（一八六四）三月二十二日、中院へ転住。明治二年（一八六九）廃仏毀釈の危機に際して寺法の大改正を提唱。明治五年（一八七二）一臈に昇進。明治七年（一八七四）四月二十九日、少講義を拝命。明治九年（一八七六）法隆寺住職に就任。明治十一年（一八七八）一月二十二日、中講義を拝命。明治十五年（一八八二）六月、興福寺とともに法相宗に独立。初代の法相宗管長に就任。同年十二月十四日、権少教正に昇進。明治二十三年（一八九〇）二月二十三日、興福寺住職、清水寺住職に就任。明治二十四年（一八九一）二月十五日、興福寺住職、清水寺住職を辞任。明治二十六年（一八九三）法隆寺勧学院を開設し勧学院院長に就任。明治二十八年（一八九五）四月十四日、興福寺住職、清水寺住職に再任。明治三十二年（一八九九）三月十七日、七十八歳で没。法隆寺の再興を図り献納宝物や宝物の保存に尽力した功績は高く評価されている。

【茶地平絹幡】 ちゃじへいけんばん

飛鳥時代。茶地平絹。全長三五三・五センチメートル。幡身幅三二・〇センチメートル。至宝一二―荘厳具二五一

【忠幃】 ちゅうい

天平宝字五年（七六一）『東院資財帳』に「五香誦数一条」を法隆寺僧として東院に寄進したと記載。生没年不詳。

【中院】 ちゅういん

鎌倉時代の創建。学侶坊。西大門内の北に位置する子院。昭和二十二（一九四七）年に旧地蔵院本堂（永享六年〔一四三四〕建立）を移建して中院本堂としている。

【中院表門】 ちゅういんおもてもん

薬医門。本瓦葺。正徳二年（一七一二）四月二十九日に上棟。至宝二-五四。出典「中院表門棟札」

【中院庫裏】 ちゅういんくり

江戸時代。桁行一六・九〇メートル。梁間八・三〇メートル。両面切妻。昭和二十四年（一九四九）に修理した。至宝二-五四

【中院車寄】 ちゅういんくるまよせ

桁行二間。梁行二間。明治二十三年（一八九〇）に弥勒院より移建した。現存しない。

【中院鎮守堂】 ちゅういんちんじゅどう

明治十二年（一八七九）に法隆寺村の古市場より引き移した。現存しない。

【中院本堂】 ちゅういんほんどう

重文。永享六年（一四三四）。桁行三間。梁間三間。入母屋造。本瓦葺。もとは地蔵院の本堂。昭和二十二年（一九四七）に中院の持仏堂として移建。至宝二-五三

【中院八ツ足門】 ちゅういんやつあしもん

桁行二間。梁行八尺。明治十二年（一八七九）に移建したという。現存しない。出典『法隆寺明細帳』。

【中会式図】 ちゅうえしきず

正徳五年（一七一五）に行われた聖霊会の講師と読師の所作を描いたもの。

【忠右衛門尉】 ちゅうえもんのじょう

大工。西里の住。寛文七年（一六六七）の花園院表門（現在の実相院表門）の棟木に記載。

【忠懐】 ちゅうかい

師公。椿蔵院の住。宝暦元年（一七五一）十二月二日得度。宝暦三年（一七五三）の『年会日次記』まで記載。生没年不詳。

【註記】ちゅうき
慈恩会、三蔵会などの問答の記録係の僧のこと。

【忠吉】ちゅうきち
大工。本町の住。安政三年（一八五六）西園院上土門の修理に従事。出典「上土門棟札」

【忠教】ちゅうきょう
「法隆寺別当」。威儀師。東大寺の僧。寛和元年（九八五）法隆寺別当に補任。四年間（五年間ともいう）在任。

【中宮寺】ちゅうぐうじ➡「鵤尼寺」の項目を見よ。

【忠恵】ちゅうけい
延暦十三年（七九四）の叡山根本中堂初度供養に法隆寺僧として出仕した。生没年不詳。出典『叡岳要記』

【中綱】ちゅうこう
専当のこと。法隆寺の雑務を司る役の称。法師位。優婆塞で一臈を「勾当」、二臈を「維那師」、三臈を「納言師」、四臈を「専当」といい、それを「四人中綱」と呼ぶ。

【忠二】ちゅうじ
瓦工。寛喜二年（一二三〇）五月の夢殿の修理に従事。
出典「夢殿棟札」

【中将公】ちゅうじょうこう➡「良秀」の項目を見よ。
【中将公】ちゅうじょうこう➡「堯弁」の項目を見よ。
【中将公】ちゅうじょうこう➡「懐舜」の項目を見よ。
【中将公】ちゅうじょうこう➡「尊堯」の項目を見よ。
【中将公】ちゅうじょうこう➡「千海」の項目を見よ。
【中将公】ちゅうじょうこう➡「洪海」の項目を見よ。
【中将公】ちゅうじょうこう➡「長識」の項目を見よ。
【中将公】ちゅうじょうこう➡「快存」の項目を見よ。
【中照房】ちゅうしょうぼう➡「永信」の項目を見よ。

【忠次郎】ちゅうじろう
四大工。寛永十五年（一六三八）十二月、四大工職に補任。出典『公文所補任記』

【仲甚】 ちゅうじん
観応二年（一三五一）に『聖徳太子伝暦』を書写。生没年不詳。

【中道院】 ちゅうどういん
鎌倉時代の創建。元堂衆坊。仏性院の北に隣接していた子院。明治六年（一八七三）ごろに廃院。

【中道院表門】 ちゅうどういんおもてもん➡「地蔵院表門」の項目を見よ。

【中納言公】 ちゅうなごんこう➡「覚勝」の項目を見よ。

【中納言公】 ちゅうなごんこう➡「隆信」の項目を見よ。

【中納言公】 ちゅうなごんこう➡「専訓」の項目を見よ。

【中納言公】 ちゅうなごんこう➡「行胤」の項目を見よ。

【中納言公】 ちゅうなごんこう➡「懐儀」の項目を見よ。

【中納言公】 ちゅうなごんこう➡「千早定朝」の項目を見よ。

【忠範】 ちゅうはん
能算別当在任中（一〇七六〜九四）、目代に補任。生没年不詳。

【中平】 ちゅうへい
大工。寛喜二年（一二三〇）五月に修理した夢殿の棟札に「番匠」と記載。

【中門】 ちゅうもん
国宝。飛鳥様式。四間三戸二重門。入母屋造。本瓦葺。金堂や五重塔がある聖域に通じる仏門。この中門には古代ギリシャ、古代ローマの建築に見られるエンタシスの柱や中国の竜門、雲岡の石窟寺院などにある雲形の肘木、卍崩しの欄干、人字形の割束などの建築様式の特徴が見られる。明治三十五年（一九〇二）〜三十六年（一九〇三）に解体修理を行った。至宝一-二一

【中臈】 ちゅうろう
慈恩会、三蔵会の竪者をつとめた僧のこと。

【長安】 ちょうあん

寛仁元年（一〇一七）八月二十三日、権上座に補任。生没年不詳。

【長英】ちょうえい

堂衆。大法師。上宮王院堂司。応安四年（一三七一）『上御堂本尊修復結縁文書』に記載。永徳三年（一三八三）「夢殿棟札」に「上宮王院堂司」と記載。生没年不詳。

【長右衛門】ちょうえもん

大工。本町の住。元禄十三年（一七〇〇）宝珠院庫裏の修理に従事。出典「宝珠院庫裏棟札」

【朝円】ちょうえん

慶好の三男。康平年間（一〇五八〜六五）ごろ庁判権上座に補任。生没年不詳。

【朝縁】ちょうえん

堂衆。寛喜二年（一二三〇）「上宮王院棟札」に「禅衆　法師　結縁衆」と記載。生没年不詳。

【長円】ちょうえん

大法師。貞治四年（一三六五）の舎利殿厨子建立の塗師方奉行に補任。『応安年中以来法隆寺評定日記』に永徳二年（一三八二）十月三日〜至徳二年（一三八五）まで五師をつとめたと記載。応安四年（一三七一）『上御堂本尊修復結縁文書』に名前が記載。生没年不詳。

【長延】ちょうえん

「法隆寺別当」。大徳。法隆寺の僧。延喜四年（九〇四）法隆寺別当に補任。四年間在任。生没年不詳。

【長円房】ちょうえんぼう

永禄三年（一五六〇）『現在僧名帳』に記載。この年に得度。生没年不詳。

【長音房】ちょうおんぼう

天文十六年（一五四七）『現在僧名帳』に記載。この年に得度。生没年不詳。

【長雅】ちょうが➡「玄順房」の項目を見よ。

【昶雅】ちょうが

「一臈法印」。権大僧都。侍従公。千範の弟子。弥勒院、安養院の住。摂津住吉郡苅田郷士、寺田氏の出身。幼名、重麿。明和八年（一七七一）十二月十六日得度。妙徳院侍徒公春範と号す。安永四年（一七七五）八月十二日、弥勒院へ転住。同年十二月二十二日、中臈位になる。安永七年（一七七八）六月二十七日、弥勒院より安養院へ転住。天明二年（一七八二）三十二歳で成業権律師、寛政元年（一七八九）十一月、金堂預。このころ春範を昶雅に改名。同年十二月二十二日、権少僧都に補任。寛政五年（一七九三）正月二十日、舎利預に補任。寛政十二年（一八〇〇）一月二十二日、一臈法印に昇進。享和元年（一八〇一）八月二十二日に隠退。珠光院と号す。文政元年（一八一八）九月十七日、七十歳で没。

【長懐】ちょうかい

「法隆寺別当」。僧正。興福寺松林院の僧。応永元年（一三九四）十月八日、法隆寺別当に補任。三年間在任。応永三年（一三九六）七月十二日没。

【長海】ちょうかい

承仕。円了房。勝純の弟子。遍照院の住。安永七年（一七七八）十一月二十五日得度。寛政九年（一七九七）七月二十一日退院。

【長覚】ちょうかく

保安三年（一一二二）〜天承元年（一一三一）に林幸が発願した『法隆寺一切経』の書写に協力した。生没年不詳。

【長覚】ちょうかく

学侶。少納言公。堯長の弟子。知足院の住。郡山藩上月氏の出身。幼名、亀丸。天保四年（一八三三）十二月十四日得度。天保六年（一八三五）ごろ実名を長順に改名。天保十一年（一八四〇）『年会日次記』まで記載。生没年不詳。

【長学房】 ちょうがくぼう➡「祐慶」の項目を見よ。

【長寛房】 ちょうかんぼう
永禄十年（一五六七）『現在僧名帳』に記載。この年に得度。生没年不詳。

【澄経】 ちょうきょう
大法師。天文十七年（一五四八）『奉唱 大別当御拝堂威儀僧事』に「威儀僧」と記載。永禄元年（一五五八）十二月十一日没。

【長教房】 ちょうきょうぼう
天文五年（一五三六）『現在僧名帳』に記載。この年に得度。生没年不詳。

【長堯房】 ちょうぎょうぼう
天文十六年（一五四七）『現在僧名帳』に記載。この年に得度。生没年不詳。

【長恵】 ちょうけい
元堂衆律学。権少僧都。恭玉房（大夫公）。淳識の弟子。東蔵院、法華院の住。天明四年（一七八四）四月五日得度。寛政九年（一七九七）寺法の大改正にともない学侶に交衆。懐儀の弟子。同年十二月、福智院家の養子。仮名を大夫公に改名。文化三年（一八〇六）十二月二十二日、中臈位になる。文化四年（一八〇七）十二月二十日、法華院に転住。文化六年（一八〇九）十二月二十二日、大法師に補任。文政四年（一八二一）七月二十一日、絵殿預。文政七年（一八二四）四月二十日、舎利下旬預に昇進。文政十年（一八二七）二月二十四日隠退。桂信院と号す。文政十一年（一八二八）一月二十六日、五十八歳で没。

【長慶】 ちょうけい
承仕。専勝房。福城院の住。明和六年（一七六九）六月二十七日得度。安永五年（一七七六）退院。

【長継】 ちょうけい
堂衆律学。大法師。専学房。祐慶の弟子。発志院の住。正徳三年（一七一三）四月九日没。

【朝芸】 ちょうげい

金堂十僧。律師。得業。顕舜房。正安元年（一二九九）七月、金堂十僧に入供。正和二年（一三一三）二月四日没。

【長芸】 ちょうげい

三綱。寛喜二年（一二三〇）「上宮王院棟札」に「三綱 大法師」と記載。生没年不詳。

【長芸】 ちょうげい

大法師。天文十七年（一五四八）『奉唱 大別当御拝堂威儀僧事』に「威儀僧」と記載。天文二十一年（一五五二）十一月二十一日没。

【長賢】 ちょうけん

「法隆寺別当」。律師。法隆寺の僧。道詮の弟子。「法相」「三論」の学僧。貞観三年（八六一）維摩会講師、貞観四年（八六二）斎会講師に補任。元慶二年（八七八）法隆寺別当に補任。八年間在任。『類従国史』には貞観十二年（八七〇）九月十五日没と記載。

【長厳】 ちょうげん

長好の養子。長承二年（一一三三）ごろ寺主に補任。生没年不詳。

【長厳】 ちょうげん

応永九年（一四〇二）『児童大衆等規式間事』に記載。生没年不詳。

【朝弘】 ちょうこう

三位公。朝定の弟子。松立院の住。永井日向守家臣小川氏の出身。幼名、伊茶麿。享和二年（一八〇二）十月十九日得度。享和四年（一八〇四）一月三十一日、松立院へ転住。文化二年（一八〇五）『年会日次記』まで記載。生没年不詳。

【長好】 ちょうこう

慶好の四男。承保二年（一〇七五）～寛治八年（一〇九四）ごろ官符寺主に補任。生没年不詳。

【長弘】　ちょうこう
応永九年（一四〇二）『児童大衆等規式間事』に記載。生没年不詳。

【長弘】　ちょうこう
律師。覚賢房。妙音院（閼伽井坊）の住。享禄二年（一五二九）六月二日、舎利預に補任（七十六歳）。享禄三年（一五三〇）三月二十一日、七十七歳で没。

【長済】　ちょうさい
大法師。『応安年中以来法隆寺評定日記』に応永六年（一三九九）七月二十日～応永十三年（一四〇六）まで五師をつとめたと記載。生没年不詳。

【長左衛門】　ちょうざえもん
大工。元禄九年（一六九六）五重塔の修理に従事。
出典「五重塔棟札」

【長山】　ちょうざん➡「寿見房」の項目を見よ。

【長識】　ちょうしき
中将公。長恵の弟子。発志院の住。郡山藩家臣後藤氏の出身。幼名、健丸。文化八年（一八一一）十二月十一日得度。文政八年（一八二五）五月二十四日退院。

【鳥路寺】　ちょうじじ⇩「法隆寺」の別称。

【長七】　ちょうしち
大工。葛上郡新庄の住。安永四年（一七七五）護摩堂の再建に従事。出典「護摩堂棟札」

【長実房】　ちょうじつぼう
弘治三年（一五五七）『現在僧名帳』に記載。この年に得度。生没年不詳。

【長実房】　ちょうじつぼう➡「正秀」の項目を見よ。

【調子麿】　ちょうしまろ

百済国からの渡来者。「調使丸」ともいう。聖徳太子の侍者として黒駒とともに常に従っていた。天智八年（六六九）八十四歳で没したという。その子孫が法隆寺の法頭に就任していたという伝承もある。

【調子麿像】 ちょうしまろぞう
檜材　寄木造　彩色。像高一二〇・八センチメートル。聖徳太子の侍者像。元禄五年（一六九二）八月二十三日に辻本甚兵衛が造顕したもので馬屋に安置している。至宝四－三〇八－（二）

【長秀】 ちょうしゅう
権上座。長厳の長男。治承四年（一一八〇）権小別当に補任。生没年不詳。

【長秀】 ちょうしゅう
大法師。少納言公。行秀の弟子。訓栄の弟子。観音院の住。森美作守家臣山本家の出身。正徳二年（一七一二）得度。享保十二年（一七二七）沙汰衆に補任。享保十七年（一七三二）六月二十日、三十五歳で没。同年十二月に観音院所蔵の『扇面古写経』（太子の扇）を聖徳太子への報恩謝徳のために師僧の訓栄が法隆寺へ奉納した。

【長俊】 ちょうしゅん
寛喜二年（一二三〇）「上宮王院棟札」に「大法師結縁衆」と記載。生没年不詳。

【長順】 ちょうじゅん
永久二年（一一一四）～元永元年（一一一八）に勝賢が発願した『法隆寺一切経』の書写に協力した。生没年不詳。

【長順房】 ちょうじゅんぼう
天文十年（一五四一）『現在僧名帳』に記載。この年に得度。生没年不詳。

【長照】 ちょうしょう
「法隆寺別当」。興福寺喜多院の僧。天喜五年（一〇五七）十月十五日、法隆寺別当に補任。一一年間在任。

【朝定】ちょうじょう

権少僧都。按察使公（三位公）。慶雲の弟子。天明七年（一七八七）十二月七日得度。寛政九年（一七九七）十二月二十二日、中臈位になる。享和元年（一八〇一）十二月二十二日、権律師。享和二年（一八〇二）十月七日、権少僧都に補任。文化三年（一八〇六）九月二十三日没。

【長乗】ちょうじょう

「一臈法印」。律師。宗恩房。政蔵院、中院の住。永正十年（一五一三）十月二十一日、舎利預に補任（六十九歳）。享禄二年（一五二九）ごろ一臈法印に昇進。天文四年（一五三五）六月十五日、九十一歳で没。

【長乗】ちょうじょう

「一臈法印」。権少僧都。宝蔵院の住。慶長十一年（一六〇六）三月二十一日、舎利預に補任。元和四年（一六一八）三月二十八日、一臈法印に昇進。元和七年（一六二一）十一月十日没。

【長盛】ちょうじょう

已講。金堂十僧。浄順房。順慶の弟子。咒師に補任。延文二年（一三五七）八月六日、七十四歳で没。

【長乗房】ちょうじょうぼう

宝治二年（一二四八）「西円堂心束墨書」に記載。生没年不詳。

【長真】ちょうしん

永長二年（一〇九七）五月四日『僧長真処分状』に「権寺主」と記載。生没年不詳。

【長深】ちょうじん

延久六年（一〇七四）二月十三日『五師僧長深地売券』に記載。生没年不詳。

【長深房】ちょうじんぼう

慶長十三年（一六〇八）『現在僧名帳』に記載。この年に得度。生没年不詳。

【長世】ちょうせい
都維那。寛厳の長男。定真別当、経尋別当在任中（一〇一一～三二）に活躍。生没年不詳。

【長晴】ちょうせい
応永九年（一四〇二）『児童大衆等規式間事』に記載。生没年不詳。

【長清】ちょうせい
法師。嘉吉二年（一四四二）二月二十三日の竜田社頭舞楽法会に左方甲衆として出仕。生没年不詳。

【長清】ちょうせい
承仕。甚勝房。専勝の弟子。福城院の住。安永四年（一七七五）十月八日得度。天明五年（一七八五）『年会日次記』まで記載。生没年不詳。

【長清房】ちょうせいぼう
慶長六年（一六〇一）『現在僧名帳』に記載。この年に得度。生没年不詳。

【長宣】ちょうせん
承仕。円了房。遍照院の住。寛政十三年（一八〇一）『年会日次記』に記載。文化五年（一八〇八）ごろ退院か。

【長専】ちょうせん
応永九年（一四〇二）『児童大衆等規式間事』、応永二十二年（一四一五）『順禅房罪科間事』に記載。生没年不詳。

【長専】ちょうせん
承仕。文甚房。甚勝の弟子。福城院の住。天明四年（一七八四）二月六日得度。寛政三年（一七九一）『年会日次記』まで記載。生没年不詳。

【長暹】ちょうせん
従儀師。法頭。治暦三年（一〇六七）に慶元の次男として出生。康和元年（一〇九九）九月二十一日『僧良秀田地質券』に「権都維那」と記載。大治五年（一一三〇）

た行

ごろ上座に補任。没年不詳。

【朝鮮八道輿図】 ちょうせんはちどうこうず

朝鮮李朝。紙本淡彩。縦一四〇・〇センチメートル。横六三・〇センチメートル。朝鮮半島の図。

【長泉房】 ちょうせんぼう

天文六年（一五三七）『現在僧名帳』に記載。この年に得度。生没年不詳。

【長禅房】 ちょうぜんぼう

元亀二年（一五七一）『現在僧名帳』に記載。この年に得度。生没年不詳。

【長尊】 ちょうそん

内膳公（大雄房）。堯尊の弟子。織田家家臣山縣氏の出身。幼名、長丸。慶応二年（一八六六）九月二十五日得度。その後、退院。

【長尊房】 ちょうそんぼう

天文十三年（一五四四）『現在僧名帳』に記載。この年に得度。生没年不詳。

【澄傳】 ちょうでん

堂衆行人方。義弁房。寛延四年（一七五一）二月六日得度。明和元年（一七六四）十二月十四日没。

【長忍房】 ちょうにんぼう

永禄三年（一五六〇）『現在僧名帳』に記載。この年に得度。生没年不詳。

【長忍房】 ちょうにんぼう

慶長六年（一六〇一）『現在僧名帳』に記載。この年に得度。生没年不詳。

【長波】 ちょうは

「一臈法印」。権大僧都。西之院、弥勒院の住。文禄二年（一五九三）新堂の修理奉行。文禄三年（一五九四）九月二十一日、舎利預に補任。慶長十年（一六〇五）ごろ一臈法印に昇進。慶長十一年（一六〇六）二月二十日没。

【朝拝式】ちょうはいしき

毎年正月元旦に食堂で行った朝拝の式のこと。

【朝拝之儀】ちょうはいのぎ

正月元旦の早朝に法隆寺一山の寺僧が聖霊院の本尊の扉を開いて聖徳太子に拝礼する儀式のこと。

【朝拝の規式】ちょうはいのきしき

正月元旦の暁に妻室で行う朝拝の規式。古雅なる作法と伝えるが、明治四十五年（一九一二）に廃絶している。古くから食堂で行われていた朝拝式のことらしい。

【長八】ちょうはち

大工。葛上郡新庄の住。安永四年（一七七五）護摩堂の再建に従事。出典「護摩堂棟札」

【長範】ちょうはん

三綱。寛喜二年（一二三〇）「上宮王院棟札」に「三綱　大法師　結縁衆」と記載。生没年不詳。

【調布】ちょうふ

重文。二枚。「大」は縦二六九・〇センチメートル。横七二・〇センチメートル。「小」は縦二二三・〇センチメートル。横六五・五センチメートル。「小」の墨書により天平勝宝四年（七五二）に常陸国信太郡より進納されたものと記載。至宝一四-染織品九、一〇

【長兵衛】ちょうべえ

大工。元禄十一年（一六九八）東院礼堂及び廻廊の修理に従事。出典『伽藍修復勘定帳』

【長宥】ちょうゆう

堂衆行人方。寛光房。寛延四年（一七五一）二月二十七日得度。宝暦二年（一七五二）四月八日退院。

【長与】ちょうよ

覚助の長男。長徳～寛弘年間（九九五～一〇一二）ごろ権上座に補任。生没年不詳。

【長誉】 ちょうよ
承暦二年（一〇七八）『金堂日記』や『金光院三昧僧等解』に「都維那」と記載。生没年不詳。

【長耀】 ちょうよう
「法隆寺別当」。大徳。醍醐寺の僧（東大寺分）。長徳元年（九九五）法隆寺別当に補任。寛弘元年（一〇〇四）没。

【長耀】 ちょうよう
文治二年（一一八六）『法隆寺三綱　五師等請文案』に「権寺主」と記載。生没年不詳。

【長隆】 ちょうりゅう
「法隆寺別当」。東大寺の僧。天元二年（九七九）法隆寺別当に補任。四年間（六年ともいう）在任。

【智亮公】 ちりょうこう➡「快映」の項目を見よ。

【智亮房】 ちりょうぼう➡「憲深」の項目を見よ。

【椿蔵院】 ちんぞういん
室町時代の創建。学侶坊。宝蔵院の西北に隣接していた子院。明治時代初期に廃院。

【都維那】 ついな
三綱の一つ。衆僧の雑事を担当する僧のこと。

【追儺会】 ついなえ
二月三日に西円堂で行う鬼追式のこと。

【追儺面】 ついなめん
重文。鎌倉時代。追儺会に使用する父鬼、母鬼、子鬼の三面のこと。「父鬼」檜材。縦三〇・〇センチメートル。「母鬼」桐材。縦三〇・〇センチメートル。「子鬼」桐材。縦二五・四センチメートル。昭和四十七年（一九七二）に模造を作成。至宝一〇-面七五～八一

た行

【通円房】つうえんぼう➡「有円」の項目を見よ。

【塚本市兵衛】つかもといちべえ
大工。万治三年（一六六〇）政南院本堂（現在の宝珠院本堂）の修理に従事したと記載。

【塚本作大夫】つかもとさくだゆう
棟梁。元禄五年（一六九二）『棟梁住所幷大工杣大鋸木挽人数作高之覚』に「並棟梁京都罷在候分・和州法隆寺西里住居仕候。今程主水方相詰罷在候」と記載。

【塚本弥平次】つかもとやへいじ
大工。元和九年（一六二三）「宝積寺棟札」に「大日講衆」と記載。

【辻内善十郎】つじうちぜんじゅうろう
四大工。元禄十年（一六九七）に法隆寺への出入りの許可を申し出て再び四大工に就任している。出典『年会日次記』

【辻内忠右衛門常弘】つじうちちゅうえもんつねひろ
四大工。寛文八年（一六六八）天満宮の修理に従事。出典「天満宮棟札」

【辻子伊兵衛】つじこいへえ
棟梁。元禄五年（一六九二）『棟梁住所幷大工杣大鋸木挽人数作高之覚』に「並棟梁和州法隆寺村其外方々罷在候分・和州法隆寺西里住居仕候」と記載。

【辻子勘十郎】つじこかんじゅうろう
棟梁。元禄五年（一六九二）『棟梁住所幷大工杣大鋸木挽人数作高之覚』に「並棟梁和州法隆寺村其外方々罷在候分・和州法隆寺西里住居仕候」と記載。

【辻忠衛門】つじちゅうえもん
四大工。藤原敬清宗次。寛永五年（一六二八）十二月二十七日、四大工職に補任。出典『公文所補任記』

【辻与大夫】つじよだゆう

棟梁。元禄五年（一六九二）『棟梁住所并大工杣大鋸木挽人数作高之覚』に「並棟梁和州法隆寺村其外方々罷在候分・和州法隆寺西里住居仕候」と記載。

【妻室】 つまむろ

重文。桁行二七間。梁行二間。切妻造。本瓦葺。東室に附属する建物で「小子房」ともいい、従者たちの寝所や雑用に用いられたという。「長屋」とも呼ぶ。昭和三十五年（一九六〇）に行われた解体修理によって平安時代の姿に復元している。至宝一―一一

【通夜枕】 つやまくら

天保二年（一八三一）。木製。一一口。各高九・二センチメートル。縦一五・〇センチメートル。横八・四センチメートル。修正会で出仕僧が聖霊院の通夜作法のときに用いる。

【釣桝】 つります

鉄鉢形の大きな枡。縁に四つの鐶座があり、それに鎖などを通してつるしたものらしい。

【釣桝】 つります

奈良時代。鋳銅。高一一・二センチメートル。口径四五・六センチメートル。至宝一四―生活具三

【釣桝】 つります

奈良時代。鋳銅。高三二・八センチメートル。口径七四・〇センチメートル。

出典 献納宝物

【禎果】 ていか

「法隆寺別当」。内供奉十禅師。法隆寺の僧。道詮の弟子。東院院主。昌泰元年（八九八）法隆寺別当に補任。延喜四年（九〇四）ごろ別当を辞任。生没年不詳。

【庭儀】 ていぎ

野外で行われる法会のこと。夢殿、金堂、五重塔、大講堂などの前に舞台を組み、その上で舞楽法会を行うことをいう。

【禎融】 ていゆう

た行

道詮の弟子。延喜年間（九〇一〜九二三）ごろ東院院主に補任。生没年不詳。

【出開帳】 でがいちょう

寺社の宝物を江戸や大坂、京都などに運んで人びとに公開することをいう。法隆寺の出開帳では元禄七年（一六九四）に江戸の本所回向院、元禄八年（一六九五）に京都の真如堂、元禄九年（一六九六）に大坂四天王寺で行われた。その後も天保十三年（一八四二）江戸本所回向院などで行っている。

【手彫り忍冬文軒平瓦】 てぼりにんどうもんのきひらがわら

飛鳥時代。若草伽藍出土。六弁。創建法隆寺に使われていた軒平瓦のこと。

【手水屋】 てみずや（ちょうずや）

西室の北側に位置していた建物。弘長元年（一二六一）九月に後嵯峨上皇が法隆寺へ行幸。その行在所として建立したという。本尊役小角像、前鬼像、後鬼像、蔵王権現像などを安置していた。現在の行者堂の前身建物のこと。

【伝右衛門】 でんえもん

大工。花内村の住。安永四年（一七七五）護摩堂の再建に従事。出典「護摩堂棟札」

【天蓋天人像】 てんがいてんにんぞう

重文。白鳳時代。木製。総長五四・一センチメートル。金堂の天蓋に附属する天人像で楽器を奏でている。至宝一二-荘厳具一四一〜一四六

【天蓋鳳凰像】 てんがいほうおうぞう

重文。白鳳時代。総長一六・六センチメートル。金堂の天蓋に附属。至宝一二-荘厳具一四七、一四八

【伝三郎】 でんざぶろう

四大工。慶安二年（一六四九）十二月、四大工職に補任。出典『公文所補任記』

【転宗】 てんしゅう

た行

他の宗派から聖徳宗に移ること。昭和二十五年（一九五〇）に法輪寺が東寺真言宗の同意を得て聖徳宗へ転宗、昭和二十六年（一九五一）に中宮寺が真言宗泉涌寺派の同意を得て聖徳宗へ転宗した例がある。

【天尊像】てんそんぞう➔「道教画像」の項目を見よ。

【伝兵衛】でんべえ

大工。元禄九年（一六九六）五重塔の修理に従事。

出典「五重塔棟札」

【天満坂往復道】てんまざかおうふくみち

烟出のはるか北方にある道の名称。旧天満宮への参拝道かもしれない。

【天満山境内の規模】てんまやまけいだいのきぼ

江戸時代までは東西五一間、南北三五間、坪数一七八五坪であった。

【天目盆】てんもくぼん

室町時代。木造　朱漆塗。高一六・〇センチメートル。径四〇・六×四二・四センチメートル。神や仏、貴人などに献茶をするときに天目茶碗をのせる台のこと。至宝一四–生活具一六

【東院閼伽井】とういんあかい

閼伽井の屋形は明治十二年（一八七九）六月に旧修南院の弁財天の屋形を移したもの。現存していない。

【東院絵殿】とういんえでん

重文。鎌倉時代。『聖徳太子絵伝』の障子絵を納める建物。至宝二–五。「東院舎利殿」の項目を参照。

【東院廻廊】とういんかいろう

重文。鎌倉時代。桁行延長四三間。梁行一間。本瓦葺。南は礼堂に、北は舎利殿、絵殿に接続している。夢殿を取り囲む廊のこと。至宝二–六、七

【東院伽藍】とういんがらん

東院夢殿を中心とする伽藍の総称。西院伽藍に対する名称。

【東院伽藍境内坪数】とういんがらんけいだいつぼすう
明治十二年（一八七九）の記録では一九六一坪という。

【東院講堂】とういんこうどう⇒「東院伝法堂」の別称。

【東院高麗門】とういんこうらいもん
江戸時代。門の扉の屋根以外に左右にある控柱の上にも屋根がある門を高麗門と呼ぶ。不明門の西に位置する。閉めないことから「不閉門」という。至宝二―一一

【東院四脚門】とういんしきゃくもん
重文。鎌倉時代。一間一戸四脚門。切妻造。本瓦葺。東院伽藍の西側に位置する。至宝二―九

【東院資財帳】とういんしざいちょう
正しくは『仏経并資財條』という。天平宝字五年（七六一）に東院の三綱が僧綱所に提出した財産目録のこと。原本は早くに散佚しており、現在は享保年間（一七一六〜三六）書写の良訓本が伝わっている。奈良時代の東院の規模や資財を伝える唯一の史料。

【東院舎利殿】とういんしゃりでん
重文。鎌倉時代。桁行七間。梁行三間。切妻造。本瓦葺。（絵殿を含む）。南無仏舎利を本尊とする建物。至宝二―五

【東院舎利殿天蓋】とういんしゃりでんてんがい
室町時代。高五七・五センチメートル。幅六九・〇センチメートル。南無仏舎利の上に懸ける天蓋のこと。至宝一二―荘厳具一五四

【東院鐘楼】とういんしょうろう
国宝。鎌倉時代。桁行三間。梁行二間。袴腰付。入母屋造。本瓦葺。伝法堂の西に位置する袴腰付鐘楼。至宝二―一二

【東院鐘楼梵鐘】とういんしょうろうぼんしょう
重文。奈良時代。銅鋳造。総高一八六・七センチメートル。身高一二一・八センチメートル。口径一〇五・二センチメートル。中宮寺から移したものという。南無仏舎利を奉出するときに七回打ち鳴ら

た行

す。至宝一三–梵音具二九一

【東院大伽藍寺院境内之図】 とういんだいがらんじいんけいだいのず

版木。江戸時代開版。縦三六・〇センチメートル。横五三・八センチメートル。

【東院伝法堂】 とういんでんぽうどう

国宝。奈良時代。桁行七間。梁行四間。切妻造。本瓦葺。橘夫人の住宅を移したもの。東院講堂の名称。昭和十三年（一九三八）に行われた解体修理によって奈良時代の貴族の住宅であったことが確認された。至宝二–二

【東院伝法堂天蓋】 とういんでんぽうどうてんがい

奈良時代。木造　彩色。三。㊀高四一・二センチメートル。幅五八六・六センチメートル。奥行三七七・五センチメートル。㊁高二七・六センチメートル。幅六一三・九センチメートル。奥行三五〇・九センチメートル。㊂高二七・六センチメートル。幅六一〇・五センチメートル。奥行三四四・八センチメートル。伝法堂の天井に懸けられた箱形天蓋のこと。中宮寺より移ってきたと伝える。至宝一二–荘厳具一五一

【東院宿直所】 とういんとのいしょ

東院の西廻廊の西側にあった宿直所のこと。元禄年間（一六八八～一七〇四）に建立。現存していない。

【東院南門】 とういんなんもん

重文。室町時代。三間一戸八脚門。切妻造。本瓦葺。「開けずの門（不開門）」「勅額門」ともいう。推古天皇の勅額が懸かっていたと伝える。至宝二–一八

【東院不明門勅額】 とういんふみょうもんちょくがく

奈良時代。木製。縦一〇六・〇センチメートル。横八六・五センチメートル。厚三・五センチメートル。東院南門に懸かっていた額。表面は平滑で文字は留めていない。推古天皇の勅額という。出典 献納宝物

【東院歩廊】 とういんほろう

元禄年間（一六八八～一七〇四）建立。夢殿西正面から西廻廊の中間を結ぶ廊のこと。昭和十二年（一九三七）の修理のときに撤去した。

【東院夢殿】 とういんゆめどの

国宝。天平十一年（七三九）創建という。八角円堂。本瓦葺。斑鳩宮の跡地に聖徳太子を供養するために建立したもの。「上宮王院正堂」ともいう。至宝二―一

【東院夢殿のお水取り】 とういんゆめどののおみずとり

旧暦一月十二日に夢殿内の礼盤裏に現われる湿気によって、その年の豊作、不作を占う農耕に関する儀礼のこと。

【東院礼堂】 とういんらいどう

重文。鎌倉時代。桁行五間。梁行四間。切妻造。本瓦葺。「東院中門」ともいう。夢殿を礼拝するための建物。至宝二―四

【道賀】 どうが

行信（?―七五〇）の弟子。奈良時代の法隆寺僧。元興寺の道昭から法相宗と禅宗を学んだという。生没年不詳。

【道海】 どうかい

保安三年（一一二二）〜天承元年（一一三一）に林幸が発願した『法隆寺一切経』の書写に協力した。生没年不詳。

【等覚】 とうかく

保安三年（一一二二）〜天承元年（一一三一）に林幸が発願した『法隆寺一切経』の書写に協力した。生没年不詳。

【桃果図】 とうかず

室町時代。絹本着色。縦五六・八㌢。横八一・〇㌢。至宝六―三〇二

【童我房】 どうがぼう

➡「慶雲」の項目を見よ。

【道教画像】 どうきょうがぞう

中国元代。麻絹墨画淡彩。天尊像。縦一一九・〇㌢。横五一・〇㌢。箱蓋裏に嘉永五年（一八五二）北室院

一源の修理銘がある。至宝六-一七七

【堂行事】　どうぎょうじ

法会の進行の指揮を行う僧のこと。法隆寺では金堂修正会などに見られる。

【道慶】　どうけい

寛喜二年（一二三〇）「上宮王院棟札」に「学衆　法師」と記載。生没年不詳。

【藤才才】　とうさいさい

瓦工。寛喜二年（一二三〇）五月の夢殿の修理に従事。

出典「夢殿棟札」

【東寺】　とうじ⇩「東院伽藍」の別称。「堂方」を示す言葉でもあった。

【道慈】　どうじ

奈良時代の入唐僧。三論宗の学僧。天平年間（七二九～四九）上宮王院落成法要の導師をつとめたと伝える。聖徳太子信仰の高揚につくした。天平十六年（七四四）没。

【道実】　どうじつ

寛喜二年（一二三〇）「上宮王院棟札」に「学衆　法師　結縁衆」と記載。生没年不詳。

【道寂】　どうじゃく

保安三年（一一二二）～天承元年（一一三一）に林幸が発願した『法隆寺一切経』の書写に協力した。生没年不詳。

【東住院】　とうじゅいん

鎌倉時代ごろの創建。元堂衆坊。当初は宗源寺の東側にあった子院。正徳二年（一七一二）賢聖院と寺地の交換を行い現福生院の北側に移った。寛政九年（一七九七）寺法の大改正により学侶坊となったが、明治時代初期に廃院となる。

【堂衆】　どうしゅう➔「堂方」の項目を見よ。

た行

【東秀房】 とうしゅうぼう➡「実盛」の項目を見よ。

【藤十郎実知】 とうじゅうろうさねとも
四大工。寛文七年（一六六七）花園院表門（現在の実相院表門）の建立に従事。出典「花園院表門棟木銘」

【道静】 どうじょう
聖律師。薬師寺の僧。治暦年間（一〇六五〜六九）法隆寺へ転住して聖徳太子信仰の高揚につとめた。天永二年（一一一一）四月に開浦院三昧堂を建立。弟子の源義に後日を託した。生没年不詳。

【道成】 どうじょう
寛喜二年（一二三〇）「上宮王院棟札」に「学衆　法師」と記載。生没年不詳。

【東照宮】 とうしょうぐう
社殿は阿弥陀院の北西に東向きに建っていた。東照神君木像を安置。慶応二年（一八六六）に大破したので千早定朝が発願して新築した。神仏分離政策によって明治八年（一八七五）六月に天満宮に合祀している。

【東照宮様御宿坊阿弥陀院図】 とうしょうぐうさまごしゅくぼうあみだいんのず
江戸時代。巻子本。紙本彩色。一巻。縦四三・二センチメートル。慶長十九年（一六一四）十一月十六日に徳川家康が宿泊した阿弥陀院の境内図。至宝二−建築古図六

【藤治郎】 とうじろう
大工。興留村の住。天保十年（一八三九）興善院本堂の修理に従事。出典「興善院本堂棟札」

【道専】 どうせん
嘉元三年（一三〇五）「聖徳太子絵伝紙背墨書銘」に記載。生没年不詳。

【道詮】 どうせん
寿仁の弟子。三論の学匠。武蔵国の出身。斉衡元年（八五四）最勝会の講師をつとめ、天安元年（八五七）文徳天皇の御前で論議を行う。貞観元年（八五九）勅許を賜わって東院を再興して聖霊会を復興。聖霊会の料と

して東院へ大和国平群郡水田七町四反を施入。貞観六年（八六四）二月十六日、律師に補任。『因明四種相違義』『破乗章』『劫波章記』などを著述。晩年に法隆寺を辞し、富貴寺を建立して隠居。貞観十五年（八七三）三月二日（貞観十八年〔八七六〕十月二日ともいう）没。

【道詮忌】 どうせんき

道詮の命日三月二日に夢殿で行う法要の名称。法隆寺では平成八年（一九九六）から厳修している。「道詮」の項目を参照。

【道詮坐像】 どうせんざぞう

国宝。平安時代。塑像　彩色。像高八七・三センチメートル。夢殿に安置。至宝三―塑像九八。「道詮」の項目を参照。

【道善坊】 どうぜんぼう

堂衆律学。大法師。応永五年（一三九八）「西円堂棟札」に記載。生没年不詳。

【藤蔵】 とうぞう

大工。生駒の住。文政八年（一八二五）西円堂の修理に従事。出典「西円堂棟札」

【堂僧】 どうそう

金堂の吉祥悔過に出仕する金堂十僧の僧をいう。

【東蔵院】 とうぞういん

室町時代の創建。元堂衆坊。安養院の北に隣接していた子院。明治時代初期に廃院。

【燈台】 とうだい

室町時代。木造　黒漆塗。高二九・六センチメートル。基台径一一・八センチメートル。至宝一二―供養具二〇九

【藤大夫】 とうだゆう

大工。寛喜二年（一二三〇）五月に行われた夢殿の修理に従事。出典「夢殿棟札」

【東大門】 とうだいもん

国宝。奈良時代。三間一戸八脚門。切妻造。本瓦葺。

三棟造。「中ノ門」ともいう。昭和九年（一九三四）に行われた解体修理によって奈良時代の姿に復元され、もとは南面していた門であることが判明した。至宝一–二
〇

【銅太刀】どうたち
金堂の増長天の持物。聖徳太子の作と伝えている。

【堂司】どうつかさ
堂を司る僧のことで、堂方の大法師のうちから一人が補任される。これは堂の荘厳や法会を担当するもので、金堂預のような管理権はない。上宮王院、律学院、西円堂、上御堂は学侶から堂方に貸し与えられたものであったという。

【道哲満元】どうてつみつもと
典薬頭。平井氏。正徳五年（一七一五）三月、法隆寺典薬頭法橋に補任。生没年不詳。出典『公文所補任記』

【堂童子】どうどうじ
「仕丁」ともいい、法会の雑務を担当する役のこと。元禄十五年（一七〇二）には一五名であった。明和六年（一七六九）ごろの『年会日次記』から太田、大吉、葛城、城、波多の姓が見られる。明治二年（一八六九）に全廃。

【同湯房】どうとうぼう→「寛海」の項目を見よ。

【道範】どうはん
長禄二年（一四五八）四月二十二日に道範の菩提のために東院舎利殿へ『こけら経』を奉納している。出典「こけら経墨書」

【堂方】どうほう
寺僧の身分制度の一つ。「堂衆」「禅衆」「夏衆」ともいい、行律を専らにして、夏は堂に籠って安居禅行を修し、仏前に香花を供して法要の承仕を司る僧のこと。行を専らとして主に西円堂や上御堂の堂司や綱維などをつとめる僧を「行人方」、律を専らとして主に上宮王院や律学院の堂司や諸進などをつとめる僧を「律宗方」と呼ぶ。これら行律の一臈のことを「両戒師」といい、「行

人方」の一臈を「夏一戒師」、「律宗方」の一臈を「院主戒師」と呼んでいる。この制度も学侶と同じく中世から生じたもので江戸時代に明文化し「堂方は種姓の吟味は無し」と規定して、つねに学侶の支配下に置かれていた。寛政九年（一七九七）寺法の大改正によって堂方は全て学侶に昇進したが、新たに「新堂衆」が設けられた。明治二年（一八六九）寺法の大改正により寺僧は全て学侶に交衆し、寺僧の身分制度は全廃した。なお、かつての堂方の最高位は「大法師」であった。

【登誉上人名号】 とうよしょうにんみょうごう

岡崎大樹寺の登誉上人筆の名号のこと。徳川家康はこの名号を護持していたと伝える。慶長十九年（一六一四）に家康が阿弥陀院へ寄進したもの。至宝一四-染織品三九

【東楽門】 とうらくもん

西院東廻廊の中央にある出入口の名称。

【棟梁住所幷大工杣大鋸木挽人数作高之覚】 とうりょうじゅうしょならびにだいくそまおおがこびきにんずうさくだかのおぼえ

元禄五年（一六九二）十月二十七日の時点で中井主水正が支配していた畿内六箇国の大工、杣、大鋸、木挽などの記録書。「御扶持人棟梁三人」「頭棟梁五人之内」「二条御城御用相勤候棟梁」「五畿内江州杣大鋸木挽頭」「並棟梁京都罷在候分」「京棟梁拾人之内」「町棟梁」「並棟梁（和州法隆寺村其外方々に罷在候）」「杣」「大鋸」「木挽」などの人数を詳しく記録したもの。

【東林寺】 とうりんじ➜「修南院」の項目を見よ。

【燈籠】 とうろう

鎌倉時代。花崗岩。総高二三八・〇センチメートル。五重塔西側所在。「西円堂型」という。西円堂から移したものという。至宝二-石燈籠一

【燈籠】 とうろう

明応六年（一四九七）。石造。高二一九・〇センチメートル。至宝二-石燈籠二

【燈籠】 とうろう

天文二十三年（一五五四）。石造。高一八〇・〇センチメートル。至宝二―石燈籠三。**出典**「刻銘」

【燈籠】 とうろう

貞治二年（一三六三）。鋳鉄（竿、笠）。鋳銅（火袋）。竿長六八・五センチメートル。赤松弾正が上宮王院へ寄進したもの。至宝一二―供養具二六四。**出典**「刻銘」

【燈籠】 とうろう

元禄七年（一六九四）。銅造。高三七五・〇センチメートル。徳川綱吉生母桂昌院の寄進。至宝一二―供養具二六五

【燈籠】 とうろう

江戸時代。銅造。高七九・八センチメートル。置燈籠。至宝一二―供養具二六六

【燈籠】 とうろう

江戸時代。銅造。高九一・四センチメートル。置燈籠。「法隆寺西室院」の刻銘がある。至宝一二―供養具二六七。**出典**「刻銘」

【徳川家康画像】 とくがわいえやすがぞう

江戸時代。絹本着色。縦八二・〇センチメートル。横四〇・二センチメートル。至宝六―二七一

【徳川家康甲冑神影】 とくがわいえやすかっちゅうしんえい

旧阿弥陀院所蔵。徳川家康自筆と伝えている。縦五四・七センチメートル。横三八・〇センチメートル。至宝六―二七二

【徳川家康寄進の轡】 とくがわいえやすきしんのくつわ

桐文透轡（桃山時代）。慶長十九年（一六一四）に徳川家康が阿弥陀院に寄進した轡のこと。至宝一一―伝徳川家康奉納品八

【得業】 とくごう

所定の修行を終えた僧。維摩会、最勝会、法華会などの大会を遂業した僧のこと。

【読師】どくし
大会のときに東の高座に登って経名や経文を読む僧のこと。江戸時代までこの役は堂衆の一臈がつとめていた。

【徳積】とくしゃく
鞍部氏の出身。崇峻三年(五九〇)出家して法隆寺に住したという。推古三十二年(六二四)僧都に補任。生没年不詳。

【徳禅】とくぜん
堂衆。寛喜二年(一二三〇)「上宮王院棟札」に「禅衆　法師」と記載。生没年不詳。

【徳聰】とくそう
百済の王族の出身。法隆寺に住す。持統八年(六九四)に片岡王寺の令弁、飛鳥寺の弁聡と父母のために観音菩薩像を造顕。生没年不詳。出典「造像記刻銘」

【徳蔵院】とくぞういん
室町時代の創建。元堂衆坊。宝珠院の前身の子院。元禄年間(一六八八〜一七〇四)に宝珠院となった。

【徳蔵院表門】とくぞういんおもてもん➜「宝珠院表門」の項目を見よ。

【土壇】どだん
烟出の近くにある地名。寺僧たちの荼毘所か、その供養を行うための祭壇を設けた場所かもしれない。

【刀禰】とね
官人の名称。聖霊会の南無仏舎利輿の脇に従って供奉する役人のこと。装束は大紋立烏帽子を着用する。元禄十五年(一七〇二)には二四人の刀禰がいた。

【宿直所】とのいしょ
東院西廻廊と西門の間にあった番所のこと。元禄年間(一六八八〜一七〇四)に新築した。現存していない。

【友貞】ともさだ

瓦工。永徳三年（一三八三）三月に修理した夢殿の棟札に「瓦工」と記載。

【友実】 ともざね

瓦工。永徳三年（一三八三）三月に修理した夢殿の棟札に「瓦工」と記載。

【豊寿】 とよとし

児童。寛正三年（一四六二）二月二十四日の竜田社頭舞楽法会に弥勒院より出仕。

【寅蔵】 とらぞう

大工。芝小路の住。天保十年（一八三九）興善院本堂の修理に従事。出典「興善院本堂棟札」

【曇徴】 どんちょう

高句麗の僧。推古十八年（六一〇）三月に来朝。彩色技術や紙墨などを伝える。推古三十年（六二二）法隆寺夏講の講師に補任したと伝える。生没年不詳。

【内記公】 ないきこう→「覚雅」の項目を見よ。

【内記公】 ないきこう→「覚順」の項目を見よ。

【内記公】 ないきこう→「実渕」の項目を見よ。

【内供奉僧】 ないくぶそう

内供奉十禅師の称。宮中の内道場に供奉して御斎会などの読師などをつとめる僧のこと。

【内陣】 ないじん

本尊が安置されている堂の中央や後方の空間のことをいう。

【内膳公】 ないぜんこう→「祐尊」の項目を見よ。

【内膳公】 ないぜんこう→「長尊」の項目を見よ。

【内仏蔵】 ないぶつぐら

桁行三八七・〇センチメートル。梁間三〇九・〇センチメートル。一重。切妻造。妻入。四面庇付。本瓦葺。蔵の内部を持仏堂とした建物のこと。堂方が私的に建てた持仏堂。現存する唯一の遺構である、善住院の内仏蔵は解体修理して福生院

た行

に移建している。至宝二－二七

【中井伊豆守】 なかいいずのかみ➜「中井信濃守利次」の項目を見よ。

【中井五左衛門尉】 なかいござえもんのじょう➜「中井信濃守利次」の項目を見よ。

【中井信濃守利次】 なかいしなののかみとしつぐ

御大工。正清の従弟。従五位下。「中井伊豆守」「中井五左衛門尉」とも呼ぶ。慶長十五年（一六一〇）五月に聖霊院へ釣燈籠を寄進。慶長十六年（一六一一）に聖霊院へ釣燈籠を寄進。元和五年（一六一九）に珠南院（東林寺）へ鉄製の風炉を寄進。元和八年（一六二二）九月に聖霊院へ釣燈籠を寄進。寛永三年（一六二六）正月十五日、四十七歳で没。出典「刻銘」

【中井次良】 なかいじろう

中井信濃守利次の息。中井八郎右衛門のこと。慶長十七年（一六一二）九月に聖霊院へ釣燈籠を寄進。明暦三年（一六五七）三月五日、四十九歳で没。出典「刻銘」

【中井正国】 なかいまさくに

鉄之丞。中井正居の長男。

【中井正純】 なかいまさずみ

従五位下。大和守。内匠頭。五郎助。正行。中井正吉の四男。正清の弟。承応三年（一六五四）四月十三日、六十一歳で没。

【中井正武】 なかいまさたけ

藤三郎。主水。中井嘉基の嫡男。享保十九年（一七三四）出生。天明八年（一七八八）十一月二十五日、五十五歳で没。

【中井正紀】 なかいまさただ

藤三郎。中井正武の嫡男。明和五年（一七六八）出生。文政元年（一八一八）九月十四日、五十一歳で没。

【中井正利】 なかいまさとし

甚太夫。巨勢正範の次男。中井正吉の弟として安土城、大坂城など多くの作事に携わったという。慶長十五年（一六一〇）十月二十三日、七十四歳で没。

【中井正侶】 なかいまさとも
従五位下。大和守。長吉郎。正似。清次。正清の嫡男。正清の従兄弟の中井利次が後見をつとめた。寛永八年（一六三一）十月十日、三十二歳で没。

【中井正知】 なかいまさとも
従五位下。大和守。主水正。長三郎。正朝。中井正純の嫡男。二代目正侶の養子。隠居号浄覚。法隆寺の元禄大修理の記録に登場する主水正のこと。正徳五年（一七一五）四月二十五日、八十五歳で没。

【中井正豊】 なかいまさとよ
内之助。主水。中井正知の弟巨勢彦仙の子。三代目中井正知の養子。天和二年（一六八二）出生。享保二十年（一七三五）正月二十五日、五十四歳で没。

【中井正平】 なかいまさひら
岡次郎。中井正武の次男。七代目中井正紀の養子。天明五年（一七八五）出生。嘉永二年（一八四九）四月二十四日、六十五歳で没。

【中井正路】 なかいまさみち
小膳。文化十二年（一八一五）出生。文久元年（一八六一）五月一日、四十七歳で没。

【中井正吉】 なかいまさよし
四大工。孫太夫。巨勢正範の嫡男。家康の御大工中井大和守正清の父。安土城、大坂城、聚楽第、名護屋城、方広寺大仏殿、伏見城などの大型建造物の作事に携わったと考えられている。慶長十四年（一六〇九）七月一日、七十七歳で没。

【中井大和守正清】 なかいやまとのかみまさきよ
徳川家康の御大工。藤右衛門。従四位下。大和守。中井正吉の嫡男。永禄八年（一五六五）出生。慶長五年（一六〇〇）に家康から五畿内六箇国（大和、山城、河内、和泉、摂津に近江を加えた）の大工頭に任命されている。

慶長十一年（一六〇六）に修理した聖霊院、南大門、伝法堂などの棟札に「一朝物棟梁」と記載。慶長十四年（一六〇九）の聖霊会のときに正清が着た袍にその名が見える。慶長十九年（一六一四）の大坂冬の陣には徳川家康に従って出陣。元和五年（一六一九）一月二十一日、五十五歳で没。

【中井嘉基】なかいよしもと

藤三郎。均任。主水。中井正豊の嫡男。宝永六年（一七〇九）出生。寛延三年（一七五〇）六月二十三日、四十二歳で没。

【中島懐厳】なかじまかいごん

新堂衆。僧都。覚道房。実相院、西園院の住。丹波市村中島氏の出身。文政十年（一八二七）十二月四日得度。安政四年（一八五七）隠居。松尾寺へ移住。明治二年（一八六九）寺法の大改正により学侶に交衆。西園院に転住。再勤して勧進主兼法務代に就任。明治六年（一八七三）眼病を患い隠居して松尾寺に転住。明治十年（一八七七）十一月三日、松尾寺で没。

【中務卿】なかつかさきょう➔「宣順」の項目を見よ。

【中務公】なかつかさこう➔「堯仁」の項目を見よ。

【中務公】なかつかさこう➔「祐懐」の項目を見よ。

【中務公】なかつかさこう➔「実乗」の項目を見よ。

【中東住院】なかとうじゅいん

室町時代の創建。元堂衆坊。持宝院の西側にあった子院。享禄三年（一五三〇）三月に永舜が持仏堂を建立している。正徳二年（一七一二）に賢聖院の寺地と交換した。そのときに中東住院は東住院に吸収されたらしい。

【中野儀兵衛】なかのぎへえ

大工。文政八年（一八二五）西円堂の修理に従事。

出典「西円堂棟札」

【中野左五大夫】なかのさごだゆう

棟梁。元禄五年（一六九二）『棟梁住所幷大工杣大鋸木挽人数作高之覚』に「十一月相関申候」と記載。

【中野惣五郎】 なかのそうごろう

棟梁。元禄五年（一六九二）『棟梁住所并大工杣大鋸木挽人数作高之覚』に「元禄六年九月相閑申候」と記載。

【中之宮村】 なかのみやむら

平群谷にあった村落の名。元禄九年（一六九六）に大講堂の修理に使用する石を中之宮村付近で切り出している。

【中村忠大夫家久】 なかむらちゅうだゆういえひさ

四大工。寛文八年（一六六八）天満宮の修理に従事。**出典**「天満宮棟札」

【中村民部大夫】 なかむらみんぶだゆう

棟梁。元禄五年（一六九二）『棟梁住所并大工杣大鋸木挽人数作高之覚』に「並棟梁和州法隆寺村其外方々罷在候分・和州法隆寺東里住居仕候」と記載。元禄十年（一六九七）に法隆寺への出入りの許可を申し出て四大工に再び就任している。**出典**『年会日次記』

【長屋】 ながや⇒「妻室」の別称。

【泣き仏】 なきぼとけ

国宝。奈良時代。塑像。像高約三一・〇〜四六・〇センチメートル。五重塔北面に安置。羅漢像のこと。至宝三－塑像二九〜五四

【梨本忠八郎】 なしもとちゅうはちろう

棟梁。元禄五年（一六九二）『棟梁住所并大工杣大鋸木挽人数作高之覚』に「並棟梁京都罷在候分・和州法隆寺東里住居仕候。今程主水方相詰罷在候」と記載。

【梨本伝右衛門】 なしもとでんえもん

棟梁。元禄五年（一六九二）『棟梁住所并大工杣大鋸木挽人数作高之覚』に「並棟梁和州法隆寺村其外方々罷在候分・和州法隆寺西里住居仕候」と記載。

【梨本文大夫】 なしもとぶんだゆう

棟梁。元禄五年（一六九二）『棟梁住所并大工杣大鋸

木挽人数作高之覚』に「並棟梁和州法隆寺村其外方々罷在候分・和州法隆寺西里住居仕候」と記載。

【梨本平兵衛】 なしもとへいべえ

棟梁。元禄五年（一六九二）『棟梁住所幷大工杣大鋸木挽人数作高之覚』に「並棟梁和州法隆寺村其外方々罷在候分・和州法隆寺西里住居仕候」と記載。

【納所奉行】 なっしょぶぎょう

寺領地を指揮する僧のこと。

【南無仏舎利】 なむぶっしゃり

聖徳太子が二歳の春に東方に向かって合掌して「南無仏」と唱えたときに、その掌中から出現したという舎利の名称。その舎利は釈迦の左目の舎利と伝えられ、舎利殿に安置している。

【南大門】 なんだいもん

国宝。室町時代。三間一戸八脚門。入母屋造。本瓦葺。法隆寺全域の総門。永享七年（一四三五）一月十一日に学侶と堂衆の対立によって焼失したため永享十年（一四三八）に再建した門で室町建築の白眉と称されている。奈良時代以前の門は中門の近くに建っていたが、長元四年（一〇三一）に寺域を拡張したため現在地に移建している。至宝一－一九

【南大門坊】 なんだいもんぼう→「地蔵院」の項目を見よ。

【二位公】 にいこう

万治元年（一六五八）『現在僧名帳』に記載。この年に得度。生没年不詳。

【二位公】 にいこう→「実清」の項目を見よ。

【二位公】 にいこう→「良詮」の項目を見よ。

【二位公】 にいこう→「妙海」の項目を見よ。

【二位公】 にいこう→「覚秀」の項目を見よ。

【二位公】 にいこう→「堯弁」の項目を見よ。

【新納忠之介】 にいろちゅうのすけ

彫刻家。日本美術院第二部監督。岡倉天心に師事。明治二十七年（一八九四）に東京美術学校を卒業。明治三十一年（一八九八）に日本美術院の会員となり、修理部門の主任に就任。明治三十六年（一九〇三）ごろから法隆寺の仏像の修理を行い、聖徳太子一千三百年御忌にも尽力した。昭和二十九年（一九五四）八十五歳で没。

【仁王像】 におうぞう➡「金剛力士像」の項目を見よ。

【二階坊】 にかいぼう

室町時代の創建。中院の西に位置していた子院。宝永年間（一七〇四～一一）に廃院。

【西岡常吉】 にしおかつねきち

大工。西里の住。通称、伊平。明治二十八年（一八九五）の夢殿、明治三十年（一八九七）の法起寺、明治三十四年（一九〇一）の中門などの修理に従事。出典「夢殿棟札」「法起寺棟札」「中門棟札」

【西上五兵衛直次】 にしがみごへえなおつぐ

元禄九年（一六九六）に吟味役として五重塔の修理に従事。出典「五重塔棟札」

【西口弥兵衛】 にしぐちやへえ

大工。西里の住。元禄十年（一六九七）の新堂、元禄十三年（一七〇〇）の宝珠院庫裏、宝永七年（一七一〇）の地蔵院本堂の修理に大工として従事。出典「新堂棟札」「宝珠院庫裏棟札」「地蔵院本堂棟札」

【西五兵衛尉定頼】 にしごへえのじょうさだより

大工。寛文七年（一六六七）花園院表門（現在の実相院表門）の棟木に「棟梁」と記載。

【西大門】 にしだいもん

江戸時代。切妻造。四脚門。貞享元年（一六八四）十一月十五日夜に焼失。元禄十年（一六九七）に再建。至宝一―三四

【西田五兵衛】 にしだごへえ

棟梁。元禄五年（一六九二）『棟梁住所幷大工杣大鋸

木挽人数作高之覚』に「並棟梁和州法隆寺村其外方々罷在候分・和州法隆寺西里住居仕候」と記載。

【西田三郎兵衛】 にしださぶろべえ

棟梁。元禄五年（一六九二）『棟梁住所幷大工杣大鋸木挽人数作高之覚』に「並棟梁和州法隆寺村其外方々罷在候分・和州法隆寺西里住居仕候」と記載。

【西東住院】 にしとうじゅいん

室町時代の創建か。元堂衆坊。中東住院の西側にあった子院。一時的に「千手院」とも呼ぶ。正徳二年（一七一二）に東住院と賢聖院の寺地を交換したのにともなって中東住院とともに東住院に吸収されたらしい。

【西之院】 にしのいん

室町時代の創建。学侶坊。橘坊の西に隣接していた子院。元禄年間（一六八八～一七〇四）に廃院。

【西花園院】 にしはなぞのいん⇒「阿弥陀院」の別称。

【西村和泉少掾平政広】 にしむらいずみしょうじょうたいらのまさひろ

頭棟梁。元禄五年（一六九二）『棟梁住所幷大工杣大鋸木挽人数作高之覚』に「頭棟梁五人之内・和州法隆寺西里住居仕候」と記載。元禄九年（一六九六）の五重塔の修理に頭棟梁、元禄十年（一六九七）の新堂の修理に棟梁として従事。出典「五重塔棟札」「新堂棟札」

【西室】 にしむろ

国宝。桁行一九間。梁行正面五間（三経院を含む）。背面四間。切妻造妻入。本瓦葺。三経院の北側に接続する一二間の僧房のこと。創建時の建物は承暦年間（一〇七七～八一）に焼失。寛喜三年（一二三一）に再建した。至宝一－一二、一三

【西室講師坊】 にしむろこうしぼう

西室の北の部屋。勝鬘会の講師坊の名称。

【似就房】 にしゅうぼう➔「隆昭」の項目を見よ。

【㺨増】 にぞう
中綱。寛喜二年（一二三〇）「上宮王院棟札」に「中綱　権専当法師」と記載。生没年不詳。

【日存房】 にちぞんぼう
天文六年（一五三七）『現在僧名帳』に記載。この年に得度。生没年不詳。

【日没導師】 にちぼつどうし
六時の行法で日入（申刻）に行われる法会の導師のこと。法隆寺では金堂修正会などに見られる。

【日光菩薩】 にっこうぼさつ
月光菩薩とともに薬師如来の脇侍となっている。千の光明で天下を普く照らして生死や苦悩の闇を消滅する菩薩のこと。

【日光菩薩立像】 にっこうぼさつりゅうぞう
重文。白鳳時代。木造　漆箔。像高八〇・三センチメートル。六観音の一つ。至宝四-一五一

【日中導師】 にっちゅうどうし
六時の行法で正午（午刻）に行われる法会の導師のこと。法隆寺では金堂修正会などに見られる。

【尼道果】 にどうか
己未年（養老三年〔七一九〕）に尼道果のために児の止与古が命過幡を作っている。出典 献納宝物。「墨書」

【二鼓】 にのこ
雅楽に用いる楽器の名称。

【二鼓】 にのこ
奈良時代。桐材。鼓面径二九・一センチメートル。長三八・二センチメートル。彩色は後補。至宝一〇-四一九

【尼妙阿弥】 にみょうあみ
応永二十四年（一四一七）十一月十八日に如意輪形躰と聖徳太子形躰（懸仏）を法隆寺へ寄進。出典「懸仏裏

墨書」

【入宗】　にゅうしゅう

宗派に入ることと。聖徳宗へ加入することをいう。昭和二十七年（一九五二）九月に融通念仏宗西福寺住職の桝田秀夫（秀山と改名）が西福寺の檀信徒とともに融通念仏宗を離脱して聖徳宗に入ったこと以外に類例はない。

【入衆】　にゅうしゅう

交衆ともいう。末寺の僧が法隆寺の寺僧になることをいう。明治三十八年（一九〇五）に法鎧が法隆寺末寺の福貴普門院から法隆寺の寺僧になった例がある。

【入道大納言家】　にゅうどうだいなごんけ

弘安八年（一二八五）三月に『十七条憲法』と『四節願文』の版木を法隆寺へ施入。出典「版木刻銘」

【如意輪観音】　にょいりんかんのん

如意宝珠をもって衆生に財宝を与え法輪を転じて人びとの迷いを破るという観音の名称。

【如意輪観音懸仏】　にょいりんかんのんかけぶつ

応永二十四年（一四一七）。径三〇・〇センチメートル。聖霊院の聖徳太子懸仏と一具。至宝三－懸仏四。出典「墨書」

【如意輪観音像】　にょいりんかんのんぞう

重文。中国唐代。檀像　素地　切金。像高一七・九センチメートル。調子麿相伝の像という。像身の切金・天蓋・光背・台座・礼盤座は鎌倉時代。至宝四－九五

【如意輪観音像】　にょいりんかんのんぞう

重文。平安時代。檜材　割首　漆箔。像高一二六・三センチメートル。台座内に「永仁三年（一二九五）修理、大法師慶舜」の墨書がある。至宝四－九六

【如意輪観音菩薩画像】　にょいりんかんのんぼさつがぞう

室町時代。紺紙　金泥。縦八一・〇センチメートル。横三四・五センチメートル。正長元年（一四二八）周観の賛がある。至宝六－一二四

な行

【如意輪観音菩薩画像】にょいりんかんのんぼさつがぞう

室町時代。絹本着色。縦七七・六センチメートル。横三五・五センチメートル。箱蓋裏に寛延四年（一七五一）の寄進銘及び天明五年（一七八五）の修理銘がある。至宝六—一二七

【如意輪観音菩薩坐像】にょいりんかんのんぼさつざぞう

室町時代。木造　素地。像高三・四センチメートル。東院廻廊東側の井戸跡より出土。至宝四—三一〇

【如意輪観音菩薩像】にょいりんかんのんぼさつぞう

室町時代。檜材　一木造　素地　切金。黒漆塗厨子附属。像高一三・〇センチメートル。至宝四—九七

【鐃】にょう

法会に使用する楽器のこと。「金鐃」ともいう。鈴状のものに柄をつけて振り鳴らすもの。

【鐃】にょう

鎌倉時代。銅鋳造。長三四・〇センチメートル。鈴張九・四センチメートル。至宝一三—三五五

【如道】にょどう

承仕。正元房。遍照坊の住。文化十年（一八一三）四月十三日得度。文政九年（一八二六）三月二十一日没。

【如法経堂】にょほうきょうどう

南北朝時代ごろ創建。天満宮社殿の南にあった堂。普賢十羅刹女を祀って如法経修行を行ったという。明治維新に廃した。

【如来坐像】にょらいざぞう

白鳳時代。樟材　一木造　漆箔。総高一六・二センチメートル。光背化仏か？至宝四—四〇二

【如来坐像】にょらいざぞう

室町時代。檜材　一木造　漆箔。像高二一・四センチメートル。至宝四—五九

【如来坐像】にょらいざぞう

室町時代。檜材　一木造　素地。像高二一・三センチメートル。至宝四-六〇

【如来像】 にょらいぞう

重文。平安時代。木造　漆箔。像高七九・九センチメートル。至宝四-五七

【如来像】 にょらいぞう

重文。平安時代。木造　漆箔。像高八〇・四センチメートル。至宝四-五八

【如来唄譜】 にょらいばいふ

声明の一つ。四箇法要の冒頭に『勝鬘経』の「如来妙色身世」を唱える。その旋律を記したもの。

【如来唄譜】 にょらいばいふ

弘安四年（一二八一）書写。縦二五・八センチメートル。長三六・二センチメートル。

【如来立像】 にょらいりゅうぞう

鎌倉時代。檜材　一木造　彩色。像高一〇・二センチメートル。至宝四-五六

【忍英】 にんえい

擬講。順泉房。応安四年（一三七一）『上御堂本尊修復結縁文書』に記載。生没年不詳。

【任圓】 にんえん

「法隆寺別当」。僧正。興福寺東北院の僧。文明十六年（一四八四）十二月十四日、法隆寺別当に補任。永正十五年（一五一八）ごろまで在任。

【仁階】 にんかい

「法隆寺別当」。東大寺の僧（法隆寺の僧ともいう）。正暦元年（九九〇）法隆寺別当に補任。五年間在任。

【忍実】 にんじつ

永和四年（一三七八）『廿人沙汰間条々』に記載。生没年不詳。

【忍順房】にんじゅんぼう

元亀元年（一五七〇）『現在僧名帳』に記載。この年に得度。生没年不詳。

【仁勝】にんしょう

保安三年（一一二二）～天承元年（一一三一）に林幸が発願した『法隆寺一切経』の書写に協力した。生没年不詳。

【仁静】にんせい

鳥羽僧正範俊の父と伝える。長元元年（一〇二八）法隆寺の小別当と橘寺の別当に補任。生没年不詳。

【仁山】にんせん

末寺僧。真言律。北室院の住。元文五年（一七四〇）六月二十六日、四十五歳で没。

【忍冬唐草文軒平瓦】にんどうからくさもんのきひらがわら

白鳳時代。西院伽藍出土。再建法隆寺に使用した軒平瓦のこと。

【忍冬文軒平瓦】にんどうもんのきひらがわら

飛鳥時代。斑鳩宮跡出土。斑鳩宮内の仏殿に使用していた軒平瓦のこと。

【仁満】にんまん

「法隆寺別当」。威儀師。仁和寺の僧。長元二年（一〇二九）法隆寺別当に補任。生没年不詳。

【涅槃会】ねはんえ

釈迦が涅槃に入ったとする二月十五日にその遺徳を讃えて大涅槃図を懸けて行う法会のこと。昭和五十八年（一九八三）に再興。

【涅槃図】ねはんず

南北朝時代。絹本着色。縦一七〇・〇センチメートル。横一三八・〇センチメートル。巻留に安政六年（一八五九）北室院一源の修理銘がある。至宝六-九一

【涅槃図】 ねはんず

室町時代。絹本着色。縦二〇二・〇センチメートル。横一九一・九センチメートル。至宝六-九二

【涅槃像】 ねはんぞう

国宝。奈良時代。塑像。像長九九・五センチメートル。五重塔北面に安置。至宝三-塑像二一

【年会五師】 ねんえごし

学侶の成業大法師が年番で法隆寺の公務を担当した役職の名称。

【年会日次記】 ねんえひなみき

法隆寺の公式記録書。年会五師が記録した法隆寺の日記のこと。元禄四年（一六九一）から記し始めた。

【然顕房】 ねんけんぼう➡「弁盛」の項目を見よ。

【年代記】 ねんだいき

延宝元年（一六七三）～宝永二年（一七〇五）に至る約三三年間に及ぶ法隆寺の内外の出来事を記録したもの。編者名は記していないが、巻頭の延宝元年の項に「懐賢得度」と記していることから弥勒院の懐賢の日記である可能性が高い。

【念仏会】 ねんぶつえ

東院礼堂で阿弥陀如来坐像を本尊として営まれた法要の名称。

【燃誉】 ねんよ

末寺僧。浄土律。宗源寺の住。安永九年（一七八〇）二月二十四日没。

【能寛】 のうかん

「法隆寺別当」。僧正。興福寺発志院の僧。建武二年（一三三五）五月十三日、法隆寺別当に再任。九年間在任。康永三年（一三四四）二月二十七日没。

【能算】 のうさん

「法隆寺別当」。大威儀師。興福寺の僧。承保二年（一〇七五）五月三十日、法隆寺別当に補任。二一年間在任。寛治八年（一〇九四）六月二十七日没。

【能仁】　のうにん

五師。小納言。慶覚の長男。嘉禄三年（一二二七）五月十日『法隆寺大法師隆詮外十二僧連署契状』に記載。生没年不詳。

【能登尉】　のとのじょう

経師。吾孫子小兵衛。京都大仏前の住。宝永七年（一七一〇）十二月、法隆寺経師表具師職に補任。同年八月に釈迦十大弟子画像、十六羅漢画像、天神画像、八月十八日に如意輪観音画像、九月に不動明王画像、正徳元年（一七一一）五月に春日赤童子画像、六字観音画像などを修復した。宝永七年十二月には大涅槃像を表装している。出典『公文所補任記』

【延清】　のぶきよ

興福寺系大工。寛喜二年（一二三〇）夢殿の修理に従事。出典「夢殿棟札」

【信国之剣】　のぶくにのつるぎ

慶長十九年（一六一四）徳川家康が阿弥陀院に寄進したもの。剣全長五四・八センチメートル。刃長四二・〇センチメートル。「源家康」の銘がある。

【則清】　のりきよ

木工。嘉禎三年（一二三七）の金光院四脚門の建立や西大門の修理に従事。出典『別当記』

【白山社】　はくさんしゃ

白山明神。もとは西円堂北西の山中にあった。明治二年（一八六九）八月に天満宮に合祀。

【白氈】　はくせん

飛鳥〜奈良時代。毛織物。四枚。完形品は長二三六・一センチメートル。幅一二三・三センチメートル。蜀江錦の縁取り付のものもある。法会のときの敷物として使用したと考えられる。至宝一二−荘厳具四八六〜四八九

【橋坊】　はしのぼう

鎌倉時代の創建。元堂衆坊。法華院の西に隣接していた子院。江戸時代末期に中道院と改名。

【長谷川伊大夫】　はせがわいだゆう

大工。藤原親広。天保六年（一八三五）花山竜池の修理に従事。出典「花山竜池棟札」

【長谷川越後】　はせがわえちご

大工。宝永七年（一七一〇）地蔵院本堂の修理に棟梁として従事。出典「地蔵院本堂棟札」

【長谷川越前大掾】　はせがわえちぜんだいじょう

大工。金剛末流。長谷川利大夫の嫡子。藤原高知。安永四年（一七七五）に護摩堂を再興、安永八年（一七七九）北室院本堂、天明三年（一七八三）北室院の修理に従事。出典「護摩堂棟札」「北室院本堂棟札」「北室院棟札」

【長谷川茂大夫平信家】　はせがわしげだゆうたいらののぶいえ

大工。元禄五年（一六九二）『棟梁住所幷大工杣大鋸木挽人数作高之覚』に「並棟梁和州法隆寺村其外方々罷在候分・和州法隆寺西里住居仕候」と記載。元禄九年（一六九六）五重塔、元禄十年（一六九七）新堂、宝永七年（一七一〇）地蔵院本堂の修理に従事。出典「五重塔棟札」「新堂棟札」「地蔵院本堂棟札」

【長谷川藤大夫】　はせがわとうだゆう

大工。元禄十六年（一七〇三）宗源寺鐘楼の建立に棟梁として従事。出典「宗源寺鐘楼棟札」

【長谷川利大夫】　はせがわとしだゆう

四大工。金剛末流。藤原高能。安永四年（一七七五）に護摩堂を再興した。出典「護摩堂棟札」

【長谷川楢吉】　はせがわならきち

大工。金剛末流。長谷川越前大掾の嫡子。藤原高親。安永四年（一七七五）に護摩堂を再興した。出典「護摩堂棟札」

【長谷川平大夫】　はせがわへいだゆう

四大工。元禄十年（一六九七）に法隆寺への出入りの許可を申し出て四大工に再び就任している。出典『年会日次記』

【端反鉢】　はぞりばち

室町時代。木造　朱漆塗。高一〇・八センチメートル。径三六・五センチメートル。至宝一四―生活具四

【破損地蔵菩薩像】　はそんじぞうぼさつぞう

平安時代。木造　彩色。二体。総高七六〇・〇センチメートル。総高六四・三センチメートル。像内に永久四年（一一一六）の墨書がある。至宝四―三八一

【破損天部立像】　はそんてんぶりゅうぞう

平安時代。桜材　彩色。総高九四・〇センチメートル。至宝四―三七六

【秦京音】　はたきょうおん

勾当。明和七年（一七七〇）十一月二十八日得度。文化十二年（一八一五）九月没。

【秦京音】　はたきょうおん

勾当。安政六年（一八五九）七月二十六日没。

【秦行純】　はたぎょうじゅん

「法隆寺住職」。元承仕。大僧正。法相宗管長。薬師寺住職。京円房。純意の弟子。金剛院、普門院、阿弥陀院の住。天保九年（一八三八）十一月二日、秀賛に従って得度。弘化三年（一八四六）三月十六日、灌頂を受ける。明治二年（一八六九）寺法の大改正により学侶に交衆。沙汰衆兼勧進副に就任。同年、中道院へ転住。明治六年（一八七三）六月二日、普門院へ転住。同年九月二十二日、教導職「試補」を拝命。明治八年（一八七五）五月二日、「権訓導」を拝命。明治二十三年（一八九〇）聖霊院前の水舎建立を発願。明治三十二年（一八九九）法隆寺住職、法相宗管長に就任。同年、薬師寺住職を兼務。明治

三十四年（一九〇一）薬師寺住職を辞任。明治三十六年（一九〇三）法隆寺住職を辞退。明治四十一年（一九〇八）金剛院跡に阿弥陀院を再興。大正二年（一九一三）七月二日、八十歳で没。

【波多五兵衛】 はたごへえ
堂童子。文化四年（一八〇七）八月二日没。

【秦定解】 はたじょうかい
行純の弟子。明治二十四年（一八九一）六月八日得度。明治三十七年（一九〇四）五月十日没。

【波多清蔵】 はたせいぞう
堂童子。嘉永三年（一八五〇）五月没。

【波多清兵衛】 はたせいべえ
堂童子。文化四年（一八〇七）八月没。

【秦致真】 はたちしん
画工。摂津国大波郷住人。「致貞」ともいう。延久元年（一〇六九）絵殿の聖徳太子伝を描く。同年、太子童子形像の彩色を行う。

【畠中次郎兵衛】 はたなかじろうべえ
棟梁。元禄五年（一六九二）『棟梁住所幷大工杣大鋸木挽人数作高之覚』に「並棟梁和州法隆寺村其外方々罷在候分・和州法隆寺西里住居仕候」と記載。

【秦宗清十郎大夫】 はたむねきよじゅうろうだゆう
大工。永享十年（一四三八）に行われた南大門の再建に従事。出典「南大門棟木銘」

【秦宗国】 はたむねくに
大工。永徳三年（一三八三）夢殿の修理に従事。出典「夢殿棟札」

【秦宗弘】 はたむねひろ
厨子大工。文永五年（一二六八）食堂の薬師如来坐像を安置する厨子の新造に従事。出典「厨子裏墨書」

【秦宗増九郎大夫】はたむねますくろうだゆう

大工。永享十年（一四三八）に行われた南大門の再建に従事。出典「南大門棟木銘」

【鉢】はち➡「五鍐鉄鉢」の項目を見よ。

【鉢】はち

重文。奈良時代。金銅。高一三・三センチメートル。口径二三・二センチメートル。至宝一二─供養具三七九

【鉢】はち

重文。奈良時代。金銅。高一二・九センチメートル。口径二二・五センチメートル。至宝一二─供養具三八〇

【鉢】はち

重文。奈良時代。金銅。高一四・六センチメートル。口径二五・〇センチメートル。至宝一二─供養具三八一

【鉢】はち

奈良時代。響銅。一口。高一二・〇センチメートル。口径二五・二センチメートル。至宝一二─供養具三九一

【鉢】はち

奈良時代。響銅。一口。高一三・三センチメートル。口径二五・九センチメートル。至宝一二─供養具三九六

【鉢】はち

室町時代。木造　黒漆塗。高一三・八センチメートル。口径二〇・〇センチメートル。至宝一二─供養具三八二

【八大地獄図巻】はちだいじごくずかん

天文八年（一五三九）。巻子本。紙本着色。四巻。縦三一・〇センチメートル。『地蔵菩薩発心因縁十王経』に基づいて描いたもの。至宝六─三一五

【八部衆】はちぶしゅう

「天竜八部衆」ともいう。古代インドの神で釈迦に教化されて、その教えを守護するために眷属になった。天、竜、夜叉、乾闥婆、阿修羅、迦楼羅、緊那羅、摩睺羅迦

の八神。

【八部衆面】　はちぶしゅうめん

重文。保延四年（一一三八）二月二十二日に造顕した舎利輿を担ぐ八部衆の面のこと。現在、沙羯羅・乾闥婆・阿修羅・迦楼羅・緊那羅・畢婆加羅・断片の七面が残る。至宝一〇—五七〜六三。大正一〇年（一九二一）に一六面を新調している。至宝一〇—八九〜一〇四

【八郎大夫国晴】　はちろうだゆうくにはる

小工。貞治四年（一三六五）舎利殿黒漆宮殿の新造に従事。出典「厨子天井墨書」

【八郎弥四郎】　はちろうやしろう

大工。応永二十五年（一四一八）陵山宝積寺の修理に従事。出典「宝積寺棟札写」

【発志院】　はっしいん

室町時代の創建。堂衆坊。律学院の北に隣接していた子院。明治時代初期に廃院。

【華形大壇】　はながただいだん

重文。正応二年（一二八九）。黒漆塗。天板幅一九五・六センチメートル。高三四・七センチメートル。修法壇のこと。本尊を供養するための壇。慶舜が勧進して聖霊院へ安置した。至宝一三—法具二七六

【花園】　はなぞの

菜園があったところの名称。諸大寺には日当りの良い南面の地に菜園があることが多い。法隆寺西院でも南面に花園があった。その跡地に建てられた子院を「花園院」「東花園院」「西花園院」と呼ぶ。

【花園院】　はなぞのいん

平安時代の創建。学侶坊。普門院の西に隣接していた子院。大正九年（一九二〇）に実相院の寺地となった。明治時代初期に廃院。

【花園院表門】　はなぞのいんおもてもん

↓「実相院表門」の項目を見よ。

【花山滝】はなやまのたき

法隆寺裏山にある、安居のときに堂衆の行人が行う閼伽供花の行場。その道筋に春日森、袈裟掛石、梵天山不動石などの行場があり、古くから修行の場となっていた。

【針筒】はりづつ

奈良時代。象牙を轆轤挽きにした円筒形の針を入れる容器。聖徳太子が仏像の袈裟を作るときに使用したと伝える。「紅牙撥鏤針筒」の項目を参照。出典 献納宝物

【春熟】はるじゅく

児童。宝徳三年（一四五一）二月二十七日の聡明寺供養に閼伽井坊より児童として出仕。

【春辰】はるたつ

四大工。慶長四年（一五九九）二月、四大工職に補任。出典『公文所補任記』

【春千代】はるちよ

児童。寛正三年（一四六二）二月二十四日の竜田社頭舞楽法会に阿弥陀院より児童として出仕。

【春童】はるどう

児童。宝徳三年（一四五一）二月二十七日の聡明寺供養に瓦坊より出仕。

【春楢】はるなら

児童。寛正三年（一四六二）二月二十四日の竜田社頭舞楽法会に西南院より出仕。

【春福】はるふく

児童。宝徳三年（一四五一）二月二十七日の聡明寺供養に弥勒院より出仕。

【春藤】はるふじ

児童。寛正三年（一四六二）二月二十四日の竜田社頭舞楽法会に普門院より出仕。

【春若】はるわか

児童。宝徳三年（一四五一）二月二十七日の聡明寺供養に中道院より出仕。

【範意】 はんい

長与の長男。長和～寛仁年間（一〇一二～二一）ごろ五師大法師に補任。生没年不詳。

【範永】 はんえい

寛喜二年（一二三〇）「上宮王院棟札」に「学衆　法師　結縁衆」と記載。生没年不詳。

【蛮絵袍】 ばんえのほう

黄平絹地に蛮絵文様を摺りつけた袍。裄八三・五センチメートル。丈八九・〇センチメートル。「慶長十四年（一六〇九）御大工中井大和守」の銘がある。出典「墨書」

【範圓】 はんえん

「法隆寺別当」。僧正。興福寺理趣院の僧。承元四年（一二一〇）法隆寺別当に補任。貞応二年（一二二三）興福寺別当に転任。嘉禄三年（一二二七）二月二十二日、法隆寺別当に再任。四年間在任。三経義疏談義や三経講を行い、法隆寺教学の振興につとめ、法隆寺の復興に尽力し金堂、東大門、夢殿、西室の修理や新造を行っている。寛喜三年（一二三一）九月二十四日没。

【範覚】 はんかく

文治二年（一一八六）『法隆寺三綱　五師等請文案』に「権上座」と記載。生没年不詳。

【飯器】 はんき

室町時代。木造　朱漆塗。高二二・三センチメートル。径三二・一センチメートル。至宝一四―生活具一〇

【範玄】 はんげん

「法隆寺別当」。僧正。興福寺の僧。建久二年（一一九一）八月三十一日、法隆寺別当に補任。建久五年（一一九四）十二月三十一日、興福寺別当に転任。生没年不詳。

【範興】 はんこう

宰相公。千範の弟子。椿蔵院の住。幼名、繁丸。妙徳

院と号す。天明六年（一七八六）十二月三日得度。寛政元年（一七八九）椿蔵院へ転住。寛政五年（一七九三）『年会日次記』まで記載。生没年不詳。

【「鍐字」図】「ばんじ」ず

室町時代。絹本着色。縦六八・三センチメートル。横四九・八センチメートル。至宝六ー八

【範守】はんしゅ

「法隆寺別当」。法印。興福寺塔内の僧。貞和元年（一三四五）十一月二十五日、法隆寺別当に補任。一年間在任。貞和三年（一三四七）四月二十一日没。

【範俊】はんしゅん

仁静の次男。永保元年（一〇八一）橘寺の別当に補任。生没年不詳。

【範勝】はんしょう

保安三年（一一二二）～天承元年（一一三一）に林幸が発願した『法隆寺一切経』の書写に協力した。生没年不詳。

【範信】はんしん

「法隆寺別当」。大僧都。興福寺東院の僧。貞応二年（一二二三）三月四日、法隆寺別当に補任。嘉禄三年（一二二七）に辞退。生没年不詳。

【範禅】はんぜん

永久二年（一一一四）～天承元年（一一三一）に勝賢と林幸が発願した『法隆寺一切経』の書写に協力した。生没年不詳。

【半夜導師】はんやどうし

六時の行法で夜半（子刻）に行われる法会の導師のこと。法隆寺では金堂修正会などに見られる。

【東花園院】ひがしはなぞのいん⇒「普門院」の別称。

【東本願寺の説教場】ひがしほんがんじのせっきょうじょう

明治十二年（一八七九）から、三経院に真宗大谷派東

本願寺の説教所が置かれていた。浄土真宗の開祖である親鸞は聖徳太子を「和国の教主」と崇めて法隆寺に遊学したという伝説もあり説教所が設置された。やがて輪番が派遣され、明治十四年（一八八一）には、参詣者を収容しきれなくなったため、三〇坪あまりを増築するまでの盛況を呈した。ところが明治三十六年（一九〇三）に法隆寺住職に就任した佐伯定胤は聖徳太子の遺願である功徳安居を三経院で再興することとなる。そのために三経院の返却を願い、三経院にかわって新たに、宝珠院と茶所を説教所としている。しかしその契約が終わる大正二年（一九一三）に説教所も閉鎖され、東本願寺との深いつながりもここに終わりを遂げた。

【東室】 ひがしむろ

国宝。飛鳥～奈良時代。桁行一二間。梁行四間。切妻造。本瓦葺。「大房」ともいう。寺僧たちが日常生活を行う場所。伽藍の東に位置することから東室という。至宝一－一〇

【東山真如堂法隆寺御開帳図】 ひがしやましんにょどうほうりゅうじごかいちょうず

元禄八年（一六九五）に京都東山の真如堂で行われた法隆寺出開帳の指図面のこと。

【彼岸会】 ひがんえ

秋の彼岸の九月二十三日に律学院で行う法要の名称。法隆寺では平成八年（一九九六）から厳修している。

【比丘形像】 びくぎょうぞう

室町時代。檜材　一木造　素地。総高六・二センチメートル。至宝四－三七三－（一）

【樋口正輔】 ひぐちただすけ

元法隆寺学侶の実乗。。明治十三年（一八八〇）から法隆寺の録事、信徒総代などをつとめる。明治十年代～三十年までの日記や公文書などを記している。明治三十年（一八九七）に退職。明治三十四年（一九〇一）五月没。「実乗」の項目を参照。

【樋口貞俊】 ひぐちていしゅん

興福寺興善院住職。園部忍慶の弟子。奈良県法隆寺村

樋口氏の出身。幼名、貞三。明治二十三年（一八九〇）三月二十三日得度（戒師千早定朝）。興福寺勧学院や法隆寺勧学院で修学。興福寺や法隆寺の復興に尽力した。大正元年（一九一二）興善院住職に就任。昭和十一年（一九三六）慈恩会竪義を遂業。昭和二十一年（一九四六）十一月十四日、六十八歳で没。

【樋口屋林松】ひぐちやりんまつ
元亀元年（一五七〇）十二月に聖霊院の宝前に石燈籠を寄進。出典「刻銘」

【ビゲロー】びげろー
アメリカの医師。古美術蒐集家。正式名はウィリアム・スタージョス・ビゲロー。明治十七年（一八八四）八月に岡倉天心やフェノロサと共に法隆寺宝物の調査を行う。そのときに蓮池図と四騎獅子狩紋錦の修理料を法隆寺へ寄進した。

【彦五郎】ひこごろう
大工。円成井の住。正徳二年（一七一二）普門院表門の建立に仕手大工として従事。出典「普門院表門棟札」

【彦五郎大夫】ひこごろうだゆう
大工。明応三年（一四九四）北室寺の修理に従事。出典「北室上棟文書」

【彦三郎】ひこさぶろう
大工。永享八年（一四三六）北室寺の建立や永享十年（一四三八）に行われた南大門の再建に従事。出典「北室上棟文書」「南大門棟木銘」

【彦三郎】ひこさぶろう
大工。明応三年（一四九四）北室寺の修理に従事。出典「北室上棟文書」

【彦三郎国光】ひこさぶろうくにみつ
小工。貞治四年（一三六五）舎利殿黒漆宮殿の新造に従事。出典「天井墨書」

【彦次郎】ひこじろう

瓦大工。寿王三郎。橘吉重。応永十二年（一四〇五）ごろから東大門、講堂などの瓦を作っている。応永十三年（一四〇六）に寿王三郎と改名。出典「刻銘」

【彦次郎】 ひこじろう
大工。永享十年（一四三八）に行われた南大門の再建に従事。出典「南大門棟木銘」

【彦四郎大夫】 ひこしろうだゆう
大工。永享六年（一四三四）の地蔵院本堂や永享八年（一四三六）の北室寺、永享九年（一四三七）の蓮光院地蔵堂、永享十年（一四三八）の南大門の建立や再建に従事。出典「北室上棟文書」「蓮光院地蔵堂心束墨書」「南大門棟木銘」

【彦次郎大夫】 ひこじろうだゆう
大工。永享十年（一四三八）に行われた南大門の再建に従事。出典「南大門棟木銘」

【彦八郎】 ひこはちろう
大工。西里の住。享保二十年（一七三五）律学院の修理に従事。出典「律学院墨書」

【彦六】 ひころく
大工。永享六年（一四三四）の地蔵院本堂の建立や永享十年（一四三八）に行われた南大門の再建に従事。出典「棟木銘」

【彦六宗成】 ひころくむねしげ
小工。貞治四年（一三六五）舎利殿黒漆宮殿の新造に従事。出典「天井墨書」

【毘沙門天】 びしゃもんてん➡「多聞天」の項目を見よ。

【毘沙門天画像】 びしゃもんてんがぞう
重文。鎌倉時代。絹本着色。額装。縦二六二・七センチメートル。横一二八・三センチメートル。至宝六-一四二

【毘沙門天画像】 びしゃもんてんがぞう
鎌倉時代。絹本着色。縦八一・二センチメートル。横四一・〇

センチメートル。至宝六—一四三

【毘沙門天立像】びしゃもんてんりゅうぞう
国宝。平安時代。檜材　彩色　切金。像高一二三・二センチメートル。承暦二年（一〇七八）に吉祥悔過の本尊として吉祥天像とともに造顕した。平成十八年（二〇〇六）に模像を造顕している。至宝四—一九四

【毘沙門天立像】びしゃもんてんりゅうぞう
平安時代。桜材　一木造　彩色。像高三八・〇センチメートル。至宝四—一九六

【毘沙門天立像】びしゃもんてんりゅうぞう
平安時代。桜材　一木造　彩色。素木厨子附属像高三一・〇センチメートル。至宝四—一九七

【毘沙門天立像】びしゃもんてんりゅうぞう
鎌倉時代。檜材　一木造　彩色。素木厨子附属。像高一五・四センチメートル。至宝四—一九八

【毘沙門天立像】びしゃもんてんりゅうぞう
鎌倉時代。檜材　割矧　彩色　切金。像高八一・〇センチメートル。至宝四—一九九

【毘沙門天立像】びしゃもんてんりゅうぞう
室町時代。檜材　彩色。像高五一・〇センチメートル。至宝四—二〇〇

【毘沙門天立像】びしゃもんてんりゅうぞう
室町時代。一木造　彩色。像高五・三センチメートル。厨子入。東院絵殿裏堂所在。至宝四—三七三—（二）

【毘沙門天立像】びしゃもんてんりゅうぞう
江戸時代。檜材　寄木造　彩色。像高四一・五センチメートル。至宝四—二〇一

【毘沙門天立像】びしゃもんてんりゅうぞう
江戸時代。檜材　一木造　彩色。黒漆塗厨子附属。像高一九・八センチメートル。厨子背面に金泥書で「仏工田中主人入

道康朝」とある。至宝四―二〇三

【緋氈】 ひせん

飛鳥～奈良時代。毛織物。一枚。長二三六・〇センチメートル。幅一一九・〇センチメートル。法会のときの敷物として使用したと考えられる。至宝一二―荘厳具四九〇

【常陸公】 ひたちこう➡「洪海」の項目を見よ。

【常陸房】 ひたちぼう➡「定清」の項目を見よ。

【火取水取玉・石名取玉】 ひとりみずとりだま・いしなとりだま

奈良時代。水晶や琥珀で作られた聖徳太子の愛玩品。双六などのゲームに使用したものという。「水晶大型丸玉」径三・八センチメートル。「琥珀角玉」方一・六センチメートル。出典 献納宝物

【百萬塔】 ひゃくまんとう

法隆寺に塔身四万五七五五基伝来。一〇〇基が重文。奈良時代。木造 轆轤挽 白土塗。塔身部は檜材、相輪部は桜材。塔高二〇・五～二一・八センチメートル。底径一〇・五センチメートル。相輪高八・三センチメートル。称徳天皇が恵美押勝の乱後、国家の安泰を祈って百万基を造ったことからその名が由来する。百萬塔は平城京の右京と左京にあった工作所で造られ、一日のノルマが約五〇〇基であったと推定されている。その百萬塔を十大寺に納めたが、現在では法隆寺のみに現存している。塔の中には世界で最も古い印刷である四種の陀羅尼が納入されている。

【百萬塔納入無垢浄光経陀羅尼】 ひゃくまんとうのうにゅうむくじょうこうきょうだらに

重文。奈良時代。版本。四種。『根本陀羅尼』『相輪陀羅尼』『自心印陀羅尼』『六度陀羅尼』の四種がある。

【兵衛公】 ひょうえこう➡「行秀」の項目を見よ。

【兵衛公】 ひょうえこう➡「堯雅」の項目を見よ。

【兵衛五郎大夫】 ひょうえごろうだゆう

大工。永正九年（一五一二）政南院文殊堂の建立に従事。出典「政南院文殊堂棟札」

【兵衛三郎】 ひょうえさぶろう

大工。明応三年（一四九四）北室寺の修理に従事。出典「北室上棟文書」

【兵衛四郎】ひょうえしろう

大工。永享九年（一四三七）蓮光院地蔵堂の建立や永享十年（一四三八）に行われた南大門の再建に従事。出典「蓮光院地蔵堂心束銘」「南大門棟木銘」

【兵衛二郎】ひょうえじろう

大工。永享十年（一四三八）に行われた南大門の再建に従事。出典「南大門棟木銘」

【兵部卿】ひょうぶきょう→「懐賛」の項目を見よ。

【兵部卿】ひょうぶきょう→「懐舜」の項目を見よ。

【兵部卿】ひょうぶきょう→「懐雄」の項目を見よ。

【兵部卿】ひょうぶきょう→「幸秀」の項目を見よ。

【兵部卿】ひょうぶきょう→「行賛」の項目を見よ。

【平井宣茂】ひらいのぶしげ

延宝九年（一六八一）五月二十一日に律学院へ石燈籠を寄進。出典「刻銘」

【避雷符】ひらいふ

雷除けの札。五重塔の各層の四方の通肘木に木札が四枚ずつ打たれている避雷符のこと。弘安六年（一二八三）六月九日に西大寺の叡尊が書いたもの。出典「墨書」

【平子尚】ひらこひさし

美術史研究家。号は鐸嶺。明治三十年（一八九七）東京美術学校日本画科卒業。哲学館専修科で仏典、漢学、梵文を学ぶ。東京帝室博物館嘱託兼内務省嘱託を拝命。法隆寺再建非再建論争では干支一巡説を唱え、推古十八年（六一〇）法隆寺焼失説を主張した。明治四十年（一九〇七）には法隆寺所蔵の百萬塔を調査している。明治四十四年（一九一一）五月十日、三十五歳で没。友人たちの発願で同年十月十六日に法隆寺境内に鐸嶺供養塔を建立した。

【風鐸】ふうたく

奈良時代。鋳銅　鍍金。総高一五・五センチメートル。裾張七・九

センチメートル。至宝一二－五三〇

【フェノロサ】 ふぇのろさ

アメリカの美術研究家。哲学者。古美術蒐集家。正式名はアーネスト・フェノロサ。明治十二年（一八七九）に来日。東京帝国大学で哲学を講じる。明治十七年（一八八四）八月に岡倉天心やビゲローとともに法隆寺宝物の調査を行う。

【舞楽図】 ぶがくず

室町時代。紙本着色。縦五八・〇センチメートル。横二六・二センチメートル。巻留に「智幢大和上染筆」とある。至宝六－三〇三

【舞楽舞台】 ぶがくぶたい

重文。鎌倉時代。源頼朝が寄進したという伝承がある。

【舞楽法会】 ぶがくほうえ

法会の随所に舞楽を組み込んだ法会のこと。庭儀で行われることが多い。

【舞楽面】 ぶがくめん

五一面中三五面が重文。平安時代～昭和十六年（一九四一）。舞楽法会に使用する仮面のこと。

【富貴寺羅漢堂】 ふきじらかんどう

重文。平安時代。桁行一間。梁間一間。宝形造。檜皮葺。もとは富貴寺の建物で、昭和四十六年（一九七一）に細川護立が法隆寺に寄進したもの。至宝二－一二三

【奉行衆】 ぶぎょうしゅう

聖霊会などの大会や堂塔の修造などを指揮する僧のこと。

【福石弁天社】 ふくいしのべんてんしゃ

東院礼堂の南東の位置にある石碑。もとは法隆寺村福井小路の西端にあった。古くは槻の大樹があり、そこに鵤という鳥が群遊していたという。そのことから鵤の地名が発祥したと伝える。あるとき一人の農夫がそのような由緒のあることを知らずに槻の老樹を切り倒してし

まったので鵤は集まらなくなったという。その由緒を後世に伝えるために旧地に祠を建て弁財天を祀った。しかし明治維新のときにその祠は官有地となり、一般に払い下げられることとなった。そのような由緒が廃滅することをおそれた千早定朝は明治十二年（一八七九）二月に小社とそこにあった大石を東院の現在地へ移建している。

【福井藤兵衛】 ふくいとうべえ

棟梁。元禄五年（一六九二）『棟梁住所幷大工杣大鋸木挽人数作高之覚』に「並棟梁和州法隆寺村其外方々罷在候分・和州法隆寺東里住居仕候」と記載。

【福井茂兵衛】 ふくいもへえ

棟梁。元禄五年（一六九二）『棟梁住所幷大工杣大鋸木挽人数作高之覚』に「並棟梁和州法隆寺村其外方々罷在候分・和州法隆寺東里住居仕候」と記載。

【福井良右衛門】 ふくいりょうえもん

棟梁。元禄五年（一六九二）『棟梁住所幷大工杣大鋸木挽人数作高之覚』に「並棟梁和州法隆寺村其外方々罷在候分・和州法隆寺東里住居仕候」と記載。

【不空羂索観音】 ふくうけんさくかんのん

慈悲の羂索（網のこと）によって人びとを漏らすことなく救済するという観音の名称。

【不空羂索観音菩薩立像】 ふくうけんさくかんのんさつりゅうぞう

鎌倉時代。檜材　寄木造　素地。像高三九・〇センチメートル。

至宝四―一〇〇

【福園院】 ふくおんいん

室町時代の創建。元堂衆坊。橋坊の西に隣接していた子院。桁行一一・八四メートル。梁間九・八二メートル。桟瓦葺。幾度も寺地を替え、昭和四十年（一九六五）に福生院の西に移建している。至宝一二―二六

【福園院表門（現）】 ふくおんいんおもてもん（げん）

➜「蓮池院表門」の項目を見よ。

【福園院表門（元）】 ふくおんいんおもてもん(もと)

元福園院の表門のこと。様式から見て江戸時代中期の建立と考えられている。この門には移建した形跡が見られる。

【福園院本堂】 ふくおんいんほんどう

重文。元弘二年（一三三二）に創健したが、現在の堂は永享九年（一四三七）に建立したもの。桁行三間。梁行三間。宝形造。本瓦葺。東院と西院を結ぶ参道の南側に位置しており「蓮光院地蔵堂」「興善院本堂」とも呼ばれていた。江戸時代には堂衆惣分の所有となっていたが、明治時代末期から福園院に所属している。至宝二一二二

【福厳院】 ふくごんいん

江戸時代の創建。二階坊の西に隣接していた子院。江戸時代中期には廃院となったらしい。

【福寿太郎】 ふくじゅたろう

四大工。延慶三年（一三一〇）惣社の修理に従事。

出典『嘉元記』

【福生院】 ふくしょういん

江戸時代の創建。元堂衆坊。東院四脚門の西北に位置する子院。

【福城院】 ふくじょういん

江戸時代の創建。承仕坊「福成院」ともいう。寺地は法隆寺の門前にあったと伝える。江戸時代末期には廃院となったらしい。

【福生院表門】 ふくしょういんおもてもん

様式から江戸時代中期の建立と考えられる。この門には移建した形跡が見られる。

【福生院庫裏】 ふくしょういんくり

江戸時代。書院造。桁行一六・〇九メートル。梁間一〇・九六メートル。南入母屋造。桟瓦葺。北面寄棟造。床や廊下などに古い様式を残している。至宝二一二一七

【福智院】ふくちいん
江戸時代の創建。末寺。北之院の北側に位置している子院。明治時代初期に廃院となる。

【複弁蓮華文軒丸瓦】ふくべんれんげもんのきまるがわら
白鳳時代。西院伽藍出土。再建法隆寺に使用された軒丸瓦。

【福右】ふくゆう
児童。寛正三年（一四六二）二月二十四日の竜田社頭舞楽法会に護摩堂より出仕。

【福亮】ふくりょう
飛鳥時代の僧。呉国の人。熊凝氏の出身。嘉祥大師吉蔵に学び、法隆寺に止住していたと伝える。推古三十三年（六二五）に僧正に補任。舒明十年（六三八）に法起寺の金堂と弥勒像を造った。大化元年（六四五）に十師の一人に任じられている。生没年不詳。

【普賢菩薩立像】ふげんぼさつりゅうぞう
重文。白鳳時代。木造　漆箔。像高八三・九センチメートル。六観音の一つ。至宝四–一五〇

【普賢菩薩立像】ふげんぼさつりゅうぞう
重文。平安時代。木造　彩色。像高九一・八センチメートル。至宝四–一四六

【布薩】ふさつ
修行僧たちが毎月二回、半月ごとの新月と満月の日に集まって比丘の非行を禁じた『波羅提木叉』を読誦して過去半月の行為を反省し、罪のある者は告白懺悔することをいう。法隆寺でも古くからこの行事が行われていたらしく、建武五年（一三三八）に作られた布薩用具が伝わっている。

【布薩花器】ふさつかき
重文。建武五年（一三三八）。一口。黒漆塗。高六・一センチメートル。口径二五・八センチメートル。朱漆銘。至宝一四–法会儀式具

三。出典「銘」

【布薩水瓶】ふさつすいびょう

重文。鎌倉時代。二口。鋳銅。各高二六・〇センチメートル。口径一四・七センチメートル。至宝一四―法会儀式具四、五

【布薩水瓶】ふさつすいびょう

室町時代。一口。鋳銅。高二六・〇センチメートル。幅一四・七センチメートル。至宝一四―法会儀式具六

【布薩手洗】ふさつてあらい

重文。建武五年（一三三八）。二口。黒漆塗。各高六・二センチメートル。口径二六・三センチメートル。朱漆銘。至宝一四―法会儀式具一、二。出典「銘」

【藤井国里】ふじいくにさと

興福寺系大工。引頭大夫。建保七年（一二一九）舎利殿の建立に従事。出典「舎利殿棟札」

【藤井国宗】ふじいくにむね

興福寺系大工。寛喜二年（一二三〇）夢殿の修理に従事。出典「夢殿棟札」

【藤寿】ふじじゅ

児童。寛正三年（一四六二）二月二十四日の竜田社頭舞楽法会に地蔵院より出仕。

【藤ノ木古墳】ふじのきこふん

法隆寺の西方約三〇〇メートルのところにある六世紀後半の古墳の名称。昭和四十六年（一九七一）ごろまで「陵山」（みささぎやま）と呼ばれ崇峻天皇御廟という伝承があった。昭和六十年（一九八五）の夏に発掘調査が行われ未盗掘の朱塗りの石棺が発見されて話題を呼んだ。昭和六十三年（一九八八）十月八日に石棺の蓋が開かれ二体の被葬者と数多くの優れた副葬品が確認され、華々しい被葬者論争が展開された。

【藤松】ふじまつ

児童。宝徳三年（一四五一）二月二十七日の聡明寺供養に橘坊より出仕。

【藤若】ふじわか
児童。寛正三年（一四六二）二月二十四日の竜田社頭舞楽法会に妻室より出仕。

【藤原家次】ふじわらいえつぐ
瓦大工。甚三郎。慶長十一年（一六〇六）八月に修理した南大門の棟札に「瓦大工」と記載。

【藤原家次勘太郎】ふじわらいえつぐかんたろう
四大工。文禄二年（一五九三）新堂の修理に従事。出典「新堂棟札」

【藤原勝久】ふじわらかつひさ➡「井筒屋庄蔵」の項目を見よ。

【藤原清継】ふじわらきよつぐ
大工。永徳三年（一三八三）夢殿の修理に従事。出典「夢殿棟札」

【藤原清光】ふじわらきよみつ
大工。永徳三年（一三八三）夢殿の修理に従事。出典「夢殿棟札」

【藤原国貞】ふじわらくにさだ
大工。永徳三年（一三八三）夢殿の修理に従事。出典「夢殿棟札」

【藤原国継七郎太郎大夫】ふじわらくにつぐしちろうたろうだゆう
大工。永享十年（一四三八）に行われた南大門の再建に従事。出典「南大門棟木銘」

【藤原左大夫家次】ふじわらさだゆういえつぐ
大工。慶長十一年（一六〇六）に修理した聖霊院、南大門、伝法堂などの棟札に「寺職工」と記載。

【藤原氏女】ふじわらしじょ
永徳三年（一三八三）四月十八日に東院舎利殿へ藤原頼儀とともに鰐口を寄進。出典「刻銘」

は行

【藤原宗右衛門尉宗次】 ふじわらそうえもんのじょうむねつぐ

大工。慶長十一年（一六〇六）に修理した聖霊院、南大門、伝法堂などの棟札に「小工」と記載。

【藤原政秀】 ふじわらまさひで

瓦大工。飛騨尉。天保九年（一八三八）十二月十八日、法隆寺瓦大工職に補任。出典『公文所補任記』

【藤原宗次】 ふじわらむねつぐ

瓦大工。新右衛門。慶長十一年（一六〇六）八月に修理した南大門の棟札に「瓦大工」と記載。「新右衛門」の項目を参照。

【藤原頼儀】 ふじわらよりのり

永徳三年（一三八三）四月十八日に東院舎利殿へ藤原氏女とともに鰐口を寄進。出典「刻銘」

【蓋】 ふた

奈良時代。響銅。一口。高三・二センチメートル。口径一二・七センチメートル。（蓋一）至宝一二―供養具四八六

【蓋】 ふた

奈良時代。響銅。一口。高七・七センチメートル。口径一四・七センチメートル。瓶形鈕付。（蓋三）至宝一二―供養具四八七

【蓋】 ふた

奈良時代。響銅。一口。高六・五センチメートル。口径一三・九センチメートル。瓶形鈕付。至宝一二―供養具四八八

【蓋】 ふた

鎌倉時代。鋳銅。一口。高七・六センチメートル。口径一五・一センチメートル。（蓋五）至宝一二―供養具四八九

【蓋】 ふた

鎌倉時代。鋳銅。一口。高二・三センチメートル。口径一三・六センチメートル。（蓋六）至宝一二―供養具四九〇

【蓋】 ふた

鎌倉時代。鋳銅。一口。高二・七センチメートル。口径一三・七

センチメートル。（蓋八）至宝一二|供養具四九一

【仏経并資財條】ぶっきょうならびにしざいじょう⇒『東院資財帳』の別称。

【仏供養図】ぶつくようず

玉虫厨子の台座正面に描かれている図。上方にある宮殿の本尊に対する礼拝供養を意図したものらしい。

【仏餉院】ぶっしょういん

室町時代の創建。元堂衆坊。瓦坊の北に隣接していた子院。明治時代初期に廃院となる。

【仏生会】ぶっしょうえ

釈迦の生誕を讃えて毎年四月八日に大講堂で行う法会のこと。「灌仏会」ともいう。昭和五十八年（一九八三）に再興。

【仏説文殊師利菩薩発願経】ぶっせつもんじゅしりぼさつほつがんきょう

版木。貞和三年（一三四七）開版。縦二四・九センチメートル。横八四・〇センチメートル。至宝七|版木二七二

【仏飯と重ね餅】ぶっぱんとかさねもち

会式の供物の名称。高杯にのせて三段飾の上部に供える。重ね餅は下段が白色、中段が緑色、上段が黄色の三段重ねの餅である。現在は餅をつくときに、食用の色粉を混入して色を付けているが、昔はヨモギなどの葉を入れた草餅が緑色で、黄色は粟餅であったと考えられる。仏飯は高三六・〇センチメートル、直径二四・〇センチメートル位の砲弾状の竹籠に、御飯を押しつけて銀色の帯などで巻いている。

【仏名会】ぶつみょうえ

『仏名経』を読誦し過去、現在、未来の三世の諸仏の名を唱える法会のこと。

【仏名経】ぶつみょうきょう

懺悔滅罪のために仏名を唱え礼拝する法会に用いられた経典。永治元年（一一四一）に隆慶が先師林幸の一周忌を供養して仏名会を行いこの経を施入した。出典 献納宝物。「奥書」

【仏名経箱】 ぶつみょうきょうばこ

杉材　黒漆塗。応和三年（九六三）に従儀師の千叙が仏名会料として奉納した箱のこと。出典 献納宝物

【不動明王】 ふどうみょうおう

ヒンドゥー教の忿怒尊シバ神の異名。大日如来が人びとを教化救済するために恐ろしい姿に変えて現われたものという。火焔をもって汚れを焼き清め、密教の修行者たちを擁護する明王として信仰されている。脇侍として矜羯羅童子と制吒迦童子を従えている場合が多い。

【不動明王画像】 ふどうみょうおうがぞう

室町時代。絹本着色。縦一〇二・一センチメートル。横四二・五センチメートル。真恵筆。至宝六ー四〇

【不動明王画像】 ふどうみょうおうがぞう

室町時代。紙本版彩色。額装。縦九九・五センチメートル。横三七・五センチメートル。至宝六ー四三

【不動明王坐像】 ふどうみょうおうざぞう

鎌倉時代。銅造。総高八・五センチメートル。至宝三ー金銅像二〇

【不動明王坐像】 ふどうみょうおうざぞう

元禄十五年（一七〇二）。檜材　寄木造　彩色。漆地蒔絵。像高五四・五センチメートル。宝山湛海作。摂津多田院の智空の遺物として元文三年（一七三八）に法隆寺へ奉納。明治七年（一八七四）二月に綱封蔵から西円堂北正面へ移している。至宝四ー一六六。出典「岩座背面墨書」

【不動明王坐像】 ふどうみょうおうざぞう

江戸時代。檜材　彩色。頭体一木。像高三〇・五センチメートル。嘉永三年（一八五〇）に供養したとする銘文がある。至宝四ー一六七。出典「瑟瑟座裏墨書」

【不動明王二童子画像】 ふどうみょうおうにどうじがぞう

鎌倉時代。絹本着色。縦六一・八センチメートル。横二七・九センチメートル。応永三年（一三九六）に印実が護摩堂に安置したもの。裱背に「金岡筆　奉安置法隆寺護摩堂　応永三年

丙子九月十七日　印実（花押）」の押紙がある。至宝六ー四四

【不動明王二童子画像】ふどうみょうおうにどうじがぞう

鎌倉時代。絹本着色。縦一二六・七センチメートル。横七二・一センチメートル。裱背に宝永八年（一七一一）地蔵院覚賢の修理銘がある。至宝六ー四五

【不動明王二童子画像】ふどうみょうおうにどうじがぞう

室町時代。絹本墨画。縦八一・〇センチメートル。横三九・五センチメートル。至宝六ー四六

【不動明王二童子像】ふどうみょうおうにどうじぞう

重文。平安時代。脇侍の二童子は康暦二年（一三八〇）に舜慶が造顕したもの。木造　彩色　切金。像高「不動明王」九三・〇センチメートル。「左童子」四四・〇センチメートル。「右童子」四四・〇センチメートル。護摩堂の本尊。至宝四ー一五五

【不動明王二童子像】ふどうみょうおうにどうじぞう

平安時代。檜材　彩色　切金。像高「不動明王」九五・五センチメートル。「左童子」四五・五センチメートル。「右童子」四六・〇センチメートル。至宝四ー一五六

【不動明王立像】ふどうみょうおうりゅうぞう

平安時代。檜材　一木造　彩色。像高五二・一センチメートル。至宝四ー一五七

【不動明王立像】ふどうみょうおうりゅうぞう

平安〜鎌倉時代。檜材　寄木造　彩色。像高八五・八センチメートル。至宝四ー一五八

【不動明王立像】ふどうみょうおうりゅうぞう

鎌倉時代。檜材　割矧　彩色。像高九八・〇センチメートル。至宝四ー一五九

【不動明王立像】ふどうみょうおうりゅうぞう

室町時代。木造　割矧　彩色。像高三四・三センチメートル。至宝四ー一六〇

【不動明王立像】ふどうみょうおうりゅうぞう

江戸時代。檜材　一木造　彩色。像高五八・〇センチメートル。
至宝四—一六二

【不動明王立像】 ふどうみょうおうりゅうぞう

江戸時代。檜材　一木造　彩色。像高三二・七センチメートル。
至宝四—一六三

【不動明王立像】 ふどうみょうおうりゅうぞう

江戸時代。桐材　一木造　素地。像高三八・九センチメートル。
至宝四—一六五

【布奈太利古】 ふなたりこ

辛亥年（白雉二年〈六五一〉）に、父である笠評臣のために伯父の建古臣とともに金銅観音菩薩像（像高二二・二センチメートル）を造顕。出典献納宝物。「像框座刻銘」

【舟波貞行】 ふなみさだゆき

興福寺系大工。寛喜二年（一二三〇）夢殿の修理に従事。出典「夢殿棟札」

【武兵衛】 ぶへい

大工。元禄九年（一六九六）に中宮寺の使者として江戸の本庄因幡守の許へ派遣された。そのとき寺侍の資格としたために松山采女と名乗っている。「采女」の項目を参照。

【附法伝】 ふほうでん

重文。中国唐代。巻子本。残巻。縦三〇・四センチメートル。全長二・六七メートル。中国敦煌出土という。至宝七—その他の写経三〇七

【普門院】 ふもんいん

平安時代の創建。学侶坊。観音院の西に隣接する子院。「東花園院」ともいう。明和六年（一七六九）十二月十六日夜に花園院とともに焼失。寛政七年（一七九五）十一月二日に再建。大正九年（一九二〇）に修正会御供所を移建して本堂としている。

【普門院表門】 ふもんいんおもてもん

薬医門。正徳二年（一七一二）ごろに建立したもの。至宝二‐三四。出典「普門院表門棟札」

【普門院庫裏】ふもんいんくり

江戸時代。桁行二〇・九八メートル。梁間一二・八二メートル。東面切妻造。西面切妻造。本瓦葺。至宝二‐五〇

【普門院本堂】ふもんいんほんどう

江戸時代。桁行五・九二メートル。梁間三・九五メートル。西面切妻造。本瓦葺。大正九年（一九二〇）に修正会御供所を移建して本堂としたもの。至宝二‐五〇

【文欟木厨子】ぶんかんぼくのずし

奈良時代。欅材　生漆塗。高一四六・〇センチメートル。幅一七四・〇センチメートル。東院に伝来したものと見られている。木目の美しい欅材で造った厨子で、正倉院にも現存している。至宝一四‐三一八

【文識房】ぶんしきぼう

慶長二年（一五九七）『現在僧名帳』に記載。この年に得度。生没年不詳。

【文春房】ぶんしゅんぼう

万治元年（一六五八）『現在僧名帳』に記載。この年に得度。生没年不詳。

【文順房】ぶんじゅんぼう

堂衆。慶安四年（一六五一）『現在僧名帳』に記載。この年に得度。生没年不詳。

【文甚房】ぶんじんぼう→「長専」の項目を見よ。

【糞掃衣】ふんぞうえ

不要になったぼろ裂を洗い清めて縫い綴った袈裟の名称。法隆寺には釈尊御所持天竺健陀羅国衲袈裟や聖徳太子糞掃衣などが伝来している。出典献納宝物

【文亮】ぶんりょう→「栄恩」の項目を見よ。

【塀内市郎右衛門】へいうちいちろうえもん

は行

棟梁。元禄五年（一六九二）『棟梁住所幷大工杣大鋸木挽人数作高之覚』に「並棟梁京都罷在候分・和州法隆寺西里住居仕候。今程主水方相詰罷在候」と記載。

【塀内喜右衛門】へいうちきえもん

棟梁。元禄五年（一六九二）『棟梁住所幷大工杣大鋸木挽人数作高之覚』に「並棟梁京都罷在候分・和州法隆寺西里住居仕候。今程主水方相詰罷在候」と記載。

【平絹大幡】へいけんだいばん

飛鳥〜奈良時代。幡頭現存長七六・〇センチメートル。現存幅二九・五センチメートル。至宝一一ー荘厳具二五三

【平絹大幡】へいけんだいばん

飛鳥〜奈良時代。幡身現存長一九七・〇センチメートル。現存幅四四・二センチメートル。幡頭の鏡に蜀江錦を用いた大型の平絹幡。至宝一一ー荘厳具二五四

【平絹幡】へいけんばん

飛鳥〜奈良時代。現存長一四七・五センチメートル。現存幅二八・八センチメートル。坪に白地平絹、縁に赤地錦、幡足に赤・淡紅・紺・黄・緑の五色の平絹を用いた幡。至宝一一ー荘厳具二五二

【平絹幡足】へいけんばんそく

飛鳥〜奈良時代。赤・淡紅・黄・緑・濃黄緑・濃緑・淡縹・紺・紫等の平絹の幡足が多数残っている。

【平兵衛】へいべえ

大工。辻本の住。享保二年（一七一七）現護摩堂表門の建立に従事。出典「現護摩堂表門棟札」

【別当】べっとう

寺務を統轄する僧官のこと。法隆寺では承和年間（八三四〜四八）の延鳳を初代とする。天文二十二年（一五五三）補任の兼深を最後に廃止された。

【別当拝堂】べっとうはいどう

法隆寺の別当に就任した僧が法隆寺の伽藍を拝堂する儀式をいう。中世の記録に別当が拝堂したときの様子を

伝えるものが多い。

【別当坊】 べっとうぼう

法隆寺の別当が止住していた子院の名称。「瓦坊」のことをいう。

【弁栄】 べんえい

応永九年（一四〇二）『児童大衆等規式問事』に記載。生没年不詳。

【弁英】 べんえい

五師。順堂房。貞治二年（一三六三）護摩供の供僧。貞治四年（一三六五）の舎利殿厨子建立のとき「寺僧方」とあり、応安四年（一三七一）『上御堂本尊修復結縁文書』にも記載。生没年不詳。

【弁円】 べんえん

寛喜二年（一二三〇）「上宮王院棟札」に「学衆　法師」と記載。生没年不詳。

【弁海】 べんかい

保安三年（一一二二）～天承元年（一一三一）に林幸が発願した『法隆寺一切経』の書写に協力した。生没年不詳。

【弁海】 べんかい

永和四年（一三七八）『廿人沙汰間条々』に記載。生没年不詳。

【弁公】 べんこう➡「良憲」の項目を見よ。

【弁公】 べんこう➡「堯恕」の項目を見よ。

【弁西】 べんさい

寛喜二年（一二三〇）「上宮王院棟札」に「学衆　法師」と記載。生没年不詳。

【弁財天】 べんざいてん

インドではサラスバティといい、河や農業の神であったが、言語、学問、音楽の神として信仰され仏教に受容された。

【弁財天画像】べんざいてんがぞう

鎌倉時代。絹本着色。縦七七・〇センチメートル。横四〇・〇センチメートル。至宝六‐六七

【弁財天画像】べんざいてんがぞう

室町時代。絹本着色。縦七九・〇センチメートル。横四〇・五センチメートル。裱背に正徳元年（一七一一）地蔵院覚賢の修理銘がある。至宝六‐六八

【弁財天坐像】べんざいてんざぞう

江戸時代。木造　彩色。像高一四・九センチメートル。至宝四‐二一九

【弁財天坐像】べんざいてんざぞう

江戸時代。木造　彩色。像高一五・二センチメートル。至宝四‐二二一

【弁財天坐像】べんざいてんざぞう

延享元年（一七四四）。木造　彩色。像高三七・七センチメートル。台座框裏に「延享元年阿弥陀院大僧都千懐」の墨書がある。至宝四‐二二五

【弁財天社】べんざいてんしゃ

三経院前池（亥嶋池）の中島にある社の名称。「亥嶋弁財天」の項目を参照。

【弁財天像】べんざいてんぞう

室町時代。檜材　一木造　素地。像高二八・一センチメートル。十六童子とともに黒漆塗厨子に安置。至宝四‐二一六

【弁財天像】べんざいてんぞう

江戸時代。寄木造　彩色。厨子附属。像高一三・二センチメートル。至宝四‐二一七

【弁財天像】べんざいてんぞう

江戸時代。檜材　一木造　彩色。像高二〇・四センチメートル。至宝四‐二二二

【弁財天像】べんざいてんぞう
　江戸時代。檜材　彩色。厨子附属。像高一〇・一センチメートル。厨子底裏に「法隆寺弥勒院」の針書がある。至宝四-二二六

【弁俊】べんしゅん
　寛喜二年（一二三〇）「上宮王院棟札」に「法師　結縁衆」と記載。生没年不詳。

【弁春】べんしゅん
　寛喜二年（一二三〇）「上宮王院棟札」に「学衆　法師」と記載。生没年不詳。

【弁盛】べんじょう
　律師。然顕房。文和二年（一三五三）ごろ律師に昇進。『法隆寺衛五師年会所旧記』に延文四年（一三五九）六月四日、権律師として記載。生没年不詳。

【遍照院】へんじょういん
　江戸時代の創建。承仕坊。円明院と宝珠院の中間に位置していた子院。明治時代初期に廃院となる。

【遍照院表門】へんじょういんおもてもん
　江戸時代中期。棟門。本瓦葺。承仕坊の門として貴重な遺構である。至宝二-五七

【弁天池】べんてんいけ
　三経院前の池の名称。池の中央に弁財天が祭られていることに、その名が由来する。嘉禎三年（一二三七）に掘ったと伝える。

【弁天会】べんてんえ
　弁天社で毎年七月七日の夕刻に行う法会のこと。

【弁祐】べんゆう
　権律師。源円房。閼伽井坊の住。応永九年（一四〇二）『児童大衆等規式間事』に記載。永享二年（一四三〇）舎利殿の修理奉行、嘉吉二年（一四四二）二月二十三日の竜田社頭舞楽法会に左方衲衆として出仕。嘉吉三

年（一四四三）舎利預に補任（六十五歳）。文安三年（一四四六）五月二十六日、六十八歳で没。

【弁与】べんよ
得業。金堂十僧。五師。定舜房。徳治二年（一三〇七）三月、金堂十僧に入供。元応元年（一三一九）十二月二十六日、金堂預に補任。生没年不詳。

【法雲院】ほううんいん➜「堯祐」の項目を見よ。

【法延】ほうえん
天平宝字五年（七六一）『東院資財帳』に法隆寺僧として『法華経』一部と壹合木絵を東院へ寄進したと記載。生没年不詳。

【法縁】ほうえん
「法隆寺別当」。律師。興福寺の僧。康保元年（九六四）法隆寺別当に補任。四年間在任。

【法起寺】ほうきじ
聖徳太子創建の寺院。「岡本寺」「池後寺」とも呼ぶ。奈良県生駒郡斑鳩町岡本所在。岡本宮を寺に改めたものと伝える。日本最古の三重塔（飛鳥様式）をはじめ銅造菩薩立像などの寺宝が伝わっている。平成五年（一九九三）に法隆寺とともに日本最初の世界文化遺産に登録された。

【宝光院】ほうこういん
鎌倉時代の創建。政倉院の西に隣接していた子院。正徳元年（一七一一）に金剛院と寺地の交換を行い南大門の東側に移った。享保十二年（一七二七）に北に隣接していた勧学院とともに焼失したが、再建されて現在に至っている。

【宝光院表門】ほうこういんおもてもん
旧西南院表門。薬医門。本瓦葺。正徳元年（一七一一）六月五日に西南院表門として建立。明治時代初期に宝光院へ移建。至宝二-三五。出典「西南院表門棟札」

【宝光院庫裏】ほうこういんくり

江戸時代。桁行一七・〇四メートル。梁間八・九七メートル。北面入母屋造。南面切妻造。一部本瓦葺。堂衆坊の様式を伝える貴重な資料。至宝二―四六

【宝光院本堂】 ほうこういんほんどう

弘化三年（一八四六）に建立した北室院一切経輪蔵を護摩堂の南側へ昭和十六年（一九四一）に移建した。三間四方。本瓦葺。「北室院一切経輪蔵」の項目を参照。至宝二―四五

【宝珠院】 ほうしゅいん

徳蔵院を改称した子院。元禄九年（一六九六）ごろから再建をはじめ、元禄十七年（一七〇四）に完成。

【宝珠院表門】 ほうしゅいんおもてもん

旧徳蔵院表門。江戸時代。棟門。本瓦葺。徳蔵院表門を元禄九年（一六九六）に修理して、宝珠院表門とした。至宝二―五六

【宝珠院庫裏】 ほうしゅいんくり

元禄十年代（一六九七～一七〇四）建立。桁行一一・八二メートル。梁間八・〇八メートル。南面入母屋造。北面切妻造。本瓦葺。台所と客殿の二棟から構成。もと客殿は杮葺であった。元禄時代の学侶坊の様式を伝える貴重な遺構。至宝二―五六

【宝珠院待清庵】 ほうしゅいんたいせいあん

文化十三年（一八一六）に覚賢が建立し、覚賢の号である「待清」をつけたものという。桁行六・二四メートル。梁間三・八四メートル。切妻造。本瓦葺。宝珠院本堂に附属する建物。なお善住院にあった待清庵という茶室は明治時代初期に寺外へ移されている。

【宝珠院本堂】 ほうしゅいんほんどう

重文。永正九年（一五一二）に政南院の本堂として建立。桁行三間。梁間二間。入母屋造。杮葺。文化十三年（一八一六）に宝珠院へ移建した。堂内には安養院から移された文殊菩薩騎獅像（重文）を安置している。至宝二―五五

【宝潤房】ほうじゅんぼう➜「懐秀」の項目を見よ。

【法定】ほうじょう

推古十八年（六一〇）に高麗から曇徴とともに来朝。推古三十年（六二二）法隆寺夏講の助講師に補任したという。生没年不詳。

【宝性院】ほうしょういん

鎌倉時代の創建。堂衆坊。円明院の北に隣接していた子院。享保六年（一七二一）ごろに末寺となり、寛政年間（一七八九〜一八〇一）に廃院となる。

【法性院】ほうしょういん

寺地不明。延慶三年（一三一〇）に法性院堂の供養が行われたが、暦応四年（一三四一）十一月三十日に焼失している。出典『別当記』『嘉元記』

【法頭略記】ほうずりゃくき

正しくは『法隆寺政所幷法頭略記』という。天平十八年（七四六）〜正暦五年（九九四）に至る古記の抄録と、延長年間（九二三〜三一）に公文法頭（官符法頭）に補任した定耀からその系統の僧によって相続され、鎌倉時代中期の顕真に至るまでの約三〇〇年間の法隆寺の記録書。至宝八-九七

【宝蔵院】ほうぞういん

室町時代の創建。学侶坊。知足院の西に隣接していた子院。明治時代初期に廃院となる。

【房大】ぼうだい

堂方の大法師位の僧のこと。

【法澤】ほうたく

末寺僧。真言律。恵恩。北室院の住。明和元年（一七六四）九月十二日没。

【縫殿公】ほうでんこう➜「懐儀」の項目を見よ。

【縫殿公】ほうでんこう➜「秀延」の項目を見よ。

【宝塔】ほうとう

国宝。奈良時代。塑像。総高三七・三センチメートル。舎利塔。五重塔西面の中央に安置。至宝三―塑像五六

【宝幢】 ほうどう

荘厳具の一種。最大径八一・五～七〇・三センチメートル。永享十年（一四三八）二月二十二日に修理した聖霊会料の宝幢八流が現存している。至宝一二―荘厳具四九五～四九八。

出典「宝幢裏墨書」

【宝密房】 ほうみつぼう

宝治二年（一二四八）「西円堂心東墨書」に記載。生没年不詳。

【法誉】 ほうよ

末寺僧。浄土律。宗源寺の住。天保八年（一八三七）四月十四日没。

【法隆学問寺】 ほうりゅうがくもんじ⇒「法隆寺」の別称。

【法隆寺】 ほうりゅうじ

聖徳太子創建の寺院。「斑鳩寺」「鵤寺」「法隆学問寺」とも呼ぶ。奈良県生駒郡斑鳩町所在。推古一五年（六〇七）に創建したが天智九年（六七〇）に焼失し、八世紀初めごろまでに再建した。飛鳥様式を伝える世界最古の木造建築物。金堂や五重塔を中心とする西院と夢殿を中心とする東院があり、多くの寺宝が伝わっている。仏教美術の宝庫といわれており、平成五年（一九九三）に日本最初の世界文化遺産に登録された。

【宝竜寺】 ほうりゅうじ⇒「法隆寺」の別称。

【法隆寺縁起白拍子】 ほうりゅうじえんぎしらびょうし

重文。縦二六・四センチメートル。全長一一・五三メートル。巻子装。一巻。康安二年（一三六二）に寺僧の重懐が太子信仰を背景として法隆寺の縁起を白拍子に作ったもの。その内容は「惣寺建立幷三宝弘通鎮守竜田明神事」「三経院縁起事　附講堂　西円堂　上御堂」「聖霊院縁起事」「御舎利梵網幷上宮王院縁起　附御宝物之事」「現身往生塔婆縁

起事」「勝鬘大会縁起事」「聖霊会縁起幷会場事」の七項目から構成している。この重懐の自筆本は貞治三年（一三六四）八月九日に書写したもので、いたるところに墨訓、返点、朱点などが見られる。縁起白拍子としては現存最古のもので芸能史の上からも貴重な資料。至宝八‐一五。出典「奥書」

【法隆寺御舎利預次第】 ほうりゅうじおんしゃりあずかりしだい

至徳三年（一三八六）の印実から天明元年（一七八一）の懐宣の間に舎利預に補任した寺僧名とその事蹟を簡略に記載したもの。内容は文明六年（一四七四）に舎利預に補任した慶懐が印実から自分の存命中に補任した暁賢までの舎利預名を清書して文明十五年（一四八三）二月十五日に舎利殿へ奉納したもので、明応四年（一四九五）に補任した円海から天明元年（一七八一）に補任した懐宣までの次第は追記。

【法隆寺開帳】 ほうりゅうじかいちょう

歌舞伎。元禄九年（一六九六）に大坂四天王寺で行った法隆寺出開帳のときに道頓堀で演じた狂言。岩井半四郎一座が演じた。その内容は河内の大名であった若江氏照が悪人に呪詛されて死んだが、観世音の慈悲によって蘇生したという。ところがその妻子たちも再び迫害を受けることとなったため、忠臣の小刑部と法隆寺の住職円尊がそれを救って悪人を亡ぼすこととなった。それに氏照が感激して家督をその子息の氏若に譲ることとなった。そのとき天王寺で法隆寺の出開帳があり、氏照は円尊の弟子となって得度したという物語である。

【法隆寺夏季大学】 ほうりゅうじかきだいがく

毎年七月二十五日から四日間、法隆寺の聖徳会館で開かれる夏季講習会のこと。昭和二十五年（一九五〇）から開催している。

【法隆寺伽藍縁起幷流記資財帳】 ほうりゅうじがらんえんぎならびにるきしざいちょう

天平十九年（七四七）に僧綱所に提出した法隆寺の財産目録。「法隆寺資財帳」の項目を参照。

【法隆寺伽藍仏像及び什宝番号牒】

ほうりゅうじがらんぶつぞうおよびじゅうほうばんごうちょう

明治二十一年（一八八八）六月六日に作成した法隆寺の宝物台帳。それに収録している宝物には番号を付しており、諸堂別の寺宝の配置図も付している。

【法隆寺勧学院】 ほうりゅうじかんがくいん

明治二十六年（一八九三）八月一日に法隆寺に開設した仏教学校の名称。明治二十九年（一八九六）九月十日に法相宗勧学院に改名した。

【法隆寺記補忘集】 ほうりゅうじきほもうしゅう

三巻。『古今一陽集』などの編者で知られる寺僧の良訓が法隆寺の古記録などを写しとったもの。それには写した年時の付記もあり、享保四年（一七一九）～元文元年（一七三六）に資料を収集したことがわかる。本書は日本大学に所蔵されている。奥書には天保十三年（一八四二）には、すでに法隆寺から流失していたとの追記がある。

【法隆寺経蔵文庫沿革之考証】 ほうりゅうじきょうぞうぶんこえんかくのこうしょう

明治十二年（一八七九）九月に法隆寺住職の千早定朝が編纂した資料。法隆寺経蔵に所蔵する典籍の由来などを詳しく記している。出典「奥書」

【法隆寺境内地の規模】 ほうりゅうじけいだいちのきぼ

江戸時代までは東西六町五八間、南北四町三八間、坪数一一万六二〇〇坪であったと伝える。

【法隆寺境内山の規模】 ほうりゅうじけいだいやまのきぼ

江戸時代までは東西三町一三間、南北八町三八間、坪数九万九九七四坪であったと伝える。

【法隆寺献納宝物】 ほうりゅうじけんのうほうもつ

明治十一年（一八七八）に法隆寺が皇室に献納した宝物のこと。昭和二十四年（一九四九）まで「法隆寺献納御物」と呼ばれていた。現在では、その一部分が宮内庁に所蔵され、大部分が東京国立博物館の法隆寺宝物館に保管されている。

【法隆寺ご開帳】 ほうりゅうじごかいちょう

法隆寺の堂塔を特別に開扉して一般に公開すること。元禄三年（一六九〇）、元禄十五年（一七〇二）、宝永八年（一七一一）、享保五年（一七二〇）、享保十九年（一七三四）、明和五年（一七六八）、享和二年（一八〇二）、文化九年（一八一二）、天保七年（一八三六）に開帳が行われている。

【法隆寺古建築及美術品取調書】 ほうりゅうじこけんちくおよびびじゅつひんとりしらべしょ

明治二十一年（一八八八）五月十日に法隆寺が奈良県知事、郡長、戸長に提出した法隆寺の建築や宝物の目録。所在場所、法量、由来なども記しており、法隆寺の研究に不可欠の資料の一つ。

【法隆寺古文書】 ほうりゅうじこもんじょ

法隆寺に関する古記録の総称。

【法隆寺再建非再建論争】 ほうりゅうじさいこんひさいこんろんそう

法隆寺は創建されたままか、再建したものか、ということに関して明治二十年（一八八七）代から展開した論争のこと。

【法隆寺資財帳】 ほうりゅうじしざいちょう

「法隆寺伽藍縁起并流記資財帳」ともいう。天平十八年（七四六）十月十四日付で朝廷より法隆寺の縁起と資財などを牒上するよう僧綱所へ命じたのに対して、法隆寺の三綱が天平十九年（七四七）に作成して僧綱所に提出した法隆寺の縁起書と財産目録。とくに、後世にまで永く保管する公文書であることから「流記」という字句を加えている。原本は早く散佚したが、その写本の中で法隆寺が所蔵する寛政七年（一七九五）書写本が最古。奈良時代の法隆寺の規模などを伝える唯一の史料。

【法隆寺修理百万人講】 ほうりゅうじしゅうりひゃくまんにんこう

元禄十年（一六九七）に伽藍修理の大願を成就するために講を結成した趣意書のこと。正式には「法隆寺大伽藍修補募縁疏」という。弥勒院の懐賢が執筆した。

【法隆寺昭和資財帳】 ほうりゅうじしょうわしざいちょう

『昭和資財帳』のこと。

【法隆寺惣境内之図】ほうりゅうじそうけいだいのず
寛政九年（一七九七）。紙本墨書。縦一一八・○センチメートル。横二三二・○センチメートル。北倉所在。寛政九年の法隆寺の寺法の大改正にともなって奉行所へ提出した法隆寺の境内図。至宝二-建築古図三。出典「奥書」

【法隆寺大伽藍修補募縁疏】ほうりゅうじだいがらんしゅうほぼえんしょ ➡「法隆寺修理百万人講」の項目を見よ。

【法隆寺塔頭図】ほうりゅうじたっちゅうず
寛政九年（一七九七）ごろに子院の建物の詳細を描いたもの。これは堂衆坊が寛政九年に学侶坊に昇格したときに、学侶坊として坊舎を改造することを前提として描いたものらしい。

【法隆寺出開帳】ほうりゅうじでかいちょう
法隆寺の宝物を他の寺院へ移して公開すること。元禄七年（一六九四）江戸回向院、元禄八年（一六九五）京都真如堂、元禄九年（一六九六）大坂四天王寺、享保九年（一七二四）京都法林寺、宝暦六年（一七五六）大坂四天王寺、寛政七年（一七九五）京都法林寺、天保十三年（一八四二）江戸回向院、弘化二年（一八四五）大坂四天王寺などで出開帳を行っている。

【法隆寺寺司辻家系譜書】ほうりゅうじてらつかさつじけけいふしょ
聖徳太子の侍者調子麿の子孫の系図のこと。その末裔には『古今目録抄』を著した顕真の名も見える。江戸時代の写本が現存。

【法隆寺東院縁起】ほうりゅうじとういんえんぎ
斑鳩宮の造営や東院の建立など聖徳太子に関連する古記録や伝説などを集めたもの。その内容は献納宝物の『皇太子御斎会奏文』と一致している。法隆寺の所蔵本は元文元年（一七三六）に良訓が書写したもの。中世の東院に関する史料としてその資料価値は高い。

【法隆寺東西両院伽藍絵図】ほうりゅうじとうざいりょういんがらんえず
江戸時代。紙本着色。縦一八○・○センチメートル。横二六五・○

センチメートル。法隆寺の伽藍を立体的に描いたもの。至宝二-建築古図二

【法隆寺堂社霊験幷仏菩薩像数量等記】 ほうりゅうじどうしゃれいげんならびにぶつぼさつぞうすうりょうとうき

元禄十一年（一六九八）五月十八日に法隆寺年会所が奉行所へ提出するために作成した法隆寺の縁起や諸堂に安置している仏像などの記録書。元禄年間（一六八八～一七〇四）の法隆寺の様子を伝える貴重な資料。とくに「金堂」の項に百済観音像のことを虚空蔵菩薩像と記載している。出典「墨書」

【法隆寺のご朱印高】 ほうりゅうじのごしゅいんだか

江戸幕府によって認められた所領の石高。一〇〇〇石余。

【法隆寺の僧官】 ほうりゅうじのそうかん

延文二年（一三五七）、延文六年（一三六一）、正平十六年（一三六一）の永宣下賜によって成業大法師位（四人）、権律師（三人）、権少僧都（二人）、権大僧都（一人）は光仁天皇の勅印をもって法隆寺一山において任命することが許された。大僧都、僧正は勅許を得て参内し、天顔を拝して紫衣と緋衣を下賜されたという。

【法隆寺の七不思議】 ほうりゅうじのななふしぎ

多くの寺院や旧跡に、不思議な現象として、いろいろな不可解な話があるように、法隆寺にある七つの不思議な現象のこと。いつごろから、どのような人びとによって纏められたのか明らかでなく、法隆寺の諸記録にも収録していない。おそらく江戸時代のころに、法隆寺に参詣した人びとに、法隆寺の縁起を説明した案内者たちが語り聞かせた可能性が高い。天保七年（一八三六）『斑鳩古事便覧』に「伽藍案内八口」とあり、それらの案内人たちが、いろいろな不思議な話を参詣者たちに語ったのかもしれない。いずれにしても法隆寺の七不思議は、あまり古い時代のものでない。

・伽藍の建物には蜘蛛の巣がはらない。
・地面に雨だれの穴があかない。
・雀も伽藍の堂塔に糞をかけない。
・舎利から聖徳太子が見える。

・不明門と不閉門がある。
・五重塔の九輪に四本の鎌がある。
・法隆寺の境内に三つの伏蔵がある（①金堂内の北東の隅にある丸い土壇。②西院の経蔵内の中心にある自然石。③回廊の未申（西南）の角に当たる大湯屋の表門の前あたりにある石の蓋。この三つを合わせて「法隆寺の三伏蔵」と呼ぶ）。
・因可池（よるかのいけ）に片目の蛙がいる。
・南大門の前に鯛石という石がある。
・夢殿でお水取りという行事がある。
これらのうちから七つが選ばれて七不思議と呼んでいるが、確定したものはない。

【法隆寺墓山の規模】　ほうりゅうじはかやまのきぼ
極楽寺（法隆寺の北東）にある法隆寺基地の規模。江戸時代まで法隆寺の墓所。江戸時代には東西七〇間、南北七〇間、坪数四九〇〇坪であったと伝える。

【法隆寺別当記】　ほうりゅうじべっとうき
官命によって法隆寺を管理する別当の職掌任期中の記録書に対する総称。「綱所日記」ともいう。南北朝時代の原本は献納宝物。

【法隆寺別当次第記】　ほうりゅうじべっとうしだいき
「法隆寺歴代管主一覧」ともいう。法隆寺歴代の別当と一﨟職や住職の次第を髙田良信が昭和四十七年（一九七二）に作成。それを法隆寺として平成七年（一九九五）から公式に採用している。

【法隆寺宝物館】　ほうりゅうじほうもつかん
東京国立博物館内にある法隆寺献納宝物を収納している施設の名称。平成十一年（一九九九）三月に完成。

【法隆寺宝物古器物古文書目録端書】　ほうりゅうじほうもつこきもつこもんじょもくろくたんしょ
明治十二年（一八七九）九月に編纂した法隆寺所蔵の縁起書、文書、書画並びに絵巻物、写本並びに写経、古器物などの解説書。幕末から明治十二年（一八七九）に至る法隆寺の変革期に千早定朝が見聞した事柄を克明に伝える貴重な資料。出典「奥書」

は行

【法隆寺宝物図巻】ほうりゅうじほうもつずかん

寛政七年（一七九五）。巻子本。紙本着色。三巻。縦三八・六センチメートル。長一二二六・二センチメートル。田中訥言が法隆寺出開帳の宝物を描いたもの。至宝六-三七五

【法隆寺末寺帳】ほうりゅうじまつじちょう

法隆寺が直轄していた末寺の記録。寛永十年（一六三三）三月に観音院高栄が奉行所へ提出するために記した末寺に関する書類。その内容として寺領一〇〇〇石、法隆寺の略縁起、法隆寺の宗旨などを記している。とくに宗旨については法隆寺は聖徳太子以来、三経院で毎年一夏九旬の間『法華経』『勝鬘経』『維摩経』の三経と聖徳太子が著した『三経義疏』を講談していることから「三経宗」と称し、三論、法相、律、真言などを兼学していることを明記している。そのころの末寺については、法隆寺が知行の一〇〇〇石から配分している寺院は北室寺、中宮寺、斑鳩寺（成福寺）、西方寺、福厳院、神南寺、竜田大明神、立野寺、観音寺、常福寺、薬師院の一一箇寺。知行の配分がない末寺として円成院、東福寺、極楽寺、法林寺（法輪寺）、聡明寺、金光寺、小城常楽寺、定林寺、竜福寺、岡元寺、常楽寺の一一箇寺。江戸時代初期にはこの二二箇寺が法隆寺の末寺であり、全て大和国内に所在している。

【法隆寺末寺帳】ほうりゅうじまつじちょう

延享三年（一七四六）に法隆寺が直轄していた末寺の記録。延享三年に年会の安養院尊慧が奉行所に提出するために作成した末寺に関する記録書。その内容から北室寺、中宮寺、斑鳩寺（成福寺）、西方寺、福厳院、竜田大明神、立野寺、薬師院、円成院、極楽寺、聡明寺、岡元寺（法起寺）、常楽寺の一三箇寺が末寺で、寛永十年（一六三三）の『法隆寺末寺帳』と比較すると神南寺、観音寺、東福寺、法林寺（法輪寺）、金光寺、小城常楽寺、定林寺、竜福寺は法隆寺から離脱している。

【法隆寺明細帳】ほうりゅうじめいさいちょう

明治十二年（一八七九）に法隆寺住職の千早定朝が編纂した法隆寺の由来や本尊などの記録書。明治十二年ごろの法隆寺の状況を伝える貴重な資料。出典「奥書」

【法隆寺文書】 ほうりゅうじもんじょ

重文。巻子本。「天平勝宝三年（七五一）下総国司解」から室町時代に至る一三通の古文書を一巻に纏めたもの。至宝八―古文書（一）一〜一三

【法隆寺領播磨国鵤庄絵図】 ほうりゅうじりょうはりまのくにいかるがのしょうえず

重文。嘉暦四年（一三二九）。紙本着色。縦一二九・七センチメートル。横一二五・一センチメートル。法隆寺の代表的な領地であった鵤庄（現在の兵庫県揖保郡太子町と竜野市の一部）の図面。出典「墨書」

【法隆寺領播磨国鵤庄絵図案】 ほうりゅうじりょうはりまのくにいかるがのしょうえずあん

重文。至徳三年（一三八六）。紙本着色。出典「墨書」

【法倫】 ほうりん↓「一源」の項目を見よ。

【法蓮】 ほうれん

「法隆寺別当」。已講。興福寺の僧。法縁別当のあと安和〜天禄年間（九六八〜九七三）ごろ法隆寺別当に補任。二年間（五年間ともいう）在任。

【法華経】 ほけきょう↓「妙法蓮華経」の項目を見よ。

【菩薩脚部及び台座】 ぼさつきゃくぶおよびだいざ

飛鳥時代。銅造　鋳出　鍍金。総高八・六センチメートル。鋳出仏の断片。至宝三―金銅像一六

【菩薩立像】 ぼさつりゅうぞう

飛鳥時代。銅造　鍍金。高一〇・五センチメートル。至宝三―金銅像一五

【星供】 ほしく

星を供養する法会。陰陽道の影響を受けたといわれる『宿曜経』などの所説に基づいて北斗七星、九曜、十二宮、二十八宿を供養して福徳増長、延命などを祈願する法会。この法会には星曼荼羅図が本尊として懸けられる。

【星曼荼羅図】 ほしまんだらず

重文。平安時代。絹本着色。額装。縦一一七・三センチメートル。横八三・〇センチメートル。至宝六ー一九

【星曼荼羅図】 ほしまんだらず

平安時代。絹本着色。一幅。縦八六・五センチメートル。横八二・九センチメートル。裱背に宝永七年（一七一〇）覚賢の修理銘がある。至宝六ー二〇

【戊子命過幡】 ぼしみょうがばん

飛鳥〜奈良時代。黄地平絹。全長三二〇・〇センチメートル。幅二九・五センチメートル。戊子年（持統二年（六八八））に作られた命過幡。至宝一二ー荘厳具二五〇。出典「墨書」

【細殿】 ほそどの

重文。鎌倉時代。桁行七間。梁行二間。切妻造。本瓦葺。食堂に附属する施設で、その南に並行して建てられている。至宝一ー一七

【細谷法鎧】 ほそやほうがい

元末寺僧。中僧正。福貴の普門院、北室院の住。慶応三年（一八六七）十月二十一日得度。明治三十八年（一九〇五）九月一日、北室院へ転住。昭和十六年（一九四一）十二月二十五日没。

【牡丹唐獅子図】 ぼたんからじしのず

元禄八年（一六九五）。屏風一双。紙本金地着色。安春寿信画。縦一六〇・〇センチメートル。横三五三・三センチメートル。

【法華院】 ほっけいん

室町時代の創建。堂衆坊。蓮池院の西に隣接していた子院。明治六年（一八七三）ごろ廃院となる。

【法華院表門】 ほっけいんおもてもん

正徳三年（一七一三）一月に建立。明治〜大正時代に移建している形跡が見られる。出典「法華院表門棟木銘」

【法華義疏】 ほっけぎしょ

聖徳太子が撰述した『法華経』（提婆達多品と観世音菩薩品の偈頌を欠く）七巻二七品に対する注釈書。聖徳太子の自筆本は明治十一年（一八七八）に法隆寺が皇室

に献納し、現在は皇室に保管されている。

【法華疏慧光記】 ほっけしょえこうき

鎌倉時代の学僧凝然が『法華義疏』（四巻）をさらに注釈した全六〇巻（現存三一巻）の大著の名称。

【法華曼荼羅】 ほっけまんだら

別尊曼荼羅の一つ。『法華経』の所説に従って描かれた曼荼羅で、宝塔の中に釈迦と多宝仏を描いているのが特徴。

【法華曼荼羅図】 ほっけまんだらず

平安時代。絹本着色。縦七一・一センチメートル。横五八・五センチメートル。裱背に享禄三年（一五三〇）尊英ほかの逆修銘がある。至宝六ー一一

【法相宗】 ほっそうしゅう

諸法の性相を分別決判する宗派。奈良時代に唐から伝わった宗派。明治十五年（一八八二）からは法相宗が法隆寺の宗派となった。昭和二十五年（一九五〇）に法隆寺は法相宗から独立して聖徳宗を開宗した。

【法相宗勧学院】 ほっそうしゅうかんがくいん

明治二十九年（一八九六）九月十日に法隆寺勧学院を法相宗勧学院に改称した。

【法相宗綱要】 ほっそうしゅうこうよう

明治二十三年（一八九〇）に佐伯定胤が法相宗の概論を撰述した書物の名称。

【法相宗講要】 ほっそうしゅうこうよう

昭和九年（一九三四）に佐伯良謙が法相宗の概論を撰述した書物の名称。

【法相宗独立】 ほっそうしゅうどくりつ

明治十五年（一八八二）六月二十六日に法隆寺が興福寺とともに真言宗から独立した。初代法相宗管長に法隆寺住職の千早定朝が就任した。

【法相曼荼羅】 ほっそうまんだら

弥勒菩薩を中心に法相宗の宗祖たちを描いた曼荼羅。

【法相曼荼羅】 ほっそうまんだら

鎌倉時代。絹本着色。縦一九六・〇センチメートル。横一五三・二センチメートル。至宝六‐一三八

【法相曼荼羅】 ほっそうまんだら

南北朝時代。絹本着色。縦一一四・四センチメートル。横六六・九センチメートル。至宝六‐一三九

【法相曼荼羅】 ほっそうまんだら

南北朝時代。絹本着色。額装。一面。縦八八・〇センチメートル。横四二・五センチメートル。至宝六‐一四一

【法螺貝】 ほらがい

延慶三年（一三一〇）。長三〇・〇センチメートル。八口は修正会や修二会などで使われている。僧具の一つ。具内側に「法隆寺奉施入上宮院　延慶三庚戌正月十六日二□敬白」の刻銘がある。至宝一四‐法会儀式具五六

【堀之内伊豆】 ほりのうちいず

慶長十七年（一六一二）四月八日に聖霊院へ釣燈籠を寄進。出典「刻銘」

【本性房】 ほんしょうぼう↓「頼舜」の項目を見よ。

【本生房】 ほんしょうぼう

天文十五年（一五四六）『現在僧名帳』に記載。この年に得度。生没年不詳。

【本所回向院御開帳場図】 ほんじょえこういんごかいちょうばのず

元禄七年（一六九四）に江戸本所回向院で行われた出開帳の指図のこと。

【梵天】 ぼんてん

大梵天ともいう。バラモン教の神が仏教に入って天部の最高位に置かれ仏法の守護神となった。

【梵天山不動石】 ぼんてんやまのふどういし

法隆寺裏山にある石のこと。安居のときに堂衆の行人が行う閼伽供花の行場の名称。

【梵天立像】 ぼんてんりゅうぞう

重文。奈良時代。塑像　彩色。像高一一〇・二センチメートル。

至宝三-塑像一〇五

【梵天立像】 ぼんてんりゅうぞう

重文。平安時代。寄木造　彩色。像高一六一・四センチメートル。

至宝四-一〇四

【品恵】 ほんね

法相、三論の学匠。弘仁二年（八一一）に維摩会講師に補任。法相宗や三論宗の学匠であることを『僧綱補任』に記載している。生没年不詳。

【梵音衆】 ぼんのんしゅう

聖霊会などの大会のときに梵音（声明）を唱和する大法師位の学侶のこと。

【本坊】 ほんぼう

法隆寺寺務所のこと。明治時代末期から西園院が法隆寺の本坊となった。

【梵網経】 ぼんもうきょう

平安時代書写。紺紙金泥。大乗戒を説く根本経典。聖徳太子真筆と伝え、その首題に太子の手の皮を捺したものという。出典 献納宝物

【本立房】 ほんりゅうぼう↓「懐道」の項目を見よ。

【前机】 まえづくえ

堂内の須弥壇の前にある机。三具足や五具足などの供養具を置く机のこと。

【前机】 まえづくえ

鎌倉時代。木造　黒漆塗。高一一七・〇センチメートル。天板一一〇・二×三七・五センチメートル。至宝一二-堂内具一

は行

【前机】 まえづくえ
鎌倉時代。木造　黒漆塗。高一二四・八センチメートル。天板一七九・二×四九・四センチメートル。至宝一二―堂内具二

【前机】 まえづくえ
鎌倉時代。木造　黒漆塗。高一〇六・九センチメートル。天板一二一・九×四三・一センチメートル。至宝一二―堂内具三

【前机】 まえづくえ
鎌倉時代。木造　黒漆塗。高二九・二センチメートル。天板六三・八×三三・五センチメートル。鷺脚形。至宝一二―堂内具五五

【前机】 まえづくえ
室町時代初期。木造　黒漆塗。高四八・五センチメートル。天板七七・五×二九・一センチメートル。至宝一二―堂内具三三

【前机】 まえづくえ
室町時代初期。木造　黒漆塗。高三〇・八センチメートル。天板七七・七×一九・〇センチメートル。至宝一二―堂内具三四

【前机】 まえづくえ
室町時代初期。木造　黒漆塗。高一一一・五センチメートル。天板一四八・七×四四・七センチメートル。剣巴形の装飾付。正徳年間（一七一一〜一六）の補修銘がある。至宝一二―堂内具七五

【前机】 まえづくえ
室町時代初期。木造　黒漆塗。高七二・八センチメートル。天板七八・七×三二・四センチメートル。剣巴形の装飾付。正徳年間（一七一一〜一六）の補修銘がある。至宝一二―堂内具七六

【前机】 まえづくえ
室町時代。木造　黒漆塗。高四七・三センチメートル。天板八二・三×三六・五センチメートル。至宝一二―堂内具八

【前机】 まえづくえ
室町時代。木造　黒漆塗。高三九・四センチメートル。天板七一・五×三五・一センチメートル。至宝一二―堂内具一〇

【前机】 まえづくえ
室町時代。木造　黒漆塗。高四九・六センチメートル。天板一〇四・五×四八・五センチメートル。至宝一一-堂内具一一

【前机】 まえづくえ
室町時代。木造　黒漆塗。高四五・四センチメートル。天板六五・二×三四・八センチメートル。至宝一一-堂内具一四

【前机】 まえづくえ
室町時代。木造　黒漆塗。高三七・〇センチメートル。天板五三・七×三二・〇センチメートル。至宝一一-堂内具一五

【前机】 まえづくえ
室町時代。木造　黒漆塗。高三三・五センチメートル。天板六一・〇×二九・三センチメートル。至宝一一-堂内具一六

【前机】 まえづくえ
室町時代。木造　黒漆塗。高五六・七センチメートル。天板一三〇・三×五六・五センチメートル。至宝一一-堂内具三六

【前机】 まえづくえ
元禄八年（一六九五）。木造　黒漆塗。高四〇・九センチメートル。天板一一二・四×三七・八センチメートル。至宝一一-堂内具三八

【前机】 まえづくえ
安政四年（一八五七）。木造　黒漆塗。高三五・七センチメートル。天板一八一・八×六〇・二センチメートル。聖徳太子二歳像の厨子を置く。至宝一一-堂内具七二

【孫右衛門】 まごえもん
瓦大工。藤原臣。寛永十六年（一六三九）九月に律学院大棟の鬼瓦を作った。出典「刻銘」

【孫太郎】 まごたろう
瓦工。永徳三年（一三八三）三月に修理した夢殿の棟札に「瓦工」と記載。

【孫六大夫清次】 まごろくだゆうきよつぐ

大工。貞治四年（一三六五）舎利殿黒漆宮殿の新造に従事。出典「天井墨書」

【政氏】 まさうじ

瓦工。永徳三年（一三八三）三月、夢殿の修理に従事。

出典「夢殿棟礼」

【正木直彦】 まさきなおひこ

美術行政官。教育家。号は十三松堂。明治三十四年（一九〇一）に東京美術学校長に就任。帝国美術院院長などを歴任。法隆寺を復興するために黒板勝美らとともに聖徳太子一千三百年御忌奉賛会（聖徳太子奉讃会）を組織することに尽力した。とくに昭和十二年（一九三七）に夢殿の本尊救世観音像厨子の新造を発願したが、完成目前の昭和十五年（一九四〇）二月二日、七十九歳で没。

【政実】 まさざね

瓦工。永徳三年（一三八三）三月、夢殿の修理に従事。

出典「夢殿棟礼」

【政次】 まさつぐ

鍛冶大工。橘。市左衛門。刀禰。貞享四年（一六八七）三月二十日、法隆寺鍛冶大工職に補任。出典『公文所補任記』

【桝田秀山】 ますだしゅうざん

「法隆寺住職」。大僧正。聖徳宗管長。元融通念仏宗の僧。西福寺住職。昭和二十七年（一九五二）九月二十八日、融通念仏宗西福寺の聖徳宗転宗を図るも関係者の同意を得られず同宗及び西福寺を離脱して一部の檀信家とともに聖徳宗へ入宗。昭和四十二年（一九六七）聖徳宗宗務長、法隆寺執事長に就任。昭和五十七年（一九八二）法隆寺副住職、法起寺住職となり、平成四年（一九九二）四月十五日、法隆寺住職に就任。平成七年（一九九五）四月に辞任し法隆寺長老となる。

【又三郎】 またさぶろう

鍛冶大工。慶長七年（一六〇二）十二月二十四日、法隆寺鍛冶大工職に補任。出典『公文所補任記』

【又三郎】またさぶろう
瓦大工。永享八年（一四三六）に南大門の瓦を作った。出典「刻銘」

【又四郎】またしろう
大工。永正九年（一五一二）政南院文殊堂の建立に従事。出典「政南院文殊堂棟札」

【松井市大夫】まついいちだゆう
棟梁。元禄五年（一六九二）『棟梁住所幷大工杣大鋸木挽人数作高之覚』に「並棟梁京都罷在候分・和州法隆寺西里住居仕候。今程主人方相詰罷在候」と記載。

【松田弘学】まつだこうがく
元末寺僧。中僧正。北室院の住。奈良北風呂柏氏の出身。嘉永三年（一八五〇）九月二十六日出生。文久元年（一八六一）三月二十一日、北室院の一源に従って得度。元治元年（一八六四）灌頂を受ける。明治三年（一八七〇）十一月十七日、北室院住職に就任。明治六年（一八七三）法隆寺の学侶に交衆。同年九月二十二日、教導職「試補」を拝命。法隆寺執事として寺務を担当した。明治三十八年（一九〇五）六月、北室院住職を辞任。成福寺に隠退。明治四十二年（一九〇九）十月十五日、五十七歳で没。

【松田弘然】まつだこうぜん
弘学の弟子。北室院の住。明治二十八年（一八九五）ごろ得度。明治三十年（一八九七）四度加行を修法。明治三十九年（一九〇六）五月三十一日、二十四歳で没。

【松田宗栄】まつだしゅうえい
末寺僧。真言律。弘道。北室院の住。明治十五年（一八八二）ごろ法隆寺の寺務に従事し法相宗独立にも尽力した。明治十七年（一八八四）聖徳太子勝鬘経講讃像を造顕。明治三十三年（一九〇〇）四月二十三日没。

【松並木】まつなみき
南大門前の参道のこと。弘長元年（一二六一）後嵯峨上皇行幸のときに作った。出典『別当記』

【松山采女】 まつやまうねめ

大工の武兵衛の別名。「武兵衛」の項目を参照。

【松山宗左衛門尉】 まつやまそうざえもんのじょう

慶長十一年（一六〇六）に修理した聖霊院の棟札に「官使下代」と記載。

【満実】 まんじつ

堂衆。寛喜二年（一二三〇）「上宮王院棟札」に「禅衆　法師　結縁衆」と記載。生没年不詳。

【満得尼】 まんとくに

壬辰年〔持統六年〈六九二〉〕に満得尼のために命過幡を作っている。出典 献納宝物。「墨書」

【三国国元】 みくにくにもと

興福寺系大工。寛喜二年（一二三〇）の夢殿の修理に従事。出典「夢殿棟札」

【三国国行】 みくにくにゆき

興福寺系大工。寛喜二年（一二三〇）の夢殿の修理や寛喜三年（一二三一）の三経院の修理に従事。出典「夢殿棟札」「三経院棟札」

【御輿】 みこし

室町時代。木造　朱漆塗。二基。「舎利御輿」高一五八・五センチメートル。横二七四・五センチメートル。「聖皇御輿」高一六〇・〇センチメートル。横二七五・〇センチメートル。聖霊会のときに南無仏舎利と聖徳太子童子形像を会場へ運ぶのに用いる。

【陵山】 みささきやま➡「藤ノ木古墳」の項目を見よ。

【水鏡御影】 みずかがみのみえ➡「聖徳太子水鏡御影」の項目を見よ。

【南甚介政次】 みなみじんすけまさつぐ

慶長十五年（一六一〇）六月に聖霊院へ釣燈籠を寄進。出典「刻銘」

【南六右衛門】みなみろくえもん
棟梁。元禄五年（一六九二）『棟梁住所幷大工杣大鋸木挽人数作高之覚』に「並棟梁和州法隆寺村其外方々罷在候分・和州法隆寺西里住居仕候」と記載。

【源近清】みなもとのちかきよ
興福寺系大工。寛喜三年（一二三一）三経院の修理に従事。出典「三経院棟木銘」

【源成利】みなもとのなりとし
興福寺系大工。寛喜二年（一二三〇）夢殿の修理や寛喜三年（一二三一）三経院の修理に従事。出典「夢殿棟札」「三経院棟札」

【妙阿弥】みょうあみ
仏師。応永二十四年（一四一七）十一月十八日に聖霊院へ聖徳太子形躰（懸仏）を奉納。出典「懸仏裏墨書」

【妙阿弥陀仏】みょうあみだぶつ
東大寺系大工。寛喜二年（一二三〇）夢殿の修理や寛喜三年（一二三一）三経院の修理に従事。出典「夢殿棟札」「三経院棟札」

【妙栄】みょうえい
新堂衆。大法師。慶道房。妙海の弟子。実相院の住。安政四年（一八五七）十二月十八日得度。元治元年（一八六四）十二月八日、大法師に補任。生没年不詳。

【明王院】みょうおういん
貞治二年（一三六三）に創建した真言密教の道場。「北金剛院」ともいう。宝光院の北に隣接していた子院。敷地内には護摩堂、聖天堂、十二天堂などがある。

【妙音院】みょうおんいん⇓「閼伽井坊」の別称。

【妙音院地蔵堂】みょうおんいんじぞうどう
重文。応安五年（一三七二）に建立した旧妙音院（閼伽井坊）本堂。桁行三間。梁間三間。入母屋造。本瓦葺。本尊は室町時代の地蔵菩薩半跏像。至宝一－一五

【妙海】　みょうかい
　権少僧都。二位公（刑部公〔卿〕・唯伝公）。行賛の弟子。普門院、福生院、吉祥院の住。尼崎藩家臣久保松氏の出身。文政十三年（一八三〇）十月得度。天保四年（一八三三）十二月五日、刑部卿光懐から二位公行秀に改名。天保九年（一八三八）十二月二十二日中臈位、天保十四年（一八四三）十二月二十二日成業大法師位、嘉永七年（一八五四）ごろ大蔵公妙海に改名。安政二年（一八五五）六月二十三日、権律師に補任。文久四年（一八六四）一月二十二日、権少僧都に昇進。尊皇の志が強く、和歌を好み清水寺の月照らとも親交があった。明治二年（一八六九）の寺法の大改正後は隠居して別院福生院や明王院と称した。明治七年（一八七四）一月二十五日没。世に「吉祥院妙海」という。

【命過幡】　みょうがばん
　故人に福徳を積ませるために作った幡のこと。

【明空】　みょうくう➡「了性」の項目を見よ。

【明算】　みょうさん
　寛喜二年（一二三〇）「上宮王院棟札」に「大法師結縁衆」と記載。生没年不詳。

【明識房】　みょうしきぼう➡「宥賛」の項目を見よ。

【妙春】　みょうしゅん
　寛永十四年（一六三七）十月に聖霊院へ釣燈籠を寄進。
出典「刻銘」

【明春房】　みょうしゅんぼう➡「実継」の項目を見よ。

【明舜房】　みょうしゅんぼう
　永禄十年（一五六七）『現在僧名帳』に記載。この年に得度。生没年不詳。

【明乗房】　みょうじょうぼう
　堂衆。天文十八年（一五四九）『現在僧名帳』に「堂

夏方」と記載。この年に得度。生没年不詳。

【妙専房】 みょうせんぼう➡「秀栄」の項目を見よ。

【明禅房】 みょうぜんぼう

元亀元年（一五七〇）『現在僧名帳』に記載。この年に得度。生没年不詳。

【明尊】 みょうそん

寛喜二年（一二三〇）「上宮王院棟礼」に「学衆　法師」と記載。生没年不詳。

【明等】 みょうとう

三綱。寛喜二年（一二三〇）「上宮王院棟礼」に「三綱　大法師」と記載。生没年不詳。

【妙道房】 みょうどうぼう➡「祐賛」の項目を見よ。

【明鑁】 みょうばん

嘉元三年（一三〇五）「聖徳太子絵伝紙背墨書銘」に記載。生没年不詳。

【妙法蓮華経】 みょうほうれんげきょう

初期大乗仏教を代表する経典。四〇六年に鳩摩羅什によって翻訳され、八巻二八品からなる。この経典は中国や日本で盛んに読誦や写経が行われ、仏教の興隆に多大の影響を及ぼした。とくに、聖徳太子が『法華経』『勝鬘経』『維摩経』を講讃したり、その注釈書である『三経義疏』を撰述して以来、奈良時代には鎮護国家の経典として盛んに写経などが行われている。

【弥勒院】 みろくいん

南北朝時代の創建。学侶坊。食堂の北に隣接していた子院。明治十一年（一八七八）に坊舎を取り畳み、院名を聖天堂供所に移した。

【弥勒院表門（現）】 みろくいんおもてもん（げん）➡「十方院表門」の項目を見よ。

【弥勒院表門（元）】 みろくいんおもてもん（もと）➡「護摩堂表門」の項目を見よ。

【弥勒上生経疏】 みろくじょうしょうきょうしょ
重文。中国唐代。巻子本。縦二九・二センチメートル。全長一五・二三メートル。未来仏の弥勒菩薩について説いた経典に対する慈恩大師の注釈。至宝七―その他の写経五

【弥勒如来坐像】 みろくにょらいざぞう
重文。平安時代。桜材　一木造　彩色。像高七一・五センチメートル。至宝四―五三

【弥勒如来坐像】 みろくにょらいざぞう
重文。平安時代。檜材　一木造　彩色。像高八〇・〇センチメートル。至宝四―五四

【弥勒如来坐像】 みろくにょらいざぞう
平安時代。檜材　一木造　彩色。像高二二・二センチメートル。至宝四―五五

【弥勒如来立像】 みろくにょらいりゅうぞう
鎌倉時代。一木造。総高一一・六センチメートル。至宝四―五六

【弥勒菩薩】 みろくぼさつ
釈迦に次いで悟りを開き、仏になることを約束されている菩薩の名称。兜率天で修行をしており、釈迦入滅後の五十六億七千万年後に竜華樹の下で成道し、人びとを済度するという。

【弥勒菩薩画像】 みろくぼさつがぞう
南北朝時代。絹本着色。縦一一〇・五センチメートル。横五三・二センチメートル。天明六年（一七八六）に修理。至宝六―一三五。
出典「墨書」

【弥勒菩薩坐像】 みろくぼさつざぞう
国宝。奈良時代。塑像　漆箔。総高八一・〇センチメートル。五重塔南面の中央に安置。至宝三―塑像八六

【弥勒菩薩坐像】 みろくぼさつざぞう
重文。奈良時代。木心　乾漆造　漆箔。像高六二・四センチメートル。至宝三―乾漆像六

【弥勒菩薩坐像】 みろくぼさつざぞう

重文。平安時代。木造　彩色。像高九四・〇センチメートル。至宝四—一三七

【弥勒菩薩坐像】 みろくぼさつざぞう

室町時代。檜材　寄木造　金泥。像高三五・六センチメートル。至宝四—一四〇

【弥勒菩薩半跏像】 みろくぼさつはんかぞう

金銅。総高三八・八センチメートル。推古十四年（六〇六）または天智五年（六六六）に高屋大夫が夫人のために造顕した弥勒菩薩像。出典 献納宝物

【弥勒菩薩半跏像】 みろくぼさつはんかぞう

重文。平安時代。檜材　彩色。像高九七・〇センチメートル。元禄四年（一六九一）修理。至宝四—一三六。出典「墨書」

【弥勒菩薩立像】 みろくぼさつりゅうぞう

鎌倉時代。檜材　寄木造　漆箔。像高七一・八センチメートル。寛永十四年（一六三七）の寄進銘がある。至宝四—一三八

【弥勒菩薩立像】 みろくぼさつりゅうぞう

室町時代。檜材　寄木造　素地。像高一〇六・〇センチメートル。至宝四—一三九

【民部卿】 みんぶきょう➜「栄廊」の項目を見よ。

【民部卿】 みんぶきょう➜「懐弘」の項目を見よ。

【民部卿】 みんぶきょう➜「堯珊」の項目を見よ。

【民部卿】 みんぶきょう➜「覚賢」の項目を見よ。

【民部卿】 みんぶきょう➜「懐甚」の項目を見よ。

【民部卿】 みんぶきょう➜「実然」の項目を見よ。

【民部公】 みんぶこう➜「舜慶」の項目を見よ。

【無垢浄光大陀羅尼経】 むくじょうこうだいだらにきょう

造塔や写経の功徳を説く経典。陀羅尼を書写して塔の中に納め、供養することによって長寿となり、心身の安穏はいうまでもなく、この世から全ての争いがなくなり、悪賊や怨敵を全て鎮撫すると説く。とくにその功徳は塔

ま行

を新しく造るだけではなく、古い塔を修理して供養しても同じであると説いている。この経典には根本・慈心（自心印）・相輪・六度・大呪王・修造仏塔の六種の陀羅尼をあげて書写・造塔・修法の功徳を述べている。しかし現存する百萬塔に納められている陀羅尼には修造仏塔と大呪王の二種類はない。

【無垢浄光陀羅尼塔】 むくじょうこうだらにとう⇒「百萬塔」の別称。

【無垢浄光陀羅尼塔壱萬基算塔】 むくじょうこうだらにとういちまんきさんとう⇒「一萬節塔」の別称。

【無垢浄光陀羅尼塔十萬基算塔】 むくじょうこうだらにとうじゅうまんきさんとう⇒「十萬節塔」の別称。

【蓆】 むしろ

奈良時代。褥の芯に使用した蓆。㈠長二四〇・〇センチメートル。幅一〇六・〇センチメートル。㈡長二三八・〇センチメートル。幅一〇六・〇センチメートル。㈢長一五〇・〇センチメートル。幅一〇六・〇センチメートル。至宝一二―荘厳具四九一～四九三

【宗次】 むねつぐ↓「辻忠衛門」の項目を見よ。

【宗友】 むねとも

興福寺系大工。寛喜二年（一二三〇）夢殿の修理や寛喜三年（一二三一）三経院の修理に従事。出典「夢殿棟札」「三経院棟札」

【無量寿院】 むりょうじゅいん↓「千範」の項目を見よ。

【明教房】 めいきょうぼう

大法師。応永五年（一三九八）「西円堂棟札」に「三昧衆」と記載。生没年不詳。

【茂助】 もすけ

大工。天明三年（一七八三）北室院の修理に従事。出典「北室院棟札」

【茂兵衛】 もへえ

大工。明和五年（一七六八）妻室の修理に従事。出典「妻室墨書」

【森智純】 もりちじゅん

元承仕。中僧都。泰琳房。遍照院、賢聖院、善住院、実相院の住。郡山柳町森中氏の出身。天保二年（一八三一）三月十五日出生。弘化二年（一八四五）十二月十五日、実然に従って得度。明治二年（一八六九）寺法の大改正により学侶に交衆。奠供長に就任。明治六年（一八七三）七月七日、賢聖院へ転住。同年九月二十二日、教導職「試補」に就任。大正九年（一九二〇）十一月三日、九十歳で没。

【森松】 もりまつ

児童。宝徳三年（一四五一）二月二十七日の聡明寺供養に西南院より出仕。

【文殊院】 もんじゅいん

鎌倉時代の創建。元堂衆坊。福生院の西側にあった子院。文化五年（一八〇八）十二月に庫裏を改築したが、安政三年（一八五六）の『自公儀梵鐘取調記』には「無住　無坊舎」とあり、明治時代初期に廃院となる。

【文殊菩薩】 もんじゅぼさつ

釈迦の滅後にインドに生まれた実在の人物とも伝える。仏の智恵を象徴する菩薩で諸菩薩中の上首とする。獅子に乗った姿や、釈迦の脇侍となっているものが多い。

【文殊菩薩騎獅像】 もんじゅぼさつきしぞう

重文。長禄三年（一四五九）七月に仏師の舜覚房春慶が西之院専祐の発願によって造顕したもの。像高四三・九センチメートル。安養院の本尊であったが、文化十三年（一八一六）に宝珠院の本尊として移遷。至宝四―一四四

【文殊菩薩坐像】 もんじゅぼさつざぞう

国宝。奈良時代。塑像。像高五二・四センチメートル。五重塔東面に安置。至宝三―塑像二

【文殊菩薩半跏像】 もんじゅぼさつはんかぞう

江戸時代。檜材　寄木造　彩色　金泥　切金。像高八二・二センチメートル。至宝四―一四五

【文殊菩薩立像】もんじゅぼさつりゅうぞう
重文。白鳳時代。木造　漆箔。総高八五・七センチメートル。六観音の一つ。至宝四―一四九

【門平】もんへい
大工。天明三年（一七八三）北室院の修理に従事。
出典「北室院棟札」

【薬師院】やくしいん
江戸時代の創建。末寺。浄土宗。福厳院の西に隣接していた子院。江戸時代中期には廃院。

【薬師悔過】やくしけか
薬師如来の前で罪過を懺悔する法要。法隆寺では西円堂で行われる「修二会」のことをいう。弘長元年（一二六一）に始行されている。

【薬師如来】やくしにょらい
「薬師瑠璃光如来」ともいう。医王として人びとの心身の病を治療し、苦悩を救済する仏。脇侍には日光菩薩と月光菩薩を従え、眷属には十二神将が追従している。

【薬師如来坐像】やくしにょらいざぞう
国宝。飛鳥時代。金銅。像高六三・八センチメートル。金堂東之間の本尊。用明天皇のために推古天皇と聖徳太子が造顕したものとする光背銘がある。至宝三―金銅仏二

【薬師如来坐像】やくしにょらいざぞう
重文。飛鳥～奈良時代。銅造　鍍金。像高一五・四センチメートル。西円堂本尊薬師如来胎内仏。至宝三―金銅仏一三

【薬師如来坐像】やくしにょらいざぞう
国宝。奈良時代。脱活乾漆造　漆箔。像高二四六・三センチメートル。西円堂の本尊。養老年間（七一七～七二四）に行基が橘夫人のために造顕したとする寺伝がある。至宝三―乾漆一

【薬師如来坐像】やくしにょらいざぞう
重文。奈良時代。塑像。像高六〇・九センチメートル。至宝三―塑

像一〇七

【薬師如来坐像】やくしにょらいざぞう

重文。平安時代。桜材　一木造　彩色。像高五六・〇センチメートル。至宝四－一一

【薬師如来坐像】やくしにょらいざぞう

平安時代。檜材　一木造　漆箔。像高五九・三センチメートル。至宝四－一二

【薬師如来坐像】やくしにょらいざぞう

重文。平安時代。木造　漆箔。像高八六・五センチメートル。至宝四－一三

【薬師如来坐像】やくしにょらいざぞう

重文。平安時代。桜材　一木造　漆箔。像高八〇・四センチメートル。「如来像」とも呼ぶ。至宝四－五八

【薬師如来三尊像】やくしにょらいさんぞんぞう

国宝。平安時代。檜材　漆箔。像高「中尊」二四七・二センチメートル。「両脇侍」一七二・一センチメートル。大講堂の本尊。三尊ともに蓮華座に坐し、透彫の舟形光背を背負っている。この三尊像は大講堂が再建された正暦元年（九九〇）ごろに造顕したと考えられている。至宝四－九

【薬師如来三尊像】やくしにょらいさんぞんぞう

重文。平安時代。木造　漆箔。像高「中尊」八五・五センチメートル。「日光菩薩」一〇四・七センチメートル。「月光菩薩」一〇三・〇センチメートル。至宝四－一〇

【薬師如来三尊像】やくしにょらいさんぞんぞう

室町時代。桜材　一木造　素地。黒漆塗厨子附属。像高「中尊」一二・七センチメートル。「両脇侍」一〇・〇センチメートル。至宝四－一四

【薬師坊】やくしぼう

鎌倉時代の創建か。西円堂に附属する坊舎のこと。「西円堂堂司住坊」「西円堂御供所」ともいう。

【薬師坊表門】やくしぼうおもてもん

江戸時代。薬医門。本瓦葺。至宝二―五八

【薬師坊庫裏】やくしぼうくり

重文。室町～江戸時代。桁行一八・〇〇メートル。梁行七・九〇メートル。東面切妻造。西面寄棟造。桟瓦葺。至宝二―五八

【弥次兵衛】やじべえ

大工。東里の住。正徳五年（一七一五）相殿（東院）の修理や弥勒院表門の建立に従事。出典「相殿墨書」「弥勒院表門棟札」

【安井弥平】やすいやへい

瓦大工。法隆寺村市場の住。明治十二年（一八七九）に春日赤童子像、立田老翁化現立像などを造顕。

【安右衛門】やすえもん

大工。本町の住。元禄十三年（一七〇〇）宝珠院庫裏の修理に従事。出典「宝珠院庫裏棟札」

【安田伊右衛門】やすだいえもん

大工。西里の住。享保三年（一七一八）中院庫裏の修理に棟梁として従事。出典「中院庫裏棟札」

【安田喜平次】やすだきへいじ

棟梁。元禄五年（一六九二）『棟梁住所幷大工杣大鋸木挽人数作高之覚』に「並棟梁和州法隆寺村其外方々罷在候分・和州法隆寺西里住居仕候」と記載。

【安田次郎大夫】やすだじろうだゆう

棟梁。元禄五年（一六九二）『棟梁住所幷大工杣大鋸木挽人数作高之覚』に「並棟梁和州法隆寺村其外方々罷在候分・和州法隆寺西里住居仕候」と記載。

【安田宗三郎】やすだそうざぶろう

大工。元和九年（一六二三）「宝積寺棟札」に「大日講衆」と記載。

【安田杢兵衛】やすだもくべえ

棟梁。元禄五年（一六九二）『棟梁住所幷大工杣大鋸木挽人数作高之覚』に「並棟梁和州法隆寺村其外方々罷

在候分・和州法隆寺西里住居仕候」と記載。

【矢野与次兵衛義政】 やのよじへえよしまさ

元禄九年（一六九六）五重塔の修理に従事。出典「五重塔棟札」

【藪内菊蔵】 やぶうちきくぞう

大工。明治二十三年（一八九〇）西円堂鐘楼の建立に従事。明治二十八年（一八九五）の夢殿、明治三十年（一八九七）の法起寺、明治三十四年（一九〇一）の中門などの修理に従事。出典「西円堂鐘楼棟札」「夢殿棟札」「中門棟札」

【藪内行意】 やぶのうちぎょうい

元承仕。権少僧都。勝円房。福城院、法華院、福生院の住。法隆寺村藪内氏の出身。文政五年（一八二二）十二月二十五日出生。天保五年（一八三四）十一月十八日、行賛に従って得度。天保九年（一八三八）に灌頂を受ける。天保十四年（一八四三）二月二十八日、福城院に止住。明治二年（一八六九）寺法の大改正により学侶に交衆。修理兼勧進副に就任。同年十一月、法華院に転住。同年、福生院に転住。明治六年（一八七三）九月二十二日、教導職「試補」を拝命。明治二十九年（一八九六）二月二十一日、七十一歳で没。

【弥兵衛】 やへえ

大工。西里の住。元禄九年（一六九六）宝珠院表門の修理に従事。出典「宝珠院表門棟札」

【弥兵衛】 やへえ

大工。西里の住。寛延元年（一七四八）弥勒院表門の修理に従事。出典「弥勒院表門貝型墨書」

【山飾】 やまかざり

会式の供物の名称。大きな藁の芯を三方に立て、松、杉、橘の葉などを付け、団子で拵えた梅、水仙、鳥（鳳凰）、燕や柿揚、輪餅、ミカンなどで飾ったものを「山」と呼び、これを一対供える。これは須弥山をかたどったものといわれている。米粉をついた団子を粘土細工のように手でねって拵え、竹櫛で紐で縛りつけたもので「五本枝の梅」(六本)、「三本枝の梅」(五〇本)、「水仙」(三〇本)、これらを三角状に三本ずつ正面に付けている。米粉を搗いた団子を型で押し、型通りに小刀で切り抜き、食用の色粉(赤、緑、黄)で彩色し、二《メートル》位の割竹に刺したもの。「見返りの鳥」(四二羽、左右に二一羽ずつ分ける)、「左向きの鳥」(四五羽、東側の山)、「右向きの鳥」(四五羽、西側の山)、「くちばしの開いた燕」(二〇羽、東側の山)、「くちばしの閉じた燕」(二〇羽、西側の山)、これらは鳳凰、極楽鳥ともいわれ「阿」と「吽」に表現している。「柿揚」とは米粉を水で溶き酒と醤油を少量入れ、高五《センチメートル》、直径一二《センチメートル》位の円筒状の型の中で油で揚げたもので三六箇作られる。その中央には味付と装飾を兼ねて、十字に裂いて花状にした干柿を入れ、金箔を少し付けて仕上げている。「輪餅」とは高二《センチメートル》、直径一五《センチメートル》位の輪状に入れて固めた餅のこと。藁の芯から九段目までは四つ切り、六段目より少しずつ間隔を開け、一〇段目は半切り、一一段目は四分の三、一二段目は輪餅を刺し、その間に杉の葉を差し入れて形を整え、切り口を揃えて藁の芯が見えないようにする。「松刺」とは梅や鳥などを取り付けるもので高七〇《センチメートル》、直径五〇《センチメートル》位の竹で編んだ松の葉を一面に差し込んだ一対のものをいう。下から五色の帯状の曲物を付け、その上に細い竹櫛に刺したミカンを巻き付け柿揚、水仙、梅の順に付けてゆき、上部に鳥や燕を差し込んでいる。その上に蓮飾付きの宝珠を付けた螺旋状の模様の付いた棒を立て、橘の葉や銀紙で作った幢幡をつるしている。

【山口大口費】 やまぐちおおぐちのあたい

金堂の四天王像を造顕した飛鳥時代の仏師の名前。

【山崎善三郎】 やまざきぜんざぶろう

大工。法隆寺村本町の住。明治十三年(一八八〇)三経院の修理に従事。出典「三経院棟札」

【山背王像】 やましろおうぞう

国宝。平安時代。彩色 切金。像高六三・九《センチメートル》。聖霊院西厨子に安置。聖徳太子の長男の坐像。袈裟を着し如意を持っている姿を表現したもの。至宝四-一四九-(二)

【山背王立像】やましろおうりゅうぞう
塑像。明治十二年（一八七九）に千早定朝が発願して瓦工の安井弥平が造顕した。現存しない。

【山背大兄王】やましろおおえのおう
聖徳太子の長男。母は蘇我馬子の娘、刀自古郎女。皇極二年（六四三）に蘇我入鹿が山背王を攻め、王は一族の人びとと斑鳩寺で自害した。これによって上宮王家は滅びた。

【大和国無足人日記】やまとのくにむそくにんにっき
➡「山本平左衛門日並記」の項目を見よ。

【山部】やまべ
辛酉年（養老五年〔七二一〕）に法隆寺近郊の氏族であった山部氏が平絹の命過幡を作っている。出典 献納宝物。「墨書」

【山部五十戸婦】やまべいそとふ
癸亥年（養老七年〔七二三〕）に法隆寺近郊の氏族であった山部五十戸婦が平絹の命過幡を作っている。出典 献納宝物。「墨書」

【山本角右衛門】やまもとかくえもん
棟梁。元禄五年（一六九二）『棟梁住所并大工杣大鋸木挽人数作高之覚』に「並棟梁京都罷在候分・和州法隆寺西里住居仕候。今程主水方相詰罷在候。病気に付法隆寺へ罷在候」と記載。

【山本平左衛門日並記】やまもとへいざえもんひなみき
大和国添上郡田原郷の住人で藤堂藩の無足人である山本平左衛門忠辰が書いた日並記録。「大和国無足人日記」ともいう。平左衛門は覚勝の兄。法隆寺の中院に滞在していたころの貴重な記録もある。

【弥六】やろく
鋳物師。藤原姓。左衛門尉。永禄三年（一五六〇）十二月二十九日、法隆寺鋳物師に補任。出典『公文所補任記』

【唯識曼荼羅図】 ゆいしきまんだらず

室町時代。絹本着色。縦一〇三・〇センチメートル。横四三・二センチメートル。至宝六–一四〇

【唯心院】 ゆいしんいん➔「覚賢」の項目を見よ。

【唯尊】 ゆいそん

永久四年（一一一六）ごろ五師に補任。生没年不詳。

【唯伝公】 ゆいでんこう➔「妙海」の項目を見よ。

【維摩】 ゆいま

ビマールキールティ。『維摩経』の中心人物。「浄名」「浄名大士」「維摩詰」ともいう。インドのバイシャリーの富豪で大乗仏教の奥義を究めた居士の名前。

【維摩会講問日記】 ゆいまえこうもんにっき

正安二年（一三〇〇）書写。縦二六・四センチメートル。横二〇・五センチメートル。興福寺で行われる維摩会の問答に関する日記。

【維摩会問答記】 ゆいまえもんどうき

鎌倉時代書写。縦二七・六センチメートル。横二〇・二センチメートル。

【維摩詰】 ゆいまきつ➔「維摩」の項目を見よ。

【維摩詰所説経】 ゆいまきつしょせつきょう➔「維摩経」の項目を見よ。

【維摩経】 ゆいまきょう

「維摩詰所説経」ともいう。初期大乗の代表的な経典。インドのバイシャリーの富豪で大乗仏教の奥義を究めた維摩を主人公にした物語。維摩の病床を訪ねた仏弟子の文殊との問答の形式をとっている。「維摩と文殊の問答」として知られている。

【維摩経義疏】 ゆいまきょうぎしょ

聖徳太子が推古二十年（六一二）に撰述した『維摩経』の注釈書。

【維摩経義疏写本】 ゆいまきょうぎしょしゃほん

法隆寺に現存する平安時代初期の写本はわが国最古のもので、永万二年（一一六六）五月に移点された朱点や墨書による校合、書入れなどが見られる。書風は聖徳太子の自筆本といわれる『法華義疏』に似ているところがあり、原本を臨書した可能性が高い。巻子本。二巻。「巻下一」縦二七・五センチメートル。全長八・六八メートル。「巻下二」縦二七・六センチメートル。全長一一・六三メートル。至宝七―その他の写経三六、三七

【維摩経疏菴羅記】 ゆいまきょうそあんらき

鎌倉時代の学僧凝然が法隆寺上宮王院北室の乗円の要請によって著した『維摩経義疏』の注釈書。四〇巻。

【維摩居士坐像】 ゆいまこじざぞう

国宝。奈良時代。塑像。像高四五・二センチメートル。五重塔東面に安置。至宝三―塑像一

【ユウ阿弥】 ゆうあみ

瓦大工。寿王三郎のこと。永享二年（一四三〇）十月十二日に綱封蔵の軒丸瓦、享徳四年（一四五五）には妻室の瓦を作った。そのころほぼ全伽藍の瓦を作っている。

出典「瓦刻銘」

【有英】 ゆうえい

永徳二年（一三八二）十月五日『僧有英田地売券』に記載。『応安年中以来法隆寺評定日記』に永和四年（一三七八）八月二十八日～康応元年（一三八九）まで五師をつとめたと記載。生没年不詳。

【有円】 ゆうえん

金堂十僧。得業。浄円房。康永四年（一三四五）八月十五日、七十六歳で没。

【有円】 ゆうえん

権律師。通円房。貞治二年（一三六三）護摩供の供僧。護摩堂へ厨子入金聖天像一体を寄進。応安四年（一三七一）『上御堂本尊修復結縁文書』に記載。生没年不詳。

【有賀】ゆうが

律師。源識房。中道院の住。応永九年（一四〇二）『児童大衆等規式間事』に記載。『応安年中以来法隆寺評定日記』に応永三十年（一四二三）十二月七日～永享十二年（一四三〇）まで五師をつとめたと記載。永享十年（一四三八）南大門再興の修理奉行に補任。嘉吉二年（一四四二）二月二十三日の竜田社頭舞楽法会に左方衲衆として出仕。文安三年（一四四六）六月、舎利預に補任（六十五歳）。文安六年（一四四九）三月十一日の新福寺供養に衲衆、宝徳三年（一四五一）二月二十七日の聡明寺供養に衲衆及び唄師として出仕。宝徳三年八月一日、七十歳で没。

【猷海】ゆうかい

大夫公。妙海の弟子。吉祥院の住。南都衆徒菊岡氏の出身。幼名、寿丸。万延元年（一八六〇）一月八日得度。慶応二年（一八六六）ごろ退院。

【祐懐】ゆうかい

権少僧都。中務公。慶雲の弟子。弥勒院、阿弥陀院の住。下加茂社家広庭氏の出身。幼名、重丸。宝暦二年（一七五二）十一月二十六日得度。宝暦五年（一七五五）十二月二十二日、講衆。宝暦十三年（一七六三）十二月二十二日、中臈位。明和二年（一七六五）阿弥陀院へ転住。安永九年（一七八〇）十二月二十二日、成業大法師。安永十年（一七八一）一月二十二日、権律師に補任。天明元年（一七八一）十二月二十二日、三十七歳で権少僧都に昇進。寛政元年（一七八九）十一月十八日隠退。観行院と号す。文化二年（一八〇五）十二月二十三日没。自ら聖徳太子像などを彫刻している。

【祐海】ゆうかい

大法師。応永九年（一四〇二）『児童大衆等規式間事』、応永二十二年（一四一五）『順禅房罪科間事』に記載。嘉吉二年（一四四二）二月二十三日の竜田社頭舞楽法会に右方甲衆として出仕。文安五年（一四四八）二月書写の『太子伝玉林抄』を校合した。生没年不詳。

【融懐】ゆうかい

応永九年（一四〇二）『児童大衆等規式間事』に記載。生没年不詳。

【祐行】 ゆうぎょう

応永九年（一四〇二）『児童大衆等規式間事』に記載。生没年不詳。

【宥継】 ゆうけい

堂衆行人方。明存房。宥賛の弟子。十方院後住。享保九年（一七二四）得度。享保十七年（一七三二）『年会日次記』まで記載。生没年不詳。

【祐慶】 ゆうけい

堂衆。大法師。長学房。発志院の住。承応二年（一六五三）得度。元禄十二年（一六九九）四月三日没。

【酉元】 ゆうげん

大禅師。浴室の額を揮毫。元文元年（一七三六）九月十五日没。

【有玄】 ゆうげん

五師。教賢房。良寛別当の在任中（文保二年（一三一八）～元亨元年（一三二一））に在聴法橋良玄の代官に補任。生没年不詳。

【融厳】 ゆうげん

金堂十僧。承元三年（一二〇九）ごろ金堂十僧に入供。嘉禄三年（一二二七）五月十日『法隆寺大法師隆詮外十二僧連署契状』に記載。生没年不詳。

【宥賛】 ゆうさん

堂衆行人方。明識房。十宝院の住。宝永六年（一七〇九）二月二十八日得度。元文五年（一七四〇）十二月退院。

【有算】 ゆうさん

正応四年（一二九一）に上宮王院へ前机一脚を寄進。生没年不詳。

【有算】　ゆうさん
応永九年（一四〇二）『児童大衆等規式間事』に記載。生没年不詳。

【祐賛】　ゆうさん
新堂衆。妙道房。懐厳の弟子。天保五年（一八三四）得度。安政元年（一八五四）十二月五日退院。

【有実】　ゆうじつ
「一臈法印」。法印。五師。願舜房。脇坊の住。応安四年（一三七一）『上御堂本尊修復結縁文書』、明徳五年（一三九四）「三月九日評定」に記載。『応安年中以来法隆寺評定日記』に明徳三年（一三九二）二月十一日～応永元年（一三九四）まで五師をつとめたと記載。応永十年（一四〇三）八月、舎利預に補任。応永十二年（一四〇五）一臈法印に昇進。護摩堂へ仏器一面を寄進。応永二十四年（一四一七）六月十四日没。

【祐重】　ゆうじゅう
堂衆。大法師。応永九年（一四〇二）『児童大衆等規式間事』に記載。永享三年（一四三一）に上御堂へ仏器を施入。生没年不詳。

【祐舜】　ゆうしゅん
得業。西之院の住。天文十七年（一五四八）『奉唱大別当御拝堂威儀僧事』に「威儀僧」と記載。永禄七年（一五六四）に大講堂の礼盤を造顕。生没年不詳。

【有助】　ゆうじょ
「一臈法印」。律師。天正二年（一五七四）九月、舎利預に補任。天正九年（一五八一）一臈法印に昇進。天正十一年（一五八三）七月二十七日、六十七歳で没。

【宥盛】　ゆうじょう
承仕。勝南房。勝純の弟子。金剛院の住。安永七年（一七七八）十一月二十四日得度。文化元年（一八〇四）十二月六日没。

【有乗】　ゆうじょう

応永二十二年（一四一五）『順禅房罪科間事』に記載。生没年不詳。

【祐盛】　ゆうじょう
承仕。勝円房。金剛院の住。元禄十年（一六九七）得度。享保二十年（一七三五）九月十一日没。

【祐乗房】　ゆうじょうぼう➡「英胤」の項目を見よ。

【宥信】　ゆうしん
堂衆行人方。夏一戒師。大法師。養識房。橋之坊の住。正保四年（一六四七）得度。元禄十七年（一七〇四）、宝永四年（一七〇七）聖霊会の読師になる。宝永五年（一七〇八）六月二十二日没。

【有真】　ゆうしん
大法師。五師。明徳五年（一三九四）「三月九日評定」に記載。生没年不詳。

【祐信】　ゆうしん

承仕。寿見房。円成院の住。宝暦十二年（一七六二）六月十七日得度。生没年不詳。

【有禅】　ゆうぜん
堂衆。寛喜二年（一二三〇）「上宮王院棟札」に「禅衆　法師」と記載。生没年不詳。

【宥専房】　ゆうせんぼう➡「訓了」の項目を見よ。

【祐尊】　ゆうそん
内膳公。慶祐の弟子。橘院の住。郡山藩家臣関氏の出身。幼名、常丸。文化十三年（一八一六）八月二十八日得度。文政二年（一八一九）十二月五日退院。

【有尊】　ゆうそん
法師。嘉吉二年（一四四二）二月二十三日の竜田社頭舞楽法会に右方錫杖衆、文安六年（一四四九）三月十一日の新福寺供養に錫杖衆として出仕。生没年不詳。

【有朝】　ゆうちょう

五師。浄泉房。貞和三年（一三四七）一月、金堂預に補任。観応三年（一三五二）一月十一日没。

【祐範】 ゆうはん

堂衆。泰甚房。千手院の住。貞享二年（一六八五）『現在僧名帳』に記載。この年に得度。元禄八年（一六九五）の『年会日次記』まで記載。生没年不詳。

【祐誉】 ゆうよ

末寺僧。浄土律。宗源寺の住。文政七年（一八二四）六月二十九日没。

【瑜伽師地論断簡】 ゆがしじろんだんかん

弥勒（マイトレーヤ）が説いたもので、唯識中道の悟りに入ることを詳しく記している。唐の玄奘が翻訳して一〇〇巻とした。法隆寺に現存する瑜伽師地論の断簡（断片のこと）は五重塔から発見されたもので、その末尾に「天平四年（七三二）歳　次壬申五月廿三日誓願。瑜伽論書写依功徳七世。現在父母六親法界衆生。済三途苦欲弥勒面奉。為仏成。照浄尼」の奥書がある。この天平四年の書写年代は天平年間（七二九〜四九）における五重塔塑像の修理時期と極めて近いこともあり、それが完成したときに南面の弥勒浄土に納めた可能性もある。

【行文】 ゆきふみ

鍛冶工。寛喜二年（一二三〇）夢殿の修理に従事。

出典「夢殿棟札」

【夢違観音菩薩像】 ゆめちがいかんのんぼさつぞう

この観音に祈ることによって悪夢を転じて利益を蒙るという信仰に由来した名前。「観音菩薩立像」の項目を参照。

【湯屋坊】 ゆやぼう

室町時代の創建。大湯屋に附属する坊舎の名称。江戸時代に廃院となった。

【養海房】 ようかいぼう➡「壱英」の項目を見よ。

【永業】 ようごう

大禅師。奈良時代末期ごろの僧。東院院主に補任。上御堂や西松尾寺、聡明寺などを建立したという。生没年不詳。

【養識房】 ようしきぼう➜「宥信」の項目を見よ。

【楊枝御影】 ようじのみえ➜「聖徳太子水鏡御影」の項目を見よ。

【養寿院】 ようじゅいん➜「淳識」の項目を見よ。

【養寿院】 ようじゅいん➜「宣識」の項目を見よ。

【養寿院】 ようじゅいん

寺地不明。江戸時代に改称した子院の名称。江戸時代末期の養寿院の図面が残っている。江戸時代末期に他の子院と合併した可能性が高い。

【陽春房】 ようしゅんぼう

堂衆。天文十九年（一五五〇）『現在僧名帳』に「堂夏方」と記載。この年に得度。生没年不詳。

【陽専房】 ようせんぼう➜「貞胤」の項目を見よ。

【陽禅房】 ようぜんぼう

堂衆。善住院の住。弘治三年（一五五七）『現在僧名帳』に「堂夏方善住院」と記載。この年に得度。生没年不詳。

【養善房】 ようぜんぼう

承応三年（一六五四）『現在僧名帳』に記載。この年に得度。生没年不詳。

【陽遍】 ようへん

正暦二年（九九一）十月二十三日『法隆寺僧陽遍家地売券』に記載。生没年不詳。

【用明天皇御忌】 ようめいてんのうぎょき

聖徳太子の父である用明天皇（用明二年〔五八七〕没）の命日の四月九日に聖霊院で行う法要の名称。法隆寺では平成八年（一九九六）から厳修している。

【養老五年命過幡】 ようろうごねんみょうがばん

奈良時代。絹製。長六五・〇センチメートル。幅二三・〇センチメートル。法隆寺近郊の氏族であった山部氏が辛酉年（養老五年〈七二一〉）に作った命過幡のこと。出典献納宝物。「墨書」

【養老七年命過幡】ようろうしちねんみょうがばん

奈良時代。絹製。長五八・五センチメートル。幅二七・五センチメートル。山部五十戸婦が癸亥年（養老七年〈七二三〉）に命過幡を作っている。出典献納宝物。「墨書」

【浴室扁額】よくしつへんがく

江戸時代。木製。縦四八・〇センチメートル。横一〇〇・〇センチメートル。酉元筆（元文元年〈一七三六〉）。大湯屋の表門に懸かっている扁額。至宝一二―五四七

【横井宗清】よこいむねきよ

寛永十六年（一六三九）十一月に律学院の宝前に石燈籠を寄進。出典「刻銘」

【横入】よこいり

興福寺などの諸大寺から法隆寺の寺僧に加入するときに使われる用語。他の宗派から加入する例はない。元禄十四年（一七〇一）に勝訓が良英と慶懐の間に交衆したときの記録に横入とある。

【吉実】よしざね

瓦工。永徳三年（一三八三）三月に修理した夢殿の棟札に「瓦工」と記載。

【義平】よしへい

大工。円成井村の住。正徳五年（一七一五）相殿（東院）の修理や弥勒院表門の建立、寛延三年（一七五〇）東院西廻廊の修理に従事。出典「相殿墨書」「弥勒院表門棟札」「東院西廻廊墨書」

【与次兵衛】よじべえ

大工。円成井村の住。元禄九年（一六九六）の五重塔や政南院本堂、正徳五年（一七一五）の相殿（東院）の修理に従事。出典「政南院本堂墨書」

【吉村周圭】よしむらしゅうけい

絵師。大坂の玉屋町の住。絵殿（東院）の障子絵を天明七年（一七八七）に模写している。

【寄鹿門】 よせしかもん

政南院の近くに位置している門の名称。

【与兵衛】 よへえ

大工。西里の住。享保三年（一七一八）の中院庫裏、享保十一年（一七二六）の天満宮、享保二十年（一七三五）の律学院、元文二年（一七三七）の天満宮の修理に従事。出典「中院庫裏棟札」「天満宮棟札」「律学院墨書」「天満宮棟札」

【因可池】 よるかのいけ

旧蓮光院の寺地にある池の名称。斑鳩宮の近くにあった池として『万葉集』などにも紹介されている。平成十年（一九九八）七月に池の傍に因可池の石碑を建立した。

【頼栄】 らいえい

堂衆。大法師。良宣房。善住院の住。宝永五年（一七〇八）六月二十二日没。

【頼栄】 らいえい

堂衆行人方。大法師。専真房（大良房）。実賢の弟子。政南院の住。郡山の出身。寛延三年（一七五〇）二月二十七日得度。明和三年（一七六六）十二月、大法師に補任。寛政九年（一七九七）寺法の大改正により隠退。金光院と号す。文化四年（一八〇七）七月十九日、六十八歳で没。

【頼英】 らいえい

大法師。春学房。応永九年（一四〇二）『児童大衆等規式間事』に記載。永享十年（一四三八）南大門再興の奉行衆に補任。嘉吉二年（一四四二）二月二十三日の竜田社頭舞楽法会に左方梵音衆として出仕。生没年不詳。

【頼英】 らいえい

「一臈法印」。権少僧都。宝蔵院の住。天正八年（一五八〇）一月二十三日、舎利預に補任。天正十一年（一五八三）一臈法印に昇進。文禄三年（一五九四）ごろ没。

【頼円】　らいえん

「法隆寺別当」。法印。興福寺東北院の僧。弘長二年（一二六二）六月、法隆寺別当に補任。文永三年（一二六六）に辞任。生没年不詳。

【頼縁】　らいえん

堂衆行人方。大泉房。頼栄の弟子。寛政七年（一七九五）二月五日得度。寛政九年（一七九七）『年会日次記』まで記載。生没年不詳。

【頼賀】　らいが

法師。嘉吉二年（一四四二）二月二十三日の竜田社頭舞楽法会に左方錫杖衆として出仕。

【頼暁】　らいぎょう

応永九年（一四〇二）『児童大衆等規式間事』に記載。生没年不詳。

【頼賢】　らいけん

「一臈法印」。大僧都。大膳公。頼算の弟子。宝珠院、善住院の住。高市郡土佐藩家臣中山氏の出身。文政八年（一八二五）十月十四日得度。天保十年（一八三九）十二月二十二日、成業大法師位になる。天保十二年（一八四一）十一月二十二日、権律師。安政四年（一八五七）十二月二十二日、権少僧都に補任。万延二年（一八六一）宝珠院より善住院へ転住。文久四年（一八六四）一月二十二日、一臈法印に昇進。明治二年（一八六九）寺法の大改正により法務代に補任。明治三年（一八七〇）の聖徳太子一千二百五十年忌後は隠居。明治五年（一八七二）十月一日、五十七歳で没。

【頼玄】　らいげん

堂衆行人方。大法師。良寛房。頼栄の弟子。善住院の住。宝永三年（一七〇六）得度。享保九年（一七二四）五月十日没。

【頼弘】　らいこう

権少僧都。文禄二年（一五九三）新堂の修理奉行。慶長六年（一六〇一）八月二十一日、舎利預に補任。慶長十年（一六〇五）七月二十九日、六十八歳で没。

【頼算】 らいさん

堂衆行人方。大法師。英乗の弟子。善住院の住。貞享二年（一六八五）二月二十五日、五十四歳で没。

【頼算】 らいさん

権大僧都。侍従公。覚賢の弟子。政南院、善住院、宝珠院の住。医師山中氏の養子。幼名、千代麿。寛政十二年（一八〇〇）十月得度。文政十一年（一八二八）政南院より善住院へ転住。天保三年（一八三二）八月、舎利下旬預に補任。天保十二年（一八四一）法印権大僧都に昇進。同年十一月、柳原中納言の猶子となる。天保十三年（一八四二）七月十四日没。

【頼実】 らいじつ

応永九年（一四〇二）『児童大衆等規式間事』に記載。生没年不詳。

【頼実】 らいじつ

律師。聖禅房。西南院の住。享禄三年（一五三〇）四月十四日、舎利預に補任（六十二歳）。天文元年（一五三二）八月十一日、六十四歳で没。

【頼秀】 らいしゅう

僧都。寛永六年（一六二九）に舎利預に補任。生没年不詳。

【頼春】 らいしゅん

法師。文禄四年（一五九五）得度。慶長十一年（一六〇六）に修理した聖霊院、南大門、伝法堂などの棟札に「伝灯法師」と記載。生没年不詳。

【頼舜】 らいしゅん

応永九年（一四〇二）『児童大衆等規式間事』に記載。生没年不詳。

【頼舜】 らいしゅん

本性房。寛永十二年（一六三五）『現在僧名帳』に記載。この年に得度。生没年不詳。

【頼舜房】らいしゅんぼう➜「懐祐」の項目を見よ。

【頼順房】らいじゅんぼう➜「英尊」の項目を見よ。

【頼順房】らいじゅんぼう

寛文三年（一六六三）『現在僧名帳』に記載。この年に得度。生没年不詳。

【頼清】らいしょう

寛喜二年（一二三〇）「上宮王院棟札」に「大法師結縁衆」と記載。生没年不詳。

【頼乗】らいじょう

「法隆寺別当」。僧正。興福寺安養院の僧。応安三年（一三七〇）二月二十一日、法隆寺別当に補任。二年間在任。

【頼盛】らいじょう

宗禅房。目安の住。鼓胴の作者。延文元年（一三五六）の「黒漆鼓胴」に「篳篥吹寺僧五十六」と記載。出典 献納宝物。「黒漆鼓胴内墨書」

【頼乗】らいじょう

応永九年（一四〇二）『児童大衆寺規式間事』に記載。生没年不詳。

【頼乗房】らいじょうぼう➜「良英」の項目を見よ。

【頼宣】らいせん

堂衆行人方。識乗房。頼栄の弟子。善住院の住。宝永二年（一七〇五）五月九日没。

【頼宣】らいせん

宮内卿（大光房）。頼賢の弟子。政南院、安養院の住。高市郡土佐藩家臣松田氏の出身。天保十四年（一八四三）十月十四日得度。文久元年（一八六一）安養院へ転住。慶応四年（一八六八）七月二十二日、権律師に補任。明治五年（一八七二）ごろ退院。

【頼専】らいせん

応永九年（一四〇二）『児童大衆等規式間事』に記載。
生没年不詳。

【頼増】　らいぞう

法師。承暦二年（一〇七八）『金堂日記』や『金光院三昧僧等解』に「権都維那」と記載。生没年不詳。

【礼盤】　らいばん

法要の導師が坐す方形の座。

【礼盤】　らいばん

鎌倉～南北朝時代。木造　黒漆塗。高三五・九センチメートル。天板九二・〇×九一・七センチメートル。至宝一二一-堂内具四二五

【礼盤】　らいばん

鎌倉～南北朝時代。木造　黒漆塗。高一六・七センチメートル。天板五六・四×五六・四センチメートル。至宝一二一-堂内具四二六

【礼盤】　らいばん

鎌倉～南北朝時代。木造　黒漆塗。高一七・〇センチメートル。天板六五・五×六五・五センチメートル。至宝一二一-堂内具四二七

【礼盤】　らいばん

南北朝時代。木造　黒漆塗。高一二・八センチメートル。天板五八・一×五八・一センチメートル。至宝一二一-堂内具四二八

【礼盤】　らいばん

南北朝時代。木造　黒漆塗。高一七・八センチメートル。天板六八・一×六八・四センチメートル。至宝一二一-堂内具四二九

【礼盤】　らいばん

永禄七年（一五六四）。木造　黒漆塗。高三四・〇センチメートル。天板九九・〇×九九・〇センチメートル。至宝一二一-堂内具四三〇。出典「墨書」

【礼盤】　らいばん

室町時代。木造　黒漆塗。高一八・一センチメートル。天板六七・五×六七・五センチメートル。至宝一二一-堂内具四三一

【礼盤】　らいばん

室町時代。木造　黒漆塗。高一七・五センチメートル。天板六六・五×六六・五センチメートル。至宝一二―堂内具四三二

【礼盤】らいばん

室町時代末。木造　黒漆塗。猫脚形。高一七・一センチメートル。天板五八・〇×五八・〇センチメートル。至宝一二―堂内具四五五

【礼盤】らいばん

室町時代末。木造　黒漆塗。猫脚形。高一九・八センチメートル。天板五八・〇×五八・〇センチメートル。至宝一二―堂内具四五六

【礼盤】らいばん

宝永三年（一七〇六）。木造　黒漆塗。高二一・二センチメートル。天板七四・四×七四・六センチメートル。至宝一二―堂内具四三八

【頼弁】らいべん

権律師。応安四年（一三七一）『上御堂本尊修復結縁文書』に記載。応永十年（一四〇三）ごろ護摩堂へ牛王（付講式）を寄進。生没年不詳。

【頼祐】らいゆう

永久二年（一一一四）～天承元年（一一三一）に勝賢と林幸が発願した『法隆寺一切経』の書写に協力した。生没年不詳。

【頼祐】らいゆう

法師。得業。応永九年（一四〇二）『児童大衆等規式問事』、応永二十二年（一四一五）『順禅房罪科間事』に記載。嘉吉二年（一四四二）二月二十三日の竜田社頭舞楽法会に左方甲衆として出仕。また宝徳三年（一四五一）二月二十七日の聡明寺供養に奉行衆として出仕。生没年不詳。

【頼融】らいゆう

五師。金堂堂司。保元三年（一一五八）に金堂へ金器一前を奉納。生没年不詳。

【来立寺】らいりゅうじ⇩「法隆寺」の別称。

【羅漢】 らかん

尊敬や施しを受けるに値する人のこと。一般的には釈迦の弟子のことをいう。

【羅漢像】 らかんぞう

国宝。奈良時代。塑像。一七・〇〜四六・〇センチメートル。五重塔北面に安置。「泣き仏」ともいう。至宝三―塑像三二〜八五

【螺鈿唐櫃】 らでんからびつ

平安時代。木造　高六八・五センチメートル。蓋一〇〇・〇×七五・〇センチメートル。黒漆塗の唐櫃で六脚に蝶文の螺鈿を施している。至宝一四―収納具二六九

【螺鈿卓】 らでんしょく

国宝。平安時代。黒漆塗。鷺脚の前机。高九五・五センチメートル。天板一三一・九×五四・五センチメートル。脚や格狭間に宝相華文と蝶文を施している。至宝一二―堂内具五〇

【利七】 りしち

大工。天明三年（一七八三）北室院の修理に従事。出典「北室院棟札」

【利介】 りすけ

瓦大工。慶長八年（一六〇三）六月に作った講堂の西鳥衾に「瓦大工　西京」と刻している。出典「瓦刻銘」

【理介丸】 りすけまる

瓦大工。慶長九年（一六〇四）十一月十八日、法隆寺瓦大工職に補任。出典『公文所補任記』

【律学院】 りつがくいん

鎌倉時代に律学衆の道場として建立したものという。

【律学院太子堂】 りつがくいんたいしどう➡「律学院本堂」の項目を見よ。

【律学院堂司】 りつがくいんどうつかさ

律学院の堂司のこと。堂方の律学の大法師のうちの一人が補任された。

【律学院本堂】りつがくいんほんどう

重文。寛永年間（一六二四〜四四）に再建した堂衆惣分の律学院太子堂のこと。桁行七間。梁間五間。入母屋造。妻入。本瓦葺。内部の様式は聖霊院に似ている。本尊聖徳太子馬乗像。守屋征伐を表現した太子像であることから「守屋太子」と呼ぶ。至宝二—二

【律師】りっし

僧正や僧都の指揮下で僧尼を統轄する僧官のこと。延文二年（一三五七）九月二十五日に朝廷から法隆寺に対して権律師三口の永宣が下賜されている。

【竪者】りっしゃ

慈恩会、三蔵会などで行われる論議問答で試験を受ける僧のこと。

【律宗】りっしゅう

比丘や比丘尼が護るべき戒律を護持する宗派のこと。奈良時代から法隆寺でも律宗の集団が結成されていた。

【利兵衛】りへえ

大工。辻本の住。享保二年（一七一七）現護摩堂表門の建立に従事。出典「現護摩堂表門棟札」

【利兵衛】りへえ

大工。久保小路の住。天明六年（一七八六）東院鐘楼の修理に従事。出典「東院鐘楼棟札」

【利兵衛】りへえ

大工。本町の住。文政八年（一八二五）西円堂の修理に従事。出典「西円堂棟札」

【隆縁】りゅうえん

大法師。承暦三年（一〇七九）吉祥悔過の日中導師に補任。生没年不詳。出典『金堂日記』

【竜王像】りゅうおうぞう

鎌倉時代。檜材　一木造　彩色。像高四一・八センチメートル。もとは花山竜池社の本尊。至宝四―二三四

【隆雅】りゅうが

法師。嘉吉二年（一四四二）二月二十三日の竜田社頭舞楽法会に右方錫杖衆として出仕。生没年不詳。

【隆賀】りゅうが

法師。嘉吉二年（一四四二）二月二十三日の竜田社頭舞楽法会に右方甲衆として出仕。生没年不詳。

【隆覚】りゅうかく

権律師。阿弥陀院の住。貞享四年（一六八七）一月十四日没。

【竪義】りゅうぎ

慈恩会、三蔵会などで竪者が論議問答を行うこと。その可否によって僧位昇階が決まる。

【隆慶】りゅうけい

林幸の弟子。永治元年（一一四一）十一月八日に林幸の菩提のために『仏名経』を書写。生没年不詳。

【隆慶】りゅうけい

五師。了善房。安貞二年（一二二八）に千手供養法を始行。寛喜二年（一二三〇）夢殿修理の行事、寛喜三年（一二三一）礼堂建立の勧進五師に補任。生没年不詳。

出典『別当記』

【隆慶】りゅうけい

大法師。応永九年（一四〇二）『児童大衆等規式間事』、応永二十二年（一四一五）『順禅房罪科間事』に記載。宝徳三年（一四五一）二月二十七日の聡明寺供養に衲衆として出仕。生没年不詳。

【隆憲】りゅうけん

金堂十僧。承元三年（一二〇九）ごろ金堂十僧に入供。嘉禄三年（一二二七）五月十日『法隆寺大法師隆詮外十二僧連署契状』に記載。生没年不詳。

【隆賢】 りゅうけん

堂衆。寛喜二年（一二三〇）「上宮王院棟札」に「禅衆　法師」と記載。生没年不詳。

【隆厳】 りゅうげん

永久四年（一一一六）ごろ東院院主に補任。その後、罷免された。生没年不詳。

【隆算】 りゅうさん

寛喜二年（一二三〇）「上宮王院棟札」に「学衆　法師」と記載。生没年不詳。

【隆実】 りゅうじつ

金堂十僧。五師。西中院の僧。春覚房。弘安九年（一二八六）七月十七日、金堂十僧に入供。正応二年（一二八九）に辞退。正応三年（一二九〇）に再入供。正安元年（一二九九）七月一日没。出典『金堂日記』

【隆実】 りゅうじつ

応永九年（一四〇二）『児童大衆等規式間事』に記載。生没年不詳。

【隆勝】 りゅうしょう

堂衆。寛喜二年（一二三〇）「上宮王院棟札」に「禅衆　法師」と記載。生没年不詳。

【隆昭】 りゅうしょう

元堂衆律学。権大僧都。似就房（二位公）。快映の弟子。持宝院、賢聖院の住。明和二年（一七六五）十一月二十日得度。寛政九年（一七九七）寺法の大改正により学侶に交衆。土屋時三郎用人藤川氏の養子。咏雅の弟子となる。寛政十三年（一八〇一）二月四日、賢聖院へ転住。文化二年（一八〇五）九月二十六日、世音院と号す。文化三年（一八〇六）一月、権少僧都、絵殿預。同年九月、金堂預に補任。文化六年（一八〇九）三月十三日、六十歳で没。法印権大僧都を追贈。

【隆乗】 りゅうじょう

学侶。上総公。隆範の弟子。持宝院の住。郡山藩家臣汀氏の出身。幼名、滝丸。文化十三年（一八一六）八月二十七日得度。文政八年（一八二五）四月三十日退院。

【隆盛】 りゅうじょう

金堂十僧。五師。禅真房。寛喜二年（一二三〇）「夢殿棟札」に「学侶分」と記載。弘長二年（一二六二）金堂十僧に入供。正応二年（一二八九）十二月八日没。

出典『金堂日記』

【隆聖房】 りゅうしょうぼう

宝治二年（一二四八）「西円堂心束墨書」に記載。生没年不詳。

【竜乗房】 りゅうじょうぼう→「常応」の項目を見よ。

【隆信】 りゅうしん

中納言公。実円の弟子。椿蔵院の住。松平讃岐守家臣生駒氏の出身。幼名、吉丸。元禄五年（一六九二）得度。宝永元年（一七〇四）七月二十三日退院。

【隆政】 りゅうせい

僧都。天正十八年（一五九〇）得度。慶長十一年（一六〇六）に修理した聖霊院、南大門、伝法堂などの棟札に「伝灯法師」と記載。元和七年（一六二一）九月二十二日、舎利預に補任（四十七歳）。元和八年（一六二二）東院築地造営奉行に補任。生没年不詳。

【隆清】 りゅうせい

法師。嘉吉二年（一四四二）二月二十三日の竜田社頭舞楽法会に左方錫杖衆として出仕。生没年不詳。

【隆詮】 りゅうせん

金堂十僧。宝光院院主。金堂預。三教房（禅弘房）。嘉禄三年（一二二七）五月十日『法隆寺大法師隆詮外十二僧連署契状』に記載。承元三年（一二〇九）ごろ金堂十僧に入供。貞応元年（一二二二）に東院御持堂で供養法を始行。天福元年（一二三三）には金堂東之間の天蓋を新造した。真言密教の奥義を究め、建久八年（一一九七）夏に法隆寺の花山竜池で祈雨の秘法を修法した。その三日目に慈雨を降らしたという。その秘法を弟子の顕真に授けた。八十七歳で没。

【隆暹】りゅうせん

保安三年（一一二二）～天承元年（一一三一）に林幸が発願した『法隆寺一切経』の書写に協力した。聖霊院の聖徳太子像の体内納入経の維摩・勝鬘合一巻の奥書に「筆師法隆寺住僧隆暹敬白」とある。生没年不詳。

【隆尊】りゅうそん

「一臈法印」。法印。学円房。西南院の住。明徳五年（一三九四）「三月九日評定」に記載。『応安年中以来法隆寺評定日記』に応永元年（一三九四）十月十九日～応永十年（一四〇三）まで五師をつとめたと記載。応永十四年（一四〇七）十二月、舎利預に補任（六十歳）。応永二十四年（一四一七）一臈法印に昇進。護摩堂へ瓜厨子木造聖天一体を寄進。正長二年（一四二九）二月二十三日の竜田社頭舞楽法会で講師をつとめた。永享二年（一四三〇）九月二日、八十三歳で没。

【竜池社】りゅうちしゃ

法隆寺裏山の蔵王堂の南の花山というところにあった社の名称。善徳竜王（善達竜王ともいう）を祀っていた。建久年間（一一九〇～九九）に法隆寺宝光院の隆詮が竜池を設けて小社を建立して雨乞いを行った。その儀式は明治維新の神仏分離のときから廃止している。

【隆範】りゅうはん

元堂衆律学。権大僧都。深慶房（左京公）。隆昭の弟子。賢聖院、持宝院の住。法相宗の学匠。天明七年（一七八七）十一月五日得度。寛政九年（一七九七）寺法の大改正により学侶に交衆。昶雅の弟子となる。寛政十三年（一八〇一）二月四日、賢聖院より持宝院へ転住。文化三年（一八〇六）五月、再び賢聖院へ転住。同年十二月二十二日中臈位、文政五年（一八二二）権律師、絵殿預、文政七年（一八二四）四月二十日金堂預。快範を隆範と改名。文政八年（一八二五）四月二十一日、西円堂輪番などに昇進した。文政十年（一八二七）に隠居して暁光院と号した。天保十一年（一八四〇）一月九日、六十六歳で没。権大僧都を追贈。

【隆遍】 りゅうへん

「法隆寺別当」。法印。興福寺修南院の僧。正和四年（一三一五）法隆寺別当に補任。文保二年（一三一八）に辞退。

【隆弁】 りゅうべん

寛喜二年（一二三〇）「上宮王院棟札」に「学衆　法師」と記載。生没年不詳。

【良印】 りょういん

堂衆。寛喜二年（一二三〇）「上宮王院棟札」に「禅衆　法師」と記載。生没年不詳。

【良因】 りょういん

承仕。良海の師匠。円成院の住。元禄年間（一六八八～一七〇四）ごろの承仕。生没年不詳。

【良胤】 りょういん

応永九年（一四〇二）『児童大衆等規式間事』、応永二十二年（一四一五）『順禅房罪科間事』に記載。生没年不詳。

【両院主】 りょういんじゅ

聖霊院と三経院の院主を兼任する僧のこと。

【両院主】 りょういんじゅ

堂方の夏一戒師と院主戒師のこと。

【了卯】 りょうう

承仕。延宝三年（一六七五）『現在僧名帳』に「承仕」と記載。この年に得度。生没年不詳。

【凌雲院】 りょううんいん➡「尭恕」の項目を見よ。

【良栄】 りょうえい

得業。延音房。吉祥院の住。応永九年（一四〇二）『児童大衆等規式間事』に記載。永享十年（一四三八）南大門再興の修理奉行。嘉吉二年（一四四二）二月二十三日の竜田社頭舞楽法会に右方梵音衆、文安六年（一四四九）三月十一日の新福寺供養、宝徳三年（一四五一）二月二十七日の聡明寺供養に甲衆及び奉行衆として出仕。文明七年（一四七五）九月十八日、舎利預に補任（六十三歳）。文明九年（一四七七）一月、退院。

【良永】りょうえい➜「賢俊」の項目を見よ。

【良英】りょうえい
律師。法相宗の学匠。頼乗房（一位公）。宝珠院、宝蔵院の住。元禄八年（一六九五）得度。正徳六年（一七一六）法相律僧として西室に住し諸役は免除。碩学僧で勧学院で講義を行っている。元文二年（一七三七）四月八日没。

【良円】りょうえん
保安三年（一一二二）～天承元年（一一三一）に林幸が発願した『法隆寺一切経』の書写に協力した。生没年不詳。

【良円】りょうえん➜「琳舜（俊）房」の項目を見よ。

【良円】りょうえん
承仕。継祐。正徳五年（一七一五）得度。享保十年（一七二五）に退院。

【良縁】りょうえん
堂衆。寛喜二年（一二三〇）「上宮王院棟札」に「禅衆　法師」と記載。生没年不詳。

【了円房】りょうえんぼう
慶長十三年（一六〇八）『現在僧名帳』に記載。この年に得度。生没年不詳。

【良円房】りょうえんぼう
元和元年（一六一五）『現在僧名帳』に記載。この年に得度。生没年不詳。

【良円房】りょうえんぼう➜「寛算」の項目を見よ。

【良恩房】 りょうおんぼう↓「実慶」の項目を見よ。

【良音房】 りょうおんぼう

寛永三年（一六二六）『現在僧名帳』に記載。この年に得度。生没年不詳。

【了海】 りょうかい

堂衆。寛喜二年（一二三〇）「上宮王院棟札」に「禅衆　法師」と記載。生没年不詳。

【良快】 りょうかい

学侶。律師。応永九年（一四〇二）『児童大衆等規式間事』に記載。嘉吉二年（一四四二）二月二十三日の竜田社頭舞楽法会、文安六年（一四四九）三月十一日の新福寺供養、宝徳三年（一四五一）二月二十七日の聡明寺供養に衲衆として出仕。生没年不詳。

【良海】 りょうかい

僧都。春浄房。西院、弥勒院の住。応永九年（一四〇二）『児童大衆等規式間事』に記載。『応安年中以来法隆寺評定日記』に永享二年（一四三〇）二月二十六日～永享九年（一四三七）まで五師をつとめたと記載。また、文安六年（一四四九）三月十一日の新福寺供養に衲衆として出仕。宝徳元年（一四四九）九月、舎利預に補任（六十四歳）。享徳二年（一四五三）二月二十九日、六十八歳で没。

【両界種子曼荼羅】 りょうかいしゅじまんだら

胎蔵界と金剛界を種子で表わした曼荼羅。

【両界種子曼荼羅図】 りょうかいしゅじまんだらず

鎌倉時代。紺絹地金銀泥。縦八八・〇センチメートル。横四三・〇センチメートル。解脱上人筆という。至宝六－一四

【良戒房】 りょうかいぼう

享禄二年（一五二九）『現在僧名帳』に記載。この年に得度。生没年不詳。

【良海房】 りょうかいぼう

承仕。円祐。良因の弟子。円成院の住。元禄十一年（一六九八）『現在僧名帳』に「良因弟子　円成院　承仕」

と記載。この年に得度。正徳五年（一七一五）『年会日次記』まで記載。生没年不詳。

【良誡房】りょうかいぼう➜「寛算」の項目を見よ。

【了覚】りょうかく

承仕。観元房。円成院の住。天保二年（一八三一）十一月二十二日得度。天保十一年（一八四〇）『年会日次記』まで記載。生没年不詳。

【良覚】りょうかく

永和四年（一三七八）『廿人沙汰間条々』に記載。生没年不詳。

【良覚房】りょうかくぼう

元和六年（一六二〇）『現在僧名帳』に記載。この年に得度。生没年不詳。

【了覚房】りょうかくぼう

永禄七年（一五六四）『現在僧名帳』に記載。この年に得度。生没年不詳。

【良学房】りょうがくぼう➜「舜範」の項目を見よ。

【良学房】りょうがくぼう➜「寛清」の項目を見よ。

【良寛】りょうかん

「法隆寺別当」。法印。興福寺東室の僧。文保二年（一三一八）七月二十二日、法隆寺別当に補任。元亨元年（一三二一）六月ごろ辞退。元亨元年十月一日、法隆寺別当に再任。元亨三年（一三二三）ごろまで在任。

【良観】りょうかん

承仕。天正七年（一五七九）『現在僧名帳』に「承仕」と記載。この年に得度。生没年不詳。

【了観房】りょうかんぼう

堂衆律学。大法師。応永五年（一三九八）「西円堂棟札」に記載。生没年不詳。

【良寛房】りょうかんぼう➡「頼玄」の項目を見よ。

【良寛房】りょうかんぼう➡「光慶」の項目を見よ。

【良教】りょうきょう

法隆寺僧。元慶二年（八七八）七十八歳で戒和上に補任。生没年不詳。出典『東大寺要録』

【良暁】りょうぎょう

「法隆寺別当」。僧正。興福寺修南院の僧。康永三年（一三四四）二月十五日、法隆寺別当に補任。二年間在任。

【良教房】りょうきょうぼう➡「円慶」の項目を見よ。

【了遶房】りょうぎょうぼう

堂衆律学。大法師。応永五年（一三九八）「西円堂棟札」に記載。生没年不詳。

【良訓】りょうきん

「一臈法印」。大僧都。宮内卿。覚勝の弟子。妙音院、中院の住。医師中嶋氏の出身。花園宰相中将実廉の猶子。元禄十三年（一七〇〇）十一月十三日得度。元禄十四年（一七〇一）妙音院より中院へ転住。中院を復興。享保十二年（一七二七）五月二十二日、舎利預、僧都に補任。元文六年（一七四一）一臈法印に昇進。『古今一陽集』『良訓補忘集』などを著述。法隆寺文書を収集する。寛保二年（一七四二）六月五日、四十九歳で没。

【良憲】りょうけん

応永九年（一四〇二）『児童大衆等規式間事』に記載。生没年不詳。

【良憲】りょうけん

交衆人。弁公。元禄七年（一六九四）得度。元禄十年（一六九七）『年会日次記』まで記載。生没年不詳。

【了現】りょうげん

堂衆。寛喜二年（一二三〇）「上宮王院棟札」に「禅衆　法師」と記載。生没年不詳。

【良玄】りょうげん

寛喜二年（一二三〇）「上宮王院棟札」に「学衆　法師」と記載。生没年不詳。

【良厳】りょうげん
光順房。知足院の住。宝永元年（一七〇四）得度。正徳元年（一七一一）九月十六日退院。

【良謙忌】りょうけんき
法隆寺住職佐伯良謙の命日三月八日に律学院で行う法要。法隆寺では平成八年（一九九六）から厳修している。「佐伯良謙」の項目を参照。

【良賢房】りょうけんぼう➜「寛継」の項目を見よ。
【良顕房】りょうけんぼう➜「実禅」の項目を見よ。
【了源房】りょうげんぼう➜「佐伯学栄」の項目を見よ。

【良弘】りょうこう
法師。応永九年（一四〇二）『児童大衆等規式間事』に記載。嘉吉二年（一四四二）二月二十三日の竜田社頭舞楽法会に右方錫杖衆として出仕。生没年不詳。

【良西】りょうさい
堂衆。寛喜二年（一二三〇）「上宮王院棟札」に「禅衆　法師」と記載。生没年不詳。

【良賛】りょうさん
「一臈法印」。権大僧都。治部卿。西園院、花園院の住。片桐家家臣成田氏の出身。寛文六年（一六六六）得度。延宝三年（一六七五）三月十三日、興福寺宝珠院において『因明卅三過本作法』を書写。元禄十一年（一六九八）舎利預に補任。宝永三年（一七〇六）三月二十八日、一臈法印に昇進。正徳四年（一七一四）三月二十六日、六十一歳で没。

【了識房】りょうしきぼう➜「淳芸」の項目を見よ。

【良識房】りょうしきぼう
永禄六年（一五六三）『現在僧名帳』に記載。この年に得度。生没年不詳。

【良識房】りょうしきぼう➔「覚賢」の項目を見よ。

【良識房】りょうしきぼう➔「貞誉」の項目を見よ。

【良実】りょうじつ

寛喜二年（一二三〇）「上宮王院棟札」に「学衆　法師」と記載。生没年不詳。

【良実房】りょうじつぼう

天正元年（一五七三）『現在僧名帳』に記載。この年に得度。生没年不詳。

【良秀】りょうしゅう

応永九年（一四〇二）『児童大衆等規式間事』に記載。生没年不詳。

【良秀】りょうしゅう

中将公。元禄四年（一六九一）『現在僧名帳』に「学侶」と記載。この年に得度。生没年不詳。

【良宗房】りょうしゅうぼう

堂衆律学。大法師。応永五年（一三九八）「西円堂棟札」に「宗律　三臈」と記載。生没年不詳。

【良春】りょうしゅん

三綱。寛喜二年（一二三〇）「上宮王院棟札」に「三綱　大法師」と記載。生没年不詳。

【良舜】りょうしゅん

律師。禅忍房。応安四年（一三七一）『上御堂本尊修復結縁文書』に記載。応永三年（一三九六）十一月、舎利預に補任(六十一歳)。『応安年中以来法隆寺評定日記』に同年二月八日～応永十三年（一四〇六）まで五師をつとめたと記載。応永五年（一三九八）「西円堂棟札」に「奉加衆」と記載。応永三十二年（一四二五）六月七日、七十三歳で没。

【良順】りょうじゅん

客僧。寛永八年（一六三一）『現在僧名帳』に「客僧」と記載。この年に得度。生没年不詳。

【了春房】りょうしゅんぼう
護摩堂承仕。天文二十年（一五五一）『現在僧名帳』に記載。この年に得度。生没年不詳。

【良春坊】りょうしゅんぼう
堂衆律学。大法師。応永五年（一三九八）「西円堂棟札」に記載。生没年不詳。

【良春房】りょうしゅんぼう
天文十一年（一五四二）『現在僧名帳』に記載。この年に得度。生没年不詳。

【良春房】りょうしゅんぼう➔「琳継」の項目を見よ。

【良舜房】りょうしゅんぼう
慶長三年（一五九八）『現在僧名帳』に記載。この年に得度。生没年不詳。

【良舜房】りょうしゅんぼう➔「弘弁」の項目を見よ。

【了性】りょうしょう
末寺僧。真言律。明空。極楽寺、北室院の住。京都蓮池氏の出身。慶安三年（一六五〇）十月二十五日没。

【良勝】りょうしょう
保安三年（一一二二）〜天承元年（一一三一）に林幸が発願した『法隆寺一切経』の書写に協力した。生没年不詳。

【良盛】りょうじょう
「法隆寺別当」。僧正。興福寺仏地院の僧。正元元年（一二五九）五月二十七日、法隆寺別当に補任。四年間在任。弘長元年（一二六一）九月四日の後嵯峨太上天皇行幸にともない境内の整備を計画し築地の新造などを行う。西円堂修二会を始行。弘長二年（一二六二）六月二十七日、六十六歳で没。

【良昌房】 りょうしょうぼう➜「淳識」の項目を見よ。

【良乗房】 りょうじょうぼう➜「賢範」の項目を見よ。

【良心】 りょうしん

『応安年中以来法隆寺評定日記』に応永二十一年（一四一四）二月十三日〜応永三十四年（一四二七）まで五師をつとめたと記載。生没年不詳。

【良甚】 りょうじん

応永九年（一四〇二）『児童大衆等規式間事』に記載。生没年不詳。

【了信房】 りょうしんぼう

堂衆律学。大法師。応永五年（一三九八）「西円堂棟札」に記載。生没年不詳。

【良信房】 りょうしんぼう➜「秀慶」の項目を見よ。

【良真房】 りょうしんぼう➜「俊厳」の項目を見よ。

【良清】 りょうせい

応永九年（一四〇二）『児童大衆等規式間事』に記載。文安六年（一四四九）三月十一日の新福寺供養に梵音衆として出仕。生没年不詳。

【良誠】 りょうせい

堂衆。寛喜二年（一二三〇）「上宮王院棟札」に「学衆　法師」と記載。生没年不詳。

【良仙】 りょうせん

承仕。寛文八年（一六六八）『現在僧名帳』に記載。この年に得度。生没年不詳。

【良詮】 りょうせん

二位公。堯長の弟子。地蔵院の住。文化十二年（一八一五）十二月一日得度。文政四年（一八二一）四月十四日没。

【了善】 りょうぜん

大工。寛喜二年（一二三〇）五月に修理した夢殿の棟札に「番匠」と記載。

【良宣房】りょうせんぼう↓「頼栄」の項目を見よ。

【良泉房】りょうせんぼう
堂衆律学。大法師。応永五年（一三九八）「西円堂棟札」に記載。生没年不詳。

【了善房】りょうぜんぼう↓「隆慶」の項目を見よ。

【了全房】りょうぜんぼう↓「晃栄」の項目を見よ。

【良禅房】りょうぜんぼう
天文二年（一五三三）『現在僧名帳』に記載。この年に得度。生没年不詳。

【良増】りょうぞう
嘉禄元年（一二二五）『沽却　東室之第七室小子房事』に記載。生没年不詳。

【良尊】りょうそん
「一臈法印」。僧都。西園院の住。寛永十九年（一六四二）得度。元禄四年（一六九一）四月、舎利預に補任。元禄十一年（一六九八）十一月十四日、一臈法印に昇進。宝珠院を再興。宝永三年（一七〇六）二月三日、七十八歳で没。

【霊尊】りょうそん
天平十九年（七四七）『法隆寺資財帳』に「都維那」と記載。生没年不詳。

【良存房】りょうそんぼう↓「弘圭」の項目を見よ。

【良尊房】りょうそんぼう
天正十年（一五八二）『現在僧名帳』に記載。この年に得度。生没年不詳。

【良智】りょうち
中綱。寛喜二年（一二三〇）「上宮王院棟札」に「中綱　権専当法師」と記載。生没年不詳。

【良忠房】 りょうちゅうぼう➡「空慶」の項目を見よ。

【良長】 りょうちょう➡「専算房」の項目を見よ。

【良弥】 りょうちん

中綱。寛喜二年（一二三〇）「上宮王院棟札」に「中綱　権専当法師」と記載。生没年不詳。

【良道房】 りょうどうぼう➡「寛定」の項目を見よ。

【了忍房】 りょうにんぼう

応永五年（一三九八）「西円堂棟札」に「奉加衆」と記載。生没年不詳。

【良忍房】 りょうにんぼう➡「専縁」の項目を見よ。

【良忍房】 りょうにんぼう➡「実慶」の項目を見よ。

【良忍房】 りょうにんぼう➡「淳継」の項目を見よ。

【良般房】 りょうはんぼう➡「信継」の項目を見よ。

【良弁】 りょうべん

寛喜二年（一二三〇）「上宮王院棟札」に「学衆　法師」と記載。生没年不詳。

【良法房】 りょうほうぼう

宝治二年（一二四八）「西円堂心束墨書」に記載。生没年不詳。

【良祐】 りょうゆう

寛喜二年（一二三〇）「上宮王院棟札」に「学衆　法師」と記載。生没年不詳。

【琳英】 りんえい

大法師。『応安年中以来法隆寺評定日記』に応永十一年（一四〇四）三月十四日～応永十三年（一四〇六）まで五師をつとめたと記載。宝徳三年（一四五一）二月二十七日の聡明寺供養に錫杖衆として出仕。生没年不詳。

【琳覚】 りんかく

大法師。円識房。文安六年（一四四九）三月十一日の新福寺供養、宝徳三年（一四五一）二月二十七日の聡明寺供養に読師として出仕。生没年不詳。

【琳学房】りんがくぼう➡「訓海」の項目を見よ。

【琳継】りんけい
堂衆律学。良春房。寛永十二年（一六三五）『現在僧名帳』に「堂方律学」と記載。この年に得度。生没年不詳。

【琳元】りんげん
「法隆寺別当」。已講。興福寺の僧。永承三年（一〇四八）十二月二十二日、法隆寺別当に補任。九年間在任。

【林賢坊】りんけんぼう
江戸時代の創建か。釈迦院の西に隣接している子院の名称。他の子院と合併したか廃院となったらしい。

【琳賢坊】りんけんぼう➡「信玄」の項目を見よ。

【林幸】りんこう
大法師。保安三年（一一二二）三月二十二日に「法隆寺林幸一切経書写勧進状」を作成し十年間の歳月を要して『一切経』の書写を行ったらしい。生没年不詳。

【琳弘】りんこう
教禅房。正応五年（一二九二）に『朗詠要集』の口伝を聖玄から受けた。生没年不詳。

【琳弘】りんこう
応永九年（一四〇二）『児童大衆等規式間事』に記載。生没年不詳。

【琳算】りんさん
「一臈法印」。僧都。天文十七年（一五四八）『奉唱大別当御拝堂威儀僧事』に「金堂咒願」と記載。永禄十二年（一五六九）舎利預に補任。天正二年（一五七四）ごろ一臈法印に昇進。同年九月八日没。

【琳賛房】りんさんぼう
寛文四年（一六六四）『現在僧名帳』に記載。この年に得度。生没年不詳。

ら行

【琳秀】りんしゅう

法師。宝徳三年（一四五一）二月二十七日の聡明寺供養に錫杖衆として出仕。生没年不詳。

【琳宗房】りんしゅうぼう➡「専祐」の項目を見よ。

【琳宗房】りんしゅうぼう

天文二年（一五三三）『現在僧名帳』に記載。この年に得度。生没年不詳。

【林春】りんしゅん

永久二年（一一一四）〜天承元年（一一三一）に勝賢と林幸が発願した『法隆寺一切経』の書写に協力した。生没年不詳。

【琳俊（舜）房】りんしゅんぼう

良円。天文二十一年（一五五二）『現在僧名帳』に記載。この年に得度。生没年不詳。

【林勝】りんしょう

保安三年（一一二二）〜天承元年（一一三一）に林幸が発願した『法隆寺一切経』の書写に協力した。生没年不詳。

【臨照】りんしょう

天平宝字五年（七六一）『東院資財帳』に「可信法師」と記載。五副画像霊山浄土一舗を法隆寺法師として東院に寄進。生没年不詳。

【隣信】りんしん

天平十九年（七四七）『法隆寺資財帳』に「上座」と記載。天平宝字五年（七六一）『東院資財帳』に「寺主法師」と記載。生没年不詳。

【琳清】りんせい

法師。文安六年（一四四九）三月十一日の新福寺供養、宝徳三年（一四五一）二月二十七日の聡明寺供養に錫杖衆として出仕。生没年不詳。

【琳善房】りんぜんぼう
寛永二十年(一六四三)『現在僧名帳』に記載。この年に得度。生没年不詳。

【倫尊】りんそん
応永九年(一四〇二)『児童大衆等規式間事』に記載。生没年不詳。

【林智】りんち
保安三年(一一二二)〜天承元年(一一三一)に林幸が発願した『法隆寺一切経』の書写に協力した。生没年不詳。

【林長房】りんちょうぼう
宝治二年(一二四八)「西円堂心束墨書」に記載。生没年不詳。

【琳範】りんぱん
保安三年(一一二二)〜天承元年(一一三一)に林幸が発願した『法隆寺一切経』の書写に協力した。生没年不詳。

【林誉】りんよ
大法師。永万二年(一一六六)に『維摩経義疏』を書写。生没年不詳。

【令叡】れいえい
天平十九年(七四七)『法隆寺資財帳』に「寺主」と記載。生没年不詳。

【蓮覚房】れんかくぼう
堂衆律学。大法師。応永五年(一三九八)「西円堂棟札」に記載。生没年不詳。

【蓮教房】れんきょうぼう
堂衆律学。大法師。応永五年(一三九八)「西円堂棟札」に記載。生没年不詳。

【蓮行房】れんぎょうぼう

堂衆律学。大法師。応永五年（一三九八）「西円堂棟札」に記載。生没年不詳。

【蓮光院】　れんこういん

鎌倉時代の創建。元堂衆坊。当初は現在の福生院にあった子院。元弘二年（一三三二）の蓮光院地蔵堂供養のことが『別当記』などに記載。正徳元年（一七一一）ごろに寺地を善住院の西側に移し、同年十一月に表門を再興している。寛政九年（一七九七）寺法の大改正により学侶坊となり、その後まもなく「興善院」と改名。「興善院」の項目を参照。

【蓮光院表門】　れんこういんおもてもん

正徳元年（一七一一）十一月に建立。棟門。本瓦葺。興善院表門のこと。至宝二―三一。出典「蓮光院表門棟札」

【蓮照】　れんしょう

康平五年（一〇六二）十月十三日『僧蓮照日記』に記載。生没年不詳。

【蓮勝房】　れんしょうぼう

天文七年（一五三八）『現在僧名帳』に記載。この年に得度。生没年不詳。

【蓮正房】　れんしょうぼう

宝治二年（一二四八）「西円堂心束墨書」に記載。生没年不詳。

【蓮池院】　れんちいん

鎌倉時代の創建。元堂衆坊。十方院の西に隣接している子院。明治時代初期に廃院となった。

【蓮池院表門】　れんちいんおもてもん

元禄九年（一六九六）十一月に建立。薬医門。本瓦葺。その後、移建され現在は福園院表門となっている。至宝二―二六。出典「蓮池院表門棟札」

【蓮池図】　れんちず

重文。鎌倉時代。絹本着色。二曲一双屏風。縦

一八〇・〇センチメートル。横二四七・四センチメートル。蓮花と雌雄一番の鴛鴦を中心に描いたもので、舎利殿の仏壇後壁に貼られていた。至宝六－二八一

【蓮長房】 れんちょうぼう➡「源寛」の項目を見よ。

【蓮如房】 れんにょぼう➡「覚印」の項目を見よ。

【廊学房】 ろうがくぼう

天文十一年（一五四二）『現在僧名帳』に記載。この年に得度。生没年不詳。

【六観音】 ろくかんのん

地獄から天に至る六道を教化して人びとを救済する六種の観音菩薩のこと。法隆寺の六観音は同じ形式の仏像が六躰あることから命名されたもの。

【六観音菩薩像】 ろくかんのんぼさつぞう

重文。白鳳時代。木造 漆箔。像高七七・九～八六・〇センチメートル。もとは金堂の釈迦三尊像、阿弥陀如来像、食堂の薬師如来像の脇侍であったという。至宝四－塑像一〇一、一〇二、一四九～一五二

【六左衛門】 ろくざえもん

大工。元禄九年（一六九六）五重塔の修理に従事。出典「五重塔棟札」

【六度陀羅尼】 ろくどだらに

重文。奈良時代。版本。縦五・二センチメートル。横二七・〇センチメートル。「百萬塔納入無垢浄光経陀羅尼」の項目を参照。

【六郎】 ろくろう

大工。永享十年（一四三八）に行われた南大門の再建に従事。

【六郎大夫宗国】 ろくろうだゆうむねくに

大工。貞治四年（一三六五）舎利殿黒漆宮殿の新造に従事。出典「天井墨書」

【六角厨子】 ろっかくずし

重文。鎌倉時代。黒漆塗。宝形造。高一三四・五センチメートル。

奥行六五・四センチメートル。背面に補陀落山の図を描いていることから、当初は観音菩薩像を安置していた可能性が高い。至宝一二−荘厳具二七

【六器】 ろっき

密教の法具。六つの小さな鋺を茶托のような台皿に置いたものの名称。大壇の各面に火舎を中心に左右三器ずつ配している。その器に花などを盛って仏を供養する。六つを一具とするので六器という。

【六器】 ろっき

重文。鎌倉時代。鋳銅。一一口（鋺一一、皿一一）。各鋺高四・三センチメートル。鋺口径一〇・三センチメートル。刻銘「法隆寺」。至宝一三−一五七

【六器】 ろっき

重文（密教法具一括指定四一口のうち）。鎌倉時代。鋳銅　鍍金。鋺一三、皿一四。各鋺高四・一センチメートル。鋺口径八・三センチメートル。うち一口に刻銘「法隆寺舎利殿」。至宝一三−一五八、一五九

【六器】 ろっき

鎌倉時代。鋳銅。一口（鋺のみ）。鋺高二・八センチメートル。鋺口径七・二センチメートル。至宝一三−一六〇

【六器】 ろっき

鎌倉時代。鋳銅。一口。鋺高三・〇センチメートル。鋺口径七・二センチメートル。至宝一三−一六一

【六器】 ろっき

鎌倉時代。鋳銅。六口。各鋺高六・八センチメートル。鋺口径一四・三センチメートル。刻銘「法隆寺」。至宝一三−一六二

【六器】 ろっき

鎌倉時代。木製　彩色。一口。鋺高六・八センチメートル。鋺口径一三・九センチメートル。至宝一三−一六三

【六器】 ろっき

鎌倉時代。木製　彩色。六口。各鋺高六・五センチメートル。鋺口径一三・七センチメートル。大講堂での法要のときに使用。至宝

一三―一六四

【六器】　ろっき

鎌倉時代。鋳銅　鍍金。一口。鋺高四・二センチメートル。鋺口径八・三センチメートル。刻銘「法隆寺舎利殿」。至宝一三―一六五

【六器】　ろっき

鎌倉時代。鋳銅　鍍金。六口。各鋺高五・〇センチメートル。鋺口径九・四センチメートル。舎利殿所在。刻銘「法隆寺舎利殿」。至宝一三―一六六

【六器】　ろっき

鎌倉時代。鋳銅。三口（鋺のみ）。各鋺高三・八センチメートル。鋺口径七・六センチメートル。至宝一三―一六七

【六器】　ろっき

鎌倉時代。木製　彩色。六口。各鋺高五・〇センチメートル。鋺口径一〇・四センチメートル。刻銘「法隆寺」。至宝一三―一六八

【六器】　ろっき

鎌倉時代。鋳銅。五口（鋺六、皿五）。各鋺高三・八センチメートル。鋺口径七・一センチメートル。至宝一三―一六九

【露盤】　ろばん

塔の頂上にある相輪の最下部に当たる四角形の台状のものをいう。

【露盤】　ろばん

奈良時代。石造。高五二・〇センチメートル。縦九四・〇センチメートル。横九一・五センチメートル。ドドコロ廃寺や法輪寺の露盤とする説もある。至宝二―石舟・手水鉢類七

【論議（義）台】　ろんぎだい

鎌倉時代。木造　黒漆塗。一対。正面一六一・〇センチメートル。側面二九三・〇センチメートル。高三七六・〇センチメートル。大講堂内の東西に向かい合って置かれており、大法会のときに講師と読師が登壇する。至宝一一―堂内具一五五

【論議（義）台】　ろんぎだい

平成十年（一九九八）新造。木造　黒漆塗。百済観音

堂落慶法会のときに新調した。

【若草伽藍跡】わかくさがらんあと

創建法隆寺が建っていた場所の名称。平安時代には「花園」と記しているが、江戸時代の中ごろからは「若草」と呼んでいる。敷地の南寄りに大きな礎石がある。明治十年（一八七七）ごろにその礎石は寺外に流失していたが、昭和十四年（一九三九）に法隆寺へ返還されたのにともなって、その周辺を発掘調査したところ、西院伽藍に先行すると見られる伽藍の遺構が確認された。これによって法隆寺は再建したことが確定的になった。

【若草伽藍心礎】わかくさがらんしんそ

創建法隆寺の塔の心礎とみられる礎石の名称。およそ二・七メートル四方、高さ一・二メートルほどある大きな礎石。明治十年代に法隆寺から流失していたが、昭和十四年（一九三九）に所有者の野村徳七から寄贈され、旧位置に据えられている。

【若狭公】わかさこう➡「栄恩」の項目を見よ。

【和喜院】わきいん

鎌倉時代ごろの創建。学侶坊。東大門内の南側の脇に位置する敷地にあった子院。江戸時代に観音院に改称。

【脇院】わきいん⇒「和喜院」の別称。

【脇机】わきづくえ

礼盤の左右に置く机の名称。経巻や磬架、念誦などを置く机のこと。

【脇机】わきづくえ

室町時代初期。木造　黒漆塗。高三八・七センチメートル。天板七〇・三×二九・二センチメートル。至宝一二―堂内具七

【脇机】わきづくえ

室町時代。木造　黒漆塗。高四七・〇センチメートル。天板八二・〇×三六・四センチメートル。至宝一二―堂内具九

【脇机】わきづくえ
室町時代。木造　黒漆塗。高三九・四センチメートル。天板七一・三×三五・〇センチメートル。至宝一一―堂内具一一

【脇机】わきづくえ
室町時代。木造　黒漆塗。高三六・二センチメートル。天板六七・九×三一・七センチメートル。至宝一一―堂内具一三

【脇机】わきづくえ
室町時代。木造　黒漆塗。高三〇・六センチメートル。天板六七・八×二七・二センチメートル。至宝一一―堂内具三二

【脇机】わきづくえ
室町時代。木造　黒漆塗。高五七・六センチメートル。天板一四一・〇×五九・〇センチメートル。応永十八年（一四一一）の修理銘がある。至宝一一―堂内具三五

【和助】わすけ
大工。楢原村の住。安永四年（一七七五）護摩堂の再建に従事。出典「護摩堂棟札」

【鰐口】わにぐち
「金鼓」ともいう。梵音具の名称。鉦鼓を二つ合わせたような形をしている。堂の前方の軒下に懸け、鉦の緒といわれる縄を垂らして、参拝するときにその縄を振って打ち鳴らす。

【鰐口】わにぐち
永徳三年（一三八三）。鋳銅。径二四・〇センチメートル。至宝一三―三〇一

【鰐口】わにぐち
文安元年（一四四四）。鋳銅。径三三・五センチメートル。至宝一三―三〇二。出典「刻銘」

【鰐口】わにぐち
文明十一年（一四七九）。鋳銅。径二四・〇センチメートル。肩幅六・三センチメートル。至宝一三―三〇三。出典「刻銘」

【鰐口】 わにぐち

室町時代。鋳銅。八弁花形撞座。径三六・二センチメートル。厚一四・四センチメートル。至宝一三一-三〇六

【鋺】 わん

仏前に供える飲食物を入れる器。

【鋺】 わん

奈良時代。響銅。高台付端反鋺。高六・九センチメートル。口径一七・九センチメートル。至宝一二一-供養具三八九

【鋺】 わん

奈良時代。響銅。高五・一センチメートル。口径一五・〇センチメートル。舎利殿の磬子として使われていた。至宝一二一-供養具三九一

【鋺】 わん

奈良時代。響銅。高四・三センチメートル。口径八・五センチメートル。至宝一二一-供養具三九三

【鋺】 わん

奈良時代。鋳銅。高九・六センチメートル。口径一〇・一センチメートル。至宝一二一-供養具三九八

【鋺】 わん

奈良時代。鋳銅。高五・〇センチメートル。口径八・二センチメートル。至宝一二一-供養具三九九

【鋺】 わん

室町時代。鋳銅。高三・七センチメートル。口径一〇・三センチメートル。至宝一二一-供養具四〇〇

【鋺】 わん

室町時代。鋳銅。高六・三センチメートル。口径一〇・三センチメートル。至宝一二一-供養具四〇一

【鋺】 わん

室町時代。鋳銅。高六・七センチメートル。口径一一・六センチメートル。至宝一二一-供養具四〇二

【鋺】 わん

室町時代。鋳銅。高四・二センチメートル。口径一〇・〇センチメートル。至宝一二―供養具四〇三

【鋺】 わん

室町時代。鋳銅。高五・六センチメートル。口径一四・五センチメートル。至宝一二―供養具四〇四

髙田 良信（たかだ りょうしん）

一九四一年二月二十二日奈良県に生まれる。

一九五三年八月二十二日法隆寺に入寺して、佐伯良謙管主の徒弟となり、翌年得度する。龍谷大学大学院修了後、法隆寺執事・法隆寺文化財保存事務所所長・執事長・法隆寺昭和資財帳編纂所所長・法起寺住職・法隆寺住職代行・法隆寺管主などを経て聖徳宗第五代管長・法隆寺百二十八世住職を務めるとともに法隆寺伝統行事の再興と法隆寺昭和資財帳や法隆寺史の編纂などを提唱する。法隆寺の悲願であった『法隆寺昭和資財帳』編纂の完成と百済観音堂の落慶を契機に隠退して法隆寺長老に就任。小僧時代から蒐集した資料や『法隆寺昭和資財帳』編纂の成果などを踏まえ、ライフワークである「法隆寺学」の確立を模索しつつ現在に至る。法隆寺長老（法隆寺百二十八世管主）・法隆寺實相院住職・東京芸術大学非常勤講師・日本ペンクラブ会員など。

（主な著書）

『法隆寺』『法隆寺のなぞ』『法隆寺子院の研究』『近代法隆寺の歴史』『法隆寺の歴史と年表』『法隆寺日記をひらく』『私の法隆寺案内』『法隆寺国宝散歩』『法隆寺の謎と秘話』『法隆寺建立の謎』『法隆寺一四〇〇年』『法隆寺の四季と行事』『世界文化遺産法隆寺』『法隆寺の謎』『世界文化遺産 法隆寺を語る』など多数。

法隆寺辞典

発行日　2007年11月23日　初版第一刷

著　者　高田　良信

発行者　柳原喜兵衛

発行所　柳原出版株式会社

〒615-8107 京都市西京区川島北裏町74

電話　075-381-2319

FAX　075-393-0469

印刷／製本　亜細亜印刷株式会社

http://www.yanagihara-pub.com

ISBN978-4-8409-5018-3